U0613495

『公书林』学术丛书

公共图书馆的核心价值与时代使命

程焕文 著

国家图书馆出版社

图书在版编目(CIP)数据

公共图书馆的核心价值与时代使命/程焕文著. -- 北京:国家图书馆出版
社,2025. -- ("公书林"学术丛书). -- ISBN 978 - 7 - 5013 - 8308 - 5

Ⅰ. G258.2

中国国家版本馆 CIP 数据核字第 2024WC7475 号

书　　名	公共图书馆的核心价值与时代使命
	GONGGONG TUSHUGUAN DE HEXIN JIAZHI YU SHIDAI SHIMING
著　　者	程焕文　著
责任编辑	高　爽　张亚娜
封面设计	翁　涌

出版发行	国家图书馆出版社(北京市西城区文津街 7 号　100034)
	(原书目文献出版社　北京图书馆出版社)
	010 - 66114536　63802249　nlcpress@ nlc. cn(邮购)
网　　址	http://www.nlcpress.com
排　　版	京荷(北京)科技有限公司
印　　装	北京科信印刷有限公司
版次印次	2025 年 3 月第 1 版　2025 年 3 月第 1 次印刷

开　　本	710mm × 1000mm　1/16
印　　张	34.25
字　　数	483 千字
书　　号	ISBN 978 - 7 - 5013 - 8308 - 5
定　　价	198.00 元

版权所有　侵权必究

本书如有印装质量问题,请与读者服务部(010 - 66126156)联系调换。

"公书林"学术丛书出版说明

图书馆学、情报学、档案学领域著译作是我社主要出版方向之一。为了促进学术出版的繁荣发展、展现该领域具有代表性的学术成果,我们策划了"公书林"学术丛书,专门收录我国图书馆学、情报学、档案学学人与业界专家的优秀著作,以期逐渐形成规模,成为本社和专业领域的精品系列丛书。

"公书林"典出 1910 年韦棣华女士(Mary Elizabeth Wood, 1861—1931)在武昌创办的文华公书林。以"公书林"为丛书名,既传递了图书情报档案事业立足于文献资源,无私、开放地为社会提供信息知识服务的理念,也表达了我们继承学术传统、守正开新的学术立场。尽管时代已发生巨大的变化,然而"开放""化私为公""共享"等精神是永恒的。

我们希望借着这个有历史感的文化符号,表达我们襄助图书馆学、情报学、档案学专业学人深耕学术、多出佳作的心愿,争取能在学术史上留下当代人应有的足迹,无愧于时代。

国家图书馆出版社

2025 年 3 月

1

　　程焕文,博士,中山大学信息管理学院教授、国家文化遗产与文化发展研究院院长,文化和旅游部文化和旅游研究基地首席专家,广州文化遗产与文化发展研究基地负责人,教育部高等学校图书情报工作指导委员会副主任委员,广东省高等学校图书情报工作指导委员会主任委员,中国图书馆学会副理事长;曾任国务院学位委员会、教育部、人力资源和社会保障部全国图书情报专业学位研究生教育指导委员会委员,教育部高等学校图书馆学学科教学指导委员会副主任委员,国际图书馆协会联合会管理委员会(IFLA Governing Board)委员/执行委员、文化遗产咨询委员会委员。

自　序

公共图书馆是现代社会文明的标志。一个城市、一个地区、一个国家的公共图书馆有多发达,其文明程度就有多高。同理,一个城市、一个地区、一个国家与另一个城市、另一个地区、另一个国家的文明有多大差距,看看其公共图书馆的发展水平,就一目了然。

人类的历史大约有 600 万年之久,可是,人类的文明历史却只有大约 6000 年。文字的产生标志着人类文明的诞生,由此人类的历史开始由史前史进入文明史。文字兴而书籍生,书籍兴而图书馆生,于是,世界文明得以赓续、传承和演进。作为人类文明进步的显著标志,文字的历史大约有 6000 年,图书馆的历史大约有 3000 年,而公共图书馆的历史则只有 170 多年。

大约在公元前 3200 年,居住在美索不达米亚平原的底格里斯河和幼发拉底河流域南部的苏美尔人(Sumerian)创造了楔形文字(cuneiform),由此开启了人类最早的文明。楔形文字的普遍使用使泥板文书(clay tablet)在西亚地区十分盛行,大约在公元前 7 世纪,亚述(Assyria)帝国末代国王亚述巴尼拔(King Ashurbanipal,公元前 668 年—公元前 627 年在位)在现今的伊拉克尼尼微(Nineveh)建立了世界上第一个图书馆——亚述巴尼拔图书馆(the Library of Ashurbanipal)。

大约在公元前 3100 年,生活在尼罗河流域的古埃及人创造了古埃及象形文字(Egyptian hieroglyphs)。埃及象形文字的广泛使用,使纸莎草纸(papyrus)文书开始流行,大约在公元前 3 世纪,埃及法老托勒密一世(Ptolemy I,约公元前 367 年—公元前 283 年)建立了世界古代文明史上最为著名的图书馆——亚历山大图书馆(the Library of Alexandria,the Bibliotheca Alexandrina)。

在亚历山大大帝东征之后,地中海地区进入希腊化时代。由于埃及托勒密王朝禁运纸莎草纸,帕加马(Pergamum)人发明了羊皮纸(parchment),此后羊皮书成为欧洲大陆广泛流行的书籍形式。公元前 2 世纪左右,希腊帕加马国王欧迈尼斯二世(EumenesⅡ,公元前 197 年—公元前 159 年在位)在现今的土耳其建造了足以与亚历山大图书馆相媲美的帕加马图书馆(the Library of Pergamum)。

大约在公元前 1300 年,中国形成了系统而成熟的汉字——殷商甲骨文。虽然甲骨文的历史晚于两河流域的楔形文字和古埃及象形文字,但是,汉字是迄今为止连续使用时间最长的文字,也是上古时期各大文字体系中唯一传承至今的文字,因此中国拥有世界上独一无二、延绵不绝的历史文献记录。惟殷先人,有册有典。汉字的普遍使用、简策和帛书的流行,使中国在周代就出现了专门主管藏书的职官,老子(约公元前 571 年—公元前 471 年)为柱下史,掌天下图籍,盖中国古代官府藏书之肇始。公元前 2 世纪,汉丞相萧何在长安未央宫先后主持建造了专门收藏秦朝图籍和汉朝典籍的石渠阁(约公元前 199 年)和天禄阁(公元前 195 年),由此开启了中国作为世界文明古国的辉煌图书馆历史,并与古代两河流域文明产生的亚述巴尼拔图书馆、古埃及文明产生的亚历山大图书馆、古希腊文明产生的帕加马图书馆交相辉映,共同构成了世界古代图书馆文明的绚丽开端。

公元前 1 世纪中国造纸术、8 世纪初中国雕版印刷术、15 世纪中叶德国活字印刷术的发明与传播,极大地促进了书籍的生产、知识的传播、人类文化的传承和世界文明的进步,图书馆成为世界各国文明进程的重要标志。

从文字的发明、书籍的流行再到图书馆的出现经历了 2000 多年的时间,此后又经历了 2000 多年的时间,世界古代图书馆开始进入近代图书馆时代,其最显著标志则是公共图书馆的诞生。

1850 年,英国议会通过世界上第一部公共图书馆法《1850 年公共图书馆法》(The Public Libraries Act 1850),授权地方政府以纳税人投票、市镇议会征税、征用或租用土地与建筑的方式,在居民人数超过 1 万人的市镇,建立向全体市民免费开放的公共图书馆。1851 年 1 月,英国曼彻斯特市率先成立公共图书馆,并任命爱德华·爱德华兹(Edward Edwards,1812—1886 年)为曼彻斯特公共图书馆(Manchester Public Library)馆长,由此诞生了英国第一位公共图书馆员,其后,爱德华兹亦被誉为"英国公共图书馆运动精神之父"。1852 年,曼彻斯特公共图书馆正式向全体市民免费开放,成为英国第一个依法建立的公共图书馆,标志着世界古代图书馆正式进入近代图书馆的发展进程。

与此同时,1851 年,美国马萨诸塞州议会(the General Court of Massachusetts)通过法案,授权波士顿市政府设立为城市居民免费服务的波士顿公共图书馆(Boston Public Library,BPL)。经过波士顿市三任市长昆西(Josiah Quincy,波士顿公共图书馆董事会第一任主席)、埃弗雷特(Edward Everett,第二任董事会主席)、蒂克纳(George Ticknor,第三任董事会主席)的不懈努力,1854 年 3 月 20 日,坐落在波士顿市梅森街(Mason Street)的波士顿公共图书馆正式向市民免费开放,成为第一个在美国大城市依法建立的公共图书馆,由此开启了美国公共图书馆的历史。其后,各州竞相仿效,相继通过类似的法令,如缅因州(1854 年)、佛蒙特州(1855 年)、俄亥俄州(1867 年)等,用地方税金设立免费为民众服务的公共图书馆。

虽然关于曼彻斯特公共图书馆与波士顿公共图书馆之间,哪一个才是世界上首个依法设立的公共图书馆,一直是英美两国争讼的议题,但是,自公共图书馆诞生之日起,依法设立公共图书馆、政府对公共图书馆负责和公共图书馆必须向全体民众平等免费开放的基本原则与基本精神,却完全一致,毫无异议,由此奠定了世界公共图书馆发展的基石。正因如此,19 世纪 50 年代在英美兴起的公共图书馆运动开始迅速席卷全球,成为世界近代文明和民主社会的显著标志。

1948 年,联合国大会通过并颁布联合国的基本法之一《世界人权宣言》(*Universal Declaration of Human Rights*)。为了促进和平和社会与精神福祉,联合国教科文组织于 1949 年 5 月 16 日颁布第一部公共图书馆宣言《公共图书馆:民众教育的有生力量》(*The Public Library: A Living Force for Popular Education*),宣示公共图书馆在民主社会中的价值和作用,以推动全球公共图书馆的发展,标志着世界近代图书馆开始迈入现代图书馆的阶段。

公共图书馆既是现代文明的标志,也是民主社会的标志。170多年来,公共图书馆之所以能够遍及全球,且日新月异,长盛不衰,正是因为公共图书馆充分体现了自由、平等、开放、共享的人类共同价值和实现与保障民众基本教育权利及文化权利的民主社会价值。这是公共图书馆生存发展的根本和繁荣昌盛的法宝。

从联合国教科文组织1949年颁布的《公共图书馆:民众教育的有生力量》和1972年颁布的《联合国教科文组织公共图书馆宣言》(*UNESCO Public Library Manifesto*),到国际图书馆协会联合会(International Federation of Library Associations and Institutions,IFLA,以下简称"国际图联")与联合国教科文组织1994年颁布的修订版《国际图联 – 联合国教科文组织公共图书馆宣言(1994)》(*IFLA-UNESCO Public Library Manifesto 1994*)和2022年颁布的修订版《国际图联 – 联合国教科文组织公共图书馆宣言(2022)》(*IFLA-UNESCO Public Library Manifesto 2022*),自由、平等、开放、共享的公共图书馆核心价值和实现与保障民众基本教育权利及文化权利的公共图书馆时代使命,一以贯之,且与时俱进,不断丰富完善。

20世纪初,公共图书馆运动在中国兴起,得益于以梁启超为首的改良派对欧美公共图书馆的宣传介绍和沈祖荣、胡庆生、戴志骞、杜定友、李小缘、洪有丰等第一代留美图书馆学人对西方公共图书馆价值观的广泛传播。20世纪中叶,国人对联合国教科文组织1949年颁布的《公共图书馆:民众教育的有生力量》和1972年颁布的《联合国教科文组织公共图书馆宣言》几乎一无所知,公共图书馆核心价值观的迷失导致我国公共图书馆的发展历尽坎坷曲折。20世纪末,《国际图联 – 联合国教科文组织公共图书馆宣言(1994)》开始受到图书馆人的重视,自由、平等、开放、共享的公共图书馆核心价值观再次在中国传播,直到21世纪初,一场与20世纪初异曲同工的新图书馆运动蓬勃兴起,至此我国公共图书馆开始进入百年未有之黄金时代。

尽管如此,国人对《公共图书馆宣言》依然知之甚少,图书馆人对《公共图

书馆宣言》则时常熟视无睹,置若罔闻。可见,不仅社会公众普遍缺乏对公共
图书馆核心价值和公共图书馆权利的基本认知,而且图书馆人亦未全面树立
公共图书馆核心价值观。

虽然世界各国的国情千差万别,各国公共图书馆的历史进程、发展道路和
繁荣程度各不相同,但是,自由、平等、开放、共享的公共图书馆核心价值和实
现与保障民众基本教育权利及文化权利的公共图书馆时代使命,并无二致。
因此,与《公共图书馆宣言》对齐(alignment),既是联合国教科文组织的要求,
也是各国公共图书馆建设与发展的根本法则,中国作为联合国安理会常任理
事国自然更不应该例外。

这本著作汇集笔者近 20 年来倡导、宣传并推广自由、平等、开放、共享的
公共图书馆核心价值观和实现与保障民众公共图书馆权利的相关著述,既有
在专业期刊上发表的学术论文,也有在全国各地学术会议上的演讲文稿,还有
为同人著作撰写的序言。它不仅比较系统地反映了新世纪以来笔者的公共图
书馆思想,而且比较全面地反映了新世纪以来我国公共图书馆的理念发展和
实践创新,从中可见新世纪公共图书馆发展的中国道路与中国模式。因此,这
本著作既可视为新世纪中国公共图书馆发展的思想史,亦可视为未来中国公
共图书馆发展的思想指南。

在本书的编辑出版中,博士生王昊、朱玲、程诗谣、谢涵参与了文稿的编辑
整理,国家图书馆出版社和编辑邓咏秋,以及本书责任编辑高爽、张亚娜,封面
设计师翁涌给予了大力支持,在此谨致以衷心的感谢!

程焕文

2024 年 2 月 27 日

于中山大学竹帛斋

目　录

创新发展

全球宣言

世纪回眸

百年沧桑 世纪华章
——20世纪中国图书馆事业回顾与展望[*]

在5000年的中华文明史和3000多年的中国图书馆历史长河中,20世纪的中国图书馆事业不过是一段十分短暂的历史,但是,它却是一段最为错综复杂、最为坎坷曲折、最为起伏跌宕、最为精彩纷呈的历史。在这百年历史中,始终贯穿着社会结构的动荡与变革、承载着图书馆事业的兴衰与荣辱、交织着中外图书馆学术的碰撞与融合、洋溢着中国图书馆人的精神与梦想。

根据会议的安排,我的主旨报告大约有1小时40分钟,也就是说,我要在100分钟内讲完中国图书馆事业的百年发展历史,平均每1分钟要讲1年的图书馆事业发展情况,这是一项十分艰巨的任务。所以,我只能提纲挈领地从以下9个方面扼要地论述20世纪中国图书馆事业的发展历程。

1 两个时代

在过去的一百年中,中国图书馆事业经历了两个时代:近代图书馆时代(清末至1949年)和现代图书馆时代(1949年至今)。在这两个时代中,大约每隔10年的时间,我国的图书馆事业就会呈现出一种不同的发展状态,也就

* 本文是程焕文于2004年7月24日上午在苏州人民大会堂举行的以"回顾与展望——中国图书馆事业百年"为主题的"中国图书馆学会2004年年会暨学会成立25周年纪念大会"开幕式上的大会主旨报告,由黑龙江省图书馆《图书馆建设》编辑部肖红凌根据发言提纲(PPT)和现场录音整理,经程焕文审定而成。见:程焕文.百年沧桑 世纪华章——20世纪中国图书馆事业回顾与展望[J].图书馆建设,2004(6):1-8;2005(1):15-21.

是说,我们可以把中国图书馆事业的百年历史大致划分为以下 8 个发展时期:

①公共图书馆运动时期(1900—1911 年)

②新图书馆运动时期(1912—1925 年)

③近代图书馆兴盛时期(1925—1937 年)

④近代图书馆衰落时期(1937—1948 年)

⑤现代图书馆兴起时期(1949—1965 年)

⑥现代图书馆停滞时期(1966—1976 年)

⑦现代图书馆复兴时期(1977—1991 年)

⑧现代图书馆黄金时期(1992 年至今)

在 20 世纪中国图书馆事业这一百年间的 8 个历史时期中,中国图书馆事业发生了三重变革①。

1.1　第一重变革——图书馆所有制的变革

在 20 世纪,中国图书馆事业经历了清末、民国时期、中华人民共和国 3 次政权的更迭,图书馆的所有制亦随之发生了两次转变:第一次是清末民初从封建图书馆事业向半封建半殖民地图书馆事业的转变,即由清末皇宫、官府和私人所有向民国时期国民政府所有(国统区图书馆事业)、中国共产党所有(苏区和解放区图书馆事业)和日本帝国主义所有(伪满洲国图书馆事业和台湾被日本侵占时期图书馆事业)的转变;第二次是从半封建半殖民地图书馆事业向社会主义图书馆事业的转变,即从国民政府所有、中国共产党所有和日本帝国主义所有向全民所有制的转变。

1.2　第二重变革——图书馆技术方法的变革

图书馆技术方法发生了两次根本性变革:第一次是从传统手工操作技术

---

① 程焕文.光荣与梦想:二十世纪中国图书馆事业回顾[J].图书馆,1994(3):18 - 24.

方法向近代手工操作技术方法的转变,即从以"四库法"、书本式目录和闭架制为主的传统图书馆技术方法向以"杜威法"、卡片目录、开架制为主的近代图书馆技术方法的转变;第二次是从近代手工操作技术方法向现代机器操作技术方法的转变,即从以"杜威法"、卡片目录、开架制为主的近代图书馆手工操作技术方法向以计算机编目、文献数据库、图书馆网络为主的现代图书馆技术方法的转变。

1.3　第三重变革——图书馆性质的变革

在图书馆所有制和图书馆技术方法的双重变革中,又一直贯穿着图书馆性质的转变,即从私有、封闭、专用向公共、公开、共享的转变。这一变革贯穿20 世纪中国图书馆事业发展的全过程。实质上,这种变革从近代兴办图书馆开始,一直到今天仍然没有彻底完成。

2　三次高潮

在 20 世纪中,中国图书馆事业的历史呈现出明显的周期性发展特点:如前所述,大约每隔 10 年就可以划分为一个历史时期,每隔 20—30 年的时间就会出现一次发展的高潮,而每次发展高潮的出现又如后文所述,基本上都经历了"浩劫—复苏—发展"的酝酿形成过程。

2.1　第一次高潮——新图书馆建设的高潮

20 世纪中国图书馆发展的第一次高潮出现在 1925 年至 1937 年之间,其形成的标志是 1925 年 4 月中华图书馆协会的成立,其结束的标志是 1937 年 7 月抗日战争的全面爆发。第一次高潮的形成经历了"公共图书馆运动"(1900—1911年)和"新图书馆运动"(1912—1925 年)两个酝酿阶段,其显著的特点是模仿欧美图书馆事业,变革传统藏书事业,创建新式的近代图书馆事业;其显著的成就是奠定了 20 世纪中国图书馆事业发展的基本格局与模式。

　　2.1.1　公共图书馆运动的兴起(1900—1911 年)①

　　1900 年的义和团运动加速了清政府的灭亡。在穷途末路之际,慈禧太后不得不相继实行了"变法新政"(1901—1905 年)和"预备立宪"(1906—1911 年)。由于清末"变法新政""预备立宪"是清政府为形势所迫,不得已而进行的一场改革,所以在态度和政策上既具有积极的一面,又具有消极的一面。虽然总的倾向是保守的,但是,清末新政毕竟涉及了一些根本制度的变革,因此它在客观上对于推动自鸦片战争至戊戌维新以来学习西方图书馆与创办近代图书馆的活动,具有积极的意义。由于清政府的提倡,西方的图书馆观念在清末新政时期得到了更加广泛的传播,并由此引发了一场公共图书馆运动。

　　这场公共图书馆运动,包括公共图书馆的创办、图书馆管理体制的建立、图书馆管理制度的建立、公共图书馆观念的广泛传播、西方图书馆学术成果的翻译介绍等内容,奠定了我国近现代图书馆发展的基础②。

　　公共图书馆运动是一场从地方士绅自发设立公共图书馆,到封疆大吏主动奏设公共图书馆,最后由政府统一倡导设立公共图书馆的自下而上的图书馆运动,其发展大致以 1906 年清政府宣布"预备立宪"和 1909 年清学部制定"分年筹备事宜"为分界线划分为以下 3 个基本阶段。

　　(1)第一个阶段:士绅自发设立公共图书馆阶段(1901—1904 年)

　　虽然维新派试图进行的自上而下的维新变法运动失败了,但是,维新派的藏书楼思想却开始了"自上而下"的传播和发展。在维新派宣传的西方图书馆思想观念和创办学会学堂藏书楼实践的影响下,一些地方士绅逐渐认识到了新式藏书楼的意义和作用,并开始在地方积极宣传藏书楼的重要作用,相继倡导和创办了我国第一批公共藏书楼。例如:

　　1901 年,安徽士绅何熙年等在安庆创办皖省藏书楼;

---

　　①　程焕文.晚清图书馆学术思想史[M].北京:北京图书馆出版社,2004:216 - 319.

　　②　CHENG H W. The impact of American librarianship on Chinese librarianship in modern times (1840—1949)[J]. Libraries & Culture,1991(2):372 - 387.

1902 年,浙江士绅徐树兰在绍兴创办古越藏书楼;

1903 年,浙江士绅邵伯絅、胡藻青在杭州创办浙江藏书楼;

1904 年,湖南士绅梁焕奎等在长沙创办湖南图书馆;

1904 年,疆臣端方、张之洞在武昌创设湖北图书馆①。

(2)第二个阶段:疆臣主动奏设公共图书馆阶段(1904—1908 年)

1906 年,清政府宣布预备立宪,一些封疆大吏以此前地方士绅创设的公共藏书楼为基础,因势利导,改民间公共藏书楼为官办公共图书馆,相继奏设了一批公共图书馆。例如:

1906 年,湖南巡抚庞鸿书奏设湖南图书馆;

1907 年,安徽巡抚冯煦奏设皖省官办图书馆;

1908 年,奉天总督徐世昌等奏设黑龙江图书馆;

1908 年,两江总督端方奏设江南图书馆②。

(3)第三个阶段:各地照章奏设公共图书馆阶段(1909—1911 年)

为了预备立宪,清学部于 1909 年 4 月 18 日(宣统元年闰二月二十八日)上《奏报分年筹备事宜折》,制定了各项分年筹备事宜。其中,1909 年(宣统元年)——预备立宪第二年的筹备事宜中有"颁布图书馆章程""京师开办图书馆(附古物保存会)"两项;1910 年(宣统二年)——预备立宪第三年的筹备事宜中有"行各省一律开办图书馆"一项③。据此,学部于 1910 年(宣统二年)颁布我国第一个全国性图书馆章程——《京师图书馆及各省图书馆通行章程》④。于是,自鸦片战争,尤其是戊戌维新以来,宣传西方图书馆观念、倡导设立新式图书馆的思想与活动正式从民间和地方上升到了政府提倡,从地方士绅和封疆大吏的自发行为上升到了清政府的国家行为。由此,我国又产生了

---

① ②　程焕文.晚清图书馆学术思想史[M].北京:北京图书馆出版社,2004:216 – 319.

③　学部.奏报分年筹备事宜折(宣统元年闰二月二十八日)[M]//陈学恂.中国近代教育史教学参考资料.北京:人民出版社,1986:742 – 746.

④　学部.京师图书馆及各省图书馆通行章程折(宣统二年)[M]//李希泌,张椒华.中国古代藏书与近代图书馆史料(春秋至五四前后).北京:中华书局,1982:129 – 131.

一批官办公共图书馆。例如：

1909 年,学部奏设京师图书馆;

1909 年,山东巡抚袁树勋奏设山东图书馆;

1909 年,山西巡抚宝棻奏设山西图书馆;

1909 年,云南提学使叶尔恺奏设云南图书馆;

1909 年,浙江巡抚增韫奏设浙江图书馆;

1910 年,广西巡抚张鸣岐奏设广西图书馆。

特别值得一提的是,在公共图书馆运动兴起的同时,新式的学校图书馆亦有较大的发展。清末新政开始后,清政府于 1901 年 9 月(光绪二十七年八月)通谕各省设大学堂、中学堂和小学堂,次年 2 月又再次谕令各省火速筹划学堂,并将开办情形详细具奏。在清政府的一再督促下,各省创办了不少各类新式学堂,截至 1903 年,全国各类学堂已达 769 所,在校学生 31428 人①。1905 年 9 月(光绪三十一年八月),清政府"谕立停科举以广学校",废除在中国实行了 1300 多年的科举制度。同年底,清政府设立学部,作为主管全国教育的最高行政机构,并开始建立较为完备的新的教育行政管理体系②。于是,学校图书馆亦开始在全国各地次第设立。

2.1.2　新图书馆运动的高涨(1912—1925 年)

公共图书馆运动在全国各地催生了一批公共图书馆。但是,在清末新政时期,这些公共图书馆除了在名称上具有近代图书馆的称谓以外,在图书馆的运作上大都是换汤不换药,与过去的官府藏书并没有本质的区别。于是,在民国初年(1912—1925 年),继公共图书馆运动之后,我国又掀起了一场抨击传统藏书楼陋习,倡导模仿欧美图书馆建设新式图书馆的新图书馆运动。

新图书馆运动是以沈祖荣先生等在全国巡回演讲和在 20 年代初期时发

---

① 汤钦飞.清末新式教育行政机构的建立及其运作[M]//王晓秋,尚小明.戊戌维新与清末新政——晚清改革史研究.北京:北京大学出版社,1998:176 - 177.

② 学部.奏酌拟学部官制并归并国子监事宜改定额缺折(光绪三十二年四月二十日)[M]//陈学恂.中国近代教育史教学参考资料.北京:人民出版社,1986:585 - 590.

起退还庚子赔款运动为标志全面展开的,它的结束则以鲍士伟博士访华和中华图书馆协会成立为标志。

（1）文华公书林与文华图书科——新图书馆运动的策源地和中心①②

1910 年春,美国友人韦棣华女士（Miss Mary Elizabeth Wood,1861—1931）在武昌文华大学创办了我国第一个名副其实的近现代公共图书馆——文华公书林（Boone Library）,它具有里程碑意义。

文华公书林从一开始便完全按照美国公共图书馆的管理方式运作,不仅免费向武汉三镇的市民开放,通过开办系列文化学术讲座等方式广泛宣传现代图书馆及其服务以吸引民众,而且分别在校外的圣迈克尔氏教堂（St. Michael's Parish Church）和三一教堂（Trinity Church）设立了阅览室,前者主要为该教区的民众、士兵和学生服务,后者则主要为商人服务。在此基础上,韦棣华女士于 1914 年在中国率先设立了巡回文库（Traveling Library）,将各种实用书刊按照每 50 至 100 册的数量分装,分别送到各个学校、机关、工厂,以便民众就近借阅。文华公书林采用《杜威十进分类法》《美国国会图书馆目录》作为图书分类的标准体系。

文华公书林创办之初仅有韦棣华女士和沈祖荣先生两位专职馆员,其后胡庆生先生也加入了。随着文华公书林的不断发展,韦棣华女士越来越感到"肩任公书林管理者,非受此种专门训练,事业必难有发展之希望"。于是,韦棣华女士先后于 1914 年和 1917 年分别资助沈祖荣先生和胡庆生先生赴美国纽约公共图书馆学校（New York Public Library School）留学,开创了中国人赴海外留学攻读图书馆学的先河。1916 年,沈祖荣先生学成回国后,韦棣华女士

---

①　CHENG H W. Miss Mary Elizabeth Wood:From an American librarian to the queen of the modern library movement in China[M]//澳门图书馆暨资讯管理协会.两岸三地图书馆管理与技术.澳门:澳门图书馆暨资讯管理协会,2000:85 – 101.

②　程焕文.文华精神:中国图书馆精神的家园——纪念文华图专 80 周年暨韦棣华女士和沈祖荣先生[M]//马费成.世代相传的智慧与服务精神——文华图专八十周年纪念文集.北京:北京图书馆出版社,2001:225 – 251.

又派其在全国各地宣传欧美现代图书馆事业,在全国掀起了新图书馆运动的高潮。

韦棣华女士感到要发展中国的图书馆事业,必须培养一批现代图书馆的专门人才,于是,自 1918 年起,韦棣华女士又开始筹办文华图书馆专科学校。为此,韦棣华女士于 1918 年第二次返美,一方面是赴西蒙斯大学图书馆学院(Simmons College Library School)进修深造,另一方面则是为学校筹集资金。1919 年,韦棣华女士和胡庆生先生学成回到中国。1920 年 3 月,韦棣华女士与沈祖荣先生和胡庆生先生一起仿照美国图书馆学教育的模式,在文华大学创办了我国第一所图书馆学教育机构——文华图书科(Boone Library School)。从此以后,文华图书科便成为培养中国图书馆高级专业人才的摇篮。

(2)巡回演讲与退还庚款——新图书馆运动的全面展开

1914 年,在韦棣华女士的资助下,沈祖荣先生赴美国纽约公共图书馆学校(New York Public Library School)攻读图书馆学。1916 年,沈祖荣先生学成回国。其后,在 1917—1919 年,沈祖荣先生携带着各种影片、模型、统计图表等奔赴全国各地,猛烈抨击藏书楼的陋习,广泛宣传图书馆的功用,讲解创办图书馆的办法,倡导创办具有中国特色的美国式图书馆事业,凡湖北、湖南、江西、江苏、浙江、河南、山西、直隶足迹殆遍,在中国掀起了一场前所未有的新图书馆运动[1]。是为中国"提倡图书馆之先声"[2]和"西洋图书馆学流入中国之先声"[3]。

创办图书馆的首要条件是必需的经费,而在 20 世纪初,经费拮据仍是创办图书馆的最大困难。为此,韦棣华女士积极配合国内文化学术界名流,争取美国退还庚子赔款,用于发展包括图书馆在内的永久性文化事业,并于 1923 年冬第三次返美,在首都华盛顿奔走了半年多的时间,前后拜谒了美国国会的

---

① 沈祖荣.韦棣华女士略传[J].文华图书科季刊,1931(3):283-285.

② 金敏甫.中国现代图书馆概况[M].广州:广州图书馆协会,1929:1.

③ 严文郁.中国图书馆发展史[M].新竹:枫城出版社,1983:198.

82 位参议员和 420 位众议员[①]。1924 年 5 月,美国参众两院通过议案并获美国总统批准同意,将总数 600 多万美元的庚子赔款余额退还中国,以进一步发展中国的教育与文化事业。为了使庚子赔款能够用于发展图书馆事业,韦棣华女士在美国图书馆界奔走呼号,最终美国图书馆协会决定派遣美国图书馆协会前主席、圣路易斯公共图书馆馆长鲍士伟博士(Dr. Arthur E. Bostwick)作为该协会的代表,于 1925 年 4 月 26 日至 6 月 16 日来华考察中国图书馆事业,以促使美国将退还赔款的一部分用于发展中国图书馆事业。美国国会批准退还庚子赔款和鲍士伟博士将访华的消息极大地振奋了处在新图书馆运动热潮中的中国图书馆界。

(3)中华图书馆协会成立——新图书馆运动的高潮

为了迎接鲍士伟博士来华考察图书馆事业,并最终促使美国退还庚子赔款用于发展包括图书馆在内的永久性文化事业,韦棣华女士与国内文化教育界名流蔡元培、梁启超、黄炎培、张伯苓等 56 人于 1925 年 3 月首揭缘起,"请集全国图书馆及斯学专家为中华图书馆协会"[②]。1925 年 4 月 25 日,在鲍士伟博士抵华的前一天,中华图书馆协会在上海成立。4 月 26 日,鲍士伟博士到达上海。在杜定友、洪有丰、沈祖荣、胡庆生、袁同礼等先生的陪同下,鲍士伟博士先后在上海、杭州、苏州、南京、武汉、长沙、开封、太原、北京等地考察各类型图书馆,演讲美国图书馆事业。6 月 2 日,在鲍士伟博士离京之前,中华图书馆协会在北京正式举行了成立仪式。中华图书馆协会的成立,标志着新图书馆运动达到了高潮,从此中国开始从以宣传欧美图书馆事业为主的新图书馆运动转入新图书馆建设的热潮。

2.1.3　新图书馆建设的高潮(1926—1937 年)

在 1926—1937 年,我国图书馆事业出现了 20 世纪的第一次发展高潮。

---

① WOOD M E. Recent library development in China[J]. Bulletin of the American Library Association,1924(18):178 – 182.

② 中华图书馆协会. 中华图书馆协会概况[M]. 北京:中华图书馆协会,1933:1.

（1）各类型图书馆的普遍设立

1925 年时，全国共有图书馆 502 个，此后全国图书馆的数量开始迅猛增长，1925 年增长到 622 个，1928 年增长到 1282 个，1929 年增长到 2988 个，1935 年达到 5812 个，比 1916 年新图书馆运动时期的 260 个图书馆增加了大约 20 倍，见图 1①。

单位：个

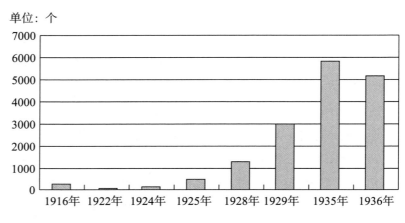

图 1　图书馆发展示意图

（2）中华图书馆协会

继 1924 年 3 月我国第一个图书馆协会——北京图书馆协会成立之后，在 1925 年前后，全国各地成立了近 20 个地方图书馆协会。中华图书馆协会自 1925 年成立以后，于 1929 年在南京举行了第一次年会，1933 年在北京举行了第二次年会，1936 年在青岛举行了第三次年会。1927 年，英国图书馆协会在爱丁堡举行英国图书馆协会 50 周年大会，应各国的要求，大会在开幕的首日组织了一个委员会专门讨论发起国际图书馆协会联合会（IFLA）的有关事宜，共有来自奥地利、比利时、加拿大、捷克、丹麦、英国、法国、德国、荷兰、意大利、挪威、瑞典、瑞士、美国、中国等 15 个国家的 21 位图书馆协会代表与会。中华图书馆协会请韦棣华女士代表签字，与其他 14 个国家的图书馆协会共同发起

---

① 　严文郁.中国图书馆发展史［M］.新竹:枫城出版社,1983:111 – 114.

成立了国际图书馆协会联合会。

1929 年,沈祖荣先生作为中华图书馆协会的唯一代表参加了在意大利举行的国际图书馆协会联合会第一次年会。

(3)图书馆学教育

在这个时期,中国的图书馆学教育也得到长足发展:

1925 年,杜定友创办上海国民大学图书馆学系;

1928 年,刘国钧、李小缘等创办金陵大学图书科;

1929 年,文华图书科独立成为私立武昌文华图书馆学专科学校。

2.2　第二次高潮——新中国图书馆建设的高潮①

第二次高潮的标志是1957 年《全国图书协调方案》的颁布,这次高潮的时间段为1957—1962 年,它的意义在于确立了新中国图书馆事业发展的基本模式。

2.2.1　新中国图书馆事业的恢复(1949—1957 年)

新中国图书馆建设的高潮有两个前奏:新中国成立初的图书馆改造(1949—1952 年)和新中国图书馆事业的建设(1953—1957 年)。图 2 大致反映了 1949 至 1965 年图书馆事业发展的情况。

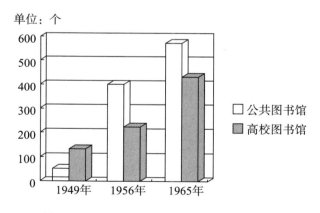

图 2　1949 至 1965 年图书馆事业发展示意图

---

① 程焕文.共和国图书馆事业四十年之回顾与展望[J].图书馆,1989(5):3-10.

新中国成立初的图书馆改造（1949—1952年）：在新中国成立的最初三年，主要接收、接管、改造原有的图书馆。共接管各类型图书馆55个，并将其纳入国家计划，成为国家所有。1951年设立科学院图书馆；1952年将文华图书馆学专科学校合并到武汉大学，成立了图书馆学专修科；充实了北京大学图书馆学专修科；设立了西南师范学院图书馆博物馆专修科；强调图书馆为工农兵服务。

新中国图书馆事业的建设（1953—1957年）：从1953年起，新中国进入了大规模的社会主义建设时期——第一个五年计划开始实施。随着国家工业化的进展、农业合作化高潮的到来和"向科学进军"任务的贯彻，以及"提高质量，全面规划，加强领导，又多、又快、又好、又省地积极稳步地发展图书馆事业"方针的制定，图书馆事业开始进入建设阶段：①各类型图书馆迅速发展，公共图书馆由1952年的83个增加到1957年的400个，高校图书馆由1950年的132个增加到1956年的225个。②在周恩来总理1956年《关于知识分子问题的报告》和"向科学进军"的号召下，改变了过去过分强调为工农兵服务，只注重普及而忽视提高的弊端，确立了为科学研究服务的目标。1956年武汉大学、北京大学图书馆学专修科改为四年制本科。

1956年1月，党中央发出了"向科学进军"的伟大号召。同年7月，文化部在北京召开了全国图书馆工作会议，根据周恩来总理关于知识分子问题的指示精神，会议报告《明确图书馆的方针和任务为大力配合向科学进军而奋斗》中指出，"提供科学研究的图书资料，是我们文化部门和图书馆工作者一个艰巨而光荣的政治任务"。1956年8月28日《人民日报》发表社论，题为《向科学进军中的图书馆工作》，图书馆学作为一门学科被列入当年制定的全国科学12年远景规划，在当时国家鼓励大力发展科技事业的阶段受到了人们的高度重视。

1957年9月，国务院全体会议第57次会议批准颁布了《全国图书协调方案》："在国务院科学规划委员会下设图书小组，由文化部、教育部、中国科学院、卫生部、地质部、北京图书馆的代表和若干图书馆专家组成，负责全国为科学研究服务的图书工作的全面规划、统筹安排。"该方案的主要内容为以下两项：第一，建立全国的和地方的中心图书馆委员会，具体规划、实施全国的藏书协调工作；第二，编制全国图书联合目录。《全国图书协调方案》的制定和实施，标志着我国的文献资源共建共享活动迈出了重要的一步。

1957—1967 年，根据《全国图书协调方案》，北京、上海分别成立了第一、第二中心图书馆委员会，其中北京的全国第一中心图书馆委员会成员馆包括北京图书馆、中国科学院图书馆、协和医学院图书馆和医学科学院图书馆、农业科学院图书馆和农业大学图书馆、地质部全国地质图书馆、中国人民大学图书馆、北京大学图书馆、清华大学图书馆、北京师范大学图书馆等。上海的全国第二中心图书馆委员会成员馆包括上海图书馆、上海科学技术图书馆、历史文献图书馆、中国科学院图书馆上海分馆、复旦大学图书馆、上海第一医学院图书馆和上海军医大学图书馆、交通大学图书馆等。另在武汉、沈阳、南京、广州、成都、西安、兰州、天津、哈尔滨等 9 个城市成立了地区中心图书馆委员会，成员馆有 105 个，其中省（自治区、直辖市）图书馆 17 个、高等院校图书馆 75 个、专业图书馆 13 个。除《全国图书协调方案》规定成立中心图书馆委员会以外的地区，河南、湖南、浙江、吉林、山西、安徽、宁夏、新疆等省、自治区，也先后成立了中心图书馆委员会或协作委员会，开始进行馆际协调与协作工作，为实现全国文献资源共享打下了一定的基础。

这些中心图书馆委员会的工作重点是：协助科学规划委员会或行政领导部门，对图书馆事业进行统筹安排与全面规划，研究和解决有关中心图书馆之间的分工合作，包括图书的采购、调配、交换、互借等方面的业务问题；研究有关业务发展问题。全国中心图书馆委员会的主要任务是搜集高质量的图书资料、编辑联合目录和新书通报、开展国际书刊交流、复制图书报刊、规划业务干部培训等。全国中心图书馆委员会和地区中心图书馆委员会之间只有协调方面的工作关系，没有隶属关系。各个中心图书馆委员会为实现为科技发展服务的目标，开展了许多相关服务。例如：哈尔滨、沈阳等地区中心图书馆委员会对科研人员发放了通用借书证；广州地区中心图书馆委员会在广州科学馆内设立了包含该地区 9 个成员馆和 20 个非成员馆藏书的书目中心;全国第二中心图书馆委员会在上海图书馆内设立了"上海市现期科技期刊阅览中心",从各馆藏书中选出 1550 种常用科技期刊,采取开架陈列的方式向科技人员开放。

《全国图书协调方案》提出后,在全国中心图书馆委员会下设一个全国图书联合目录编辑组,主要任务是调查全国各馆的藏书和编目情况,并负责制定联合目录的编辑计划,协调各馆在这方面的工作。1957 年 11 月,全国联合目录编辑组成立,截至 1966 年,这个小组在对文献资源收藏情况进行调查的基础上,共出版全国性和地区性的联合目录 300 多种。全国中心图书馆委员会还建立了全国卡片目录中心,收集到 205 个大中型图书馆的馆藏目录卡片,编印《全国西文新书联合目录通报》,在 9 年中报道了全国 524 个图书馆的西文新书 194548 种。从 1958 年到 1966 年,先后出版 27 种专题联合目录,在数量上超过了之前,质量上也有很大提高,其中参考价值较大的联合目录有《全国中文期刊联合目录》《全国西文期刊联合目录》《中国古农书联合目录》《中医图书联合目录》《中国丛书综录》等。这些大型联合目录都是图书馆界和科研单位必备的常用参考工具书,其中《全国中文期刊联合目录》收录 1833 年到 1949 年全国出版社的中文期刊达 19115 种。

全国第一中心图书馆委员会分别编制了中文、俄文、西文、日文 4 种期刊联合目录和 18 种全国性的专题联合目录,定期出版了《全国西文新书联合通报》,建立了全国西文图书卡片目录中心。部分地区中心图书馆委员会还编制了地区性的中外文书刊的联合目录。

据统计,全国县级以上的公共图书馆从 1949 年的 55 个,发展到 1965 年的 573 个;高等学校图书馆由 1949 年的 132 个,发展到 1965 年的 434 个;工会图书馆由 1949 年的 44 个,发展到 1963 年的 43546 个;在边远地区和少数民族地区也建立了一批新馆,形成了中国历史上的第二次"新图书馆运动"。《全国图书协调方案》开创了我国图书馆文献资源共享的新局面。从此,我国图书馆拉开了大规模的馆际协作活动的序幕。

2.2.2 新中国图书馆事业建设的"大跃进"(1958—1962 年)

1958 年是第二个五年计划开始之年,在总路线、"大跃进"、人民公社三面红旗的指导下,为了改变一穷二白的局面,过渡到共产主义阶段,我国开始了图书馆事业的"大跃进"(1958—1961 年)。这一阶段过分强调群众办馆,片面地追求图书馆的数量。据统计:"到 1958 年底,全国约有 30 多万个图书馆,藏书约 26000 万册,与解放前图书馆事业最繁荣的 1936 年的 5196 所图书馆和 2000 多万册藏书相比,馆数增加了 60 多倍,藏书增加了 12 倍多。与 1949 年全国解放时的 391 所图书馆和藏书 2600 多万册相比,馆数增加了 900 多倍,藏书增加了 9 倍。"[1]仅 1958 年一年,县级以上公共图书馆就由 1957 年的 400 个增加到 922 个[2],还有文化馆图书室 2757 个,全国社办图书馆增加到 473800 个,比 1957 年增加 264%,工会图书馆亦到达 35580 个。1958 年 8 月在北京召开了"全国省市自治区图书馆工作跃进大会",会议向全国图书馆界提出了"十比"倡议,引导全国图书馆工作"番上加番,翻了又翻"。据不完全统计:到 1958 年,全国各图书馆已经编制书目 4864 种,超过了中国历史上历代所编书目总数的 3 倍。四川省新繁县竹友公社在 1960 年 2 月掀起了一个以食堂为中心的群众办馆的高潮,仅 3 天时间就建立了食堂图书室 53 个,藏书达 22500 册,平均每人 25 册,每天有读者 5000 人,流通图书达 12500 册。海安县各图书馆(室)在建立毛主席著作读书站的过程中,仅仁桥公社 3 天就建站 1608 个。上海市梅苏里民办图书馆 1960 年的 8 个月间就购进了 31500 多本毛主席著作[3]。

经过 1958—1961 年的 4 年"放卫星",图书馆事业开始失控。为了扭转这种过热的局面,1962 年以后开始实行"调整、巩固、充实、提高"的八字方针。

---

①③ 北京大学图书馆学系. 中国近代现代图书馆事业史(草稿)[M]. 北京:北京大学图书馆学系铅印,1961:241.

② 胡耀辉. 中国图书馆事业光辉的十年[N]. 光明日报,1959 – 10 – 20(3).

以公共图书馆为例,1960 年有 1093 个,到 1963 年时只剩下 490 个①。

2.3　第三次高潮——新世纪数字图书馆建设的高潮

第三次高潮的标志是 1999 年教育部启动中国高等教育文献保障系统(China Academic Library and Information System,简称 CALIS)项目,这次高潮经历的时间自 1999 年至今,它的意义在于开创了 21 世纪我国信息资源共享的基本模式。这次高潮的前奏是:图书馆事业的恢复(1977—1984 年)和图书馆事业的兴盛(1985—1998 年)。

据统计,到 1980 年,全国县以上公共图书馆已经达到 1732 个,1986 年达到 2406 个,1990 年达到 2527 个,1994 年达到 2596 个。到 1980 年,全国高校图书馆已经达到 675 个,1986 年达到 1053 个,1990 年达到 1075 个,1994 年达到 1080 个②。虽然从图 3 可见,1986 年以后,图书馆的数量变化不大,但一直注重质量的提高、图书馆新馆舍的建设。

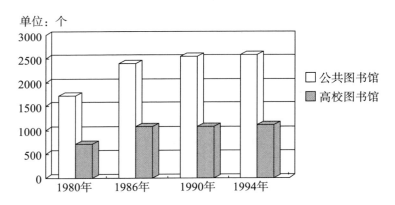

图 3　改革开放以来图书馆发展示意图

---

①　北京大学图书馆学系.中国近代现代图书馆事业史(草稿)[M].北京大学图书馆学系铅印,1961:241.

②　吴慰慈,鲍振西,辛希孟,蓬勃发展中的中国图书馆事业[M].北京:书目文献出版社,1996:76 – 79.

2.3.1　重要里程碑

这一时期,图书馆事业的发展也有几个重要的里程碑:

1979 年 7 月,中国图书馆学会成立;

1980 年,中央书记处通过《图书馆工作汇报提纲》(以下简称《提纲》),《提纲》中指出:"图书资料是一种国家资源,必须统筹安排,把它们组织起来才能合理使用。"《提纲》对 80 年代中期图书馆事业的恢复和发展产生重大影响;

1981 年,中国图书馆学会恢复了在 IFLA 中的协会会员资格;

1987 年,中宣部、文化部、国家教委、中科院联合下发《关于改进和加强图书馆工作的报告》;

1996 年,中国图书馆学会主办第 62 届 IFLA 大会。

2.3.2　中国高等教育文献保障系统(CALIS)

1999 年 1 月,中国高等教育文献保障系统启动。CALIS 是经国务院批准的我国高等教育"211 工程"总体规划中两个公共服务体系之一。作为国家经费支持的中国高校图书馆联盟,CALIS 的宗旨是:在教育部的领导下,把国家的投资、现代图书馆理念、先进的技术手段、高校丰富的文献资源和人力资源整合起来,建设以中国高等教育数字图书馆为核心的教育文献联合保障体系,实现信息资源共建、共知、共享,以发挥最大的社会效益和经济效益,为中国的高等教育服务。

"九五"期间,设在北京大学的 CALIS 项目管理中心联合各参建单位,建设了文理、工程、农学、医学 4 个全国文献信息中心,华东北、华东南、华中、华南、西北、西南、东北 7 个地区中心和 1 个东北地区国防信息中心,发展了 152 个高校成员馆,建立了一系列国内外文献数据库,包括联合目录数据库、中文现刊目次库等自建数据库和引进的国外数据库,采用独立自主开发与引用消化相结合的方式,开发了联机合作编目系统、联机公共检索(OPAC)系统、馆际互借与文献传递系统等,形成了较为完整的 CALIS 文献信息资源服务网络。在此基础上开展了公共目录查询、信息检索、馆际互借、文献传递、网络导航等网络化、数字化文献信息服务,对保障"211 工程"各高校的重点学科建设、培养高层次人才、支持科研创新等发挥了重要的作用。

在"十五"期间,CALIS 将作为技术的组织者和标准的协调者,不断拓展图书馆新的服务和建立中国高等教育数字图书馆,为中国高等教育事业服务。"十五"期间,CALIS 将加强高校数字图书馆联盟的作用,组织全国高校图书馆完善和利用 CALIS"九五"期间已建立的文献信息保障体系,加大数字资源建设力度,建设一批面向高等教育的特色数字资源,建成若干具有先进应用技术水平的数字图书馆基地,到 2005 年初步建成中国高等教育数字图书馆。为100 所"211 工程"高校的科学研究和重点学科建设服务,为 400 所肩负研究生培养任务的高校的高水平人才培养工作服务,为 1000 所全国普通高校的本科生教学工作服务。

目前,CALIS 的一期工程已经结束,二期工程已经启动。二期工程中几个比较大型的项目已经在运作,如 2003 年中国高校人文社会科学文献中心(CASHL)启动,为整个国家的哲学、社会科学创新体系服务;2002 年中国高等学校数字图书馆联盟(CADLA)成立;2001 年中美百万册图书数字图书馆合作项目(CADAL)立项,目前已经启动。

可以说,CALIS 是迄今为止我们所看到的在中国已经实施的很多资源共享项目中做得最好的。整个 CALIS 项目的建设依托于 61 个国家级重点高校图书馆和 100 多个省属"211"高校图书馆,从 1999 年开始,到现在发生了翻天覆地的变化,把中国高校图书馆事业甚至整个中国图书馆事业的发展带到了一个新的高度,全面开始了信息资源共享共建工作。之所以说其具有里程碑和标志性意义,就在于这一点。图书馆自动化、技术发展,如果不是向着网络化和信息资源共享发展,它的意义始终会受到限制。

2.3.3　全国性信息资源共享工程

与 CALIS 同时投入建设的全国性信息资源共享工程还有不少:

1998 年,中国数字图书馆工程立项;

2001 年,国家图书馆二期暨国家数字图书馆基础工程立项;

2002 年,中国科学院国家科学数字图书馆(CSDL)项目启动。

这些项目都是一个系统或跨地区、跨系统的大的合作资源共享项目。这些项目在这一时期都具有重大意义,标志着我国新世纪图书馆信息资源共享建设高潮的到来。

2.3.4　图书馆自动化系统

20 世纪 80 年代后期,我国图书馆自动化的发展经过了几个阶段:前期是各个图书馆自我开发;90 年代以后,随着图书馆系统的发展,各个图书馆自我开发的系统逐渐被淘汰,几个具备实力的集成系统开发商开发的专业系统得以广泛应用。现在国内应用最广泛的是两个系统:深圳图书馆开发的图书馆自动化集成系统(ILAS)、南京大学开发的汇文文献信息服务系统。从 90 年代开始,国外图书馆自动化集成系统也在不断引进,现在用得比较多的有 4 个系统:INNOPAC、UNICORN、HORIZON、ALEPH。

20 世纪 90 年代以后,图书馆自动化系统已经成为图书馆发展的一个必备条件,现在只是一个基本的因素,而不像 90 年代以前那样具有标志性意义。

2.3.5　电子数据库

与此同时,图书馆发展有了很大变化,有很多 IT 业的公司参与到图书馆活动中来。在我国,比较著名的电子期刊数据库主要有中国学术期刊网(CNKI)和中文科技期刊数据库,很多图书馆都在用这两个数据库。电子图书数据库包括:超星数字图书馆、书生之家数字图书馆、方正 Apabi 数字图书馆。尽管他们号称数字图书馆,但我们只称其为"电子图书",其实质并非我们业界所讲的数字图书馆。

这一时期发生很大的变化,即很多公司企业开始参与到图书馆的业务中,开始为图书馆服务。这为整个图书馆信息资源共享的发展奠定了一个很好的基础,也是对图书馆事业一个非常大的支持。

3　三次浩劫

20 世纪中国图书馆事业出现过三次发展高潮,但是在每次发展高潮形成之前,中国图书馆事业都经历了空前的浩劫。

3.1 "八国联军"之浩劫

下面几次虽然除翰林院之劫毁以外,都不是"八国联军"共同做的,但都是外国列强所为,故统称为"八国联军"之浩劫。

3.1.1 翰林院之劫毁①

1900 年 6 月 24 日,俄、英、美、日、德、法、意、奥"八国联军"以"保护使馆"为名在劫掠翰林院藏书后,将翰林院焚毁。《永乐大典》、《四库全书》底本等珍贵典籍被劫毁。在国际上大家认为此次浩劫与埃及亚历山大图书馆被烧毁造成的损失相当。

3.1.2 敦煌遗书之劫掠②

1900 年,敦煌遗书[公元 4—10 世纪的各种经卷、文书及其他文献,总共大约 5 万卷,包括唐咸通九年(868 年)刻本《金刚般若波罗蜜经》这一世界上现存的最古的具有准确刻印年代的印刷品]被发现以后,外国列强采取各种手段巧取豪夺敦煌遗书达 50% 以上;

1900—1915 年,俄国人库库什金、奥勃鲁切夫、柯同洛夫、鄂登堡等盗走敦煌遗书 1 万件以上;

1907 年 5 月,英籍匈牙利人斯坦因盗走 24 箱写本和 5 箱绣画等物品,1914 年又盗走 4 大箱经卷;

1908 年,法国人伯希和盗走大约 5590 卷写本;

1911 年,日本人桔瑞超盗走 367 卷;

---

① DAVIS D G,CHENG H W. Destruction of chinese books in the Peking Siege of 1900 [J]. IFLA journal,1997(2):112 - 116;DAVIS D G, CHENG H W. The destruction of a great library:China's loss belongs to the world[J]. American Libraries,1997(9):60 - 63;程焕文. 千古浩劫 馨竹难书 八国联军罪不容诛——翰林院劫毁百年祭[J]. 资讯传播与图书馆学,2000(7 - 2):33 - 44.

② 程焕文. 中国图书文化导论[M]. 广州:中山大学出版社,1995:222 - 236.

1914年,日本人吉川小一郎盗走100多卷;

1902—1914年,日本人大谷光瑞等盗走7000余件吐鲁番文书和简牍等文献。

3.1.3　皕宋楼之东去

1907年,通过日本人岛田翰,日本三菱系财阀岩崎弥之助和岩崎小弥太父子以10万元之价格将清末四大藏书楼之一陆氏皕宋楼以及十万卷楼和守先阁的藏书全部强买骗购到日本,归于静嘉堂文库。

3.1.4　莫理循文库之东去

1916年,日本三菱系财阀岩崎久弥将北京莫理循文库的24000册藏书全部骗购至日本,并于1924年将其岩崎文库与莫理循文库合并,建立了东洋文库。

3.2　日本侵华之浩劫①

日本侵华给中华民族带来的灾难是深重的,中国的图书馆也未能幸免。其中比较严重的事件有:

1932年1月29日,日军在进犯上海时,用飞机轰炸商务印书馆,炸毁东方图书馆之涵芬楼,导致东方图书馆共损失藏书40余万册;1932年3—7月,日伪在东北地区焚毁图书650万册;1937—1945年,全面抗战的八年间,中国"东南各省损失了近2000所图书馆,图书损失在1千万册以上"②。

3.3　"文化大革命"之浩劫

3.3.1　"破四旧"之劫

以"破四旧"(旧思想、旧文化、旧风俗、旧习惯)、"除毒草"为名,全国范围内发动了一场"封、资、修"文献与文物大清抄,无数的古籍和书刊被焚毁,"仅

---

①　李彭元.日本对我国图书馆事业的侵略与破坏之研究(晚清至民国时期)[D].广州:中山大学,1998:20-21,30,67.

②　严文郁.中国图书馆发展史[M].新竹:枫城出版社,1983:140-145.

苏州一地,大约有 200 吨古籍被化为纸浆","仅通县造纸厂院中堆放着 17 垛 300 立方米大书堆,约 2000 吨,大部分被化纸浆处理,仅抢救出 34 吨典籍"①。

3.3.2 阶级斗争之劫

"文革"期间,在图书馆建设上,图书馆成为阶级斗争的工具和场所,禁锢大批"封、资、修"藏书,以致出现"书荒"。以公共图书馆为例,1960 年有 1093 个,到 1970 年时仅剩下 323 个。

大批图书馆专家被打成"反动学术权威""走资派"等,长期下放农村,有的甚至被迫害致死,图书馆学研究和教育处于停滞状态。

4 两个轮回

图书馆学的发展,在过去的一百年间经历了两个轮回。第一个图书馆学术轮回是:日本—欧美—中国化,即由输入日本图书馆学,转向输入欧美图书馆学,最后走中国化的图书馆学道路;第二个图书馆学术轮回是:苏联—欧美—中国化,即由输入苏联的图书馆学,到输入欧美图书馆学,最后走中国化的图书馆学道路。

4.1 第一个图书馆学术轮回:日本—欧美—中国化

4.1.1 日本图书馆学术

（1）图书馆一词的流行

日本图书馆学的流入是在清末新政时期。在明治维新以前,日本把图书馆都称为"文库",后从中国传入"图书馆"一词,并广为传用。清末新政主要是模仿日本进行的,当时朝廷上下都学日本,因而在这一时期,受整个社会环境影响,中国图书馆界又反过来学习日本,"图书馆"一词才开始在中国流行起来。当时,还翻译了日本的大量图书馆学文章和著作。

---

① 吴枫. 中国古典文献学[M]. 济南:齐鲁书社,1982:27.

（2）日本图书馆学文章的翻译

1901 年以后，《教育世界》陆续刊载了译自日文的《关于幼稚园图书馆等及私立小学校规划》《日本图书馆之增设》《世界图书馆小史》《学校文库及简易图书馆经营法》等文。

（3）日本图书馆学著作的翻译

1910 年，谢荫昌翻译了日本户野周二郎撰写的《图书馆教育》；1917 年，北京通俗教育研究会翻译了日本图书馆协会编写的《图书馆小识》；1918 年，顾实编译了《图书馆指南》，其蓝本是日本的《图书馆小识》。

"民国初年，各地图书馆次第设立，且多深知中国旧式管理，有改良之必要，惜无专书，无所依据，深感困难。"[①]谢荫昌所译《图书馆教育》与顾实编译《图书馆指南》是最有影响的两本书。在公共图书馆运动时期，这两本"实东洋图书馆学流入时期之代表。而此时之一般办理图书馆者，亦莫不奉为上法，于是中国之图书馆，类皆成为东洋式之图书馆，盖受此二书之影响"[②]。

4.1.2　欧美图书馆学术

1917 年，沈祖荣先生自美国攻读图书馆学回国以后，在全国掀起了一场宣传美国图书馆事业及其学术方法、主张模仿美国图书馆事业创办中国图书馆事业的新图书馆运动。从此，欧美图书馆学理论开始大量流入中国。

民国初年，沈祖荣先生最先撰著图书馆学论文发表于《教育杂志》中，其后杜定友陆续撰著图书馆学论文在各大杂志发表，两人撰著论文数量最多，且最有影响和价值。

1917 年，沈祖荣编撰出版了我国第一部中西混合制的图书分类法《仿杜威书目十类法》（汉口：圣教书局），开始将《杜威十进分类法》应用到中国的分类中。

1919 年 9 月，刘国钧在《世界新潮》上发表《近代图书馆之性质》，介绍了

---

① 金敏甫.中国现代图书馆概况［M］.广州：广州图书馆协会，1929：1.

② 金敏甫.中国现代图书馆概况［M］.广州：广州图书馆协会，1929：29.

自 19 世纪以后,以美国为先导兴起的近代公共图书馆运动。11 月,杜定友在《群报》上发表《图书馆与教育》,论述图书馆与近代平民教育的关系。

1920 年,创办文华图书科,开始培养专门的图书馆学人才。教学模式、教授课程完全是美式的。欧美图书馆学成果大量流入中国。

1921 年,杜定友在上海、广州各处演讲图书馆及汉字排检法,随后向各地图书馆印发了《图书馆与市民教育》《广东图书馆计划书》等多种书籍。

1922 年,戴志骞在北京高师举行图书馆暑期演讲,讲的同样是欧美图书馆学。

"自是以还,美国式之图书馆概念,逐渐靡布全国,与民国初步伍日本之势对立。"①"且驾于东洋式图书馆而上之,盖因东洋方法,原系根据西洋,未妥之处尚多,宜其易于淘汰也。"②

4.1.3 中国化图书馆学术

(1)三大图书馆学期刊

这一时期,中国编辑发行了大量的图书馆学期刊,其中 1925 年 6 种、1929 年 18 种、1936 年 33 种③。比较著名的三大图书馆学期刊如下:

《中华图书馆协会会刊》(1925 年创办);

《图书馆学季刊》(1926 年创办);

《文华图书馆学专科学校季刊》(1929 年创办)。

这 3 种刊物对于当时图书馆学研究的发展起到了很大作用。

(2)图书馆学理论

这一阶段,还出现了很多中国学者的很重要的中国化图书馆学著作,如:

杜定友著《图书馆学通论》(1925 年出版)、《图书馆学概论》(1927 年出

---

① 刘国钧. 现时中文图书馆学书籍评[M]//刘国钧图书馆学论文选集. 北京:书目文献出版社,1983:14 - 18.

② 金敏甫. 中国现代图书馆概况[M]. 广州:广州图书馆协会,1929:30.

③ 程焕文. 中国近代图书馆学期刊史略[J]. 图书馆,1985(5):28 - 32;1985(6):29 - 31.

版）；

洪有丰著《图书馆组织与管理》（1926 年出版）；

刘国钧著《图书馆学要旨》（1932 年出版）；

俞爽迷著《图书馆学通论》（1936 年出版）。

（3）四大图书分类法

分类法的发展也经历了一个补杜、改杜、仿杜的过程，即从最初对《杜威十进分类法》星星点点的补充，到修改《杜威十进分类法》，再到仿照《杜威十进分类法》编制分类法。民国时期出现了四大分类法：

杜定友的《世界图书分类法》（1924 年出版）；

王云五的《中外图书统一分类法》（1928 年出版）；

刘国钧的《中国图书分类法》（1929 年出版）；

皮高品的《中国十进分类法》（1934 年出版）。

这四大分类法在当时影响最大，在图书馆的应用也最广泛。

（4）汉字排检法

这一时期，因为新目录的出现，对汉字排检法的研究也比较兴盛，发明了80 多种汉字排检法。其中，杜定友的《汉字排检法》（1925 年）、王云五的《四角号码检字法》（1926 年）都是比较有影响的。

（5）目录学

这一时期，目录学研究取得很多成果，出现许多目录学方面的经典著作，如：姚名达的《目录学》（1934 年出版）、《中国目录学史》（1938 年出版）、《中国目录学年表》（1938 年出版），余嘉锡的《目录学发微》（1932 年出版）。直到今天，这些目录学方面的成就我们还难以超越。

4.2　第二个图书馆学术轮回：苏联—欧美—中国化

4.2.1　苏联图书馆学术

在新中国成立以后，开始了第二个轮回，第一阶段是苏联图书馆学的流入时期。

（1）新图书馆学研究的开始

新中国图书馆学研究的开展始于 1949 年以后,当时,几种出版物和分类法,如《东北图书馆图书分类法》(1949 年)、《文物参考资料》(1950 年)、《山东图书馆图书分类新法》(1951 年)都是按照新的思想陆续编辑出版的。

（2）学习苏联图书馆学

正式学习苏联图书馆学是从第一个五年计划开始的。当时全国各界一边倒学苏联。在此期间,翻译出版了大量苏联图书馆学著作。

1956 年《中苏文化合作协定》签订后,在苏联图书馆学专家雷达娅的指导下,我国派出一批留学生到苏联学习图书馆学,全国上下开始学习苏联的图书馆经验。

（3）建立社会主义图书馆学

在这种情况下,新中国的图书馆学开始建立:出版了全国性图书馆学刊物《图书馆工作》《图书馆学通讯》和一些地方刊物;编制了《人民大学图书馆分类法》(1953 年)、《中小型图书馆图书分类法》(1957 年)、《中国科学院图书馆分类法》(1958 年)。这些图书分类法都是以马克思列宁主义思想体系为指导建立起来的;建立了以"矛盾说"与"关系说"为逻辑始点的图书馆学基础理论、目录学基础理论。这一时期按苏联模式建立的图书馆学体系直到今天仍然产生深刻影响。

4.2.2 欧美图书馆学

20 世纪 70 年代末期以后,图书馆学体系发生了变化。1975 年,刘国钧开始翻译介绍机器可读目录(MARC),西方的图书馆学思想再次开始传入中国。

20 世纪 70 年代末、80 年代初,谢拉、巴特勒的图书馆学思想,波普尔的"世界三"哲学思想,兰开斯特的情报检索理论,文献计量学理论等传入中国,使中国的图书馆学发生很大变化。

4.2.3 中国化图书馆学

这一时期,欧美图书馆学的中国化进程开始,有如下主要标志。

（1）分类法与主题词表

《中国图书馆图书分类法》共有 4 版面世,1975 年第 1 版,1980 年第 2 版,1990 年第 3 版,1999 年第 4 版改名为《中国图书馆分类法》。

《汉语主题词表》1979 年出版,《汉语主题词表》(自然科学增订本)1991 年出版。

1985 年,《中国图书馆图书分类法》及其系列版本和《汉语主题词表》分别荣获国家科技进步奖一、二等奖,这是迄今为止我国图书馆学界成果获得的最高荣誉奖项。

此外,《中国分类主题词表》也于 1994 年出版。

（2）文献工作标准化

与国际接轨后,图书馆界开始着手中国化的标准化工作:

1979 年,加入国际标准化组织(ISO)文献工作标准化技术委员会(ISO/TC46);

1979 年 11 月,成立全国文献工作标准化技术委员会及分委员会,先后制定颁布多项标准;

1984 年,颁布实施《文献著录总则》,并开始陆续制定各类文献的著录规则;

1987 年,颁布实施《中国标准书号》(ISBN);

1989 年,颁布实施《中国标准刊号》(ISSN)。

目前已经制定并公布了 40 余项文献工作标准,为我国图书馆自动化奠定了很好的基础。

（3）国家书目

国家书目是揭示与报道一个国家在一定时期内出版的所有图书及其他出版物的目录,包括报道最近出版物的现行国家书目和反映一定时期内出版物的回溯性国家书目。

我国的国家书目产生较早。公元前 1 世纪,中国汉代就有《别录》《七略》等国家书目。1986 年以后,中国开始陆续编纂一些现代国家书目:

1986 年开始,《中国古籍善本书目》陆续出版;

1987 年,《中国国家书目》出版;

1992 年,《民国时期总书目》出版。

5 两次改名①

根据初步调查统计:截至 2003 年 12 月,我国共有 35 个高等院校和科研机构开展图书馆学教育,其中有 30 个本科专业、21 个硕士授权单位、6 个博士授权单位、2 个博士后流动站,已经形成了一个具有本科(学士)、硕士研究生、博士研究生、博士后流动站的层次齐备的图书馆学专业教育体系,见表 1、图 4。

表 1　中国图书馆学专业设置年代统计表　　　　单位:个

设立年代	本科	硕士	博士	博士后
1920	1			
1947	2			
1964		1		
1978	3			
1979	5			
1980	8			
1981		2		
1983	10			
1984	12	3		
1985	20			
1986	21	6		
1987	22			

---

① 潘燕桃,程焕文.世界图书馆学教育进展[M].北京:北京图书馆出版社,2004:17 - 18.

续表

设立年代	本科	硕士	博士	博士后
1990		8	1	
1993	24		3	
1996		9		
1998		14		
2000		17		
2001	25	18		
2002		19		
2003	30	21	6	2

说明:1.各年代的专业设置数为累计统计数。

2.因部分学校已停办图书馆学本科专业或者暂停图书馆学本科专业招生,表中的图书馆学本科专业数目并非目前的实际数目,只是简单累计数目。

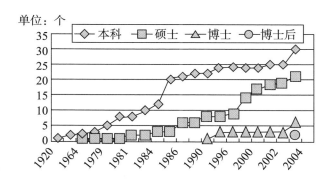

图4　中国图书馆学教育发展示意图

自1920年文华图书科创办迄今,我国图书馆学教育已经历了80多年的发展历程。80多年来,虽然我国图书馆学教育经历了多个不同的历史发展时期,但是,从其内在的变化来看,大致以1984年武汉大学图书情报学院成立和1992年北京大学图书馆学系改名为信息管理系为界线,划分为以下3个时期。

5.1 图书馆学系(1920—1983 年)

图书馆学系时期跨越了半个多世纪,在 1979 年以前,我国开设图书馆学教育的基本上只有 1920 年创办的文华图书科(1929 年独立成为私立武昌文华图书馆学专科学校,1952 年该校调整到武汉大学)和 1947 年创办的北京大学图书馆学系两个单位。在 1978—1983 年,我国的图书馆学本科专业从原有的 2 个增加到 10 个,但是,只有武汉大学和北京大学拥有图书馆学硕士学位授予权,因此,呈现出武汉大学和北京大学一统天下的局面,并没有根本改变过去单一的图书馆学教育模式。这一时期教授的内容基本是以手工操作为主的图书馆学基本理论和方法。

5.2 图书情报学系(1984—1991 年)

1984 年,武汉大学图书馆学系升格为图书情报学院。一方面,在其后的 4 年间,我国的图书馆学本科专业数量从 10 个增加到了 22 个,形成了我国图书馆学教育的基本格局;另一方面,各图书馆学系因相继增设情报学专业而纷纷更名为图书情报学系。

5.3 信息管理系(1992 年至今)

进入 20 世纪 90 年代后,一方面,由于前期图书馆学专业教育的大规模发展,图书馆对图书馆学专门人才的迫切需求已经缓解;另一方面,高等教育和信息技术的飞速发展,对图书馆学专业教育的改革提出了更严峻的挑战。于是,自 1992 年北京大学图书馆学情报学系改名为信息管理系之后,各高校图书情报学系相继跟进,将系名更改为信息管理系,同时对专业课程进行了一系列改革。到武汉大学图书情报学院正式改名为信息管理学院后,全国几乎没有图书情报学系这个名称了。

6　海峡两岸

20 世纪 90 年代以后,海峡两岸图书馆界的合作发展非常之快。

6.1　合作背景

1990 年,台湾图书馆代表团一行 14 人,在海峡两岸图书馆界隔离 40 年后第一次大规模地正式访问大陆图书馆,寻根会友。从那以后,两岸的图书馆事业交流再没有停止过。1995 年,广东图书馆学会聘请沈宝环教授为名誉理事,两岸的交流与合作不断深入。

1997 年,香港回归祖国;1999 年,澳门回归祖国。这些都为海峡两岸图书馆界的合作奠定了非常好的基础。

6.2　海峡两岸图书资讯学学术讨论会

海峡两岸图书资讯学学术讨论会是两岸图书馆学界自 1990 年恢复交流后的一项重要活动。期间已经开过多次会议:

1993 年,第一届海峡两岸图书资讯学学术讨论会在华东师范大学召开;

1994 年,第二届海峡两岸图书资讯学学术讨论会在北京大学召开;

1997 年,第三届海峡两岸图书资讯学学术讨论会在武汉大学召开;

1997 年,第三届海峡两岸图书馆事业研讨会在台北召开;

1998 年,第四届海峡两岸图书资讯学学术讨论会在中山大学召开;

1998 年,第四届海峡两岸图书馆与资讯服务研讨会在香港岭南学院召开;

2000 年,第五届海峡两岸图书资讯学学术讨论会在四川召开;

2002 年,第六届海峡两岸图书资讯学学术讨论会在哈尔滨召开;

2004 年,第七届海峡两岸图书资讯学学术讨论会在大连召开。

6.3　中文文献资源共建共享合作会议

中文文献资源共建共享合作会议产生于海峡两岸图书资讯学学术讨

论会。

1998 年 6 月,在第四届海峡两岸图书资讯学学术讨论会广州会议上成立了"华文信息资源共享联络小组";1999 年,在香港中文大学"二十一世纪中文图书馆学术会议"上,将"华文信息资源共享联络小组"发展为"中文文献资源合作发展协调委员会","协调委员会"当时决议开一次合作会议。

2000 年,中文文献资源共建共享合作会议第一次会议在北京召开,会议由国家图书馆主办,出席会议的有来自亚洲、欧洲、美洲图书馆的代表。这次会议上,确定了 8 个全球性的合作项目:古籍联合目录资料库、中文名称规范数据库、孙中山数字图书馆、中国拓片数据库、图书馆学情报学术语规范数据库、中国家谱总目、中国版印图录、中国科技史数字图书馆。这 8 个项目现在都在运作。

接下来又召开了几次会议:

2001 年,中文文献资源共建共享合作会议第二次会议在台北召开;

2002 年,中文文献资源共建共享合作会议第三次会议在澳门召开;

2004 年,中文文献资源共建共享合作会议第四次会议在南京召开。

6.4 粤港澳图书馆学会(协会)年会

除上述外,还有一些地区性的会议召开,粤港澳图书馆学会(协会)年会就是比较有影响的地区性会议。

2000 年,广东图书馆学会与澳门图书馆暨资讯管理协会新千年学术研讨会在珠海召开;

2001 年,粤港澳图书馆学会(协会)2001 年学术年会在深圳召开;

2002 年,广东图书馆学会 2002 年学术年会在广州召开,邀请三地的图书馆学会参加。

7　四代学人①

过去的一百年间,图书馆事业的发展经历了四代学人。

7.1　"留美"一代

"留美"的一代学人中,比较著名的大致如下:

沈祖荣,毕业于美国纽约公共图书馆学校;

胡庆生,毕业于美国纽约公共图书馆学校;

杜定友,毕业于菲律宾大学;

洪友丰,毕业于美国纽约公共图书馆学校;

戴志骞,毕业于美国纽约公共图书馆学校;

袁同礼,毕业于美国纽约公共图书馆学校;

刘国钧,毕业于美国威斯康星大学图书馆学院;

李小缘,毕业于美国纽约公共图书馆学校。

他们是中国新图书馆事业发展以来的第一代学人,是奠定我国 20 世纪图书馆事业基础的重要人物。除杜定友毕业于菲律宾大学外,其余全部是从美国学成归来,而菲律宾大学实施的也是美式图书馆学教育。除从美国学成归来外,更主要的是因为他们接受的是欧美图书馆学的思想,所以说,这一时期的学人是"留美"的一代。

7.2　"文华"一代

自 1920 年创办"文华图书科"以后,在整个民国时期,图书馆事业的大部分人才都是文华图书馆学专业毕业的。所以说,"文华"一代具有代表性。

---

① 程焕文.论图书馆人才的特征——关于"图书馆四代人"的探讨[J].广东图书馆学刊,1988(3):22 - 29;程焕文.图书馆人与图书馆精神[J].中国图书馆学报,1992(2):35 - 42.

"文华系"的代表性人物有：裘开明、桂质柏、查修、王文山、冯汉骥、田洪都、皮高品、严文郁、徐家麟、汪长炳、钱亚新、毛坤、周连宽、李仲履、吕绍虞、童世纲、于镜宇、汪应文、彭明江、岳良木、蓝乾章、张遵俭、喻友信、邓衍林、程长源、沈宝环等，不胜枚举。

之所以说是"文华"一代，是因为这一代人都是由国内培养的。而这代人不仅在国内图书馆事业中具有非常广泛的影响，在国际上也有很大影响。

"文华"一代在美国图书馆界有影响的人物有：裘开明、桂质柏、查修、于镜宇（震寰）、童世纲、吴元清、汪长炳、岳良木、严文郁、徐家麟、王文山、顾家杰、徐家壁、李芳馥、曾宪三、房兆楹、徐亮、张葆箴、邓衍林、黄星辉。

7.3 "留苏"一代

其实，真正"留苏"的图书馆学人并不多，只有佟曾功、彭斐章、鲍振西、赵世良、吕济民、郑莉莉、赵琦等。孙云畴、陈誉是留美后归国的。

还有一大批国内培养的优秀人才，如：周文骏、黄宗忠、来新夏、朱天俊、谢灼华、阎立中、白国应、张琪玉、冀淑英、谭祥金、黄俊贵、刘湘生、孙蓓欣、辛希孟、孟广均、徐引篪、李致忠、肖自力、吴慰慈、陈光祚、金恩辉、詹德优、张树华、倪波等。

统称他们为"留苏"一代，是因为他们接受的思想都是不同于前一辈的新的思想，是在马列主义、毛泽东思想指导下从事图书馆学研究的，接受的更多的是苏联模式的图书馆学思想，所以称为"留苏"一代。

7.4 "开放"一代

这一代学人有从各个国家留学归来的，也有国内培养的人才。总的来说，是改革开放以后出现的一代。他们接受的培养模式也是多种多样的，他们的思想也是多种多样的，非常开放。

这代人中比较优秀的有：倪晓建、乔好勤、张厚生、曹之、吴建中、张晓林、柯平、范并思、陈传夫、王世伟、李国新、汪东波、戴维民、徐雁、王余光、王大可、肖希明等。

7.5 "中国现代图书馆运动之皇后"——韦棣华(Miss Mary Elizabeth Wood,1861—1931)①

"中国现代图书馆运动之皇后"这一称谓是在民国初年,由当时的民国大总统黎元洪赋予韦棣华女士的。

1899 年,韦棣华女士来华;

1910 年,创办我国第一个美国式公共图书馆——文华公书林,率先在中国开展巡回图书馆服务和开架制;

1914 年、1917 年,先后资助沈祖荣和胡庆生赴美,开创我国留洋攻读图书馆学的先河;

1920 年,创办我国第一个图书馆学教育机构——文华图书科;

1925 年,通过促成美国退还庚子赔款,发起成立中华图书馆协会。

韦棣华女士在中国服务 31 年,其中为中国图书馆事业服务了 20 年,为整个中国图书馆事业的发展做出了杰出贡献。

7.6 "中国图书馆学教育之父"——沈祖荣(1884—1977)②

沈祖荣先生毕生都在为中国图书馆事业奋斗:

1911 年,就职于文华公书林;

1914 年,第一个赴美攻读图书馆学;

1917 年,在全国掀起新图书馆运动的高潮;

---

① CHENG H W. Miss Mary Elizabeth Wood:From An American Librarian to the Queen of the Modern Library Movement in China[M]//澳门图书馆暨资讯管理协会. 两岸三地图书馆管理与技术. 澳门:澳门图书馆暨资讯管理协会,2000:85 – 101;程焕文. 文华精神:中国图书馆精神的家园——纪念文华图专 80 周年暨宗师韦棣华女士和沈祖荣先生[M]//马费成. 世代相传的智慧与服务精神——文华图专八十周年纪念文集. 北京:北京图书馆出版社,2001:225 – 251.

② 程焕文. 中国图书馆学教育之父——沈祖荣评传[M]. 台北:台湾学生书局,1997.

1917 年,出版我国第一部中西混合制图书分类法《杜威图书十类法》;

1920 年,与韦棣华共同创办我国第一个图书馆学教育机构——文华图书科;

1929 年,推动文华图书科发展成为独立的图书馆学教育机构——私立武昌文华图书馆学专科学校;

1929 年,创办民国时期三大图书馆学刊物之一——《文华图书馆学专科学校季刊》;

1929 年,作为中华图书馆协会的唯一代表参加 IFLA 第一次年会;

截至 1952 年,担任"文华"校长近 30 年,从事图书馆工作 42 年;

截至 1957 年,教授图书馆学超过 40 年,桃李满天下。

可以说,在整个中国 20 世纪的上半叶,大部分图书馆学的人才都是沈祖荣的学生,前文提到的几代图书馆学人才及他们的学生,基本都是沈祖荣的徒子徒孙。所以,我们称沈祖荣先生为"中国图书馆学教育之父"。

7.7 "北刘南杜"——刘国钧、杜定友

过去我称此二人为"中国图书馆学之父"。

7.7.1 刘国钧(1898—1980)[①]

刘国钧先生的图书馆生涯大致如下:

1920 年,就职于金陵大学图书馆;

1925 年,在美国威斯康星大学获哲学博士学位后,回国任金陵大学图书馆主任;

1944 年,任西北图书馆馆长;

1951 年,任北京大学图书馆学系教授、系主任。

刘国钧对图书馆学的贡献十分卓越,他取得的成就概括如下:

---

① 刘国钧. 刘国钧图书馆学论文选集[M].北京:书目文献出版社,1983;北京大学信息管理系,南京大学信息管理系,甘肃省图书馆. 一代宗师——纪念刘国钧先生百年诞辰学术论文集[M].北京:北京图书馆出版社,1999.

1929 年,任北平图书馆编纂部主任,负责编辑《图书馆学季刊》;

1929 年,出版民国时期四大分类法之一——《中国图书分类法》;

1930 年,出版《中文图书编目条例》,奠定了我国图书馆编目规则的基础;

1934 年,出版《图书馆学要旨》,提出了"要素说";

1956 年,参与编制《中小型图书馆图书分类法草案》,《中图法》的框架——五大部类,即由该草案效仿而来;

1958 年,出版《中国图书史简编》,开创中国图书专门史的研究;

1975 年,发表《"马尔克"计划简介》,为我国图书馆自动化打下了基础。

7.7.2　杜定友(1898—1967)①

杜定友先生的图书馆生涯大致如下:

1921 年,在菲律宾大学获得图书馆学学士学位并回国;

1923 年,任复旦大学图书馆主任;

1925 年,任交通大学图书馆馆长;

1925 年,创办上海国民大学图书馆学系;

1925 年,在上海发起创办中华图书馆协会;

1926 年,任中山大学图书馆馆长;

1949 年,任广东中山图书馆馆长。

杜定友先生在图书馆学方面成就卓著,有很多可以载入史册的功绩:

1922 年,在广州创办"广东省图书馆管理员养成所";

1925 年,出版民国时期四大分类法之一——《世界图书分类法》;

1925 年,发表《汉字排字法》,出版《著者号码编制法》《图书目录学》《图书馆通论》;

1926 年,发明新字"圕"("图书馆"缩写字);

1930 年,出版《校雠新义》;

---

① 中山图书馆杜定友纪念室.杜定友先生逝世二十周年纪念文集[M].广州:中山图书馆,1987;中山图书馆杜定友纪念室.杜定友学术思想研讨会论文集[M].广州:中山图书馆,1988;王子舟.杜定友和中国图书馆学[M].北京:北京图书馆出版社,2002.

1956 年,参与编制《中小型图书馆图书分类法草案》;

1963 年,创办新中国成立后第一个图书馆学会——广东图书馆学会。

杜定友一生共撰写著作 86 种(已出版 55 种)、论文 512 篇(已发表 320 篇),共约 600 万字,对 20 世纪的图书馆学产生了巨大影响。

7.8 "大陆二十名家"

在当代图书馆学的各个领域,大陆都出现了一批造诣较深的专家学者,在图书馆界颇有影响,根据他们的研究领域,可以大致划分如下:

①图书馆学理论方面:周文骏、黄宗忠、吴慰慈、孟广均;

②目录学方面:彭斐章、朱天俊;

③文献学与古籍整理方面:赵万里、顾廷龙;

④图书和图书馆史方面:张秀民、来新夏、谢灼华;

⑤分类法与主题法方面:张琪玉、刘湘生、白国应;

⑥图书馆编目方面:阎立中、黄俊贵;

⑦文献检索方面:陈光祚、詹德优;

⑧图书馆事业组织管理方面:谭祥金、孙蓓欣。

这些专家分别是当代图书馆学各分支领域很有影响力的带头人。

7.9 "台湾六君子"

当代台湾图书馆学专家沈宝环、王振鹄、胡述兆、卢荷生、李德竹、胡欧兰,是 1990 年后在海峡两岸图书馆事业的交流和合作方面最有影响的 6 人,也是极力推动交流合作且贡献最大的台湾图书馆界学人。同时,这 6 位学人在台湾图书馆学界的成就也是最高的。可以说,在整个 20 世纪的中国图书馆事业中,这 6 个人是非常有影响的。

7.10 "华美四杰"

在 20 世纪的欧美图书馆事业中,最具影响力的美籍华人图书馆学家有

4人：

裘开明博士，创办了西方最大的东方图书馆——哈佛燕京图书馆，并担任馆长近40年，奠定了美国东方图书馆学的基础；

钱存训博士，他在图书史和印刷史方面的研究，对于弘扬中国文化贡献卓著；

李华伟博士，是美籍华人中担任美国大学图书馆馆长的第一人，在图书馆事业、中美图书馆交流合作、图书馆教育、图书馆学研究方面贡献良多；

陈钦智博士，美国西蒙斯学院图书馆和信息学院研究生院教授，曾担任美国总统克林顿的信息技术咨询委员会委员，在图书馆学教育、中美图书馆学交流合作和倡导全球化数字图书馆方面影响广泛而深远。

8　一种精神[①]

经过一百年的发展，中国图书馆事业能够有今天的辉煌，是因为其中凝聚着一种图书馆精神，这种精神可以总结为8个字：爱国、爱馆、爱书、爱人。

爱国：忠诚祖国、自强不息、振兴中华。在一百年的发展过程中，图书馆事业经历了太多的坎坷，图书馆学能有今天，是我们四代学人不断奋斗的结果。这一结果也来自图书馆人对祖国的忠诚和自强不息的精神。从最早的一代图书馆人开始，他们兴办图书馆事业，或以教育救国，或以图书馆事业救国为信念，总之，是把它当作救国的事业来完成的。他们的最高理想是振兴中华，这是支撑图书馆事业发展的精神力量。

---

① 程焕文.论"图书馆精神"[J].黑龙江图书馆,1988(4):9-11;程焕文.图书馆人与图书馆精神[J].中国图书馆学报,1992(2):35-42;程焕文.文华精神:中国图书馆精神的家园——纪念文华图专80周年暨宗师韦棣华女士和沈祖荣先生[M]//马费成.世代相传的智慧与服务精神——文华图专八十周年纪念文集.北京:北京图书馆出版社,2001:225-251;程焕文.跨越时空的图书馆精神——"三位一体"与"三维一体"的韦棣华女士、沈祖荣先生和裘开明先生[J].中国图书馆学报,2002(5):61-65;2002(6):66-70.

爱馆:忠诚图书馆事业、热诚服务、甘于奉献。很多图书馆事业的前辈,对图书馆事业都非常忠诚。比如杜定友先生,作为图书馆人,自己终生不藏书,以图书馆为家,将自己所买图书都捐给图书馆。这样的事例很多,这里不一一赘述。总而言之,这是一种服务的精神、一种奉献的精神。二十世纪二三十年代,沈祖荣先生提出智慧与服务以后,把图书馆的基本精神做了很好的概括。图书馆需要服务的精神、奉献的精神。

爱书:嗜书如命、为人找书、为书找人。图书馆人有着嗜书如命的精神。20世纪50年代时,中国图书馆界提出"为人找书,为书找人"的口号。今天,当我们审视全世界所有国家的图书馆学理论时,我们会发现20世纪50年代我国图书馆界提出的"为人找书,为书找人"这8个字,是对图书馆这一职业最精辟、最准确、最简单的描述。今天,已经无法查证到底是哪一个人提出的这个口号,但它是那个时代的产物,是全体中国图书馆员集体的发明创造。我个人认为,它比阮冈纳赞的"图书馆学五定律"精辟得多,但是,我们过去忽视了它。

爱人:热爱读者、吸引读者、善待用户。图书馆人始终奉行读者至上的宗旨。在图书馆员的心中,一切为了读者,想读者所想,急读者所急。宁愿自己麻烦,也尽量不让读者感到不便。在服务工作中,善待读者,用自己良好的行为感染读者。甘为人梯,乐于奉献,以无私的敬业精神和高质量的服务吸引读者。

9 人性复归

展望21世纪中国图书馆事业的发展方向,我认为,人文精神、自由平等权利、图书馆职业道德、人性化服务、社区图书馆服务、弱势群体服务将是图书馆事业发展的努力方向。

人文精神。在科技高度发展的时代,21世纪图书馆未来的发展方向是人文精神的发展。展望21世纪图书馆的发展,我特别地强调人性的复归,而不讲数字图书馆,不讲图书馆网络化。在这个数字化网络化时代,图书馆的自动化、数字化、网络化只是图书馆发展的一个最基本的条件。如果科技的发展不以人文精神的发展为前提,科技就会走向它的反面,IT技术的发展也会走向它的反面。所以,我认为21世纪是人性复归的时期。

自由平等权利。这一时期,中国图书馆事业的发展首先是自由、平等、权利的问题。整个20世纪图书馆事业结束了,回顾过去,我们图书馆界最不讲究的是图书馆读者或用户自由平等权利的保护。在整个21世纪的发展中,我认为,应该向自由、平等、权利这一方向努力。大家也可以看到,读者或公民的自由阅读、平等利用图书馆的权利正在不断地被强调。我相信在21世纪,这将成为我们图书馆发展的一个重要方向。

图书馆职业道德。去年我们公布了《中国图书馆员职业道德准则(试行)》,可能还没有引起足够重视。实质上,我们图书馆事业是在两个空间里发展的,一个是法律的空间,一个是道德的空间。法律是下限,道德是上限。但是我国图书馆事业在过去的发展中,下限不明确,上限也是模糊的。我们没有图书馆法,也没有相应的保护读者自由、平等利用图书馆的法律。所以,图书馆事业的发展,在某种程度上是盲目发展的,或者说是随意发展的。我认为,在21世纪,图书馆事业必须向着以完善的图书馆法和相关的保护读者自由、平等利用图书馆的法律为下限,同时以《中国图书馆员职业道德准则(试行)》为上限的方向发展,我们的图书馆事业才会有新的起色。

人性化服务。不管图书馆事业发展到什么样的程度,人性化服务总是图书馆的永恒课题。近年来,我国图书馆界已经开始重视人性化服务,新的技术、方法将向更加人性化、更加个性化的方向发展。

社区图书馆服务。图书馆事业经过20世纪90年代的黄金发展,目前两极分化在急剧加大。东部的图书馆和大型图书馆向更高层次、更高质量的方向发展,可以说,相当一批图书馆已经不亚于欧美的图书馆,甚至在某些方面超过了欧美图书馆。但也应该看到,不同地域、不同类型的图书馆之间的发展是极不平衡的,服务方式的发展也是极不平衡的。所以,21世纪图书馆发展的一个重要方向是社区图书馆及其服务。只有将图书馆事业真正渗透到社区的每一个角落,才是图书馆事业真正发展、腾飞的时候。不要以为有几十个、几百个大的图书馆,我国的图书馆事业就已经发展上去了,那不过是一些所谓面子上的"标志"而已,真正的服务要深入到社区中去。所以,21 世纪社区图书馆以及社区图书馆服务的发展,才是图书馆事业发展最重要的一个理念。

弱势群体服务。图书馆的弱势群体服务,体现着图书馆的人文关怀。弱势群体是一个很大的范围,整个中国社会也在强调弱势群体服务,这也是图书馆事业发展的一个重要方面。在图书馆事业的发展中,到了大家能够重视社区服务,重视普通民众服务,重视弱势群体服务的时候,才是 21 世纪图书馆事业发展的真正辉煌时期。

最后,我用两句话来结束今天的报告:

百年沧桑如白驹过隙,百折不挠造就百年基业;

百废俱兴乃白手起家,百花争艳再创百年辉煌。

权利觉醒

实在的图书馆精神与图书馆精神的实在

——《图书馆精神》自序[*]

图书馆精神是一个既源远流长,又引领新潮;既良久迷失,又自然回归;既一脉相承,又众说纷纭;既令人竭力倡导,又让人颇有疑惑;既具有理论意义,又具有实践价值的重要主题。因此,梳理、阐述和说明有关图书馆精神的一些基本问题将有助于人们更加清楚地认识、理解和掌握图书馆精神,进而弘扬图书馆精神。

1 炽热的图书馆精神研究

近几年来,图书馆精神"忽如一夜春风来,千树万树梨花开",迅速成为我国图书馆学界的一个热门研究话题。2003 年底,中国图书馆学会将"百年图书馆精神"列入中国图书馆学会 2004 年年会的分主题以后,图书馆精神迅速成为中国图书馆学界 2004 年的研究热点。2004 年底,中国图书馆学会将"图书馆权利"列入中国图书馆学会 2005 年年会的分主题以后,图书馆精神又迅速演变成为席卷整个中国图书馆学界的研究热潮。如果要概述过去一年中国图书馆学研究的显著特点的话,笔者相信将 2005 年称为"图书馆精神年"应该不会遭到太多学者的反对。

---

* 程焕文.实在的图书馆精神与图书馆精神的实在——《图书馆精神》自序[J].大学图书馆学报,2006(4):2 – 14;程焕文.图书馆精神[M].北京:北京图书馆出版社,2007:1 – 28.

1.1 "百年图书馆精神"纪要

1.1.1 "百年图书馆精神"列入"议事日程"

2003 年 11 月 17 日,中国图书馆学会发布《中国图书馆学会 2004 年年会征文通知》,征文的主题是"回顾与展望——中国图书馆事业百年",其中"百年图书馆精神"被列为第一个分主题①。这是中国图书馆学会首次将"图书馆精神"列入中国图书馆学会年会的研讨主题。

1.1.2 "图书馆精神"主旨报告

2004 年 7 月 23—26 日,中国图书馆学会 2004 年年会暨学会成立 25 周年纪念大会在江苏省苏州市隆重举行。7 月 24 日上午,笔者应邀做了题为《百年沧桑 世纪华章——20 世纪中国图书馆事业回顾与展望》的主旨报告。"报告概括了中国图书馆事业发展的两个时代、三重变革、三次高潮、三次浩劫、两个轮回、两次改名,四代图书馆学人,列举了海峡两岸图书馆事业的合作与发展,并总结了图书馆人应有的一种精神,即:爱国、爱馆、爱书、爱人。在展望 21 世纪图书馆发展前景时,他指出应日益重视人文精神、读者自由获取知识的权利、图书馆职业道德、人性化服务、社区图书馆服务以及弱势群体图书馆服务等几个方面。整个报告虽然只有 80 分钟,却对中国近代图书馆事业的百年历程做了一个完整的总结,精彩的内容,凝练的语言,引人思考,催人奋进。"②

1.1.3 "百年图书馆精神的魅力"专题讨论

2004 年 7 月 25 日,中国图书馆学会 2004 年年会暨学会成立 25 周年纪念大会第一分会场举行了以"百年图书馆精神的魅力"为主题的专题讨论。范并思教授做了题为《中国图书馆精神的百年历程》的主旨演讲,李明华研究馆员

---

① 中国图书馆学会 2004 年年会征文通知[EB/OL].[2006 – 01 – 26]. http://www. csls. org. cn/academic/yearmeet2. htm.

② 中国图书馆学会 2004 年年会暨学会成立 25 周年纪念大会隆重举行[EB/OL]. [2006 – 01 – 26]. http://www. csls. org. cn/academic/yearmeet6. htm.

做了题为《从浙江人物看百年中国图书馆精神》的发言①。

1.1.4 "图书馆员职业伦理"专题论坛

2004 年 7 月 25 日,中国图书馆学会 2004 年年会暨学会成立 25 周年纪念大会第三分会场举行了以"国际视野下的图书馆员职业伦理与知识产权保护"为主题的"第二届图书馆法与知识产权论坛"专题论坛。"论坛分上、下午两个阶段进行,分别以'图书馆员职业伦理'和'知识产权'主题为重点。共有 7 位来自中国、日本、美国的大学和图书馆的学者做了主旨演讲或主题发言,是一次具有鲜明国际化特色的专业论坛。论坛的第一阶段为主旨讲演。中国图书馆学会图书馆法与知识产权研究专业委员会副主任、北京大学教授李国新主持主旨讲演。他代表专业委员会宣布第二届图书馆法与知识产权论坛开幕,并简要介绍了本次论坛的主题。中国图书馆学会学术研究委员会副主任、中山大学教授程焕文做了热情洋溢的开坛致辞。他强调了秩序的确立和职责的明确对图书馆员这一职业群体的重要性,并联系其他国家职业伦理建设的现状,指出图书馆事业的健康发展,不仅需要法律环境的保障,而且需要图书馆工作人员和信息服务提供者的严格自律,因而,他认为本届论坛的主题具有重要而深远的意义。"论坛共邀请了三位专家进行主旨讲演:日本专修大学教授、日本图书馆协会常务理事、日本图书馆协会《图书馆员伦理纲领》策定委员会委员后藤畅先生演讲《日本〈图书馆员职业伦理纲领〉的核心理念与实施现状》,美国新墨西哥大学西南研究中心副教授、美国第七届联邦储备图书馆计划感谢状获得者玛利亚·特莉莎·马奎斯(Maria Teresa Marquez)女士演讲《美国图书馆协会图书馆职业道德准则与图书馆事业》,澳门大学图书馆杨开荆博士演讲《港澳台地区的图书馆员职业伦理建设》②。

---

① "第一分会场:百年图书馆精神的魅力"会议总结[EB/OL].[2006 - 01 - 26]. http://www.csls.org.cn/academic/2004yearmeet1.htm.
② "第二届图书馆法与知识产权论坛"小结[EB/OL].[2006 - 01 - 26]. http://www.csls.org.cn/academic/2004yearmeet3.htm.

1.1.5 "百年图书馆精神"结集出版

2004 年 7 月,中国图书馆学会 2004 年年会暨学会成立 25 周年纪念大会论文集《中国图书馆事业百年》正式出版,其中将"百年图书馆精神"列为首要标题,收录了 7 篇相关学术论文①。

与此同时,中国图书馆学会主编的"中国图书馆百年系列丛书"亦陆续由科学出版社、中国城市出版社出版发行。全书分《百年大势》《百年情怀》《百年人物》《百年文萃》《百年建筑》等 5 个分册,目前已经出版《百年大势——历久弥新》《百年情怀——天堂,图书馆的模样》《百年文萃——空谷余音》《百年建筑——天人合一　馆人合一》4 个分册。该"丛书"编委会主任、文化部副部长、中国图书馆学会理事长周和平在为该"丛书"撰写的总序中说:"值此中国图书馆事业百年庆典之际,中国图书馆学会组织编写了这套'中国图书馆百年系列丛书',希望通过《百年大势》《百年情怀》《百年人物》《百年文萃》《百年建筑》等 5 个分册,从历史、人文,以及学术研究、建筑文化等各个层面对中国图书馆事业的百年历程作一个完整而深入的诠释和展示,借以传承'智慧与服务'的行业精神,彰显前贤,激励后学。同时,以此祝贺中国图书馆学会成立 25 周年。"②

1.2 "图书馆精神年"纪事

1.2.1 "图书馆权利"列入年会分主题

在中国图书馆学会 2004 年年会暨学会成立 25 周年纪念大会期间,中国图书馆学会秘书长汤更生女士征询笔者有关中国图书馆学会 2005 年年会主题的意见,笔者果断提出:鉴于图书馆员职业道德已在全国广泛宣传推广,图书馆法与知识产权研究专业委员会下次论坛的主题非"图书馆权利"莫属,并坚持非此主题不予研讨。那时,人们更为关心的是图书馆的其他"人文"问题,

---

① 中国图书馆学会.中国图书馆事业百年[M].北京:北京图书馆出版社,2004.
② 周和平."中国图书馆百年系列丛书"序言[M]//中国图书馆学会.百年情怀——天堂,图书馆的模样.北京:科学出版社,2004:7.

对"图书馆权利"相对比较陌生,尚未引起图书馆学界足够的重视,所以,起初包括汤更生秘书长在内的人都有点疑惑。待到笔者的书面材料报送中国图书馆学会以后,同人们才恍然大悟,图书馆学理论专业委员会甚至提出:笔者负责的图书馆法与知识产权研究专业委员会有抢占图书馆学理论专业委员会领地的嫌疑。因此,在中国图书馆学会2005年年会上出现了图书馆学理论专业委员会与图书馆法与知识产权研究专业委员会就"图书馆权利"专题讨论"打擂台"的故事。此乃"野史",这里不多言。

2004年12月9日,中国图书馆学会发布《中国图书馆学会2005年年会征文通知》,提出征文的主题为"以人为本,服务创新",分主题为"人文视野中的图书馆学""图书馆权利"等。其中笔者为"图书馆权利"所做的分主题"注释"只有短短的一句话:"平等利用图书馆的权利,自由利用图书馆的权利,免费图书馆服务,弱势群体图书馆服务。"①

1.2.2 "图书馆精神"演讲

应中国图书馆学会的邀请,2004年11月22日,笔者在海南琼海举行的中国科协2004年学术年会中国图书馆学会分会场上做了题为《权利与道德——关于公共图书馆精神的阐释》的主旨报告②。2004年11月24日,笔者在海南海口举行的中国图书馆学会图书馆服务研讨班上做了题为《图书馆精神——体系结构与基本内容》的专题报告③。

1.2.3 "图书馆权利"成为"新年峰会"热点

在"图书馆权利"已经被列入中国图书馆学会2005年年会的议事日程之

---

① 中国图书馆学会.中国图书馆学会2005年年会征文通知[EB/OL].[2006-01-26].http://www.csls.org.cn/academic/2005yearmeet1.htm.

② 程焕文,周旭毓.权利与道德——关于公共图书馆精神的阐释[J].图书馆建设,2005(4):1-4,42.

③ 程焕文,周旭毓.图书馆精神——体系结构与基本内容[J].图书馆,2005(2):3-9.

后的 2004 年下半年,国内图书馆界相继出现了所谓的"国图事件"①"信阳事件"②等图书馆公共危机。鉴于这些事件在媒体上的相继曝光,以及其他迫切需要研究对策的现实问题,中国图书馆学会理事长詹福瑞教授召集相关学者于 2005 年 1 月 8 日在黑龙江大学召开了中国图书馆学会 2005 年峰会,是为中国图书馆学会首次峰会。"与会的 20 多名代表各抒己见,共同探讨了图书馆权利、著作权在图书馆'行业'或'界'的合理使用、图书馆行业荣誉体系的构建与维护、中国图书馆立法:现状与任务、图书馆与社会阅读等 5 个议题。讨论热烈但不浮躁,观点鲜明而又务实,取得了诸多共识"③。

"'图书馆权利',是本次峰会讨论最为热烈的议题。"黑龙江大学信息资源管理研究中心的蒋永福教授简明扼要地从 3 个方面对所要讨论的问题进行了议题说明。"与会代表对'图书馆权利'内涵的界定发表了两种不同看法。一种观点认为,'图书馆权利'应以'读者权利'为核心,即读者平等、自由地利用图书馆的权利。以中山大学信息管理系程焕文教授为代表。另一种观点则认为,'图书馆权利'必须兼顾图书馆的生存、发展权利,保障图书馆拥有实现读者权利的实施手段和基础条件,否则,自由、平等利用文献信息只能是一种'理想'。强调在理想与现实的博弈中协调发展图书馆事业,对图书馆深层机制中存在的问题进行理性思考,而不能简单地批评实践界缺乏自由与平等意识。以首都图书馆副馆长周心慧、湖南图书馆常务副馆长张勇为代表。中山大学信息管理系程焕文教授指出:这几年来,中国图书馆学会图书馆法与知识产权研究专业委员会一直致力于图书馆职业伦理道德及图书馆权利的宣传,然而推广起来很困难。虽然如此,程教授依然抱乐观态度,认为'只要坚持做下去,总会有效果的'。他认为,近 20 年来,中国图书馆事业的发展整体上是

① 周继武. 国家图书馆借书记[N].南方周末,2004 - 10 - 14.

② 何正权. 大学图书馆向学生"卖"座位 事发信阳师范学院 学生投诉其乱收费馆长称收取的是管理费[N].大河报,2004 - 12 - 11(8).

③ 毕红秋. 权利正觉醒 激情在燃放——中国图书馆学会 2005 年峰会综述[J].图书馆建设,2005(1):12 - 14,29.

非理性的,'有偿服务'等有悖于图书馆公益性的思想与实践都在向非理性的方向引导图书馆的发展。启动《图书馆服务权利宣言》(以下简称《宣言》)是非常必要的,但一定把它放在图书馆基本价值层面来思考;图书馆是无国界的,应借鉴世界各国的相关做法,制定出让全世界同行都能理解的《宣言》,而不是以'中国特色'为由拿出一个和世界上任何国家都不同的《宣言》,那就不可思议了。总之,只有平等、自由地利用图书馆这一理念得到共识并根植在图书馆实践活动当中,中国图书馆事业才会进入真正的发展时期。詹福瑞教授认为,谈'图书馆权利'应该对以下几个问题予以关注:一是法律的缺失。这是导致目前图书馆行业面临困难形势的最根本原因。没有《图书馆法》,图书馆自身以及读者权利的定性都无法解决。要根本解决'图书馆权利'问题,首先要解决立法问题。二是投入不足。不是图书馆本身缺乏权利意识,而是保障权利的运行经费严重不足。三是有关图书馆权利方面的教育太少,对读者自由、平等利用图书馆的权利缺乏理性认识。"①

1.2.4 "图书馆大酒店"艰难问世

2004 年暑假,笔者以过客的身份参观了井冈山市图书馆,随后撰写了题为《图书馆大酒店——"红色之旅"的沉重思考》的杂感,因为"议题敏感",广东图书馆学会主办的《图书馆论坛》杂志在认真"调查研究"数月后为明哲保身起见而不予刊载。2005 年新春伊始,具有敏锐学术洞察力的甘肃省图书馆学会主办的《图书与情报》杂志刊发了《图书馆大酒店——"红色之旅"的沉重思考》一文②,其后此文的传阅议论和网上讨论经年不绝。

1.2.5 "图书馆权利研究"列入国家社科基金项目

2005 年 6 月 1 日,全国哲学社会科学规划办公室公布《2005 年度国家社科基金年度项目评审结果》,笔者于 2004 年申报的"图书馆权利研究"被列入

---

① 毕红秋.权利正觉醒　激情在燃放——中国图书馆学会 2005 年峰会综述[J].图书馆建设,2005(1):12 - 14,29.

② 程焕文.图书馆大酒店——"红色之旅"的沉重思考[J].图书与情报,2005(1):71 - 72.

2005 年度国家社科基金年度项目图书馆・情报与文献学类的一般项目①。笔者事后得知：当时评委对"图书馆权利"不甚明了，曾上网查询国内外相关文献，结果无功而返，遂建议申报者在"图书馆权利"之前增加若干修饰词语云云。

1.2.6 "图书馆权利"论坛

2005 年 7 月，中国图书馆学会 2005 年年会在广西桂林召开。由中国图书馆学会图书馆法与知识产权研究专业委员会主办的"第三届图书馆法与知识产权论坛"作为此次年会的第二分会场，于 2005 年 7 月 22 日举行。本届论坛的主题是"图书馆权利"，会议分为两个部分：上午是专题发言，下午是一个圆桌会议式的互动性公开讨论。"上午的专题发言由该专业委员会副主任、北京大学信息管理系教授李国新主持，该委员会主任、中山大学信息管理系教授程焕文作了开坛致辞。在开坛致辞中，程焕文先生回顾了该委员会成立四年以来走过的历程，讨论过的话题以及取得的成就，他认为该委员会四年的作为在中国图书馆界产生了重要和深远的影响，将会在中国图书馆事业发展史上'留下痕迹'"。其后的专题发言有：黑龙江大学信息资源研究中心主任蒋永福讲《图书馆权利：内涵与实现机制》，中国图书馆学会用户研究与服务专业委员会副主任、国家图书馆参考研究辅导部主任卢海燕讲《国际图联关于著作权问题的立场及著作权与其他法律问题委员会 2004—2005 战略发展计划》，肯尼亚国家图书馆参考咨询部的阿部演讲《肯尼亚图书馆服务与图书馆权利》。下午，笔者与陈传夫教授和李国新教授共同主持"公开讨论：图书馆权利的迷失与复归——由事例说权利"。"在公开讨论之先，程焕文教授先对图书馆权利作了一点说明，强调图书馆权利的内涵乃是民众的图书馆权利，不可以望文生义认为是图书馆自身的权利。之所以使用这样的叫法，是沿用了国际惯例。程教授以 PPT 形式提供了几个在我国图书馆服务中普遍存在的事例，以这些

---

① 2005 年度国家社科基金年度项目评审结果揭晓立项课题［EB/OL］.［2006 – 01 – 26］. http://www.npopss-cn.gov.cn/planning/xm2005/tsqb.htm.

事例为'靶子'展开讨论。"①

1.2.7 "走向权利时代"专栏

中国图书馆学会 2005 年峰会之后,黑龙江图书馆学会主办的《图书馆建设》决定自 2005 年第 1 期起开设"走向权利时代"专栏,并提出:"'走向权利时代',是我们为所有拥有正义感的图书馆人(包括关心图书馆事业或公民信息权利的其他人士)提供的专题性论坛。凡是有关图书馆保障公民的信息自由、信息平等、信息权利方面的法律、政策、制度、伦理及实践性的论文,皆为欢迎之列。"②

1.2.8 "21 世纪新图书馆运动论坛"专栏

与此同时,湖南省图书馆学会主办的《图书馆》决定自 2005 年第 1 期起开设"21 世纪新图书馆运动论坛"专栏,并提出:"'21 世纪新图书馆运动'旨在以人为本,弘扬公共图书馆精神,倡导图书馆走进平民,关心弱者,平等服务,缩小数字鸿沟,建立一个信息公平和信息保障的制度。"③

1.2.9 "弱势群体与知识公平"专栏

武汉大学信息管理学院主办的《图书情报知识》自 2005 年第 1 期起开设"弱势群体与知识公平"专栏,专门探讨"图书馆权利"的一些相关问题。

1.2.10 "镇江图书馆精神"大讨论

在上述情形的影响下,一些图书馆也纷纷加入研讨图书馆精神的热潮之中,其中以镇江市图书馆较为典型。2005 年 8 月 12 日,镇江市图书馆赵玉明发表《"镇江图书馆精神"大讨论中心发言提纲》,说明"新时期'镇江图书馆精神'大讨论提出的缘由"是"图书馆精神的塑造是一个永恒的课题,是一个永

---

① 中国图书馆学会 2005 年年会第二分会场会总结[EB/OL].[2006 - 01 - 26]. http://www.csls.org.cn/academic/2005yearmeet6.htm.

② 蒋永福,毕红秋.走向权利时代——献给 2005 年新创专栏[J].图书馆建设,2004 (6):125.

③ 南山图书馆,湖南大学信息研究所,本刊编辑部.以人为本弘扬公共图书馆精神——本刊与南山图书馆、湖南大学信息研究所共倡"21 世纪新图书馆运动"[J].图书馆, 2005(1):1.

远没有句号的探索过程，我馆'敬业奉献、文明团结、开拓进取'精神曾作为先进的理念塑造了图书馆人的精神品格，提升了图书馆工作的层面，赢得了社会的赞誉，但随着形势的发展，需要提炼出反映新时期图书馆特征和要求的图书馆精神，这个新要求和新特征就是：融入新时期'镇江精神'和图书馆新一轮发展"，认为"新时期镇江图书馆精神要实现图书馆权利与馆员权利的统一；实现我馆优良传统与时代需求的统一；实现图书馆精神与镇江精神、江苏省精神的统一，成为我馆新一轮发展的强有力的精神支柱。"①

1.2.11　学习"图书馆精神"

2005 年 4 月 12 日，"e 线图情"发表了冯正平、林少霞、卢传曼、韦进幼、麦丽芳 5 人合撰的网络论文《爱书，服务，智慧——学习程焕文教授宣传图书馆精神的著述》，该文说："精神不仅是永恒的，也是世间最宝贵的、又是事事处处显露出来的特殊财富。图书馆精神是图书馆事业的灵魂，许多学者对它作了阐述和宣传，极大地激发了图书馆人的职业自豪感并陶冶了思想与情操。林汉城呼唤新世纪图书馆精神，提出新世纪图书馆精神的特点与内涵及其弘扬的途径。韩继章等将图书馆精神大致分为两类，一种是表现于图书馆学研究中的学理观念，一种是贯穿于图书馆事业和图书馆工作中的行业精神。也有一些学者在人文框架内阐述图书馆精神，而认为'图书馆精神不等于图书馆人文精神'者有之。在这些学者当中，就我们获得的资料来看，觉得中山大学程焕文教授是长期热心宣传图书馆精神的一位。1992 年，他将中国图书馆精神的主要内容概括为'爱国、爱馆、爱书、爱人'；又将'文华（图书馆学专科学校）精神'概括为'智慧与服务'"。作者认为："虽然这些表述有所不同，但是它们在实质上是一样的。不同时代、不同地区的图书馆人也许具有不同的'图书馆精神'，但是这些不同的'图书馆精神'总是有着许多的共性。我们觉得程老师关于图书馆精神的概念的表述，既精要又简练。其中，使我们思索最多的是

---

①　"镇江图书馆精神"大讨论中心发言提纲［EB/OL］.［2006 – 01 – 26］. http://bgw. zjlib. net/dwgk/xuexiao/tsgjingshendataolun. htm.

'爱书''服务''智慧'这六个字。在中国这一个国家,在现今知识经济时代和信息社会,她们有更多的时代意义。"①

1.3 图书馆精神之疑惑与商榷

在图书馆精神的研讨热潮中,虽然倡导图书馆精神者众,但是亦不乏疑惑者和商榷者,现略微举例如下。

1.3.1 老槐的不以为然

老槐自己是图书馆精神的倡导者之一,但是他对于笔者所提出的图书馆精神一直不以为然,认为"图书馆精神的含义十分宽泛:图书馆人在艰苦的环境下发展图书馆事业的种种努力,图书馆人对图书馆事业的热爱与执着,图书馆人在发展图书馆事业时表现出的智慧和专业才能,都被当作图书馆精神的内容。但是,爱书、爱馆、爱读者、爱图书馆事业,只是图书馆精神的外在表现形式。现代意义上的图书馆精神,包含了对图书馆理念的科学认识。因此,图书馆精神是图书馆人对图书馆事业的人文理想的一种认同"②。2005 年 1 月 13 日,老槐在自撰的题为《馆长视野中的图书馆精神》的网络日志中说:"教授们站着说话不腰痛,谈谈图书馆精神不稀奇。大馆长谈图书馆精神,始于程焕文。但程焕文也是大学教授,程教授谈图书馆精神,旁人仍以为是教授谈图书馆精神。此外,程教授的图书馆精神,并不包括图书馆人文精神的含义。因此,我对馆长们如何看待图书馆精神,始终有一种好奇。"③

---

① 爱书,服务,智慧——学习程焕文教授宣传图书馆精神的著述[EB/OL].[2006 - 01 - 26]. http://www. chinalibs. net/quanwen. asp? titleid = 62692.

② "第一分会场:百年图书馆精神的魅力"会议总结[EB/OL].[2006 - 01 - 26]. http://www. csls. org. cn/academic/2004yearmeet1. htm.

③ 馆长视野中的图书馆精神[EB/OL].[2006 - 01 - 26]. http://oldhuai. blogchina. com/545347. html.

1.3.2 "山高水长"的苦煞

2005 年 5 月 23 日,"山高水长"博客发表了 Admin 撰写的《国外是怎么样讨论图书馆精神的?》一文,Admin 说:"这几天因为想知道国外有关图书馆精神的论述,首先就在中国期刊网和维普中检索了有关的中文资料,得到有关的文章将近 40 篇,从引文看,只有 3 篇文章的引文中有英文,其中有两篇是老槐的,一篇是程焕文的。对于图书馆精神的翻译有 library essence、library spirit、ideology of library、spirit of library 几种说法,我用 library spirit 以及 library、spirit 检索国外文献,也没有找到有关资料。老槐引用的英文分别是塞萨为美国《图书馆学情报学百科全书》撰写的'国际的公共图书馆'词条、1949 年版的《联合国教科文组织公共图书馆宣言》、西德尼·狄慈恩(S. H. Ditzion)的专著《民主文化的武器库》、谢拉(Jesse H. Shera)的博士论文《公共图书馆基础》、联合国大会《世界人权宣言》、约翰·耶格尔(J. Jaegex)对西方公共图书馆收费问题的综述、美国国家图书情报科学委员会的研究报告《信息服务提供中公私部门的关系》、旧金山图书馆中文主页、部长理事会给信息社会世界首脑会议的政治声明。从这些引文中也无法找到国外研究的有关线索。昨天晚上就这个问题向游园请教,他告诉我国外可能有这方面的研究,大概用词和我们不同,可能是'图书馆权利''图书馆职业伦理'。真是听君一席话,胜读十年书。无论是程焕文所说的'爱国、爱馆、爱书、爱人'的图书馆精神,还是老槐所说的能指引图书馆人科学地发展图书馆事业,使图书馆人敢于维护自己的职业尊严、职业道德,以及职业权利和职业利益、激励图书馆人为事业发展奉献自己的专业才能与智慧的图书馆精神,本质上都应该属于图书馆权利和职业伦理的范畴。只是国内的学者创新能力特强,与时俱进,推出一系列新的说法,只是苦煞了我等这样的后辈,需要不断学习和充电,这样才不至于与世隔绝。"①

---

① 国外是怎么样讨论图书馆精神的? [EB/OL]. [2006 - 01 - 26]. http://www. gdnetlib. edu. cn/blog/article. asp? id = 13.

1.3.3 "珞珈流连"的有些过头

2005 年 7 月 28 日,"珞珈流连"博客刊发了题为《图书馆人文精神冷思考》的短帖,该帖言:"汇总从各种渠道得来的信息,我有一个感受是:2005 年的中国图书馆学会年会是一个彰显人文精神的大会。诚然,人文意识的复苏和觉醒对于时下国内的图书馆来说是必要的,但作为一个图书馆活动的实践者兼理论探索者窃以为,眼下图书馆学界正倡导的人文理想离现实太远,有些倡议人文得过了头。"①

1.3.4 李爽的"新图书馆运动"质疑

《图书馆》发起"21 世纪新图书馆运动"后,图书馆学界对"运动"一词颇有异议,甚至感到有些回到 30 年前的情形。这种疑惑通过李爽的平和论证做了适当的反映:2005 年 4 月,李爽在《图书情报知识》上发表《"新图书馆运动"质疑》一文,对《图书馆》发起的"21 世纪新图书馆运动"提出了诸多质疑②。

1.3.5 黄俊贵的对"图书馆精神"说"不"

2005 年底,黄俊贵在《图书情报知识》上发表了《看图书馆现状要客观讲图书馆精神要科学——对〈图书馆精神——体系结构与基本内容〉一文的商榷》一文。该文共有如下 7 个部分:①"图书馆精神"是图书馆事业发展的产物,不是没有这种精神;②"图书馆精神"应明确精神主体及其内涵,泛论无益;③当前图书馆最缺乏的是完善的管理,而不是"图书馆精神";④我国图书馆事业发展是健康的,并非呈现"整体非理性状况";⑤图书馆现代技术适应科学技术发展需要,并非越来越没有用;⑥"图书馆精神"应结合实际,不是一个口号;⑦要具有正确的办馆方针、良好的读者服务、完善的职业道德,"图书馆精神"不能涵盖图书馆发展问题。其意在全盘否定笔者在《图书馆精神——体系结构与基本内容》一文中所说的图书馆精神,并言:"'图书馆精神始终是最重要

---

① 图书馆人文精神冷思考[EB/OL].[2006-01-26]. http://xxkf.blogchina.com/2412065.html.

② 李爽."新图书馆运动"质疑[J].图书情报知识,2005(2):90-92.

的'论说可以休矣!"①尽管这篇对笔者所言的图书馆精神说"不"的文章大多语无伦次,乏善可陈,且亦可在学术评论中滥竽充数,但是,它仍然十分真实而客观地反映了我国图书馆学界高举"丑陋的图书馆学"大旗的"唯物"主义"枭雄"们战斗的饥渴与欲望,和高举"丑陋的图书馆学"大旗的"唯物"主义"菁英"们精神的萎靡与颓废②。

2 图书馆精神研究的执着

2003年,范并思教授受命负责编辑"中国图书馆百年系列丛书"之《百年文萃——空谷余音》分册。他是一位非常认真、细致和负责的图书馆学专家,其"选目"曾在广泛征求意见的基础上数易其稿,以至于该分册直到2005年7月,比预定出版时间大约晚了一年才问世。范并思在为《百年文萃——空谷余音》撰写的《后记》中说:"本文集收录了我们选自过去百年中国图书馆学专业文献中的佳作,计57位作者,60篇作品。这批文献,曾经发出过破石般的惊响,使图书馆学人为之感动、震撼,或给予晚学、同辈以极大的精神启迪。在我们纪念中国近代图书馆事业百年之际,它们是必须被阅读、被称颂、被瞻仰的。"③

在《百年文萃——空谷余音》中,范并思收录了署名为程焕文的《论文华图书馆精神》一文。笔者猜想:范并思教授之所以要收录此文,除了他在《后记》中所言明的上述原因以外,还有一个重要的原因,那就是这篇文章大约只有两千字,比较短小,可以节省不少的印刷纸张。这篇文章的原题为《文华精神——在纪念文华图专成立80周年大会上的演讲》,发表在《图书馆建设》

---

① 黄俊贵.看图书馆现状要客观 讲图书馆精神要科学——对《图书馆精神——体系结构与基本内容》一文的商榷[J].图书情报知识,2005(6):36-39.

② 黄俊贵.丑陋的图书馆学——"实话实说"访谈录[J].图书与情报,2000(2):37-42.

③ 中国图书馆学会.百年文萃——空谷余音[M].北京:中国城市出版社,2005:318.

2001 年第 6 期上。事实上,这篇文章是程焕文讲的,但是并不是程焕文写的,因为它是《图书馆建设》的编辑根据录音整理出来的一篇稿子,发表前也没有再交程焕文审阅,所以其中有不少因录音不清晰等原因而产生的错误。尽管如此,范并思教授为这篇文章所撰写的"按语"仍然十分中肯:"程焕文先生是著名的近代图书馆史专家,对老一辈图书馆学家的图书馆精神尤其钟情。程焕文先生又是图书馆管理者,深切感受着当今图书馆实践中这种精神之匮乏。因此,十多年来,程焕文先生以极大的热情,不停地宣扬他所理解的图书馆精神。本文为在纪念文华图专成立 80 周年大会上的演讲,主题虽写成'文华精神',内容仍是那宏大而意义久远的主题:弘扬老一辈图书馆人所具备的'图书馆精神'。"①

的确,十多年来,笔者一直在执着地,甚至更多的是孤寂地研究"图书馆精神",并且"以极大的热情,不停地宣扬他所理解的图书馆精神"——一个"内容仍是那宏大而意义久远的主题:弘扬老一辈图书馆人所具备的'图书馆精神'"。

2.1 首倡"图书馆精神"讨论

1988 年 1 月 7 日,广东图书馆学会举办"纪念杜定友先生九十诞辰学术讨论会",其时笔者尚为一名 20 多岁的大学助教,承蒙广东图书馆学会会长商志馥先生的奖掖和提携,笔者有幸主持下午的学术讨论会。在扼要宣读完《筚路蓝缕 鞠躬尽瘁——试论图书馆学家、图书馆学教育家杜定友先生对中国近代图书馆事业的卓越贡献》之后,笔者慷慨陈词,建议与会者重点讨论杜定友先生的图书馆精神,颇获与会图书馆学前辈的赞许。会后,遵照黑龙江省图书馆赵世良先生的建议,笔者遂将个人的想法整理成文字,在《黑龙江图书馆》1988 年第 4 期上发表了《论图书馆精神》一文。

在该文中,笔者提出:"中国图书馆事业之所以能够发展到今天,除了政

---

① 中国图书馆学会.百年文萃——空谷余音[M].北京:中国城市出版社,2005:318.

治、经济和文化等诸因素的作用以外,我们不能忽视有关的历史人物。我们说要继承和发扬前辈们开创的图书馆事业和图书馆学术,这无疑是正确的,但是我们还必须探讨究竟是一种什么样的'内在动力'使前辈们献身于图书馆事业,并取得巨大成就的呢?今天这种'内在动力'究竟是否存在?还有没有作用?它是否仍是今天图书馆界同人所应具备的起码的'内在动力'呢?笔者认为这种'内在动力'是有的,它就是'图书馆精神'!这种精神不仅在历史上起过作用,而且在今天仍是每个图书馆同人所必须具备的最起码的职业精神。"笔者认为这种精神大致包括下列几个方面的内容:①强烈的民族自尊、自信与自强精神;②强烈的自爱、自豪与牺牲精神;③大胆地吸收、探索、改革与创新精神;④读者至上精神;⑤嗜书如命精神。在此基础上,笔者总结道:"笔者只是就中国的实际情况初步地提出了自己的看法,祈望抛砖引玉,激发讨论,使图书馆精神得以继承和发扬!"①

与此同时,笔者又于1988年在《广东图书馆学刊》上发表了《论图书馆精神》的姊妹篇《论图书馆人才的特征——关于"图书馆四代人"的探讨》一文。该文在首次提出"图书馆四代人"的基本理论的基础上,再次说明了图书馆精神的重要性:"回顾中国图书馆四代人的成长与发展,我们可以看到四代人具有许多高贵的心理品格,这种心理品格也正是笔者所主张的'图书馆精神'。它是图书馆人才成长与发展的内在因素,这些因素主要包括下列几个方面:①强烈的民族自尊、自信和自强精神;②强烈的自爱、自豪与牺牲精神;③大胆的吸收、探索、改革与创新精神;④读者至上精神;⑤嗜书如命精神。"②

1989年,笔者在总结中华人民共和国图书馆事业40年的成功经验时,再次将"图书馆精神"列为其首要③。

上述三篇文章,虽然比较简陋,但是其中提出了"图书馆精神",以及"图

---

① 程焕文.论图书馆精神[J].黑龙江图书馆,1988(4):9-11.

② 程焕文.论图书馆人才的特征——关于"图书馆四代人"的探讨[J].广东图书馆学刊,1988(3):22-29.

③ 程焕文.共和国图书馆事业四十年之回顾与展望[J].图书馆,1989(5):3-10.

书馆四代人"和"图书馆事业三次高潮"等学术思想。尽管笔者祈望能够借此"抛砖引玉,激发讨论",但是,在相当长的时间内,我国图书馆学界鲜有理论研讨上的回应。十多年以后,"四代学人""三次高潮"之类的说法虽被广泛使用,以至图书馆学界人人皆知,耳熟能详,但是,沿用此说者鲜有将这些理论的首创归誉为程焕文者,此为图书馆学术研究之一"怪状",在此不予赘述。

需要特别说明的是:"图书馆精神"不是笔者独创的一种图书馆学理论,而是在过去的图书馆历史中一直在发展和演绎着的一种客观实在;"图书馆精神"一词,乃至其基本内容,也不是笔者的首创,因为在笔者之前关于"图书馆精神"的论说并不少见;重要的是,笔者首倡了关于"图书馆精神"的讨论,并且一直在孤寂而执着地从事"图书馆精神"研究,"以极大的热情,不停地宣扬……图书馆精神"。

2.2 心灵的感动

在 1990 年到 1991 年间,《图书馆》以罕见的方式,分 5 期连载笔者撰写的《一代宗师 千秋彪炳——记中国图书馆学教育之父沈祖荣先生》长篇论文①。1992 年,《图书馆》发表了张中锋撰写的《怀念与呼唤——读〈一代宗师 千秋彪炳〉》一文。张中锋在文中说:"明确而健康的行业精神和强烈而执着的职业信念是每一个行业充满生机和凝聚力,从而兴旺发达的必备的理性基础。这已经成为社会实践所充分证明。十分不幸的是,当代中国图书馆界最感薄弱的环节正是普遍性地缺乏职业信念,没有明确的行业精神。它所导致的一系列影响图书馆事业进步的负效应已越来越明显。图书馆员往往以跳出图书馆行业为幸事,自卑意识很强,严重影响了工作积极性,从而导致图书馆的整体形象日益衰弱,形成了恶性循环。以职业信念为核心的图书馆精神建设实为当务之急,程焕文同志以深深的敬仰之情撰写的《一代宗师 千秋

① 程焕文.一代宗师 千秋彪炳——记中国图书馆学教育之父沈祖荣先生[J].图书馆,1990(4):54-58;1990(6):64-67;1991(1):71-73,76;1991(3):60-73;1991(5):69-73.

彪炳——记中国图书馆学教育之父沈祖荣先生》，正是异常及时的宏文。这位曾就读于沈祖荣先生生前创业经事的武汉大学图书情报学院的后起之秀怀着无比深切的怀念之情，用深情凝重的笔触勾画了一代图书馆巨子为中国图书馆事业奔波劳累、鞠躬尽瘁的一生。读后，我被深深感动，我被带到一种新的境界：我仿佛听到了作者那深沉而急切的呼唤，呼唤沈祖荣精神的回归和发扬光大。而沈祖荣精神的主要内涵正是忠诚不贰的职业信念。应该说，作者通过一代宗师的精神影响所及，向我们成功地昭示了健康的图书馆精神是多么的重要。""我们今天的任务，甚至包括我今天写这篇小文的目的是很明确的，即除缅怀与呼唤沈祖荣精神外，更主要地还是如何塑造当代中国的图书馆精神，或者说如何让沈祖荣精神发扬光大。应该说，程焕文同志这位图书馆精神的极力倡导者，已为我们开辟了一条相当好的路子，即为曾为图书馆事业奋斗终生、做出巨大贡献的图书馆学家和图书馆活动家立传，让后学者在实践中向这些大家们学习借鉴。""塑造图书馆精神，在根本上还是让每个从事图书馆职业的人首先具备图书馆精神中思想基础那一部分，否则就没有其他部分的实施，即使有，也很难持久。"①

通常，一篇论文发表之后，如果能够引起反响并见诸文字的，大多是商榷质疑，像张中锋这样公开表示赞同和共鸣的，在那个没有 Internet 的时代的确少见。如今距离张中锋发表的这篇读后感已经过去了十几年，他因为感动而发出的肺腑之言好像是针对今天的现实一样，仍然掷地有声，丝毫没有任何过时的迹象。张中锋是何许人氏？笔者从未谋面，只知道在他这篇"读后感"末尾提供的单位是河南省郑州市"读来读去读书社"，一位具有百分之百的崇高情操的读者。

2.3 "四爱"理论的提出

自 1988 年首倡开展"图书馆精神"讨论以后，笔者一直在思考如何精炼地

---

① 张中锋. 怀念与呼唤——读《一代宗师　千秋彪炳》[J]. 图书馆,1992(5):60 – 61, 73.

总结和概括图书馆人的图书馆精神。1992 年,笔者在《中国图书馆学报》上发表了《图书馆人与图书馆精神》一文,将图书馆精神概括为"爱国、爱馆、爱人、爱书"八个字①。从此以后,笔者虽然将"四爱"的顺序调整为"爱国、爱馆、爱书、爱人",但是一直坚持"四爱"的"图书馆精神说"没有改变。时至今日,"四爱"之说已经深深地烙上了程焕文的印记。

2.4 精神的共鸣

1997 年,笔者撰写的著作《中国图书馆学教育之父——沈祖荣评传》(以下简称《沈祖荣评传》)在被大陆多家出版社拒绝出版(理由是大陆从来没有出版过图书馆人物传记,出版社不愿意开此先例)以后,终于在祖国的宝岛台湾问世。虽然由于图书发行的不畅通,《沈祖荣评传》一时在大陆的影响力有限,但是,令人欣慰的是,《沈祖荣评传》出版以后迅速成为台湾图书馆界的"热读"著作,那一年大多数的台湾图书馆界学人都在读这本著作,因此笔者也成为岛内熟知的大陆图书馆学人。更令人欣慰的是,笔者所弘扬的沈祖荣的图书馆精神获得了两岸读者的一致认同。

台湾海洋大学共同科副教授傅雅秀说:"这部评传虽是一部严肃的学术著作,不是一部传记文学作品,但却具有可读性和吸引力,所有图书馆学学生和图书馆同道不可不读。饮水思源,两岸图书馆人同师承自沈宗师祖荣先生,本是同根生,也许政治理念不同,但沈宗师是我们共同的楷模,这部评传促进了海峡两岸文化交流,愿沈宗师的图书馆精神永垂不朽,两岸生辉。"②

韩继章先生说:"记得程先生曾有一篇论及图书馆人精神的文章,读着这本书,也会深切地感受到这种精神,正是有了一批如沈祖荣先生这种视图书馆事业发展为己任的人,我国的图书馆事业和图书馆学才有了本世纪的如许发

---

① 程焕文. 图书馆人与图书馆精神[J]. 中国图书馆学报,1992(2):35 – 42.
② 傅雅秀. 一代宗师,两岸传承——读《中国图书馆学教育之父——沈祖荣评传》[J]. 书目季刊,1998(4):111 – 116.

展。而程先生自然也是受此精神感召者，此书的完成亦是这种精神的作用。"①

王子舟从《沈祖荣评传》中得到了"图书馆学研究中深切的人文关怀"的启示，认为："人能否全面发展，社会能否合理进步，这些都属人文关怀的根本性问题。""程著对这些情节（笔者注：指沈祖荣、韦棣华献身图书馆事业的情节）的描述是十分动情的，似乎在为这些前驱们感天动地的人文精神而招魂，同时也因此而表达了作者强烈的人文关怀意识。"②

林明则肯定地评价道："图书馆精神是中国图书馆事业发展和图书馆人成长的精神支柱、内在动力和最宝贵的精神财富，是中国图书馆事业建设和发展的永恒的不朽的精髓。"③

2.5 "智慧与服务"的揭示

美国芝加哥大学教授钱存训先生注意到笔者一直在致力从事"文华系"图书馆人的研究，并言笔者"是继承文华图书馆学专科学校传统的出色人才"④。虽然笔者不敢自诩"出色人才"，但是可以肯定的是，笔者一直在尽力研究"文华系"的图书馆人，其中业已完成的最重要的学术使命，就是充分地揭示了"文华精神"，尤其是"智慧与服务"之精神，并使之广泛周知。

从 1990 年在《图书馆》上连载《一代宗师　千秋彪炳——记中国图书馆学教育之父沈祖荣先生》开始，笔者先后撰写和发表了一系列有关"文华精神"的文章，例如：《论中国图书馆学教育之父沈祖荣先生在 20 世纪中国图书馆学

---

① 韩继章.青年学者印象：程焕文与其新著《中国图书馆学教育之父——沈祖荣评传》[J].图书馆，1998（2）：24 – 25.

② 王子舟.图书馆学研究启示录——读《中国图书馆学教育之父——沈祖荣评传》[J].江苏图书馆学报，1998（6）：3 – 6.

③ 林明.沈祖荣与图书馆精神——读《中国图书馆学教育之父——沈祖荣评传》有感[J].图书馆学研究，1998（6）：76 – 78.

④ 钱存训.《裘开明图书馆学论文选集》序言[M]//程焕文.裘开明图书馆学论文选集.桂林：广西师范大学出版社.2003：3.

教育中的作用和影响》①、《文华精神:中国图书馆精神的家园——纪念文华图专
80 周年暨宗师韦棣华女士和沈祖荣先生》②、《跨越时空的图书馆精神——"三
位一体"与"三维一体"的韦棣华女士、沈祖荣先生和裘开明先生》③、《两代巨
擘　世纪绝唱——我所敬慕的沈宝环教授》④、《学融中西　道存千古——〈中
国图书馆界先驱沈祖荣先生文集〉读后》⑤、《心血的凝聚　智慧的结晶——评
〈毛坤图书馆学档案学文选〉》⑥、《《外国图书馆学术研究——戴镏龄文集续
编〉序》⑦,等等。通过这些文章,笔者不仅揭示了尘封多年的文华图书馆学专
科学校校训"智慧与服务",而且将"智慧与服务"之精神广而告之,使之深入
人心,进而使之成为中国图书馆精神的一种精炼概括而被人们广泛采用。

　　特别值得一提的是,笔者曾应邀于 2000 年 11 月 9 日下午在武汉大学主办
的"纪念文华图专暨中国图书情报学教育开创 80 周年学术研讨会"上做题为
《文华精神》的演讲,并在会议期间主办了题为"永恒的文华精神——私立武
昌文华图书馆学专科学校历史回顾"的历史图片展。该展览共分"基督之精
神——美国圣公会与文华大学""公共图书馆之精神——文华公书林,智慧与

---

①　程焕文.论中国图书馆学教育之父沈祖荣先生在 20 世纪中国图书馆学教育中的
作用和影响[M]//中华图书资讯学教育委员会.海峡两岸图书馆事业研讨会论文集.台北:
政治大学,1997:67 – 78.

②　程焕文.文华精神:中国图书馆精神的家园——纪念文华图专 80 周年暨宗师韦棣华
女士和沈祖荣先生[M]//马费成.世代相传的智慧与服务精神——文华图专八十周年纪念文
集.北京:北京图书馆出版社,2001:225 – 251.

③　程焕文.跨越时空的图书馆精神——"三位一体"与"三维一体"的韦棣华女士、沈
祖荣先生和裘开明先生[J].中国图书馆学报,2002(5):61 – 65;2002(6):66 – 70.

④　程焕文.两代巨擘　世纪绝唱——我所敬慕的沈宝环教授[J].资讯传播与图书馆
学.1999(6 – 2):87 – 98;赖鼎铭.沈宝环教授八秩荣庆祝寿论文集[M].台北:台湾学生书
局.1999:12 – 17.

⑤　程焕文.学融中西　道存千古——《中国图书馆界先驱沈祖荣先生文集》读后[J].
晋图学刊,1993(1):55 – 59.

⑥　程焕文.心血的凝聚　智慧的结晶——评《毛坤图书馆学档案学文选》[J].中国图
书馆学报,2002(2):63 – 65.

⑦　程焕文.《外国图书馆学术研究——戴镏龄文集续编》序[M]//王宾.外国图书馆
学术研究——戴镏龄文集续编.广州:广东人民出版社,2004:1 – 11.

服务之精神——文华图书馆学专科学校""先驱者之精神——中国现代图书馆运动之皇后韦棣华女士""宗师之精神——中国图书馆学教育之父沈祖荣先生"等5个部分。笔者坚信:所有参观过程焕文独自主办的"永恒的文华精神——私立武昌文华图书馆学专科学校历史回顾"历史图片展的人士都不会不被"文华精神"所感染。后来,武汉大学信息管理学院院长马费成教授在编辑这次研讨会论文集时将其命名为《世代相传的智慧与服务精神——文华图专八十周年纪念文集》(北京图书馆出版社2001年6月出版)即为最好的例证。

如今,"智慧与服务"之精神几乎成了中国图书馆精神的代名词,被人们广泛地使用,即便是文化部副部长、中国图书馆学会理事长周和平先生也说:"中国图书馆学会组织编写了这套"中国图书馆百年系列丛书",希望通过《百年大势》《百年情怀》《百年人物》《百年文萃》《百年建筑》等5个分册,从历史的、人文的,以及学术研究、建筑文化等各个层面对中国图书馆事业的百年历程作一个完整而深入的诠释和展示,借以传承'智慧与服务'的行业精神,彰显前贤,激励后学。"①

2.6 "图书馆权利"成为"基本定理"

如上所述,近两年来,尤其是2005年春以来,"图书馆权利"已经成为我国图书馆学界最热门的研究课题。笔者可以大言不惭地说:"图书馆权利"这个术语的"捏造"者,非笔者莫属。这不仅有笔者于2004年自选"图书馆权利研究"课题申报国家社科基金项目、2004年7月中国图书馆学会年会的主旨报告、2004年下半年的图书馆权利演讲以及中国图书馆学会2005年峰会的会议综述可证,而且还有2004年7月出版的教育部"面向21世纪课程教材"《信息资源共享》可证。

早在2003年秋,笔者在组织撰写《信息资源共享》教材时,就曾"特立独

---

① 周和平.《中国图书馆百年系列丛书》序言[M]//中国图书馆学会.百年情怀——天堂,图书馆的模样.北京:科学出版社,2004.

行"地,"一反常态"地,在这本图书馆学专业教材中专门撰写了"第二章 基本定理",其目的在于弥补我国图书馆学教科书中图书馆学"真理"的缺失。笔者一共提出了四个基本定理,其中"定理三"为"人人享有自由平等利用信息资源的权利",并从"平等利用信息资源是用户的基本权利""自由利用信息资源是用户的基本权利"和"免费服务是自由平等利用的保障"三个方面对"定理三"进行了阐述①。虽然当时由于教材题目的限制,笔者无法直接使用"图书馆权利"一词,但是,笔者已经将"图书馆权利"的基本内容揭示无遗。这并非笔者有什么"先见之明"或者"先知先觉",而是因为"图书馆权利"乃是长期被我国图书馆学界忽视的一个世界图书馆界的"真理",笔者只是利用可以利用的机会适时地做了适当的表述。

当然,笔者也清楚,有些学人对笔者所写的四个"基本定理"不以为然。尽管如此,笔者仍然坚信:犹如笔者所提出的"图书馆精神"一样,这些基本定理将会深入人心,并最终在中国图书馆事业的发展中起到真正的理论推动作用。

具有讽刺意味的是,在"图书馆权利"已经作为"定理"写入全国图书馆学专业统编教材,并正式出版了半年之后,我国才掀起"图书馆权利"的研究热,这其中的滋味的确耐人寻味,值得我们去深思。

值得庆幸的是,笔者近年提出"图书馆权利"比当年提出"图书馆精神"所引起的社会反响要及时得多,热烈得多。

3 图书馆精神净土的守护

在笔者执着而孤寂地从事图书馆精神研究已近20年的今天,图书馆精神"忽如一夜春风来,千树万树梨花开",迅速成为我国图书馆学界的研究热点和焦点。正因为如此,一时间众说纷纭,各种观点纷至沓来,有主张"图书馆人文精神"者,有主张"图书馆科学精神"者,有主张"图书馆学科精神"者,有主张

---

① 程焕文,潘燕桃.信息资源共享[M].北京:高等教育出版社,2004:28-32.

"图书馆职业精神"者,有主张"公共图书馆精神"者……即便是主张"图书馆精神"者亦有众多"说法",于是,图书馆精神研究又自动地卷入了随波逐流的图书馆学研究"旋涡"和"怪圈"之中。

3.1　实在的图书馆精神

笔者所主张的"图书馆精神",并非个人的发明创造,而是对图书馆历史长河中沉淀的历史精华的一种提炼,因此,图书馆精神首先是实在的图书馆精神,即客观存在的图书馆精神。

"爱国、爱馆、爱书、爱人"是笔者迄今为止所能做到的对"图书馆精神"的最精炼的概括和总结。"爱"饱含着深厚的情感和无限的忠诚,如果没有这样的人文情愫作为前提,一个人也就难以成为真正的图书馆人。所以,"爱国、爱馆、爱书、爱人"是最高尚的图书馆事业精神。这种事业精神正是无数的优秀图书馆历史人物身上闪耀着的光辉和我们随时随地可以在当今的优秀图书馆人身上感知与发现的灵魂。

"智慧与服务"是"爱国、爱馆、爱书、爱人"之"图书馆精神"的一种具体表述,它强调的是知行合一,具有特别重要的实践意义。"智慧与服务"是客观存在的图书馆精神,这不仅是因为它曾经是文华图书馆学专科学校的校训,而且是因为它一直在透过"文华"学子不断地发扬光大。

"图书馆权利"主要包括平等利用图书馆之权利和自由利用图书馆之权利两项基本内容,近 150 年来,世界公共图书馆大致是沿着这条主线发展过来的,因此,它也是客观存在的图书馆精神。但是,"图书馆权利"只是"图书馆精神"中的一项基本内容和图书馆职业的一种基本要求,其基本理念已经涵盖在"爱国、爱馆、爱书、爱人"和"智慧与服务"之中,所以笔者称之为"图书馆职业精神"。近年来,"图书馆权利"之所以如此热门,盖因我国图书馆事业的发展深处整体非理性状态的时间太久之故。事实上,早在 20 世纪初,我们的图书馆学前辈就已经把我们今天所讨论的"图书馆权利"讲得非常生动透彻,并且以实际行动实实在在地实现了民众的"图书馆权利"。这正是笔者多年来一直激烈地抨击有偿服务的原因之所在。2005 年初,《图书馆》发起"21 世纪新图书馆运动",虽然在"运动"一词的运用上有点"刺激",但是其本意实在是一种正本清源式的 20 世纪"新图书馆运动"的复兴。

3.2　图书馆精神的实在

作为一个学人,笔者是"图书馆精神"的研究者;作为一名教师,笔者又是"图书馆精神"的灌输者;作为一位馆长,笔者更是"图书馆精神"的实践者。因为同时具备这三种身份,所以,笔者在三个角色的不断转换中,既能使"图书馆精神"成为一种比较学术的理论,又能使"图书馆精神"成为一种可以触摸的实在。笔者相信:既然历史上有实在的图书馆精神,那么现实中就一定可以造就图书馆精神的实在。理念决定一切。没有正确的图书馆理念,就不可能有正确的图书馆发展方向。近 8 年来,笔者以"图书馆精神"为指导,一直在广州营造和守护着一片图书馆精神的净土。

1998 年 6 月,笔者开始担任中山大学图书馆馆长,为了营造一片图书馆精神的净土,笔者制定了"智慧与服务"的馆训,其后相继撰写了《中山大学图书馆馆训释义》《中山大学图书馆馆训示词》,并据此进行了中山大学图书馆馆徽创意设计①。从此,笔者将文华图书馆学专科学校的精神家园中"盗版"的"智慧与服务",逐渐转变为世人周知的中山大学图书馆精神的"专利"。

与此同时,笔者在中山大学图书馆相继推行了一系列的"全开放式服务""平等服务""自由利用""免费服务"和"人性化服务"的制度和措施,图书馆工作顿时日新月异,深获师生赞许,一时间中山大学校园网上好评不断,中大师生称之为"图书馆新气象"。其后,在 2000 年中山大学珠海校区图书馆的新馆建设中,2003 年中山大学北校区图书馆的整修改造中,2004 年中山大学东校区图书馆的新馆建设和中山大学南校区图书馆(总馆)的改建扩建中,笔者先

---

① 中山大学图书馆本馆概况[EB/OL].[2006 - 01 - 26]. http://library. sysu. edu. cn/about.

后采用四种不同风格的设计,全面地实施了从"图书馆精神"所派生的"全开放式服务""平等服务""自由利用""免费服务"和"人性化服务"等基本理念。

　　这些基本理念在今天已经不太"新鲜",但是在 5 年前的 2000 年则十分地"标新立异"。笔者清楚地记得:2000 年 9 月,珠海市四套领导班子的成员曾专门参观中山大学珠海校区图书馆新馆,一流的图书馆设施、一流的图书馆理念令这些经常"周游列国"的决策者们"大开眼界",兴奋不已,珠海市委书记、市长黄云龙当即提议:是否可以将中山大学珠海校区图书馆挂牌为"珠海市图书馆",实现大学图书馆与公共图书馆的合一,珠海市可以将珠海市图书馆的馆舍(包括一直"丢荒"的珠海市图书馆新馆的"烂尾楼")、人员、藏书、经费预算等全部并入中山大学珠海校区图书馆,并把珠海市图书馆改造为中山大学珠海校区图书馆的分馆。鉴于珠海市图书馆当时的"惨淡经营",为支持公共图书馆的发展,笔者一直没有向珠海市提交相关报告,否则……后来,珠海市电视台曾专门到中山大学珠海校区图书馆对笔者进行了专题采访报道,当时记者曾向笔者提出了这样的问题:你认为中山大学图书馆比国内的其他图书馆先进了多少年? 它们何时才能赶上中山大学图书馆? 笔者曾大言不惭地回答道:中山大学图书馆至少要比国内的大多数图书馆先进 10 年! 这种先进不是馆舍、设备之类的先进,而是理念的先进。如果它们不具备这些图书馆理念,即便有再多的钱,它们 10 年也赶不上中山大学图书馆。笔者之所以在这里提及这些"野史稗乘",并非为了自吹自擂,而是要说明一个道理:图书馆精神在图书馆的发展中始终是最重要的。

　　笔者的"图书馆精神"实践及其所产生的影响,可以通过下列相关文章窥见一斑:

　　程焕文撰《新世纪中国大学图书馆发展之我见(之五)——中山大学图书馆馆长程焕文访谈录》①;

---

① 程焕文.新世纪中国大学图书馆发展之我见(之五)——中山大学图书馆馆长程焕文访谈录[J].大学图书馆学报,2001(6):2-5,13.

程焕文、王蕾撰《21 世纪高校图书馆管理的新理念》①；

黄晓丽撰《人性的复归:现代图书馆的经营新理念——中山大学珠海校区图书馆启示录》②；

朱晓华撰《现代图书馆与传统人文精神》③；

崔凤雷撰《程焕文:崇尚智慧　至诚服务》④；

沈俏梅撰《论图书馆"有智慧的服务"》⑤；

王凌云撰《重塑图书馆精神——关于"智慧与服务"的思考》⑥；

莫敏撰《既要以"智"服务,也要以"德"服务》⑦；

秦剑撰《图书馆人性化服务的理念和实践》⑧；

秦剑撰《高校异地办学:图书馆管理新模式》⑨；

冯正平等撰《爱书,服务,智慧——学习程焕文教授宣传图书馆精神的著述》⑩。

令人欣慰的是,笔者凭借着中山大学图书馆的这片图书馆精神净土不断传播着正确的图书馆理念,荡涤着我国图书馆界的"尘埃",并感染具有理性的

① 程焕文,王蕾.21 世纪高校图书馆管理的新理念[J].大学图书馆学报,2003(2):15-21.

② 黄晓丽.人性的复归:现代图书馆的经营新理念——中山大学珠海校区图书馆启示录[J].图书情报工作,2002(2):10-15.

③ 朱晓华.现代图书馆与传统人文精神[J].图书情报工作,2002(2):5-9,92.

④ 崔凤雷.程焕文:崇尚智慧　至诚服务[J].高校图书馆工作,2002(6):14-15.

⑤ 沈俏梅.论图书馆"有智慧的服务"[J].前沿,2002(3):86-87.

⑥ 王凌云.重塑图书馆精神——关于"智慧与服务"的思考[J].晋图学刊,2003(6):12-13,55.

⑦ 莫敏.既要以"智"服务,也要以"德"服务[J].图书馆工作与研究,2003(6):65-66.

⑧ 秦剑.图书馆人性化服务的理念和实践[J].图书馆论坛,2004(5):46-48,219.

⑨ 秦剑.高校异地办学:图书馆管理新模式[J].图书馆论坛,2003(2):122-123,126.

⑩ 爱书,服务,智慧——学习程焕文教授宣传图书馆精神的著述[EB/OL].[2006-01-26].http://www.chinalibs.net/quanwen.asp?titleid=62692.

人们。中山大学校长黄达人教授的肺腑之言"图书馆是大学精神的守护者"①,正是对这片图书馆精神净土的高度认可。

3.3 图书馆精神的弘扬

与此同时,笔者又利用"职务之便",相继开展了一系列弘扬图书馆精神的活动,其重要者如下:

2002 年 9 月 14 日,在中山大学小礼堂隆重举行"刘少雄先生为中山大学图书馆服务 60 周年暨 80 华诞庆祝大会"②;

2002 年 11 月 8 日,正式建立广东图书馆学会新的行业荣誉体系,并隆重颁发"杰出贡献奖"(25 人)、"终身荣誉奖"(11 人)、"优秀服务奖"(27 人)、"优秀科研成果奖"(31 项)③;

2003 年 7 月 19 日,在广州白天鹅宾馆为中山大学图书馆原馆长、信息管理系创办人连珍先生隆重举行"连珍先生九十华诞庆祝大会",并向连珍先生颁授"中山大学图书馆荣誉馆长"的荣誉称号④;

---

① 黄达人.图书馆是大学精神的守护者——在中山大学图书馆 80 周年馆庆暨新馆开馆典礼上的讲话[J].大学图书馆学报,2005(1):2,57.

② 邬和镒.隆重举行刘少雄为中山大学图书馆服务六十周年暨八十华诞庆祝大会向刘少雄颁授"杰出贡献奖"和"终身馆员"称号[J].图书馆论坛,2002(6):123;程焕文.平凡的岗位,不平凡的人生[M]//程焕文.广东图书馆学会 40 年.广州:中山大学出版社,2003:538 - 545;刘少雄.从业抒怀[M]//程焕文.广东图书馆学会 40 年.广州:中山大学出版社,2003:545 - 547;张世泰.爱国、爱馆、爱书、爱人[M]//程焕文.广东图书馆学会 40 年.广州:中山大学出版社,2003:547 - 548;谭祥金.甘为人梯的服务精神[M]//程焕文.广东图书馆学会 40 年.广州:中山大学出版社,2003:548 - 552;李萍.甘为人梯,缔造图书馆精神[M]//程焕文.广东图书馆学会 40 年.广州:中山大学出版社,2003:553 - 554.

③ 陈卫东.广东图书馆学会 2002 年学术年会在广州隆重召开[J].图书馆论坛,2003(1):147 - 148;程焕文.承前启后 继往开来 与时俱进 永葆辉煌——广东图书馆学会2002 年学术年会开幕词[M]//程焕文.广东图书馆学会 40 年.广州:中山大学出版社,2003:557 - 566.

④ 校图书馆和信息管理系庆祝连珍先生 90 华诞[EB/OL].[2006 - 01 - 26].http://www.sysu.edu.cn/publication/get/campaper/131/16.html? admin.

2005 年 12 月 4 日,在广东迎宾馆隆重举行"商志馥先生八十华诞庆祝会"①。

这些对当今图书馆人的表彰活动展示和弘扬了新时代的"图书馆精神",其影响甚为广泛而深远。

4 结 语

图书馆精神是一个永恒的主题。图书馆精神既是前辈留给我们的宝贵遗产,又是时代赋予我们的精神财富。这本《图书馆精神》个人论文选集收录了笔者自选的自 1988 年以来所发表的 30 篇有关"图书馆精神"的文字,比较真实地反映了笔者研究和弘扬"图书馆精神"的基本过程。虽然有关"图书馆精神"的研究没有止境,但是,更为重要的是"图书馆精神"的实践。笔者相信:只要我们每个图书馆人都能够秉承"图书馆精神",并将"图书馆精神"贯彻落实到我们的图书馆实践之中,那么,我国的图书馆事业一定会傲立于世界图书馆之林。

---

① 我校资讯管理系和图书馆庆祝商志馥先生八十华诞[EB/OL]. [2006 - 01 - 26]. http://news. sysu. edu. cn/new/msgshow. php? bk = news&newsid = 12e083cde382ab3f997541c 00259586f.

权利的觉醒与庶民的胜利

——图书馆权利思潮十年回顾与展望[*]

　　当历史迈入 21 世纪的门槛后,遮天蔽日的数字化丛林掩盖着中国图书馆学研究的园地,无远弗届的网络化海洋淹没了中国图书馆学研究的根基,图书馆权利犹如茂密森林中的星星之火迅速燎燃,焚化中国图书馆发展的"整体非理性";恰如浩瀚海洋中的明亮灯塔闪现在天际线,指引中国图书馆学思想航船的前进方向。以 2005 年图书馆学界率先发出"走向权利时代"的呐喊为时间节点,图书馆权利的理论研究与实践探索已经迈过了十年。十年弹指一挥间,中国的图书馆理念与实践悄然发生了脱胎换骨的根本性转变,进入了一个崭新的图书馆权利时代。这十年是图书馆权利思潮兴起发展的十年,更是中国图书馆价值观更新重建和公共图书馆前所未有繁荣发展的十年。

　　梁启超曾精辟地论道:"今之恒言,曰'时代思潮'。此其语最妙于形容。凡文化发展之国,其国民于一时期中,因环境之变迁,与夫心理之感召,不期而思想之进路,同趋于一方向,于是相与呼应汹涌,如潮然。始焉其势甚微,几莫之觉;寖假而涨—涨—涨,而达于满度;过时焉则落,以渐至于衰熄。凡'思'非皆能成'潮',能成'潮'者,则其'思'必有相当之价值,而又适合于其时代之要求者也。凡'时代'非皆有'思潮';有思潮之时代,必文化昂进之时代也。"又言:"凡时代思潮,无不由'继续的群众运动'而成。所谓运动者,非必有意识、有计划、有组织,不能分为谁主动,谁被动。其参加运动之人员,每各不相谋,各不相知。其从事运动时所任之职役,各各不同,所采之手段亦互异。于同一

　　* 程焕文.权利的觉醒与庶民的胜利——图书馆权利思潮十年回顾与展望[J].图书馆建设,2015(1):26 – 38.

运动之下,往往分无数小支派,甚且相嫉视相排击。虽然,其中必有一种或数种之共通观念焉,同根据之为思想之出发点。此种观念之势力,初时本甚微弱,愈运动则愈扩大,久之则成为一种权威。此观念者,在其时代中,俨然现'宗教之色彩'。一部分人,以宣传捍卫为己任,常以极纯洁之牺牲的精神赴之。及其权威渐立,则在社会上成为一种共公之好尚。忘其所以然,而共以此为嗜,若此者,今之译语,谓之'流行';古之成语,则曰'风气'。风气者,一时的信仰也,人鲜敢婴之,亦不乐婴之,其性质几比宗教矣。一思潮播为风气,则其成熟之时也。"①

近十年的图书馆权利思潮正是梁启超所言的真实写照,已在中国图书馆界呈现"宗教之色彩",成为一种价值观、一种权威和一种信仰;在全社会"播为风气",广为流行,成为一种"共公之好尚"。

1 图书馆权利思潮的酝酿(2003—2004 年)

进入新世纪以后,在数字化与网络化的迷雾中,多种学术因素开始集聚,悄然发酵,酝酿中国图书馆学研究方向的重大转变。

1.1 中国图书馆学会发起"百年图书馆精神"研究

2003 年 11 月 17 日,中国图书馆学会发布以"回顾与展望——中国图书馆事业百年"为主题的《中国图书馆学会 2004 年年会征文通知》,将"百年图书馆精神"列为首要研讨的主题②。

2004 年 7 月,中国图书馆学会 2004 年年会暨学会成立 25 周年纪念大会论文集《中国图书馆事业百年》正式出版,其中将"百年图书馆精神"列为首要

---

① 梁启超. 清代学术概论[M]. 桂林:广西师范大学出版社,2010:1 - 2.
② 中国图书馆学会 2004 年年会征文通知[EB/OL]. [2014 - 12 - 05]. http://www. csls. org. cn/academic/yearmeet2. html.

标题,收录了 7 篇相关学术论文①。中国图书馆学会主编的"中国图书馆百年系列丛书"之《百年大势——历久弥新》《百年情怀——天堂,图书馆的模样》《百年文萃——空谷余音》《百年建筑——天人合一 馆人合一》陆续由科学出版社、中国城市出版社出版发行,旨在"从历史的、人文的,以及学术研究、建筑文化等各个层面对中国图书馆事业的百年历程作一个完整而深入的诠释和展示,借以传承'智慧与服务'的行业精神,彰显前贤,激励后学。同时,以此祝贺中国图书馆学会成立 25 周年"②。

2004 年 7 月 23—26 日,中国图书馆学会 2004 年年会暨学会成立 25 周年纪念大会在江苏省苏州市隆重举行。

7 月 24 日上午,中国图书馆学会 2004 年年会暨学会成立 25 周年纪念大会举行开幕式和年会主旨报告。程焕文做题为《百年沧桑 世纪华章——20 世纪中国图书馆事业回顾与展望》的年会主旨报告。"在展望 21 世纪图书馆发展前景时,他指出应日益重视人文精神、读者自由获取知识的权利、图书馆职业道德、人性化服务、社区图书馆服务以及弱势群体图书馆服务等几个方面"③。

7 月 25 日,中国图书馆学会 2004 年年会暨学会成立 25 周年纪念大会第一分会场举行以"百年图书馆精神的魅力"为主题的专题讨论。范并思教授做题为《中国图书馆精神的百年历程》的主旨演讲,李明华研究馆员做题为《从浙江人物看百年中国图书馆精神》的发言④。第三分会场举行以"国际视野下的图书馆员职业伦理与知识产权保护"为主题的"第二届图书馆法与知识产权论坛"专题论坛。中国图书馆学会图书馆法与知识产权研究专业委员会主任委员程焕文做开坛致辞,副主任委员李国新等 7 位海内外学者做主旨演讲或

---

① 中国图书馆学会. 中国图书馆事业百年[M]. 北京:北京图书馆出版社. 2004.
② 周和平.《中国图书馆百年系列丛书》序言[M]//中国图书馆学会. 百年情怀——天堂,图书馆的模样. 北京:科学出版社,2004.
③ 中国图书馆学会 2004 年年会暨学会成立 25 周年纪念大会隆重举行[EB/OL]. [2014 – 12 – 05]. http://www.csls.org.cn/academic/yearmeet6.html.
④ "第一分会场:百年图书馆精神的魅力"会议总结[EB/OL]. [2014 – 12 – 05]. http://www.csls.org.cn/academic/2004yearmeet1.html.

主题发言①。

1.2 程焕文首倡"图书馆权利"研究

在中国图书馆学会 2004 年年会暨学会成立 25 周年纪念大会期间,中国图书馆学会秘书长汤更生向学术研究委员会副主任委员程焕文征询有关中国图书馆学会 2005 年年会主题的意见,程焕文提出:鉴于图书馆职业道德已在全国广泛宣传推广,研讨"图书馆权利"的时机已经成熟,必须列入年会主题。其时,中国图书馆学界对"图书馆权利"十分陌生。

2004 年 12 月 9 日,中国图书馆学会发布以"以人为本 服务创新"为主题的《中国图书馆学会 2005 年年会征文通知》,正式将"图书馆权利"列为年会分主题。程焕文为"图书馆权利"做了专门的"分主题注释":"平等利用图书馆的权利,自由利用图书馆的权利,免费图书馆服务,弱势群体图书馆服务。"②第一次在中国图书馆学界正式提出并通俗地解释了"图书馆权利"。

与此同时,应中国图书馆学会的邀请,程焕文于 2004 年 11 月 22 日在海南省琼海市举行的中国科协 2004 年学术年会中国图书馆学会分会场上做了题为《权利与道德——关于公共图书馆精神的阐释》的主旨报告③,于 2004 年 11 月 24 日在海南省海口市举行的中国图书馆学会图书馆服务研讨班上做了题为《图书馆精神——体系结构与基本内容》的专题报告④,对"图书馆权利"做了进一步的阐释和宣传。

---

① "第二届图书馆法与知识产权论坛"小结[EB/OL].[2014 – 12 – 05].http://www.csls.org.cn/academic/2004yearmeet3.html.

② 中国图书馆学会 2005 年年会征文通知[EB/OL].[2014 – 12 – 05].http://www.csls.org.cn/academic/2005yearmeet1.html.

③ 程焕文,周旭毓.权利与道德——关于公共图书馆精神的阐释[J].图书馆建设,2005(4):1 – 4,42.

④ 程焕文,周旭毓.图书馆精神——体系结构与基本内容[J].图书馆,2005(2):3 – 9.

1.3 中国图书馆学会将"图书馆权利"列为新年峰会议题

在图书馆权利已经列入中国图书馆学会 2005 年年会分主题之后,2004 年下半年,国内图书馆界相继出现了所谓的"国图事件"①"信阳事件"②等图书馆公共危机。鉴于这些"事件"在媒体上的相继曝光,以及其他迫切需要研究对策的现实问题,中国图书馆学会理事长詹福瑞召集相关学者于 2005 年 1 月 8 日在黑龙江大学举行中国图书馆学会 2005 年峰会,是为中国图书馆学会首次峰会。"与会的 20 多名代表各抒己见,共同探讨了图书馆权利、著作权在图书馆的合理使用、图书馆行业荣誉体系的构建与维护、中国图书馆立法:现状与任务、图书馆与社会阅读等 5 个议题。""'图书馆权利',是本次峰会讨论最为热烈的议题"。黑龙江大学信息资源管理研究中心的蒋永福教授简明扼要地从 3 个方面对所要讨论的问题进行了议题的说明。"与会代表对'图书馆权利'内涵的界定发表了两种不同看法。一种观点认为,'图书馆权利'应以'读者权利'为核心,即读者平等、自由地利用图书馆的权利。以中山大学信息管理系程焕文教授为代表。另一种观点则认为,'图书馆权利'必须兼顾图书馆的生存、发展权利,保障图书馆拥有实现读者权利的实施手段和基础条件,否则,自由、平等利用文献信息只能是一种'理想'。强调在理想与现实的博弈中协调发展图书馆事业,对图书馆深层机制中存在的问题进行理性思考,而不能简单地批评实践界缺乏自由与平等意识。以首都图书馆副馆长周心慧、湖南图书馆常务副馆长张勇为代表。中山大学信息管理系程焕文教授指出:这几年来,中国图书馆学会图书馆法与知识产权研究专业委员会一直致力于图书馆职业伦理道德及图书馆权利的宣传,然而推广起来很困难。虽然如此,程教授依然抱乐观态度,认为'只要坚持做下去,总会有效果的'。他认为,近 20 年来,中国图书馆事业的发展整体上是非理性的,'有偿服务'等有悖于图书馆公

---

① 周继武. 国家图书馆借书记[N]. 南方周末,2004 – 10 – 14.
② 何正权. 大学图书馆向学生"卖"座位事发 信阳师范学院 学生投诉其乱收费 馆长称收取的是管理费[N]. 大河报,2004 – 12 – 11(8).

益性的思想与实践都在向非理性的方向引导图书馆的发展。启动《图书馆服务权利宣言》是非常必要的,但一定把它放在图书馆基本价值层面来思考;图书馆是无国界的,应借鉴世界各国的相关做法,制定出让全世界同行都能理解的《图书馆服务权利宣言》,而不是以'中国特色'为由拿出一个和世界上任何国家都不同的《图书馆服务权利宣言》,那就不可思议了。总之,只有平等、自由地利用图书馆这一理念得到共识并根植在图书馆实践活动当中,中国图书馆事业才会进入真正的发展时期。詹福瑞教授认为,谈图书馆权利应该对以下几个问题予以关注:一是法律的缺失。这是导致目前图书馆行业面临困难状况的最根本原因。没有《图书馆法》,图书馆自身以及读者权利的定性都无法解决。要根本解决'图书馆权利'问题,首先要解决立法问题。二是投入不足。不是图书馆本身缺乏权利意识,而是保障权利的运行经费严重不足。三是有关图书馆权利方面的教育太少,对读者自由、平等利用图书馆的权利缺乏理性认识。"①

2 图书馆权利思潮的兴起(2005—2007 年)

2004 年,中国图书馆学会相继将"图书馆权利"列入中国图书馆学会 2005 年年会的分主题和新年峰会议题以后,"图书馆权利"忽如一夜春风来,千树万树梨花开,于 2005 年迅速演变成为席卷整个中国图书馆学界的研究热潮。

2.1 图书馆学专业期刊的倡导

中国图书馆学会 2005 年峰会之后,黑龙江图书馆学会主办的《图书馆建设》自 2005 年第 1 期起率先开设"走向权利时代"专栏,提出:"'走向权利时代',是我们为所有拥有正义感的图书馆人(包括关心图书馆事业或公民信息

---

① 毕红秋. 权利正觉醒 激情在燃放——中国图书馆学会 2005 年峰会综述[J]. 图书馆建设,2005(1):12 – 14,29.

权利的其他人士)提供的专题性论坛。凡是有关图书馆保障公民的信息自由、信息平等、信息权利方面的法律、政策、制度、伦理及实践性的论文,皆为欢迎之列。"①

与此同时,湖南省图书馆学会主办的《图书馆》自 2005 年第 1 期起开设"21 世纪新图书馆运动论坛"专栏,提出:"'21 世纪新图书馆运动'旨在以人为本,弘扬公共图书馆精神,倡导图书馆走进平民,关心弱者,平等服务,缩小数字鸿沟,建立一个信息公平和信息保障的制度。"②

武汉大学信息管理学院主办的《图书情报知识》自 2005 年第 1 期起亦开设"弱势群体与知识公平"专栏,探讨"图书馆权利"的一些相关问题。

《图书馆建设》《图书馆》和《图书情报知识》三种专业期刊不约而同地"三箭齐发",共同指向"图书馆权利",组织学人撰写专文,研讨"图书馆权利"的相关问题,使"图书馆权利"迅速成为席卷全国的图书馆学思潮。

《图书馆建设》的"走向权利时代"栏目持续了两年之久,在推动"图书馆权利"研究上贡献良多。蒋永福曾总结道:"两年来,该专栏共发表'图书馆权利'专题论文 43 篇,成为这一时期发表该专题论文最集中、最多的专业刊物。陈传夫、李国新、范并思、程焕文、王世伟、肖燕、张久珍、张勇、王惠君等 56 位作者奋笔疾书,就'图书馆权利'问题激情诠释、呐喊、献策。""'走向权利时代'专栏结束了,但走向权利时代的思考和步伐不应该停止!"③

《图书馆》的"21 世纪新图书馆运动论坛"专栏借鉴 20 世纪初的"新图书馆运动"概念,以唤醒公共、公开、平等、共享的公共图书馆理念,但是,因为"运动"一词不受待见,颇有异议。2005 年 4 月,李爽在《图书情报知识》上发表

---

① 蒋永福,毕红秋.走向权利时代——献给 2005 年新创专栏[J].图书馆建设,2004(6):125.

② 南山图书馆,湖南大学信息研究所,本刊编辑部.以人为本弘扬公共图书馆精神——本刊与南山图书馆、湖南大学信息研究所共倡"21 世纪新图书馆运动"[J].图书馆,2005(1):1.

③ 蒋永福.激情燃放之后话别——《走向权利时代》专栏结束语[J].图书馆建设,2006(6):16.

《"新图书馆运动"质疑》一文,对《图书馆》发起的"21 世纪新图书馆运动"提出了诸多质疑①。又因为专栏文章的个性比较张扬,引发了不少相关争论②。即使如此,《图书馆》在宣传公共图书馆理念、精神等诸方面做出了重要的贡献③。

2.2 "图书馆权利"主题论坛的召开

2005 年 7 月,中国图书馆学会 2005 年年会在广西桂林召开,图书馆法与知识产权研究专业委员会于 7 月 22 日主办以"图书馆权利"为主题的"第三届图书馆法与知识产权论坛"。李国新主持论坛。程焕文做开坛致辞,"回顾了该委员会成立四年以来走过的历程,讨论过的话题以及取得的成就……认为该委员会四年的作为在中国图书馆界产生了重要和深远的影响,将会在中国图书馆事业发展的历史上'留下痕迹'"。上午,蒋永福讲《图书馆权利:内涵与实现机制》,卢海燕讲《国际图联关于著作权问题的立场及著作权与其他法律问题委员会 2004—2005 战略发展计划》,肯尼亚国家图书馆阿部讲《肯尼亚图书馆服务与图书馆权利》。下午,程焕文、陈传夫和李国新教授共同主持"公开讨论:图书馆权利的迷失与复归——由事例说权利"。"在公开讨论之先,程焕文教授先对图书馆权利作了一点说明,强调图书馆权利的内涵乃是民众的图书馆权利,不可以望文生义认为是图书馆自身的权利。之所以使用这样的叫法,是沿用了国际惯例。程教授以 PPT 形式提供了几个在我国图书馆服务

---

① 李爽."新图书馆运动"质疑[J].图书情报知识,2005(2):90 – 92.

② 相关争论有:崔红娟.论范并思的公共图书馆原理思想[J].图书馆,2005(1):13 – 17;赵燕群.中国图书馆学没有大家吗? [J].图书馆,2006(2):105 – 107,113;谭祥金.为公共图书馆辩护——"21 世纪新图书馆运动论坛"之我见[J].中国图书馆学报,2006(2):19 – 24.

③ 谢树芳,陈文,刘恋,等.一曲图书馆人文精神的交响——"21 世纪新图书馆运动论坛"书评(上、下)[J].图书馆,2007(1):45 – 51;2007(2):37 – 42.

中普遍存在的事例,以这些事例为'靶子'展开"讨论①。

2.3 "图书馆精神"与"图书馆权利"的争鸣

2004 年 7 月,程焕文、潘燕桃主编的《信息资源共享》正式出版。程焕文在这部教育部"面向 21 世纪课程教材"中提出了"信息资源共享四定理":"一切信息资源都是有用的""一切信息资源都是为了用的""人人享有自由平等利用信息资源的权利""用户永远都是正确的"。其中定理三"人人享有自由平等利用信息资源的权利"下有三条基本阐释:"平等利用信息资源是用户的基本权利""自由利用信息资源是用户的基本权利""免费服务是自由平等利用的保障"。这是我国在图书馆学教科书中第一次从信息资源共享的角度正式阐述"图书馆权利"的思想②。

围绕着程焕文提出的"图书馆精神"与"图书馆权利"及其相关理论,图书馆学界展开了激烈的争论。

2.3.1 关于"图书馆精神"的争论

关于图书馆精神的争论颇为广泛,其中以程焕文与黄俊贵之间的"程黄之争"最为激烈、最为感性,可谓是新世纪中国图书馆学术争鸣的一个奇观。"程黄之争"起于有关"丑陋的图书馆学"的争论③,而纠结于有关"图书馆精神"的争论。

---

① 中国图书馆学会 2005 年年会第二分会场会总结[EB/OL]. [2014 - 12 - 05]. http://www.csls.org.cn/academic/2005yearmeet6.html.

② 程焕文,潘燕桃.信息资源共享[M].北京:高等教育出版社,2004:22.

③ 黄俊贵.丑陋的图书馆学——"实话实说"访谈录[J].图书与情报,2000(2):37 - 42;程焕文.丑陋的《丑陋的图书馆学》——致《图书与情报》的信[J].图书与情报,2001(1):49 - 50;邱蔚晴,梅悦敏,胡岷,等.图书馆学"丑陋"?——中山大学信管系 99 级部分研究生座谈录[J].图书与情报,2001(1):50 - 52;黄俊贵.图书馆学需要哲学——从《丑陋的图书馆学》引发的思考[J].图书与情报,2001(2):64 - 68;鲍振西.尽淘污浊始见金——就《丑陋的图书馆学》致《图书与情报》编辑部的信[J].图书与情报,2001(2):68;罗德运.除却丑陋 繁荣学术[J].图书与情报,2002(2):16 - 20,24;郁青.关于《丑陋的图书馆学——"实话实说"访谈录》的一些看法[J].图书馆界,2001(2):56 - 60;梅雪.浅说《丑陋的图书馆学——"实话实说"访谈录》[J].图书情报论坛,2001(4):35 - 37.

2005 年,黄俊贵率先发起与程焕文的有关"图书馆精神"论战,其后程焕文开始与黄俊贵展开直接的和间接的争论,其间亦有部分学人卷入讨论①。争论的主题是"图书馆精神",焦点是与图书馆权利直接相关的"公共图书馆精神",特别是有偿服务与免费服务之争,黄俊贵竭力为公共图书馆有偿服务辩护,而程焕文则以"汉奸论"痛斥公共图书馆有偿服务的"整体非理性",被学界视为"不理性"。

2006 年,《国家"十一五"时期文化发展规划纲要》发布,从国家层面确认公共图书馆是公共文化服务的重要组成部分。程焕文发表个人博文,坦言:"高潮来了,整体非理性的时代结束了,公共图书馆精神获得了胜利,淘汰了有偿服务。公共图书馆没有再一次倒在有偿服务的愚昧无知面前……这个《纲要》是一个绝对理论上的绝杀,绝对的英明。公共图书馆进入了高潮!"②从此,"程黄之争"偃旗息鼓,有关公共图书馆有偿服务的一切主张开始成为历史的垃圾。

2.3.2　关于"图书馆权利"的争论

2005 年 6 月 1 日,程焕文申报的"图书馆权利研究"被列入 2005 年度国家

---

① 黄俊贵.看图书馆现状要客观　讲图书馆精神要科学——对《图书馆精神——体系结构与基本内容》一文的商榷[J].图书情报知识,2005(6):36－39;程焕文.图书馆精神始终是最重要的——答黄俊贵先生[J].图书情报知识,2006(3):35－36,48;黄俊贵.学术批评需要理智——兼对《图书馆精神——体系结构与基本内容》再商榷[J].图书情报知识,2006(4):38－42;黄俊贵.公共图书馆的服务原则及其实践[J].中国图书馆学报,2006(6):5－11;程焕文.实在的图书馆精神与图书馆精神的实在《图书馆精神》自序[J].大学图书馆学报,2006(4):2－14;陈记建.再论图书馆学理论研究与建构的方法论问题——对我国"图书馆精神"研究与争鸣的反思[J].图书馆建设,2007(4):22－27;张金国,王梅."图书馆精神"仍然是最重要的——为"图书馆精神"辩护之一[J].图书馆建设,2007(3):33－37.

② 《国家"十一五"时期文化发展规划纲要》激情解说[EB/OL].[2014－12－05].http://blog.sina.com.cn/s/blog_4978019f0100051f.html.

社科基金年度项目,是我国第一个国家立项的图书馆权利研究项目①。然而,图书馆学界对程焕文创造的"图书馆权利"一词,从术语的选用是否"正宗",到对含义的界定是否科学,均颇有争议②。

2007 年,程焕文相继出版《图书馆精神》和《图书馆权利与道德》两本著作③,有关图书馆权利术语与概念的争论逐渐平息,图书馆学界开始转入对图书馆权利的深入研究。

2.3.3 关于"用户永远都是正确的"的争论

2004 年 7 月,程焕文、潘燕桃主编的《信息资源共享》正式出版后,图书馆学界对程焕文提出的"用户永远都是正确的"的观点展开了从大众网络到专业期刊,乃至课堂的专门讨论,使该图书馆理念得到了十分广泛的传播④。

2.4 "百县馆长论坛"与"图书馆权利"思想的传播

中国图书馆学会于 2005 年 6 月 9 日发起以"中国县级图书馆的生存与发展"为主题的首届"百县馆长论坛"⑤。

2005 年 10 月 31 日至 11 月 2 日,以"中国县级图书馆的生存与发展"为主题的全国首届"百县馆长论坛"在河南省林州市召开。此届论坛的重要成果是通过了《林州共识》,其中第一条共识为"公共图书馆是政府公共服务的重要组成部分,它的存在是使公民享有最基本的文化信息权利与受教育权利的重

---

① 2005 年度国家社科基金年度项目评审结果揭晓立项课题[EB/OL].[2014 - 12 - 05].http://www. npopss - cn. gov. cn/planning/xm2005/tsqb. html.

② 程焕文,王蕾. 竹帛斋图书馆学论剑:用户永远都是正确的[M]. 广州:广东人民出版社,2008.

③ 程焕文. 图书馆精神[M]. 北京:北京图书馆出版社,2007;程焕文,张靖. 图书馆权利与道德[M]. 桂林:广西师范大学出版社,2007.

④ 程焕文,王蕾. 竹帛斋图书馆学论剑:用户永远都是正确的[M]. 广州:广东人民出版社,2008:2 - 3.

⑤ 首届"百县馆长论坛"征文通知[EB/OL].[2014 - 12 - 02]. http://www. lsc. org. cn/c/cn/news/2006 - 04/03/news_208. html.

要条件,是实现面向大众的文化关怀、文化享有、文化提高、文化创造的重要方式"①。

2007 年 11 月 1 日,在江苏省常熟市举行的第二届"百县馆长论坛"通过了《常熟共识》,"呼吁各级政府进一步重视公共图书馆建设,加大基层公共图书馆投入,支持公共图书馆服务体系建设","为实现普遍均等、惠及全民的公共文化服务目标,必须充分发挥县级图书馆在社区乡镇图书馆建设中的核心作用,改革县(区)、乡镇(社区)图书馆管理体制,重新界定县级图书馆在公共图书馆服务体系中的基本职能"②。

其后,中国图书馆学会又相继举行了两届"百县馆长论坛",分别形成了《江阴共识》③、《神木共识》④。

"百县馆长论坛"的四个共识,比较真实地反映了基层图书馆界对公共图书馆精神和图书馆权利认识的逐步深化与升华。

2.5 "志愿者行动"与"图书馆权利"思想的普及

2005 年 7 月,北京大学信息研究所与湖南图书馆、衡阳市图书馆组成联合调查组,对衡阳地区 11 个市县基层图书馆进行了详细调研,调研成果引起社会各界的广泛关注。2005 年 10 月,李国新在首届"百县馆长论坛"主旨报告中提出"有必要实施全国县级图书馆馆长的培训计划,培养出一批深刻理解和谐社会的内涵、深刻理解现代图书馆的理念和实现方式、有一定专业水平和管

---

① "百县馆长论坛"林州共识[EB/OL].[2014-12-02].http://www.lsc.org.cn/c/cn/news/2006-04/03/news_210.html.

② 常熟共识[EB/OL].[2014-12-02].http://www.lsc.org.cn/c/cn/news/2007-11/01/news_1587.html.

③ 中国图书馆学会第三届百县馆长论坛江阴共识[EB/OL].[2014-12-02].http://www.lsc.org.cn/c/cn/news/2010-05/21/news_4518.html.

④ 中国图书馆学会第四届百县馆长论坛神木共识[EB/OL].[2014-12-02].http://www.lsc.org.cn/c/cn/news/2012-07/16/news_6081.html.

理能力的职业图书馆馆长"①。

2006 年初,中国图书馆学会 2006 新年峰会将开展基层图书馆馆长培训列入学会工作。3 月 8 日,中国图书馆学会在网上发布了"基层图书馆培训"志愿者行动招募公告,在全国范围内招募担任基层图书馆馆长培训班主讲人的志愿者。经过公开招募,最终确定陈力、王余光、杨沛超、李国新、毕红秋、范并思、富平、郭斌、金武刚、李超平、刘小云、邱冠华、师丽梅、唐承秀、陶青、王涛、王惠君、王世伟、王学春、徐建华、杨玉麟、叶新明、尤敬党、于爱君、于良芝、郑玲 26 人入选"基层图书馆培训志愿者"②。

7 月 25 日,中国图书馆学会在 2006 年年会闭幕式上举行了志愿者行动启动仪式。志愿者分三组,分别在湖南衡阳、陕西榆林、黑龙江牡丹江开展为期 5 天的培训行动,讲授五个专题:①社会主义新农村建设中的图书馆(主要讲授现代图书馆理念、精神,中国图书馆事业的现状与未来,基层图书馆的功能、定位,等);②基层图书馆馆长实务;③基层图书馆的资源建设与服务;④基层图书馆的自动化网络化建设;⑤宣传推介图书馆示范讲座③。

志愿者行动通过对基层图书馆工作者的专业培训,不仅提高了基层图书馆工作者的业务工作能力,而且普及了图书馆权利理念,特别是公共图书馆的理念,同时也加深了志愿者对基层图书馆的认识和了解④。

志愿者行动自 2006 年起至 2011 年,历时 6 年,足迹遍及全国各地,可谓是 20 世纪以来最大规模的公共图书馆理念和图书馆权利理念的宣传与普及,为基层公共图书馆的发展奠定了理论与思想基础。

---

① 托起中国图书馆事业的希望——记中国图书馆学会首次志愿者行动[EB/OL].[2014 – 12 – 02]. http://www.lsc.org.cn/c/cn/news/2006 – 09/26/news_994.html.

② 基层图书馆培训志愿者名单[EB/OL].[2014 – 12 – 02]. http://www.lsc.org.cn/c/cn/news/2006 – 05/26/news_624.html.

③ 基层图书馆培训志愿者行动招募公告(2006—2011)[EB/OL].[2014 – 12 – 02]. http://www.lsc.org.cn/c/cn/news/2006 – 05/26/news_632.html.

④ 托起中国图书馆事业的希望——记中国图书馆学会首次志愿者行动[EB/OL].[2014 – 12 – 02]. http://www.lsc.org.cn/c/cn/news/2006 – 09/26/news_994.html.

2.6　国家政策的改变与"图书馆权利"国家意识

2006 年 9 月,政府发布《国家"十一五"时期文化发展规划纲要》,制定了"坚持以人为本,保障和实现人民群众的基本文化权益,使广大人民群众共享文化发展成果""坚持把社会效益放在首位,实现社会效益和经济效益的统一,最大限度地发挥文化引导社会、教育人民、推动发展的功能"等方针原则,明确提出了"保障和实现人民群众的基本文化权益"的理念。《国家"十一五"时期文化发展规划纲要》将文化事业明确区分为公共文化服务事业和文化产业两个部分,第一次明确图书馆为公共文化服务事业,要求"完善公共文化服务网络。积极推进政府职能转变,实行政企分开、政事分开、政资分开和管办分离,切实把政府的职能由主要办文化转到社会管理和公共服务上来。要从现阶段经济社会发展水平出发,以实现和保障公民基本文化权益、满足广大人民群众基本文化需求为目标,坚持公共服务普遍均等原则,兼顾城乡之间、地区之间的协调发展,统筹规划,合理安排,形成实用、便捷、高效的公共文化服务网络"。"公共文化服务""实现和保障公民基本文化权益""坚持公共服务普遍均等原则"等国家文化治理理念的确立,从根本上否定了 20 世纪 80 年代以后公共图书馆"以文养文""以文补文"有偿服务的"整体非理性",重新确立了公共图书馆公共、公开、平等、免费、共享的基本理念和正确发展方向①。

国家文化政策的改变和"实现和保障公民基本文化权益"观念的确立,是中国社会发展的必然结果,由此亦导致了一系列国家有关文化工程性质观念的改变。例如:2002 年启动的"全国文化信息资源共享工程"最初的主旨为

---

①　国家"十一五"时期文化发展规划纲要［EB/OL］.［2014 – 12 – 02］. http://news. xinhuanet. com/politics/2006 – 09/13/content_5086965. html.

"贯彻落实'三个代表'重要思想,抵制西方文化渗透,以德治国,科技创新"①,2007年则重新定位为"是公共文化体系的基础工程,是政府提供公共文化服务的重要手段,是实现广大人民群众基本文化权益的重要途径,是改善城乡基层群众文化服务的创新工程"②。

2.7 《国家"十一五"时期文化发展规划纲要》专家笔谈

《国家"十一五"时期文化发展规划纲要》的发布,确立了公共图书馆为"公共文化服务机构"的公益性质和"实现和保障公民基本文化权益""坚持公共服务普遍均等原则"的国家政策,从此,图书馆权利思潮开始从图书馆学人的理念演变为国家意识。

2007年,甘肃省图书馆学会主办的《图书与情报》组织发起"《国家"十一五"时期文化发展规划纲要》专家笔谈",全面阐述"图书馆权利"的国家观念。李国新、范并思的《迎接图书馆事业的大发展大繁荣——纪念〈国家"十一五"时期文化发展规划纲要〉发表一周年》③,范并思的《政府公共图书馆服务理念的根本性转变》④,程焕文的《普遍均等 惠及全民——关于公共服务普遍均等原则的阐释》⑤,邱冠华的《解读〈国家"十一五"时期文化发展规划纲要〉的服务网络》⑥,

① 文化部、财政部关于实施全国文化信息资源共享工程的通知(文社图发〔2002〕14号)[M]//国家图书馆研究院.我国图书馆事业发展政策文件选编(1949—2012).北京:国家图书馆出版社,2014:169-181.

② 文化部、财政部关于进一步推进全国文化信息资源共享工程的实施意见(文社图发〔2007〕14号)[M]//国家图书馆研究院.我国图书馆事业发展政策文件选编.北京:国家图书馆出版社,2014:218-223.

③ 李国新,范并思.迎接图书馆事业的大发展大繁荣——纪念《国家"十一五"时期文化发展规划纲要》发表一周年[J].图书与情报,2007(5):1.

④ 范并思.政府公共图书馆服务理念的根本性转变[J].图书与情报,2007(5):2-3.

⑤ 程焕文.普遍均等 惠及全民——关于公共服务普遍均等原则的阐释[J].图书与情报,2007(5):4-7.

⑥ 邱冠华.解读《国家"十一五"时期文化发展规划纲要》的"服务网络"[J].图书与情报,2007(5):8-9.

李国新的《立法保障是最根本的保障》①,白雪华的《切实履行政府职责 保障公民基本文化权益》②,蒋永福的《发展图书馆事业必须纳入政府议事日程——"五个纳入"随想》③,崔建飞的《共享工程在公共文化服务体系中的地位和特点》④,褚树青的《城乡共享生活品质》,王素芳的《弱势群体文化权益保障的国家战略视野——基于〈国家"十一五"时期文化发展规划纲要〉的解读》⑤,于良芝的《建立覆盖全社会的公共图书馆服务体系》⑥,全面阐释了《国家"十一五"时期文化发展规划纲要》的公共图书馆发展理念和图书馆权利思想。

2.8 公共图书馆"岭南模式"的崛起

在图书馆权利思潮兴起的同时,广东图书馆界率先开始了图书馆权利的全面实践探索。深圳市于 2003 年 9 月开始启动《深圳市建设图书馆之城(2003—2005)三年实施方案》,东莞市于 2005 年 11 月开始启动《东莞市建设图书馆之城实施方案》,广州、佛山等地亦先后启动了一系列公共图书馆发展计划,最终形成了广东省立中山图书馆的"流动图书馆"模式、深圳图书馆的"图书馆之城"模式、东莞图书馆的"集成图书馆"模式、广州图书馆的"政府主导"模式和佛山图书馆的"联合图书馆"模式。这些公共图书馆的发展模式均产生在《国家"十一五"时期文化发展规划纲要》发布之前,成为新世纪公共图书馆理念和图书馆权利思想全面实践的先导,并因此成为新世纪中国公共图

---

① 李国新. 立法保障是最根本的保障[J]. 图书与情报,2007(5):10 – 11.

② 白雪华. 切实履行政府职责 保障公民基本文化权益[J]. 图书与情报, 2007(5):12 – 13.

③ 蒋永福. 发展图书馆事业必须纳入政府议事日程——"五个纳入"随想[J]. 图书与情报, 2007(5):14 – 15.

④ 崔建飞. 共享工程在公共文化服务体系中的地位和特点[J]. 图书与情报,2007(5):16 – 17.

⑤ 王素芳. 弱势群体文化权益保障的国家战略视野——基于《国家"十一五"时期文化发展规划纲要》的解读[J]. 图书与情报,2007(5):20 – 22.

⑥ 于良芝. 建立覆盖全社会的公共图书馆服务体系[J]. 图书与情报, 2007(5):23 – 24.

书馆发展的典范,被全国各地公共图书馆竞相学习、模仿和复制。2007 年,程焕文在《中国图书馆学报》上发表《岭南模式:崛起的广东公共图书馆事业》一文,全面阐述公共图书馆发展的"岭南模式"①。从此,总结各地公共图书馆的发展模式开始成为学界的时尚。

3　图书馆权利思潮的高涨(2008—2010 年)

2008 年,中国图书馆学会制定的《图书馆服务宣言》的诞生,标志着新世纪的图书馆权利思潮达到高潮。从此,中国图书馆界开始从图书馆权利的理论探索转向图书馆权利的全面实践。

3.1　《图书馆服务宣言》的颁布

中国图书馆学会《图书馆服务宣言》的制定始于 2006 年 12 月中国图书馆学会在苏州召开的"2007 新年峰会"。2007 年 3 月,中国图书馆学会正式启动并资助"中国图书馆的核心价值与《图书馆服务宣言》研究"课题,范并思和倪晓建担任课题负责人。经过一年的起草、征求意见和修改,2008 年 3 月,中国图书馆学会七届四次理事会原则通过《图书馆服务宣言》。2008 年 10 月,《图书馆服务宣言》在重庆召开的中国图书馆学会 2008 年年会上正式发布。这是中国图书馆界的第一个行业宣言,标志着中国图书馆界核心价值观的重建,标志着中国图书馆界步入了行业自觉的新时代②。

《图书馆服务宣言》宣称:"现代图书馆秉承对全社会开放的理念,承担实现和保障公民文化权利,缩小社会信息鸿沟的使命。中国图书馆人经过不懈的追求与努力,逐步确立了对社会普遍开放、平等服务、以人为本的基本原

---

① 程焕文.岭南模式:崛起的广东公共图书馆事业[J].中国图书馆学报,2007(3):15 - 25.

② 践行《图书馆服务宣言》推动图书馆事业发展[EB/OL].[2014 - 12 - 02].http://www.lsc.org.cn/c/cn/news/2009 - 01/05/news_2771.html.

则。"宣言提出了图书馆服务的七个目标,特别强调:①"图书馆以公益性服务为基本原则,以实现和保障公民基本阅读权利为天职,以读者需求为一切工作的出发点。"②"图书馆向读者提供平等服务。各级各类图书馆共同构成图书馆体系,保障全体社会成员普遍均等地享有图书馆服务。"③"图书馆在服务与管理中体现人文关怀。图书馆致力于消除弱势群体利用图书馆的困难,为全体读者提供人性化、便利化的服务"①。《图书馆服务宣言》的发布,标志着图书馆权利思潮所宣扬的平等、公共、公益等图书馆理念已经成为中国图书馆界的普遍共识和核心价值。

3.2 《公共图书馆建设用地指标》的施行

2008 年 5 月,住房和城乡建设部、国土资源部、文化部批准发布《公共图书馆建设用地指标》(2008 年 6 月 1 日起施行)。这是新中国成立以来首个文化设施建设国家标准,其颁布实施意味着国家对公共图书馆无偿划拨土地、无偿使用土地有了政策依据,也使我国公共图书馆建设进一步走向统一规划、合理布局、因地制宜、配套建设。

《公共图书馆建设用地指标》充分吸收了图书馆权利思潮中所涌现的公共图书馆理念,使用了服务人口、服务半径、公共图书馆体系等公共图书馆服务普遍均等的新术语。《公共图书馆建设用地指标》规定:公共图书馆根据服务人口数量分为大型馆、中型馆和小型馆;公共图书馆建设用地主要包括公共图书馆建筑用地、集散场地、绿化用地及停车场地;公共图书馆的设置原则应符合《公共图书馆建设用地指标》的要求,逐步发展成为公共图书馆体系;公共图书馆的选址应在人口集中、公交便利、环境良好、相对安静的地区,同时满足各类公共图书馆合理服务半径的要求。

《公共图书馆建设用地指标》明确提出,用地指标的设立要综合考虑所在

---

① 图书馆服务宣言[EB/OL].[2014 - 12 - 02]. http://www.lsc. org. cn/c/cn/news/2008 - 10/28/news_2579. html.

城市的人口规模和结构、社会经济发展状况、人文和自然环境条件等特点,特别提出要考虑公共图书馆的服务人口、服务半径,合理确定建设用地规划布局和用地规模,而不是按照行政级别确定图书馆的基本规模。这是时代的进步。

3.3 《公共图书馆建设标准》的实施

继 2008 年 6 月 1 日起正式施行《公共图书馆建设用地指标》之后,国家又正式发布由文化部主编、住房和城乡建设部与国家发展和改革委员会批准的《公共图书馆建设标准》(建标 108—2008),并于 2008 年 11 月 1 日起正式施行。这是我国又一个规范公共图书馆建设的全国性统一标准,是公共图书馆建设逐步走向科学化、法制化、规范化的重要步骤,也是新世纪我国图书馆事业法制建设取得的一项标志性成果。

2005 年 5 月,文化部委托中国图书馆学会组织图书馆界、建筑界的专家开始《公共图书馆建设标准》编制工作的前期准备。9 月,由李国新、汤更生等人主要参与的编制工作正式启动。在编制过程中,编制组先后实地调研了国内外 80 多所公共图书馆,搜集、研究了 50 多个国家和地区的相关标准及规范,普查、测算与分析了国内外大样本的统计数据,召开了近 30 次专题研讨会,对近 400 条来自各方面的意见或建议进行了汇总分析、逐一处理,历时 3 年多才完成编制工作。

《公共图书馆建设标准》确定了公共图书馆建设项目的规模分级和项目构成,制定了公共图书馆的总建筑面积和分项面积控制指标,提出了公共图书馆建设选址、总体布局的原则要求,明确了公共图书馆建设项目实施过程中的基本要求。其主要突破表现在以下四个方面:第一,确立了以服务人口为主要依据确定公共图书馆建设规模的原则。以服务人口为主要依据确定公共图书馆建设规模,是公共文化服务"以人为本""普遍均等,惠及全民"原则在公共图书馆设施建设上的具体体现,符合图书馆事业的发展规律,也符合国际惯例,为构建覆盖全社会的普遍均等的图书馆服务体系奠定坚实的基础。第二,形成了比较系统的基于公共图书馆建设现实水平且具有一定前瞻性的控制指标体系。以服务人口为主要依据确定公共图书馆的建设规模,需要通过一系列具体的控制指标来实现。该标准在广泛调研、国内外比较、海量数据分析概括的基础上,第一次明确提出了未来5—10年我国公共图书馆建设规模控制的主要指标,不仅使"以服务人口为主要依据"的原则得以具体化,使公共图书馆建设的规模控制有据可依、有规可循、可操作性强,而且对未来公共图书馆的服务、评价、发展目标具有指导意义。第三,提出了体现现代图书馆理念、与现代图书馆服务方式相适应的公共图书馆布局与建设要求,使建筑和设施能够适应现代图书馆服务方式变革和创新的要求,使公共建筑"功能优先、经济适用"的方针落到实处。第四,重视公共图书馆的环境建设。在公共图书馆建设中主体建筑与馆区建设并重,并与城市建设有效衔接,有利于公共图书馆充分发挥知识信息传播、文化活动阵地、休闲交流场所等整体效能[①]。

《公共图书馆建设标准》的实施,标志着我国公共图书馆设施建设由此进入了一个新的发展阶段。

3.4 深圳市在全国率先推行公共图书馆免费服务

深圳市委、市政府高度重视公共文化服务体系建设,注重发挥美术馆、公共图书馆、文化馆(站)在实现市民文化权利方面的重要作用,在全国开公共图书馆免费服务的风气之先,堪称地方政府的典范。

2003年,深圳全市各级公共图书馆除了复印等个别项目外,全部取消收费项目。2007年3月1日,深圳市在全国率先推出包括图书馆、博物馆、美术馆、群艺馆等市属公益性文化场馆的免费开放服务,使深圳市的公益文化场馆公共服务正式进入"零门槛"时代。

2008年7月15日,深圳市文体旅游局为进一步完善全市公共文化服务体系,丰富市民文化生活,保障市民文化权利,落实市委、市政府"实施深圳市民生净福利指标体系"的精神,专门下发了《关于加强基层公共文化场馆管理的

---

① 《公共图书馆建设标准》答记者问[EB/OL].[2014-12-02]. https://zwgk.mct. gov.cn/zfxxgkml/zcfg/zcjd/202012/t20201205_915398.html.

通知》(深文〔2008〕191 号),对基层公益文化场馆的免费开放作了更加明确、细致的规定,免费开放范围延伸到深圳各区属公共文化场馆。

深圳市文体旅游局《关于加强基层公共文化场馆管理的通知》强调"基层文化场馆免费开放工作是保障市民基本文化权益的一项重要举措",要求下属各单位:①坚持公益性,搭建实施公共文化服务的基层平台;②突出服务性,积极开展免费服务工作;③保证开放时间,保障群众基本的文化权益;④规范管理,不断提高服务水平,⑤加强业务指导。要求"从构建公共文化服务体系、建设和谐文化和培育城市人文精神的高度出发,提高对该项工作重要性的认识,加强领导,认真部署,将免费开放服务作为本单位重点工作,采取切实可行的措施,落实到位。"①

3.5 深圳全面推行"城市街区 24 小时自助图书馆"

"城市街区 24 小时自助图书馆系统"是深圳市建设图书馆之城(2006—2010)五年规划的重点建设项目,也是一项由政府出资承办的社会公益事业。

2008 年 4 月 7 日,深圳图书馆"城市街区 24 小时自助图书馆系统"项目通过阶段成果技术验收。10 月,已有 10 台"城市街区 24 小时自助图书馆"在深圳市各个居民小区投入使用。2009 年 10 月,"城市街区 24 小时自助图书馆"项目获文化部第三届"文化创新奖",并列入国家文化创新工程;2010 年 5 月,获文化部第十五届"群星奖"。其后,开始在深圳市广泛布点设立,构成了星罗棋布的街区公共图书馆服务网络。

"城市街区 24 小时自助图书馆"集数字化、人性化、智能化于一体,具备自助借书、自助还书、申办新证、预借服务、查询服务等图书馆的基本服务功能,突破了传统图书馆的时空限制,将高新技术和图书馆延伸服务有机结合,开创了中国公共图书馆管理、服务和发展的新模式,是实现和保障民众公共图书馆

---

① 关于加强基层公共文化场馆管理的通知(深文〔2008〕191 号)[EB/OL].〔2014 - 12 - 02〕. http://www.sz.gov.cn/whj/zcfggfxwj/wtys/200909/t20090904_1173518.html.

权利的重大创新与实践,对构建公共文化服务体系具有积极意义。

2010 年以后,上海、北京、西安、合肥、长春、郑州、马鞍山、广州等城市相继引进"城市街区 24 小时自助图书馆"。"城市街区 24 小时自助图书馆"迅速成为全国各大城市街区公共图书馆服务的亮丽风景。

4 图书馆权利思潮的盛行(2011—2014 年)

2011 年 1 月 26 日,文化部、财政部发布《关于推进全国美术馆、公共图书馆、文化馆(站)免费开放工作的意见》,杭州图书馆"乞丐进图书馆"成为网络热点,标志着图书馆权利思潮从理论传播、制度建设开始全面转向图书馆权利的实践——公共图书馆服务。

4.1 公共图书馆免费开放国家政策的施行

自 2006 年国家发布《国家"十一五"时期文化发展规划纲要》和 2008 年中国图书馆学会发布《图书馆服务宣言》以后,虽然公共图书馆的公共文化服务机构性质和必须坚持公益性服务的要求已经成为国家意志和图书馆界的共识,但是,在实践中,公共图书馆有偿服务的模式并没有从根本上转变,公共图书馆界不再有为有偿服务辩护的声音,但是,公共图书馆有偿服务的形式根深蒂固,各地公共图书馆顽固坚持有偿服务的现象十分普遍。

2011 年 1 月 26 日,文化部、财政部发布《关于推进全国美术馆、公共图书馆、文化馆(站)免费开放工作的意见》,指出公共图书馆免费开放"是实现和保障人民群众基本文化权益的积极行动",确立了"全面推开,逐步完善""坚持公益,保障基本"的公共图书馆免费开放工作原则,要求公共空间设施场地免费开放、基本公共文化服务项目免费服务[1]。

---

① 文化部、财务部关于推进全国美术馆、公共图书馆、文化馆(站)免费开放工作的意见(文财发〔2011〕5 号)[M]//国家图书馆研究院. 我国图书馆事业发展政策文件选编(1949—2012). 北京:国家图书馆出版社,2014:258 – 261.

2011年3月7日,财政部发布《关于加强美术馆、公共图书馆、文化馆(站)免费开放经费保障工作的通知》,提出公共图书馆免费开放经费保障的分担原则和补助标准——开展基本公共文化服务项目支出由中央和地方财政共同负担。该文件规定:自2011年起,地市级图书馆的补助经费为每馆每年50万元,县级图书馆为每馆每年20万元,乡镇综合文化站为每站每年5万元,为公共图书馆的免费开放提供了基本的经费保障①。

2011年5月26日,文化部、财政部发布《关于实施"数字图书馆推广工程"的通知》,要求"切实保障数字化、信息化、网络化环境下公共文化服务的公益性、基本性、均等性、便利性"②。

在国家明确要求公共图书馆免费开放并且制定了提供切实的免费开放经费保障的情况下,虽然各地公共图书馆免费开放已经蔚然成风,但是,不少公共图书馆都是迫不得已,其实施的效果并不尽如人意,普遍存在"免费开放相关制度设计需要加强""免费开放业务人才需要补充""免费开放服务内容形式需要创新""基层公共文化服务设施设备情况需要改善""免费开放服务经费保障能力需要提高"等问题与困难③。

4.2 "乞丐进图书馆"成为社会关注热点

2011年1月中旬,全国各地遭遇罕见冰雪,天寒地冻,交通阻塞,返乡过春节的人们苦不堪言。恰在此时,杭州图书馆馆长褚树青多年前有关"乞丐

---

① 财务部关于加强美术馆、公共图书馆、文化馆(站)免费开放经费保障工作的通知(财教〔2011〕31号)[M]//国家图书馆研究院.我国图书馆事业发展政策文件选编(1949—2012).北京:国家图书馆出版社,2014:261-262.

② 文化部、财政部关于实施"数字图书馆推广工程"的通知(文社文发〔2011〕27号)[M]//国家图书馆研究院.我国图书馆事业发展政策文件选编(1949—2012).北京:国家图书馆出版社,2014:265-269.

③ 文化部关于三馆一站免费开放督查工作情况的通报(文财务发〔2012〕37号)[M]//国家图书馆研究院.我国图书馆事业发展政策文件选编(1949—2012).北京:国家图书馆出版社,2014:298-303;庶民的胜利:全国公共图书馆免费开放[EB/OL].[2014-12-02].http://blog.sina.com.cn/s/blog_4978019f01017h7d.html.

进图书馆"的一句话"我无权拒绝他们入内读书,但您有权选择离开"出现在刚刚兴起的微博上,并迅速广为传播,让寒冷的中国社会霎时"有温度",使杭州图书馆顿时成为"史上最温暖的图书馆",褚树青一夜之间成为网络红人①。

　　杭州图书馆的"乞丐入馆案"肇始于微博,迅速蔓延至博客,成为网络的热门话题,然后从网络媒体转向平面媒体,各地报纸纷纷发表专文,最后上升到电视媒体,形成了全媒体"热炒"的局面。《新华每日电讯》《人民日报》《工人日报》《广州日报》《浙江日报》《中国文化报》的记者专稿和中央电视台、浙江电视台等电视台的专题节目,使民众利用图书馆的平等权利思想迅速在全社会传播,成为民众普遍赞誉的图书馆权利实践美谈②。虽然社会上,特别是图书馆界,仍然有人不完全理解和认同褚树青的作为,不完全明了图书馆平等权利的价值,但是,"这必将记入中国图书馆的发展历史,特别是公共图书馆的发展历史,因为它开启了全社会传播图书馆权利思想的新时代,是图书馆权利思想从图书馆学人在中国图书馆界业内的传播正式转向民众和媒体自觉向全社会传播的里程碑","是中国图书馆权利思想传播的一个里程碑,是新世纪第二

---

　　① 答网友:乞丐进图书馆取暖是乞丐的基本文化权利[EB/OL].[2014 - 12 - 02]. http://blog.sina.com.cn/s/blog_4978019f01017gkw.html.

　　② 冯原.(杭州图书馆因"不拒绝乞丐拾荒者入内读书"这几天红遍网络)读书且取暖,请到"最温暖图书馆"[N].新华每日电讯,2011 - 01 - 21;冯源.一扇门为乞丐而开才叫"天堂"[N].工人日报,2011 - 01 - 22(5);冯源,顾春.(拾荒者进图书馆并非传说)杭州图书馆,零门槛"最温暖"[N].人民日报,2011 - 01 - 21(12);何涛."史上最温暖图书馆"追踪:小偷也有进图书馆的权利——"公共图书馆岭南派"领先全国 专家提议建澡堂给乞丐[N].广州日报,2011 - 01 - 24(18);曹小芹.图书馆不禁乞丐不能一概而论[N].中国经济导报,2011 - 01 - 27(B6);汪成明.(杭州图书馆不拒乞丐)冬天里的一把火[N].浙江日报,2011 - 01 - 27(20);李超平.大写的图书馆职业理念[N].中国文化报,2011 - 02 - 10(7);段菁菁."最温暖图书馆"里的拾荒者——杭州图书馆"平等免费无障碍"理念吸引了很多拾荒者阅读,为他们提供平等的人文关怀[N].新华每日电讯,2014 - 11 - 27(5).

个十年图书馆权利思想传播新起点的标志"①。

4.3 《公共图书馆服务规范》的颁布实施

2011年12月30日,国家质量监督检验检疫总局、国家标准化管理委员会批准发布《公共图书馆服务规范(GB/T 28220—2011)》(2012年5月1日起实施)。《公共图书馆服务规范》是国家质量监督检验检疫总局、国家标准化管理委员会批准发布的第一个规范公共文化服务的国家标准,是我国图书馆标准规范体系中的首个服务类标准,填补了我国图书馆规范体系中服务类标准规范的空白。《公共图书馆服务规范》与《公共图书馆建设用地指标》《公共图书馆建设标准》等共同构成了我国公共图书馆标准规范体系的基础,是新世纪图书馆权利思潮影响下产生的最为重要的成就与成果②。

《公共图书馆服务规范》规定了图书馆服务资源、服务效能、服务宣传、服务监督与反馈等内容,适用于县(市)级以上公共图书馆,街道、乡镇级公共图书馆,以及社区、乡村和社会力量办的各类公共图书馆基层服务点,是文化行政部门推进图书馆事业发展的指南,是公共图书馆实现服务立馆、促进科学发展的实践纲领,对于保障公共图书馆事业发展,推进公共文化服务标准化、规范化建设,进一步完善覆盖城乡的公共文化服务体系,有效保障社会公众的基本文化权益方面,具有积极的推动作用和重要的指导意义。

4.4 《全国公共图书馆事业发展"十二五"规划》的实施

2013年1月30日,文化部印发《全国公共图书馆事业发展"十二五"规划》。《全国公共图书馆事业发展"十二五"规划》将公共图书馆定位为"是保

---

① "乞丐入馆案"是图书馆权利思想传播的里程碑[EB/OL].[2014 - 12 - 02].http://blog.sina.com.cn/s/blog_4978019f01017gp5.html.
② 文化部关于做好《公共图书馆服务规范》宣传贯彻工作的通知(文公共函〔2012〕2266号)[M]//国家图书馆研究院.我国图书馆事业发展政策文件选编(1949—2012).北京:国家图书馆出版社,2014:305 - 307.

障人民基本文化权益的重要阵地,是开展社会教育活动的终身课堂,是国家公共文化服务体系的重要组成部分,是城市文明进步的标志",确立了全面系统的公共图书馆发展指导思想是"坚持以中国特色社会主义理论为指导,深入贯彻落实科学发展观,以建设社会主义核心价值体系为根本任务,以丰富人民精神文化生活、保障人民群众基本文化权益、满足人民群众基本文化需求为出发点和落脚点,按照体现公益性、基本性、均等性、便利性的要求,坚持政府主导,依循'保基本、强基层、建机制、重实效'的基本思路,以城乡基层建设为重点,以基础设施建设为依托,以技术创新为动力,以机制体制建设为保障,努力构建普遍均等、惠及全民的公共图书馆服务网络,全面提升各级公共图书馆的服务能力、服务水平和服务效益,最大限度地发挥公共图书馆在保护文献典籍、传承中华文化、建设学习型社会、培养公民高度的文化自觉和文化自信、提高全民族文明素质、建设社会主义文化强国等方面的重要作用,推动公共图书馆事业更好更快地发展"。《全国公共图书馆事业发展"十二五"规划》明确提出"政府主导,社会参与;强化基础,注重创新;统筹兼顾,分类指导;以人为本,提升服务"的基本原则,确立了"逐步建立覆盖城乡、结构合理、功能健全、实用高效的服务网络,进一步增强活力,提高效能,服务能力、服务水平与服务效益明显提升,部分地区图书馆接近或达到国际先进水平"的"十二五"公共图书馆发展目标[①]。

《全国公共图书馆事业发展"十二五"规划》的制定和颁布,几乎融合了此前图书馆权利思潮所产生的有关公共图书馆的全部理念。

4.5 "人有好恶书无好坏"专家笔谈

2013年3月21日,《光明日报》发表孟其真的《图书馆,请择善而藏》一文,对首都图书馆近年来藏书布局的变化进行了批评,旁征博引,一针见血。

---

① 文化部关于印发《全国公共图书馆事业发展"十二五"规划》的通知(文公共发〔2013〕8 号)[M]//国家图书馆研究院.我国图书馆事业发展政策文件选编(1949—2012).北京:国家图书馆出版社,2014:316–327.

针对"择善而藏"的思想观念,程焕文于 3 月 22 日、23 日在个人博客上连续发表了题为《人有好恶　书无好坏》和《勿左勿右　客观中立》的两篇博文,阐述图书馆权利的核心理念——"自由收藏与自由阅读"①。博文发表以后立即在网上引起热议,支持者与反对者彼此论战,而更多的是不能理解。

有鉴于此,黑龙江省图书馆学会主办的《图书馆建设》邀请潘燕桃组织"人有好恶　书无好坏"笔谈。2013 年,《图书馆建设》第 9 期刊发了潘燕桃②、程焕文③、吴晞④、李超平⑤、蒋永福⑥、褚树青⑦、刘洪辉⑧、俞传正⑨、宋显彪⑩、张彬⑪等学人撰写的笔谈专文。

这是新世纪以来图书馆权利思潮发展中有关"自由权利"的第一次学术讨论。

4.6 《广州市公共图书馆条例》呼之欲出

早在 2006 年,广州市委宣传部就已将"《广州市公共图书馆条例》立法研究"列入广州市哲学社会科学发展"十一五"规划重点课题,委托中山大学程

---

① 程焕文.人有好恶　书无好坏[EB/OL].[2014 - 12 - 02].http://blog.sina.com.cn/s/blog_4978019f0102e2d7.html;勿左勿右　客观中立 [EB/OL].[2014 - 12 - 02].http://blog.sina.com.cn/s/blog_4978019f0102e2dy.html.

② 潘燕桃.图书馆专业主义的涟漪——关于"人有好恶　书无好坏"笔谈[J].图书馆建设,2013(9):1 - 2,6.

③ 程焕文.人有好恶　书无好坏[J].图书馆建设,2013(9):3;程焕文.勿左勿右　客观中立[J].图书馆建设,2013(9):4.

④ 吴晞.三个故事一条宗旨——阅读自由随笔[J].图书馆建设,2013(9):5 - 6.

⑤ 李超平.书有好坏、自由阅读、好书推荐[J].图书馆建设, 2013(9):7 - 8.

⑥ 蒋永福.继续推进图书馆观念的与时俱进——读程焕文两篇博客文章有感[J].图书馆建设,2013(9):8 - 10.

⑦ 褚树青.择善之辩[J].图书馆建设 2013(9):11.

⑧ 刘洪辉.图书馆阅读自由杂谈[J].图书馆建设, 2013(9):12 - 13.

⑨ 俞传正."书无好坏"引发的中立性价值的思考[J].图书馆建设,2013(9):14 - 15.

⑩ 宋显彪."人有好恶,书无好坏"论争评述[J].图书馆建设,2013(9):15 - 17.

⑪ 张彬."书无好坏"争论反思[J].图书馆建设,2014(3):92 - 94.

焕文和潘燕桃负责前期调研与草案的起草工作。在刘洪辉、方家忠、吴晞、李东来等广东图书馆界同人的共同参与下,经过八年的反复调研和征求意见,2014 年 10 月 28 日,广州市十四届人大常委会第三十四次会议对《广州市公共图书馆条例(草案修改稿)》进行了第三次审议,三审通过后已报广东省人大常委会,即将在 2015 年初正式颁布。《广州市公共图书馆条例》的问世,将是继《深圳经济特区公共图书馆条例(试行)》(1997 年)、《内蒙古自治区公共图书馆管理条例》(2000 年)、《湖北省公共图书馆条例》(2001 年)、《北京市图书馆条例》(2002 年)之后,我国颁布的第五部地方性公共图书馆法规,也将是图书馆权利思潮兴起后我国颁布的第一部地方性图书馆法规,将会成为中国公共图书馆法的先导。事实上,在《广州市公共图书馆条例》的制定过程中,有关服务人口等关键理念已经被国内的相关标准和规范所借鉴。

5 图书馆权利思潮的未来展望

图书馆权利思潮酝酿于 2004 年,兴起于 2005 年,高涨于 2008 年,盛行于 2011 年,十年间经历了四个飞跃阶段。从历史的角度来看,20 世纪初的新图书馆运动促使了公共图书馆观念在中国的广泛传播和公共图书馆的普遍建立,21 世纪初的图书馆权利思潮则促使了图书馆权利观念在中国的广泛传播和覆盖城乡的公共图书馆服务体系的建立,二者具有惊人的相似性。从表面上看,图书馆权利思潮不过是新图书馆运动的复兴,但是在本质上,图书馆权利思潮的发展比新图书馆运动的开展更加艰苦。20 世纪初新图书馆运动兴起时,公共、公开、平等、共享、免费等欧美公共图书馆思想是新生事物和新潮流,受到社会各界的普遍欢迎;21 世纪初图书馆权利思潮兴起时,虽然传播的公共图书馆理念大同小异,但是因为 20 世纪 80 年代以后市场经济的冲击使中国原有的公共图书馆价值观几乎荡然无存,取而代之的是普遍的有偿服务和广泛的对民众图书馆权利的漠视。这种整体非理性犹如枷锁和牢笼禁锢着图书馆界的世界观和价值观,而世界观与价值观的改变是最为艰巨的工作。在被

市场经济扭曲的"中国特色"公共图书馆价值观与被图书馆权利思潮推出的
"世界公认"公共图书馆价值观剧烈冲突的时刻,因为图书馆权利国家意志的
确立,特别是社会主义核心价值观的确立,世界公认的公共图书馆核心价值观
才在中国得以全面重新确立。这是图书馆权利思潮的胜利,更是庶民的胜利,
是构建覆盖城乡的公共图书馆服务体系、实现和保障民众基本公共图书馆权
利的胜利。

在十年图书馆权利思潮中,程焕文倡导的图书馆权利研究,吴晞、程亚男
等领导的深圳图书馆之城建设,李国新、汤更生等发起的"百县馆长论坛"和
"志愿者行动",以及《公共图书馆建设标准》和《公共图书馆服务规范》的调研
与编制,范并思、倪晓建负责起草的《图书馆服务宣言》,褚树青执掌的杭州图
书馆允许乞丐进图书馆,李东来主导的东莞"集成图书馆",王惠君、屈义华独
创的佛山"联合图书馆",以及中国图书馆学会组织的图书馆权利相关学术会
议,《图书馆建设》《图书馆》《图书情报知识》《图书与情报》等专业期刊组织的
专栏与笔谈……诸此种种都已成为关于图书馆权利思潮的美好记忆。

十年图书馆权利思潮不是图书馆权利思潮的终结,而是图书馆权利思潮
正能量的积累,在未来十年,图书馆权利思潮将会继续荡涤中国图书馆理念与
实践的尘埃,进一步推进民众图书馆权利的实现和保障。

5.1 图书馆权利的研究方兴未艾

十年来,有关图书馆权利的研究成果层出不穷。程焕文著《图书馆精神》
(北京图书馆出版社,2007 年),程焕文、张靖编译《图书馆权利与道德》(上、
下)(广西师范大学出版社,2007 年),程焕文、潘燕桃、张靖著《图书馆权利研
究》("国家哲学社会科学成果文库")(学习出版社,2011 年),潘燕桃著《近 60
年来中国公共图书馆思想研究(1949—2009)》(中山大学出版社,2011 年),程
焕文著《图书馆的价值与使命》(上海科学技术文献出版,2014 年);王世伟主
编《世界著名城市图书馆述略》(上海科学技术文献出版社,2006 年),王世伟
著《国际大都市城市图书馆指标体系研究》(上海科学技术文献出版社,2009

年）；蒋永福著《信息自由及其限度研究》（社会科学文献出版社，2007年），蒋
永福著《现代公共图书馆制度研究》（知识产权出版社，2010年）；范并思著《20
世纪西方与中国的图书馆学：基于德尔斐法测评的理论史纲》（北京图书馆出
版社，2004年），范并思编《百年文萃：空谷余音》（中国城市出版社，2005年），
范并思著《图书馆学理论变革：观念与思潮》（北京图书馆出版社，2007年），范
并思著《图书馆资源公平利用》（北京图书馆出版社，2011年），范并思编《公共
图书馆未成年人服务》（北京师范大学出版社，2012年）；于良芝、李晓新、王德
恒著《拓展社会的公共信息空间：21世纪中国公共图书馆可持续发展模式》
（科学出版社，2004年），邱冠华、于良芝、许晓霞著《覆盖全社会的公共图书馆
服务体系：模式技术支撑与方案》（北京图书馆出版社，2008年），于良芝、邱冠
华、李超平、王素芳著《公共图书馆建设主体研究：全覆盖目标下的选择》（国
家图书馆出版社，2012年），于良芝、许晓霞、张广钦著《公共图书馆基本原理》
（北京师范大学出版社，2012年）；汪东波主编《公共图书馆概论》（国家图书馆
出版社，2012年）；李国新、段明莲等著《国外公共图书馆法研究》（国家图书馆
出版社，2013年）。诸此种种，各有千秋，各有建树，但是，总的来说，我国的图
书馆权利研究仍处在初级阶段，尚有许多理论和实践问题需要深入研究。

5.2　图书馆权利的实现困难重重

虽然《全国公共图书馆事业发展"十二五"规划》确立了"逐步建立覆盖城
乡、结构合理、功能健全、实用高效的服务网络，进一步增强活力，提高效能，服
务能力、服务水平与服务效益明显提升，部分地区图书馆接近或达到国际先进
水平"的公共图书馆发展目标，但是，要实现这个目标仍然困难重重：政府主导
目前仍然停留在国家文化治理理念层面，各级政府、各地政府履行公共图书馆
的责任十分不平衡；财政"分灶吃饭"的体制和公共图书馆经费短缺的现状并
没有根本改变；县级以下基层公共图书馆的建设仍然十分落后，远远不能满足
民众的基本文化需求。要克服其中的困难，解决个中的问题，绝非一朝一夕可
以完成，也许还要十年、二十年，甚至更长时间。

5.3 图书馆权利的传播任重道远

"图书馆权利是指民众利用图书馆的平等和自由"①。"平等权利"和"自由权利"是图书馆权利不可分割的两个组成部分。十年图书馆权利思潮主要集中在"平等权利"的传播和实践上,"自由权利"的研究、传播和实践只是偶有涉及。公共图书馆免费服务的推行困难重重且不尽如人意,说明"平等权利"观念和价值观并没有在政府层面及公共图书馆界完全树立。中国图书馆学会颁布的《图书馆服务宣言》刻意回避民众的"自由权利",反映了中国图书馆界的普遍心态。"自由权利"是《中华人民共和国宪法》赋予中国公民的普遍权利。党的十八大提出 24 字社会主义核心价值观:富强、民主、文明、和谐是国家层面的价值目标,自由、平等、公正、法治是社会层面的价值取向,爱国、敬业、诚信、友善是公民个人层面的价值准则。自由、平等、公正、法治作为社会层面的价值取向,完全应该成为图书馆的核心价值,予以深入研究、广泛传播和积极实践。

十年图书馆权利思潮反映的是中国图书馆界的权利觉醒,这种觉醒是一场图书馆核心价值观的集体洗礼。十年图书馆权利思潮更是基本公共文化权益的庶民胜利,这种胜利是一场构建和谐社会的权利实现。然而,这场集体洗礼并没有完成,这场权利实现还只是刚刚开始,任重而道远,决不可半途而废。中国图书馆的未来十年仍将是惠及全民的图书馆权利时代。

---

① 程焕文,潘燕桃,张靖.图书馆权利研究[M].北京:学习出版社,2011:36.

理念的力量:中国公共图书馆迈入黄金时代
——纪念《公共图书馆宣言》颁布 25 周年 *

2018 年 11 月 26 日,国际图书馆协会联合会公共图书馆专业委员会发起"帮助我们展示《公共图书馆宣言》发挥的作用"(Help Us Demonstrate How the *Public Library Manifesto* Makes a Difference)的活动,号召全球公共图书馆用事实和案例展示《公共图书馆宣言》颁布后带来的变化,以纪念 1994 年联合国教科文组织与国际图书馆协会联合会颁布《公共图书馆宣言》25 周年。1994 年版《公共图书馆宣言》宣告了联合国教科文组织的信念:公共图书馆是教育、文化和信息的有生力量,是通过人们的心灵促进和平与精神福祉的基本力量;并将公共图书馆确定为所有人自由、平等获取知识和信息的中心①。正是因为《公共图书馆宣言》确立的这些公共图书馆理念,全球公共图书馆才能够在迎接新世纪数字化、网络化和全球化的各种挑战中不断发展、壮大和繁荣。

与此相应的是,自 1994 年《公共图书馆宣言》颁布以后,中国公共图书馆第一次与全球公共图书馆一起站在了新的公共图书馆理念起跑线上,并在改革开放和经济高速发展的神助下第一次跑赢了欧美公共图书馆,成为世界公共图书馆发展潮流的引领者,进而迈入了百年一遇的黄金时代。中国公共图书馆黄金时代的来临是改革开放的必然结果,更是免费、平等的公共图书馆理念实践的必然结果。因为免费、平等的公共图书馆理念的重新确立和普遍实践,中国今天才有了值得世界羡慕和国人骄傲的公共图书馆事业,才进入了前

* 程焕文,高雅,刘佳亲. 理念的力量:中国公共图书馆迈入黄金时代——纪念《公共图书馆宣言》颁布 25 周年[J]. 图书馆建设,2019(3):14 – 19.

① Help us demonstrate how the *Public Library Manifesto* makes a difference[EB/OL]. [2018 – 11 – 26]. https://www. ifla. org/node/91704? og = 49.

所未有的公共图书馆黄金时代。

1 公共图书馆的核心理念

有关公共图书馆的理念学界有诸多理论阐发,如今在中国比较普遍的认知是免费、平等、开放、共享。《公共图书馆宣言》确认的是自由、平等。社会主义核心价值观确定的社会层面的价值取向是自由、平等、公正、法治。程焕文一贯认为公共图书馆的核心理念是自由、平等,并以"图书馆权利"相统摄,在《图书馆权利研究》一书中做过系统的理论与实践阐述[①]。在这两个核心理念中,平等是自由的前提和基础,没有平等就不可能有自由,而自由则是平等发展的终极目标,二者互为表里,同等重要。从世界文明的进程来看,平等比自由在理念上更能获得大多数认同,在实践上也更具有普适性。因此,可以说,平等是第一位的,现实化的;自由是第二位的,理想化的。

就公共图书馆的平等权利而言,平等的基本前提是人格平等。也就是说,所有人,只要是人,不论男女老幼或者其社会地位、宗教信仰等有何不同,都拥有利用公共图书馆的平等权利;没有人格平等,一切平等都无从谈起。人人生而平等的关键意义就在于人格平等。在现实生活中,每个人自诞生那一刻起在诸多方面就千差万别,并不平等。因此,要保障和实现人格平等就必须要有社会制度的救济,在法律上保障人格平等。而法律救济的基本方式就是机会平等。公共图书馆正是通过免费服务和全民开放才使得所有人拥有了利用图书馆的平等机会,从而达到了保障和实现民众利用图书馆的平等权利的目标。这正是公共图书馆的社会价值之所在。正因如此,在英美公共图书馆产生初期,许多公共图书馆才以"免费图书馆"(Free Library)命名,或者以"向所有人开放"(Open to All People)昭告天下。

总之,免费、开放不过是保障和实现民众利用公共图书馆平等权利的方

---

① 程焕文,潘燕桃,张靖. 图书馆权利研究[M]. 北京:学习出版社,2011.

式,而共享则是主张和实现公共图书馆平等权利的必然结果。或者说,平等是免费、开放和共享的核心,免费、开放是平等的实现方式,而共享则是平等实现的必然结果。

2 公共图书馆理念的东渐与异变

公共图书馆肇始于 19 世纪 50 年代的英美,迄今已有近 170 年的历史。中国公共图书馆则兴起于 20 世纪初,较欧美公共图书馆大约迟滞了半个世纪。中国公共图书馆的兴起是西方公共图书馆理念在中国传播的结果,其发展也一直与国人对公共图书馆理念的认知、传播与实践息息相关。因为睁眼看西方的公共图书馆,才有了对公共图书馆理念的认知,又因为有了公共图书馆理念的认知,才有了公共图书馆理念的传播和实践,进而催生了中国的公共图书馆的产生,并由此演绎了中国公共图书馆的独特发展道路。

考察欧美公共图书馆理念在中国传播的历史,我们不难发现:国人对公共图书馆理念的认知一直在追随欧美公共图书馆的步伐。不过,迄今为止,国人对公共图书馆理念的认知仍然没有达到世界"大同"的境界。

同治六年(1867 年),清政府向西方国家派出第一个外交使团。使臣志刚与随从张德彝于 1868 年 4 月在美国纽约参观公共图书馆。张德彝把参观的公共图书馆译作"义书堂",并以"国人乐观者,任其浏览,以广见闻"的笔墨记述参观的感受[①]。这大抵可以算作是中国官方第一次睁眼看西方公共图书馆时对公共图书馆理念的认知。张德彝的记述虽然只有寥寥数语,却道出了公共图书馆理念的核心——免费("义")和平等("国人乐观者,任其浏览")。晚清时期出洋考察者和鼓吹设立图书馆者大体如是,他们普遍着力于倡导模仿西方公共图书馆创办新式图书馆,以形似为主,以神似为辅,并未达到形神合一的境界。此乃创办图书馆启迪民智为当务之急,而平等自由等概念尚未形

---

① 程焕文.晚清图书馆学术思想史[M].北京:北京图书馆出版社,2004:103.

成之故。晚清的情形大体如此,可参阅《晚清图书馆学术思想史》,无须赘述。

1910年,韦棣华在武昌创办文华公书林,中国的图书馆第一次以"公"字冠名,刻意凸显了图书馆的公共性。遗憾的是,虽然韦棣华是在中国忠实地实践美国公共图书馆理念的先驱者,但是,她并没有对美国的公共图书馆理念做专门的理论阐发。

民国初年,赴海外攻读图书馆学者沈祖荣、胡庆生、戴志骞、杜定友等陆续回国,在各地巡回演讲,宣传欧美公共图书馆理念,鼓吹创办新式图书馆,掀起了一场席卷全国的新图书馆运动。这场运动与晚清公共图书馆运动的显著差异是:新图书馆运动倡导者对欧美公共图书馆理念有了更加理性的认识,能够以比较系统的公共图书馆理念去说服社会各界积极支持和创办公共图书馆。

1921年,刘国钧将近代图书馆的性质概括为"自动""社会化"和"平民化"[①],强调的是平等的公共图书馆理念。这是新文化运动和平民教育运动发展的结果,也是民国时期图书馆人的普遍认知。正因为如此,平等的公共图书馆理念也就成为民国时期公共图书馆兴起和发展的理论基石,只不过在平等理念的实践中,"公共性"比"公益性"体现得更好,因为免费服务并不彻底。

20世纪50年代以后,社会经济制度发生根本性改变,私有制被公有制完全取代,人民当家作主。因此,20世纪上半叶竭力倡导的公共图书馆平等理念,以及图书馆的公共性、公益性等在社会主义制度下顿时失去了宣传倡导的意义,以至于几乎所有的公共图书馆在名称上都没有"公共"二字。这也是程焕文过去曾言中国没有"公共"图书馆的原因之所在。

20世纪50年代末兴起的"大跃进"和人民公社化运动曾一度使基层公共图书馆呈现过空中楼阁般的繁荣。其后,由于不断的政治运动,公共图书馆逐渐沦为阶级斗争的工具,公共图书馆的理念被异化,公共图书馆最终也基本陷入停滞状态。

---

① 刘国钧. 刘国钧图书馆学论文选集[M]. 北京:书目文献出版社,1983:2.

3　公共图书馆理念的回归与升华

20 世纪 80 年代以后,中国实行改革开放政策,被禁锢的思想开始解放,公共图书馆事业开始迅速恢复。在那个百废待兴的时代,中国的公共图书馆大致沿袭着 20 世纪 50 年代开辟的路径发展,无暇顾及公共图书馆的理念。在 20 世纪 50—70 年代的近 30 年间,西方的大门紧闭,二战后联合国教科文组织颁布的《公共图书馆宣言》(1949 年颁布,1972 年修订)在中国图书馆界几乎无人知晓。由于 20 世纪 80 年代中国社会开始从计划经济转向市场经济,公共图书馆因袭长久的惯性"运动模式"迅速转入了"以文补文""以文养文"的有偿服务轨道,与世界普遍公认的公共图书馆免费理念背道而驰,且渐行渐远。

1994 年,联合国教科文组织和国际图书馆协会联合会共同颁布《公共图书馆宣言》时,正值中国公共图书馆有偿服务普遍兴起之际,因此《公共图书馆宣言》所宣示的公共图书馆理念在中国图书馆界并不被主流势力所看重。在 20 世纪 90 年代中期,S 图书馆的有偿服务异军突起,蔚为大观,成为全国公共图书馆学习的典范。那时,在 S 图书馆举行的中国图书馆学会学术研究委员成立大会上,S 图书馆的主要负责人在闭幕式上谈及免费服务时,竟然振振有词地宣称《公共图书馆宣言》是值得商榷的,语惊四座,令人瞠目结舌。此话代表了那个年代中国图书馆界对于《公共图书馆宣言》的主流看法和大多数人的心声。其后,B 图书馆在派团学习 S 图书馆有偿服务经验的基础上变本加厉,把图书馆有偿服务做到了天怒人怨的极致,进而通过一系列措施把全国公共图书馆的有偿服务推向了高潮。

迈入新世纪以后,具有公平正义良知的有识之士在公共图书馆有偿服务逆流四溢、恶浪翻滚的时刻,重新举起 20 世纪初"新图书馆运动"的免费与平等旗帜,自 2004 年起发起席卷全国的"21 世纪新图书馆运动"[①]。于是有了

---

① 程焕文.权利的觉醒与庶民的胜利——图书馆权利思潮十年回顾与展望[J].图书馆建设,2015(1):26–38.

"新图书馆运动之争""图书馆精神之争""图书馆权利之争"等激烈的理念与思想交锋①。在这场争鸣中,交锋的双方各具大量拥趸,起初貌似学术探讨,其后迅速演变为相互攻讦和诋毁,惨烈程度超过了中国图书馆界历史上的一切学术争鸣。究其原因,实乃有偿服务与免费服务水火不容,形同你死我活,势不两立。这种学术探讨与争鸣自然不可能理性,只会是感性。交锋的结果是免费与平等的公共图书馆理念逐渐唤醒了越来越多公共图书馆人内心蛰伏已久的公平、正义和良知。他们从旁观到参与,从认同到接受,进而付诸实践,犹如星星之火迅速燎原,改变着中国公共图书馆的面貌。

这星星之火于新世纪初在改革开放前沿的广东悄然兴起。由南向北,在全国迅速传播,其势如破竹,恰似一场公共图书馆理念的"北伐"②。以"流动图书馆"为标志的"广东模式"、以"图书馆之城"为标志的"深圳图书馆模式"、以"政府主导"为标志的"广州模式"、以"图书馆之城"为标志的"东莞模式"和以"联合图书馆"为标志的"佛山模式"构成的新世纪中国公共图书馆"岭南模式"③,以磅礴的气势迸发着公共图书馆免费与平等理念实践的火焰和激情,迅速成为全国公共图书馆学习的典范,有关公共图书馆免费与平等理念实践的"××模式"在全国各地如雨后春笋般迅速涌现。

2006 年 9 月 13 日,《国家"十一五"时期文化发展规划纲要》(以下简称《纲要》)发布。《纲要》明确地将图书馆划归公共文化,与文化产业相切割,并把"完善公共文化服务网络"作为"十一五"时期文化发展的重点,"以实现和保障公民基本文化权益、满足广大人民群众基本文化需求为目标,坚持公共服务普遍均等原则,兼顾城乡之间、地区之间的协调发展,统筹规划,合理安排,

---

① 程焕文.实在的图书馆精神与图书馆精神的实在——《图书馆精神》自序[J].大学图书馆学报,2006(4):2-14.

② 程焕文.吹响图书馆"天下为公"观念北伐的号角[N].羊城晚报,2007-12-15(B6).

③ 程焕文.岭南模式:崛起的广东公共图书馆事业[J].中国图书馆学报,2007(3):15-25.

形成实用、便捷、高效的公共文化服务网络"①。由此,公共图书馆的免费与平等理念正式得到官方确认,并成为国家意志,图书馆界有关有偿服务和免费服务的争鸣顿时偃旗息鼓,有偿服务被结实地钉在了中国公共图书馆历史的耻辱柱上。时过境迁,往事如烟,唯有"知网"至今保留着不可抹去的斑斑印痕。今天重温程焕文于2006年9月15日发表的博文《〈国家"十一五"时期文化发展规划纲要〉激情解说》②,仍然可以真切地感受到那时公共图书馆免费与平等理念宣传者拨开乌云重见天日的胜利喜悦。

理念很丰满,现实很骨感。虽然免费与平等的公共图书馆理念已经成为国家意志,且具有压倒性的优势,不可挑战。但是,横行了20余年的有偿服务势力仍然在做无声的负隅顽抗。

2011年1月18日,在各方积极应对南方五省寒潮所带来的冰雪灾害,让千万劳苦民众平安返乡过年的时刻,网友"贺兰泰"在微博上不经意转载的一则有关2003年杭州图书馆允许乞丐进入图书馆的旧闻顿时成为新闻,温暖了严寒中亿万民众的心,犹如"蝴蝶效应",轰动全国。杭州图书馆亦因此成为全社会关注的焦点和中心。杭州图书馆"乞丐也能进图书馆"新闻的发酵酿造了一池公共图书馆免费和平等理念的美酒,全民畅饮,酣畅淋漓,把业界"闷骚"的公共图书馆免费与平等理念扩散到了全社会,成为势不可挡的潮流。往事历历在目,与其说是公共图书馆免费与平等的理念成就了杭州图书馆的荣耀,还不如说是公共图书馆有偿服务的黑暗映衬了杭州图书馆的光辉。"没有对比就没有伤害",没有对比也就没有荣耀。在这种意义上讲,今天我们还要感谢有偿服务,因为如果没有有偿服务,那么免费、平等的公共图书馆理念或许不会引发全民关注,进而形成一股社会潮流倒灌公共图书馆界,倒逼公共图书馆实现免费与平等服务,从而推动公共图书馆的发展。

---

① 国家"十一五"时期文化发展规划纲要［EB/OL］.［2019 – 03 – 13］. http://www. gov. cn/jrzg/2006 – 09/13/content_388046. htm.

② 《国家"十一五"时期文化发展规划纲要》激情解说［EB/OL］.［2019 – 03 – 13］. http://blog. sina. com. cn/s/blog_4978019f0100051f. html.

2011 年 2 月,为贯彻落实党的十七届五中全会、胡锦涛总书记在中央政治局第 22 次集体学习时的重要讲话精神和全国文化体制改革工作会议精神,落实温家宝总理在《2010 年国务院政府工作报告》中提出的"推进美术馆、图书馆、文化馆、博物馆免费开放,丰富人民群众的精神文化生活"的要求,充分发挥美术馆、公共图书馆、文化馆(站)保障公民基本文化权益、提高公民鉴赏能力的重要作用,加强公共文化服务体系建设和公民思想道德建设,文化部和财政部发布《关于推进全国美术馆、公共图书馆、文化馆(站)免费开放工作的意见》(文财务发〔2011〕5 号)①。3 月,财政部发布《关于加强美术馆、公共图书馆、文化馆(站)免费开放经费保障工作的通知》(财教〔2011〕31 号)②。公共图书馆免费开放由国家意志转变为国家行为,以摧枯拉朽之势横扫一切负隅顽抗的公共图书馆有偿服务势力。

2011 年不过是一个普通的年份,但是在中国公共图书馆免费与平等理念的传播和实践历史上无疑是一个重大的里程碑,永远值得我们纪念。

2012 年 2 月 15 日,中共中央办公厅、国务院办公厅印发《国家"十二五"时期文化改革发展规划纲要》,提出"按照公益性、基本性、均等性、便利性的要求,以公共财政为支撑,以公益性文化单位为骨干,以全体人民为服务对象,以保障人民群众看电视、听广播、读书看报、进行公共文化鉴赏、参与公共文化活动等基本文化权益为主要内容,完善覆盖城乡、结构合理、功能健全、实用高效的公共文化服务体系""加强文化馆、博物馆、图书馆、美术馆、科技馆、纪念馆、工人文化宫、青少年宫等公共文化服务设施和爱国主义教育示范基地建设并

---

① 关于推进全国美术馆公共图书馆文化馆(站)免费开放工作的意见(文财务发〔2011〕5 号)[EB/OL].〔2019 – 03 – 13〕. http://www. gov. cn/zwgk/2011 – 02/14/content_1803021. htm.

② 关于加强美术馆公共图书馆文化馆(站)免费开放经费保障工作的通知(财教〔2011〕31 号)[EB/OL].〔2019 – 03 – 13〕. http://www. gov. cn/zwgk/2011 – 03/22/content_1829189. htm.

完善向社会免费开放服务"①。公共图书馆免费与平等的理念及其实践进一步升华，中国公共图书馆开始沿着正确的道路飞速发展。

4 公共图书馆理念的创新与发展

2013 年 1 月，文化部印发首个全国性公共图书馆事业发展中长期规划——《全国公共图书馆事业发展"十二五"规划》，明确提出"以构建覆盖全社会的公共图书馆服务体系为目标"②，使新世纪以来党中央关于"加快建立覆盖全社会的公共文化服务体系"③的决定在公共图书馆建设上得以更加具体的落实，并为其后贯彻落实党中央关于"构建现代公共文化服务体系"的决定④奠定了基础。

在《全国公共图书馆事业发展"十二五"规划》的指导下，公共图书馆理念在中国不断推陈出新。全民阅读活动在全国持续广泛开展，公共图书馆的阅读推广精彩纷呈，城市街区 24 小时自助图书馆在各地纷纷设立，图书馆＋书店、商场、企业、学校等的"图书馆＋"模式在全国广泛实施，公共图书馆开始与社会各个层面广泛融合发展。

2016 年 12 月 25 日，第十二届全国人民代表大会常务委员会第二十五次

---

① 国家"十二五"时期文化改革发展规划纲要［EB/OL］．［2019 - 03 - 13］http://www.gov.cn/jrzg/2012 - 02/15/content_2067781.htm.

② 文化部关于印发《全国公共图书馆事业发展"十二五"规划》的通知［EB/OL］．［2018 - 09 - 20］．http://www.gov.cn/gongbao/content/2013/content_2404725.htm.

③ 中共中央关于构建社会主义和谐社会若干重大问题的决定［EB/OL］．［2018 - 09 - 20］．http://www.gov.cn/gongbao/content/2006/content_453176.htm.

④ 中共中央关于全面深化改革若干重大问题的决定［EB/OL］．［2018 - 09 - 20］．http://www.gov.cn/jrzg/2013 - 11/15/content_2528179.htm；中共中央办公厅、国务院办公厅印发《关于加快构建现代公共文化服务体系的意见》［EB/OL］．［2018 - 09 - 20］．http://www.gov.cn/xinwen/2015 - 01/14/content_2804250.htm.

会议通过《中华人民共和国公共文化服务保障法》，并自 2017 年 3 月 1 日起施行①。《公共文化服务保障法》从制定国民经济和社会发展规划、各级政府城乡规划、各级政府财政预算，到公共文化设施建设与管理、公共文化服务提供保障措施，首次全面规定了国家和政府的公共文化主体责任，为我国公共文化，特别是公共图书馆的发展提供了长久的法律保障②。

2017 年 11 月 4 日，第十二届全国人民代表大会常务委员会第三十次会议通过我国第一部《中华人民共和国公共图书馆法》，并自 2018 年 1 月 1 日起施行③。在《公共文化服务保障法》的基础上，对公共图书馆性质、职能、任务、设立、运行、服务和法律责任等做了全面规定，成为中国公共图书馆建设和发展的最高法典。

以 2018 年 1 月 1 日《公共图书馆法》的实施为标志，中国公共图书馆正式迈入了前所未有的黄金时代。据不完全统计，截至 2017 年底，中国（不含港澳台地区）共有县级及以上公共图书馆 3166 个，比 1999 年增加 497 个；从业者达 57567 人，比 1999 年增加 8775 人；公共图书馆建筑面积达 1515. 27 万平方米，是 1999 年的 3 倍；图书总藏量 96953 万册，比 1999 年增长 145%；人均图书藏量 0.70 册，比 2000 年翻了一番；发放借书证 6736 万个，是 1999 年的 11 倍；总流通人次 74450 万，是 1999 年的 4 倍；书刊文献外借册次 55091 万，是 1999 年的 3.38 倍；人均购书经费 1.70 元，是 2000 年的 5.8 倍④；2016 年，全国公共图书馆财政拨款 1415668 万元，是 1999 年的 12.22 倍；新增藏量购置费

---

① 中华人民共和国公共文化服务保障法［EB/OL］.［2018 - 09 - 13］. http://www. npc. gov. cn/npc/xinwen/2016 - 12/25/content_2004880. htm.

② 程焕文. 论《公共文化服务保障法》立法精神——国家和政府的公共文化服务责任解析［J］. 图书馆论坛,2017(6):1 - 9.

③ 中华人民共和国公共图书馆法［EB/OL］.［2018 - 09 - 21］. http://www. npc. gov. cn/npc/xinwen/2017 - 11/04/content_2031427. htm.

④ 中华人民共和国文化和旅游部 2017 年文化发展统计公报［EB/OL］.［2018 - 09 - 13］. http://202. 116. 81. 74/cache/2/03/zwgk. mct. gov. cn/3cf1f46efca235c02f22e286300e06 6a/W020180531619385990505. pdf.

216020 万元,是 1999 年的 7 倍①。

理念决定成败,理念决定未来。回眸新世纪以来中国公共图书馆理念的发展历程,我们不难发现:任何时候、任何地方、任何图书馆、任何从业者,只要心中有人民,始终恪守免费与平等的理念,不论面对任何艰难险阻,公共图书馆都能够不断沿着正确的道路前进,永不迷失方向,否则就会走弯路、邪路,甚至开历史的倒车。

中国公共图书馆已经迈入黄金时代。在这个新时代,中国公共图书馆的理念和中国公共图书馆必将引领世界公共图书馆的发展潮流。

---

① 中国图书馆学会,国家图书馆.中国图书馆年鉴 2017[M].北京:国家图书馆出版社,2018:420 – 431.

从城市温度、新闻热度看公共图书馆平等权利的实现程度

——对"读者留言东莞图书馆"新闻热点的思考*

2020 年 6 月 24 日,端午节的前一天,6 月刚从湖北老家回到东莞的工人吴桂春因席卷全球的新冠疫情无法复工,又找不到新工作,在万般无奈之下,只好前去东莞图书馆退还读者证,准备返回湖北老家。东莞图书馆员吴艳君见吴桂春依依不舍,告知其可在读者留言簿上留言,于是,吴桂春写下了如下文字①:

我来东莞十七年,其中来图书馆看书有十二年,书能明理,对人百益无一害的唯书也,今年疫情让好多产业倒闭,农民工也无事可做了,选择了回乡,想起这些年的生活,最好的地方就是图书馆了,虽万般不舍,然生活所迫,余生永不忘你东莞图书馆,愿你越办越兴旺,(知)识惠东莞,(知)识惠外来民工。

湖北农民工　吴桂春

2020 年 6 月 24 日

同在服务台值班的馆员卢慧婷被这段深情的留言感动,于是将吴桂春的留言拍照上传到东莞图书馆的馆员工作微信群,其后东莞图书馆官方微信给吴桂春留言:"感谢,我们一直在,等你再来。"

2020 年 6 月 25 日,端午节当天,吴桂春的留言经自媒体不断转发和网络

---

* 程焕文.从城市温度、新闻热度看公共图书馆平等权利的实现程度——对"读者留言东莞图书馆"新闻热点的思考[J].图书馆论坛,2020(10):1-8.

① 中央电视台《新闻 1+1》20200626 一边打工,一边读书,然后呢?[EB/OL].[2020-07-24].http://tv.cntv.cn/video/C10586/05eb56988c4a4cf79bf8699a2e0dfd01.

热议,迅速登上各大媒体的热搜,新华社、《人民日报》纷纷发表评论,成为轰动全国的新闻热点。

2020 年 6 月 26 日,端午节第二天,中央电视台《新闻 1 + 1》栏目的著名主持人白岩松以"农民工、图书馆、东莞、疫情"四个关键词为切入点,对吴桂春留言引发的社会效应做了及时的全面连线采访报道,使吴桂春留言的新闻热度达到极点①。

因为媒体的推动,在经历了 48 小时的新闻沸腾之后,吴桂春在东莞市人力资源和社会保障局职业介绍服务中心的热忱帮助下完成了新岗位的面试,准备入职东莞图书馆附近小区的一家物业公司,从事绿化工作。东莞图书馆重新为吴桂春发放了特别读者证,东莞市因此被媒体誉为"有温度的城市"。图书馆界同人亦因此无比欣慰欢腾雀跃,各个方面皆大欢喜,共同演绎了一个安徒生童话般完美结局的新闻故事。

2020 年 6 月 27 日以后,东莞市、广东省的职能部门,东莞图书馆、广东图书馆界、全国图书馆界纷纷开展各种形式的座谈、讨论和笔会,探讨吴桂春留言新闻事件,吴桂春留言引发的新闻热点开始由新闻媒体的举国沸腾转向图书馆业界的深度传播。

虽然东莞图书馆读者吴桂春留言引发的新闻热点正在逐渐冷却,但是这个新闻热点已经在中国公共图书馆的发展进程中留下了深深的刻痕和不灭的印记,永远值得我们去品味、思考和纪念。

1 偶然中的必然:平等价值观传播与平等权利实现的发展进程

东莞图书馆读者吴桂春留言引发的新闻热点,从馆员微信的星火触燃,到

---

① 中央电视台《新闻 1 + 1》20200626 一边打工,一边读书,然后呢?[EB/OL]. [2020 - 07 - 24]. http://tv.cntv.cn/video/C10586/05eb56988c4a4cf79bf8699a2e0dfd01.

全媒体的炽热沸腾，前后不过72小时，是一个出乎所有人意料的偶然事件，但是，这个偶然事件是平等的公共图书馆核心价值观在中国传播的历史必然，是民众的公共图书馆平等权利在中国实践的历史必然。

新世纪以来，中国公共图书馆的发展迈入了前所未有的黄金时代。近20年来，中国公共图书馆的一切发展及其所取得的一切成就，不过是平等的公共图书馆核心价值观传播和民众的公共图书馆平等权利实现的结果，一言以蔽之，就是"平等"二字。

新世纪以来，平等的公共图书馆核心价值观和民众的公共图书馆平等权利在中国的传播和实践经历了三个发展阶段：

第一个发展阶段是平等的公共图书馆核心价值观的传播。平等的公共图书馆核心价值观的传播源自联合国教科文组织与国际图书馆协会联合会《公共图书馆宣言》[①]的宣传。

新世纪之初，在有偿服务长期扭曲公共图书馆社会价值的情形下，一批具有公共图书馆正义的图书馆人在历史的尘埃中重新捡起20世纪初的"新图书馆运动"旗帜，掀起了以宣传联合国教科文组织与国际图书馆协会联合会《公共图书馆宣言》为中心的公共图书馆理念传播运动。这场席卷全国的《公共图书馆宣言》理念宣传洗刷了我国公共图书馆界以有偿服务为中心的整体非理性尘埃，广泛地传播了以免费服务为中心的平等的公共图书馆核心价值观[②]。

第二个阶段是民众的公共图书馆平等权利的实践。民众的公共图书馆平等权利的实践源自广东公共图书馆界的实践探索。

新世纪初期，广东公共图书馆界发扬先行一步的优良传统，以免费服务和

---

① IFLA/UNESCO Public Library Manifesto[EB/OL]. [2020 - 07 - 24]. https://www. ifla. org/publications/ifla - unesco - public - library - manifesto - 1994.

② 程焕文. 权利的觉醒与庶民的胜利——图书馆权利思潮十年回顾与展望[J]. 图书馆建设,2015(1):26 - 38;程焕文. 公共图书馆价值观的理性复归与传承弘扬——《近60年来中国公共图书馆思想研究(1949—2009)》序[J]. 图书馆研究与工作,2011(2):2 - 4;程焕文,高雅,刘佳亲. 理念的力量:中国公共图书馆迈入黄金时代——纪念《公共图书馆宣言》颁布25周年[J]. 图书馆建设,2019 (3):14 - 19.

零门槛办证为切入点,率先开始实现和保障民众公共图书馆平等权利的实践探索,进而挣脱市县两级财政分灶吃饭的体制束缚,开展构建覆盖城乡的公共图书馆服务体系的创新,陆续形成了以广东省立中山图书馆的流动图书馆模式、深圳图书馆的图书馆之城模式,广州图书馆的政府主导模式、东莞图书馆的图书馆之城模式、佛山图书馆的联合图书馆模式为标志的新世纪公共图书馆岭南模式。岭南模式的出现,开启了我国公共图书馆在新世纪践行平等的公共图书馆核心价值观,实现和保障民众公共图书馆平等权利的序幕,为新世纪公共图书馆的发展提供了可以学习、借鉴和复制的先导模板①。

以平等、免费、开放、共享为核心价值的公共图书馆岭南模式犹如初春的一股暖流从北回归线自南向北涌动,静悄悄增添着城市的温度②。这股暖流最初温暖的是江浙两地,尤以杭州图书馆和苏州图书馆最为突出,最后抵达首都图书馆。在经历了长达十年的博弈之后,免费服务的暖流终于驱散了有偿服务的寒流,2011年国家实行美术馆、图书馆、文化馆三馆免费政策,免费服务的公共图书馆理念的阳光开始普照神州大地,温暖城乡民众,全国公共图书馆重新回到了公平正义的正确发展轨道。

第三个阶段是平等核心价值观和平等权利的制度化。公共图书馆平等核心价值观和平等权利的制度化源自国家政策的制定和公共文化的立法。

2006年,《国家"十一五"时期文化发展规划纲要》提出"保障和实现人民群众的基本文化权利",明确地规定了公共图书馆的公共文化性质,划清了公共图书馆与文化产业的界限③。

---

① 程焕文.岭南模式:崛起的广东公共图书馆事业[J].中国图书馆学报,2007(3):15-25;程焕文,彭嗣禹,高雅,等.改变21世纪中国公共图书馆进程的十大创新[J].图书馆杂志,2018(11):26-34.

② 程焕文.吹响图书馆"天下为公"观念北伐的号角[N].羊城晚报,2007-12-15(B06).

③ 国家"十一五"时期文化发展规划纲要[EB/OL].[2020-07-24].http://www.gov.cn/jrzg/2006-09/13/content_388046.htm.

2011 年,文化部、财政部发布美术馆、公共图书馆、文化馆三馆免费开放意见,在国家层面全面否定了实施了 20 余年的公共图书馆有偿服务[①]。

2012 年 11 月,中共十八大报告明确提出"倡导富强、民主、文明、和谐,倡导自由、平等、公正、法治,倡导爱国、敬业、诚信、友善,积极培育社会主义核心价值观"[②]。自由、平等、公正、法治成为社会主义核心价值观在社会层面的最新概括。

2017 年 3 月 1 日实施的《中华人民共和国公共文化服务保障法》(以下简称《公共文化服务保障法》)成为我国第一个公共文化服务的立法,为我国公共文化,特别是公共图书馆的发展提供了长久的法律保障[③]。

2018 年 1 月 1 日实施的我国第一部图书馆法——《中华人民共和国公共图书馆法》(以下简称《公共图书馆法》),标志着我国公共图书馆开始进入黄金时代[④]。

从理念传播、实践探索到制度实施,平等的公共图书馆核心价值观已经在中国图书馆界正式确定,民众的公共图书馆平等权利正在普遍实现。唯其如是,吴桂春留言偶然引发的新闻热点乃是历史的必然。

[①] 关于推进全国美术馆公共图书馆文化馆(站)免费开放工作的意见(文财务发〔2011〕5 号)[EB/OL].[2020-07-24].http://www.gov.cn/zwgk/2011-02/14/content_1803021.htm;关于加强美术馆公共图书馆文化馆(站)免费开放经费保障工作的通知(财教〔2011〕31 号)[EB/OL].[2020-07-24].http://www.gov.cn/zwgk/2011-03/22/content_1829189.htm.

[②] 胡锦涛.坚定不移沿着中国特色社会主义道路前进为全面建成小康社会而奋斗:在中国共产党第十八次全国代表大会上的报告(2012 年 11 月 8 日)[N].中国青年报,2012-11-18(4).

[③] 程焕文.论《公共文化服务保障法》立法精神——国家和政府的公共文化服务责任解析[J].图书馆论坛,2017(6):1-9.

[④] 程焕文,高雅,刘佳亲.理念的力量:中国公共图书馆迈入黄金时代——纪念《公共图书馆宣言》颁布 25 周年[J].图书馆建设,2019(3):14-19.

2 常识中的真理：平等价值观与平等权利的基本要义

平等是公共图书馆与生俱来的核心价值观。这是全世界公共图书馆的共同遵循。没有平等的核心价值观，就没有公共图书馆。这是公共图书馆产生一百多年来的全球共识和基本常识。

人人享有利用公共图书馆的平等权利，既是《联合国经济、社会与文化权利国际公约》等国际条约的共同规定，也是各国宪法和图书馆法的基本规定。这同样是基本常识。

民众的公共图书馆平等权利是人权中的一项基本文化权利。人人享有利用公共图书馆的平等权利包含着三层权利要义。

第一层是人格平等。人格平等是平等权利的前提。天赋人权，人人生而平等是宪法和法律赋予每个人的基本权利，是社会进步的结果。没有人格平等，就没有真正的平等。《公共图书馆宣言》中指出："公共图书馆应该在人人享有平等利用权利的基础上，不分年龄、种族、性别、宗教信仰、国籍、语言或社会地位，向所有的人提供服务。"①《公共图书馆法》第三十三条规定："公共图书馆应当按照平等、开放、共享的要求向社会公众提供服务。"②正是平等权利在公共图书馆领域的体现。

第二层是机会平等。机会平等是平等权利的保障。人人平等是宪法和法律赋予每个人的权利，但是，宪法和法律只能保障人人享有平等的机会，却无法保障人人享有平等的结果。这是平等权利的关键，否则，平等权利就会变为平均主义，个人和社会就会失去发展动力。为了保障社会公平正义，在实现和保障民众平等权利的过程中，必须对因为各种原因难以或者无法

---

① IFLA/UNESCO Public Library Manifesto[EB/OL].[2020 – 07 – 24]. https://www. ifla. org/publications/ifla-unesco-public-library-manifesto-1994.

② 中华人民共和国公共图书馆法[EB/OL].[2020 – 07 – 24]. http://www. npc. gov. cn/npc/c12435/201811/3885276ceafc4ed788695e8c45c55dcc. shtml.

获得平等机会的弱势群体,例如生活贫困者、身体残障者、少数民族、老弱病孺等,予以法律救济。就民众的公共图书馆平等权利而言,这种救济主要体现在两个方面。

一是弱势群体的特殊服务。对不能利用公共图书馆普通服务的弱势群体提供特殊服务,以确保他们拥有与普通民众一样的利用公共图书馆的平等机会,是世界各国法律规定的一种普遍的平等权利救济。例如:《公共图书馆宣言》规定"公共图书馆必须为那些因各种原因不能利用普通服务的用户,例如小语种民族、伤残人员、住院人员、或被监禁人员,提供特殊的服务和资料。所有年龄的群体都必须得到与其需要相应的资料"①;我国的《公共文化服务保障法》第九条规定"各级人民政府应当根据未成年人、老年人、残疾人和流动人口等群体的特点与需求,提供相应的公共文化服务"②;《公共图书馆法》第三十四条规定"政府设立的公共图书馆应当设置少年儿童阅览区域⋯⋯应当考虑老年人、残疾人等群体的特点,积极创造条件,提供适合其需要的文献信息、无障碍设施设备和服务等"③。

二是全体民众的免费服务。免费服务是公共图书馆与生俱来的特质,是公共图书馆实现民众平等权利的保障。公共图书馆之所以称之为公共图书馆,一方面在于公共图书馆的公共性,即公共图书馆是全民所有的公共文化资产;另一方面在于公共图书馆的公益性,即公共图书馆向全体民众免费开放利用。这二者是一个密不可分的整体,任何一个方面的缺失都会使公共图书馆变质,使公共图书馆不再成为公共图书馆。公共图书馆是为广大民众服务的图书馆,免费服务是公共图书馆存在的基础,没有免费服务,广大民众就没有

---

① IFLA/UNESCO Public Library Manifesto. [EB/OL]. [2020 - 07 - 24]. https://www. ifla. org/publications/ifla-unesco-public-library-manifesto-1994.

② 中华人民共和国公共文化服务保障法[EB/OL]. [2020 - 07 - 24]. http://www. npc. gov. cn/npc/c12435/201612/edd80cb56b844ca3ab27b1e8185bc84a. shtml.

③ 中华人民共和国公共图书馆法[EB/OL]. [2020 - 07 - 24]. http://www. npc. gov. cn/npc/c12435/201811/3885276ceafc4ed788695e8c45c55dcc. shtml.

利用公共图书馆的平等机会。《公共图书馆宣言》规定"公共图书馆原则上应当免费提供服务"①,《公共图书馆法》第三十三条规定:"公共图书馆应当免费向社会公众提供下列服务:(一)文献信息查询、借阅;(二)阅览室、自习室等公共空间设施场地开放;(三)公益性讲座、阅读推广、培训、展览;(四)国家规定的其他免费服务项目。"②

总之,弱势群体的特殊服务和全体民众的免费服务是民众享有利用公共图书馆平等权利的保障,二者相辅相成,缺一不可,共同构成了保障民众利用公共图书馆的平等机会。

第三层是服务均等。服务均等是平等权利的最终实现。人格平等、机会平等主要体现在宪法赋予、法律规定和制度安排上,服务均等则是平等权利的具体落实和全面实现,主要体现在覆盖全社会的公共图书馆服务体系的构建上。要真正实现和保障民众利用公共图书馆的平等权利,就必须构建覆盖全社会的公共图书馆服务体系,使广大民众享有普遍均等的公共图书馆服务。新世纪以来,党和国家制定的一系列有关构建覆盖全社会的公共图书馆服务体系的战略和措施,正是全面实现和保障民众利用公共图书馆平等权利的体现③。

《公共文化服务保障法》第四条规定"县级以上人民政府应当将公共文化服务纳入本级国民经济和社会发展规划,按照公益性、基本性、均等性、便利性的要求,加强公共文化设施建设,完善公共文化服务体系,提高公共文化服务效能"④。公益性、基本性、均等性、便利性是现阶段我国公共图书馆服务体系建设的基本要求,虽然与公共图书馆服务体系建设的可获得性(Availability)、

① IFLA/UNESCO Public Library Manifesto[EB/OL].[2020 - 07 - 24]. https://www. ifla. org/publications/ifla-unesco-public-library-manifesto-1994.

② 中华人民共和国公共图书馆法[EB/OL].[2020 - 07 - 24]. http://www. npc. gov. cn/npc/c12435/201811/3885276ceafc4ed788695e8c45c55dcc. shtml.

③ 程焕文. 普遍均等 惠及全民——关于公共服务普遍均等原则的阐释[J]. 图书与情报,2007(5):4 - 7.

④ 中华人民共和国公共文化服务保障法[EB/OL].[2020 - 07 - 24]. http://www. npc. gov. cn/npc/c12435/201612/edd80cb56b844ca3ab27b1e8185bc84a. shtml.

可利用性（Accessibility）、可接受性（Acceptability）和可适应性（Adaptability）普遍要求尚有距离，但已是巨大的进步。

3 瞬间中的永恒：平等价值观传播与平等权利实现的两个里程碑

新世纪以来，在我国公共图书馆的发展中，出现过两次轰动全国的公共图书馆新闻热点：第一次是 2011 年杭州图书馆的"乞丐也能进图书馆"新闻热点，第二次是 2020 年东莞图书馆的"吴桂春留言"新闻热点。这两次新闻热点具有极为相似的历史瞬间定格特点。

杭州图书馆的"乞丐也能进图书馆"新闻热点发生于 2011 年 1 月南方遭遇罕见冰雪灾害、人们春节前返乡路途艰难的时刻，杭州图书馆自 2008 年 9 月新馆开馆后一直实施的"乞丐也能进图书馆"政策被网友无意触燃，迅速成为在严寒中为杭州增添城市温度的全国新闻热点[1]。

东莞图书馆的"吴桂春留言"新闻热点发生在 2020 年 6 月全国遭受新冠疫情、人们春节后返城复工艰难的时刻，东莞图书馆自 2005 年 9 月新馆开放后一直实施的免费服务政策被读者吴桂春的"余生永不忘你东莞图书馆"留言无意点燃，成为在疫情中为东莞增添城市温度的全国新闻热点。

平凡之中显伟大，伟大之处见平凡，这两句话可以作为杭州图书馆"乞丐也能进图书馆"和东莞图书馆"吴桂春留言"新闻事件的完美诠释。无论是平凡之中显伟大，还是伟大之处见平凡，总是离不开特定的场景，只有在特定的场景中平凡才可能显现伟大，伟大才能见证平凡。冰雪灾害、新冠疫情为这两次新闻热点提供了独特的历史场景，因而使杭州图书馆和东莞图书馆在平凡中显现了伟大，在伟大中见证了平凡，使杭州和东莞成为有温度的城市。

---

① 程焕文.权利的觉醒与庶民的胜利——图书馆权利思潮十年回顾与展望[J].图书馆建设,2015(1):26-38.

事实上,"乞丐也能进图书馆"于2011年之前的杭州图书馆早已不是什么新鲜事,对于广东乃至其他地区的先进公共图书馆也是平常的事情;类似"吴桂春留言"的读者留言在十年前的深圳图书馆早已有之,其他图书馆亦有之。更为重要的是,在欧美公共图书馆"乞丐也能进图书馆"是司空见惯的常态,免费服务是深入人心的自然,根本不可能成为新闻,更不可能成为新闻热点。然而,"乞丐也能进图书馆"和"吴桂春留言"在中国却能够成为全国的新闻热点,唯其如是,这两个新闻事件也就具有十分重要的标志性意义,成为我国实现和保障民众公共图书馆平等权利的两个里程碑。杭州图书馆"乞丐也能进图书馆"新闻热点是人格平等之公共图书馆核心价值观在中国传播的里程碑。东莞图书馆"吴桂春留言"新闻热点是机会平等之公共图书馆核心价值观在中国广泛传播的里程碑。

"吴桂春留言"最令人感动的言语是"余生永不忘你东莞图书馆"。读者吴桂春读者之所以留下"余生永不忘你东莞图书馆"的言语,是因为"我们打工的,尤其是外来工的话,能够在那个有空调的地方免费看书,又是休息,又是一种好好的享受。收获最大的应该也是吸收了书里面的知识"。毫无疑问,"能够在那个有空调的地方免费看书"是吴桂春"余生永不忘你东莞图书馆"的根本原因,也是"吴桂春留言"感动全社会的根本原因。因此,"吴桂春留言"新闻热点在本质上是机会平等之公共图书馆核心价值观在中国的一次广泛传播,具有里程碑的意义。

4 热点中的冷静:平等价值观传播与平等权利实现的现实思考

东莞图书馆"吴桂春留言"新闻热点的出现犹如兴奋剂鼓舞人心,为我国公共图书馆和公共图书馆平等权利的发展注入了新的正能量。在图书馆界备受鼓舞和倍感骄傲的同时,我们尚需冷静地思考,继续广泛深入地传播平等的公共图书馆核心价值观,更加全面地实现和保障民众的公共图书馆平等权利,从而持续地推进我国公共图书馆的健康发展。

4.1 公共图书馆是城市的温度计

过去,我们常说图书馆是城市的文化标志,今天,我们可以说公共图书馆是城市的温度计。在这两次新闻热点中,各种媒体均不约而同地发出了一个声音:"图书馆真的可以让一座城市更有温度。"公共图书馆能够增加城市的温度,使城市更加温暖。这温度,这温暖,毫无疑问来自平等的核心价值观的践行和民众的公共图书馆平等权利的实现。城市是人民的城市,人民城市为人民。一个城市,只有以人民为中心,才会有温度,才会温暖民心。以公共图书馆为主的公共文化服务是城市为人民服务的重要体现,因此能够成为测量城市冷暖的温度计,一个城市的冷暖看看公共图书馆的发展程度便一目了然。如今,公共图书馆服务已经成为城市的供暖器,这是时代的进步和图书馆发展的必然。

4.2 公共图书馆应该成为民众生活的一部分

阅读是一种生活方式。只有公共图书馆成为民众生活的一部分,阅读才能成为广大民众的一种生活方式。吴桂春在留言说:"我来东莞十七年,其中来图书馆看书有十二年……想起这些年的生活,最好的地方就是图书馆了……余生永不忘你东莞图书馆。"这段留言生动地说明东莞图书馆早已成为吴桂春在东莞生活的一部分,一个难以割舍的部分。换言之,工作之余去东莞图书馆阅读、休息已经成为吴桂春的生活方式。这是一个文明城市应有的市民高雅生活方式,每个城市都应该为此而不懈努力。此外,从《新闻 1 + 1》的连线采访可知,东莞市人力资源和社会保障局职业介绍服务中心在重新为吴桂春推荐工作岗位时要找到一个距离公共图书馆较近的工作岗位亦非易事。由此可见,即使是在公共图书馆服务体系建设领先于全国的东莞,其公共图书馆的覆盖面仍然存在较大的空间阙如,构建覆盖全社会的公共图书馆服务体系在中国仍然任重而道远。

4.3 人格平等社会价值观的实现还有很长的路要走

人格平等之要在于对每个人的身份、身体、性别、年龄、种族、语言、地位、信仰等各个方面的尊重和毫不歧视。

"乞丐"一词本身就是一个歧视性词语,欧美一般使用中性词语"无家可归者"(Homeless),中国亦有使用中性词语"拾荒者"的情形,但是迄今为止,新闻媒体在报道杭州图书馆时并未避讳"乞丐"二字。

在东莞图书馆的"吴桂春留言"及其新闻报道中,"农民工""外来工"既是吴桂春的自我身份认同,也是各种媒体的普遍用语。事实上,"农民工""外来工"这类用语既是中国社会发展的特有现象,也是一种因户籍而产生的身份歧视。近十年来学界一直在努力创造一个中性词语,例如新型产业工人、一线工人等,以规避这种因为户籍而产生的身份歧视,国家也在为因户籍而产生的各种不平等做艰辛的政策改革。这是可喜的进步,但是问题并未从根本上解决。吴桂春自37岁从湖北农村来到东莞,当工人长达17年之久,今年54岁已近退休年龄,早已不是农民,而是地地道道的工人;也不再是外来人,而是地地道道的东莞人。但是,因为户籍的原因,社会和吴桂春自己都认定他仍然是一个"农民工""外来工"。这说明践行人格平等的社会主义核心价值观在中国还有很长的路要走。

4.4 图书馆社会认知度的提高还有很长的路要走

虽然图书馆具有重要的社会价值和社会作用,但是,因为我国图书馆事业的普及程度和发展程度不高,图书馆的社会价值和社会作用还没有得到充分体现,因而图书馆的社会认知度较低,需要提升的空间巨大。仅以中央电视台《新闻1+1》栏目主持人白岩松为例。白岩松是全国民众十分敬重的新闻主持人,在笔者的心目中,白岩松可能是中央电视台对图书馆认知水平最高且对图书馆充满了感情的主持人。2009年,白岩松亲自赴美采访制作的"岩松看美国"专题节目展现了十分高超的水准。在采访美国第一个公共图书馆——

波士顿公共图书馆的专题节目中,白岩松在开场白中深情地说道:"在来美国之前,当时我们就定下一个选题,说要去美国看看公共图书馆,当时身边的人就有异议,说除了图书,公共图书馆有什么看头呢?我现在是在美国波士顿的公共图书馆的门口,在大门的上面有一行字"FREE TO ALL",翻译过来可能是对所有人是免费的,我觉得在这里更应该翻译成是所有人在这里可以自由穿行,这个公共图书馆是在 1848 年,在免费对公众开放,以及政府拨款这样的前提下,成为全美国第一个对外开放的公共图书馆,我们就要走进去,去感受一下,或许会改变你对图书馆的所有印象。"①

白岩松开场白的一句"FREE TO All"就道出了公共图书馆的真谛,击中了亿万民众的心灵。在与波士顿公共图书馆馆长艾米·莱恩的采访中,白岩松的解说词几乎达到了专业水平:"据美国图书馆协会统计,美国每一万人就拥有一家公共图书馆,这个数字是中国人均拥有量的 46 倍,而约 62%的美国公民拥有自己的图书馆借书证,全美平均一年光顾公共图书馆的人次达 10 亿多。"

"让我很感动的是,图书馆不仅给人们提供知识,在这样一个相对寒冷的时代下,还会给人温暖和慰藉,这是不是也是图书馆的一种功能?"

"说到这儿,我想起前几天看到《华尔街日报》的一个评论,当人们以为互联网时代到来,图书馆已经开始衰落的时候,在过去一年的美国,图书馆的读者流量增加了 65%,为什么呢?其实这跟整个金融危机这样一个大背景是很有关系的,有很多人到这儿来寻找温暖,甚至打一个盹,还有人到这儿利用免费的互联网来找工作,来帮助自己。当然也有很多人可能是因为失业了,但是告诉家人说我还要去上班,没地方去,就到这儿来待一会儿,这就是公共图书馆在特殊年代下开始具有了另外的意义。其实就像上一次 1929 年到 30 年代的金融危机一样,也曾经有过这样一个读者对图书馆的管理人员说了这样一句话,在那样一个糟糕的时刻,如果没有图书馆的话,我可能已经疯了。"

---

① 岩松看美国:体验美国公共图书馆[EB/OL].[2020 - 07 - 24]. http://blog. sina. com. cn/s/blog_4c73c3b00100d4a3. html.

然而,在《新闻1+1》的"吴桂春留言"专题节目中,白岩松在结尾处询问东莞图书馆李东来馆长:"平等对待,是否可以上升到善待?"并说"希望今后所有图书馆也善待所有进图书馆的朋友们"。这句话也许是白岩松认为最能够提高节目站位的结束语,可是事实上,这句话不仅没有提高节目的站位,而且降低了笔者对白岩松关于公共图书馆认知程度的看法,因为平等对待就是最大的善待,一切超越平等的善待都是特权,都是对他人的不公平和歧视。白岩松这样学识渊博和充满公平正义的主持人尚且不能正确地认识到这一点,况且全社会?

此外,"希望今后所有图书馆也善待所有进图书馆的朋友们"这句话看似是褒奖东莞图书馆,实则含有批评其他公共图书馆之意。

最后,我们需要清醒认识到的是,吴桂春的留言"余生永不忘你"虽然可以击中图书馆员的心灵,可以感动无数图书馆员,但如果不是新冠疫情导致返城复工艰难,吴桂春的留言也不可能瞬间成为新闻热点。唯其如是,在更大程度上,《新闻1+1》不过是以东莞图书馆读者吴桂春留言为载体述说农村民众返城复工的动人故事而已,这正是《新闻1+1》的标题字幕"一边打工,一边读书,然后呢?"的悬念之所在。

大众服务

面向大众的图书馆关怀

——中国图书馆学会 2006 年年会第一分会场主题阐释[*]

受中国图书馆学会学术研究委员会图书馆学理论专业委员会和图书馆史研究专业委员会的委托,笔者谨就中国图书馆学会 2006 年年会第一分会场的主题"面向大众的图书馆关怀",向全体与会代表做一个简明扼要的阐述说明。

近年来,我国相继提出了树立科学发展观、构建和谐社会、建设学习型社会,以及构建公共文化服务体系、进一步促进文化体制改革和建设社会主义新农村、进一步加强农村文化建设等一系列的方针、政策、决议和规划。与此同时,我国图书馆界掀起了一股图书馆精神尤其是公共图书馆精神研究和实践的热潮,从图书馆学界到图书馆界,从青年一代的图书馆同人到老一辈的图书馆专家,这股热潮正逐渐蔓延和渗透到中国图书馆界的各个层面。此外,我国图书馆事业的发展正面临着诸多方面的挑战,而我们必须对这些挑战做出及时、准确而有力的回应。

在这样的时代背景和学术背景下,图书馆学理论专业委员会和图书馆史研究专业委员会提出了"面向大众的图书馆关怀"这个分会场主题,这正是对我国图书馆事业面临的挑战和严峻考验的一种积极回应。由于时间关系,笔者仅从以下三个方面来简要地予以说明。

* 本文是程焕文于 2006 年 7 月 24 日下午在云南昆明召开的中国图书馆学会 2006 年年会全体大会上所做的关于第一分会场"面向大众的图书馆关怀"的主题阐释报告,由王蕾根据录音整理,并经程焕文审阅修订。见:程焕文. 面向大众的图书馆关怀——中国图书馆学会 2006 年年会第一分会场主题阐释[J]. 图书馆建设,2006(5):4 – 5,13.

1 信息技术的挑战与回应

20 世纪 80 年代以来,信息技术的飞速发展带来了社会的深刻变革,图书馆正在向着数字化、网络化的方向迅速发展。信息技术的挑战是全面而持久的,图书馆界同人也大多耳熟能详,然而笔者所说的挑战不是普遍意义上的信息技术挑战,而是近年来因为信息技术的发展而带来的、中国图书馆界特有的挑战。

1.1 挑战——决策者对数字图书馆的错误认识

20 世纪 90 年代中期以来,我国数字图书馆、网络图书馆的建设如火如荼,图书馆界、学术界、各种媒体一直在密集地宣扬数字图书馆和网络图书馆,肆意炒作各种层出不穷的概念,无限夸大数字图书馆的作用,将预言当作真理,把远景当作现实,以至于许多人都陶醉于无所不在、无所不能的数字图书馆中。这种声音直接影响到了政府的一些重要决策者,使他们逐渐对图书馆的发展产生了一种难以改变的错觉,那就是政府不需要再设立图书馆了,不需要再建设图书馆馆舍了,图书馆也不需要再购买纸质书刊了,如果要建图书馆,那么就建数字图书馆,因为只要有了数字图书馆,一切问题都迎刃而解。这种对决策者造成的影响和错觉对今天的图书馆事业发展来讲是一个极为严峻的挑战!因为它脱离了中国图书馆事业发展的实际,违反了图书馆事业发展的规律,并且已经十分明显地阻碍了中国图书馆事业的发展。

1.2 挑战——图书馆对数字图书馆的错误认识

虽然数字图书馆是图书馆不可抗拒的发展方向,且笔者也一直在积极地参与数字图书馆的建设,但是,我们必须清楚地看到我国图书馆界在数字图书馆的建设中存在着两个方面的错误认识:一是许多人认为数字图书馆是灵丹妙药,可以解决一切问题和困境,甚至提出"技术救图论"的说法;二是片面地强调图书馆的数字化,竭尽所能地将一切纸质资源进行原始的数字化——扫描,而罔顾图书馆的法律责任和社会责任,因而引发了不少与数字图书馆建设有关的知识产权诉讼案件,并由此导致了大量非法数字化资源不得不束之高阁的局面。

图书馆作为一个社会机构,必须是一个负责任的社会机构,因此,我们必须做到守法与负责任。2006 年 5 月 10 日,国务院第 135 次常务会议通过了《网络信息传播权保护条例》,并自 2006 年 7 月 1 日起施行。这无疑给图书馆的盲目数字化泼了一瓢冷水,现在应该是这类数字图书馆狂热者清醒的时候了。

1.3 回应——永恒不变的人文关怀

数字图书馆本来是一件非常好的事物,可是在中国却偏偏造成了今天如此尴尬的局面,其原因固然是多方面的,但关键的是,过去我们过于崇拜信息技术,一味地被信息技术牵着鼻子走,从而忽视了图书馆的人文发展问题。我们没有认识到,技术也是人文的一种表达形式,它最终是为社会、为大众服务的。只有将技术与人文有机地结合起来,我们的事业才能获得更好的发展。因此,"面向大众的图书馆关怀"是图书馆学界对人文的一种关注。

信息技术日新月异,但总会相对成熟、趋于稳定。当我们看到技术在日新月异的同时,也必须看到其发展的相对稳定性。正如数字图书馆技术在经历了过去 10 年的飞速发展后,今天已经相对比较成熟和稳定了,也就是说,小变不断,大变暂无。我们必须在这个时候深入地思考如何将技术更好地人性化、人文化,引导其为社会做出更好的服务。

人文关怀永恒不变,但总会与时俱进、不断发展。人文关怀是一个永恒不变的主题,但在不同的时代、不同的时期又有着不同的内容和发展。图书馆人文精神的核心所在就是人类最基本的价值所在,即自由、平等、繁荣和发展。这也是笔者多年来始终在强调的人文精神核心。一旦我们将图书馆事业的发展放到这个范畴来思考,那么,我们也就把图书馆事业的发展提高到了一个更高的层面。

2 图书馆现状的挑战与回应

2.1 挑战——图书馆发展的失衡和滞后

中国图书馆事业的发展始终处于极不平衡的状态,东部与西部的图书馆事业发展不平衡,沿海与内地的图书馆事业发展不平衡,都市与社区的图书馆事业发展不平衡,城市与农村的图书馆事业发展不平衡。近年来,因为各种因素的影响,这种不平衡和差距不仅没有改观,而且还有不断加剧的趋势。目前,我国大约有 2700 所公共图书馆,然而却有约 700 所公共图书馆常年没有购书经费,比上次公共图书馆评估时的数目有显著的增加。可以说在某种程度上,我国图书馆事业的发展滞后于社会经济的发展。这种严峻的现状对我国图书馆事业未来的发展不能不说是一种严峻的挑战。

2.2 挑战——图书馆是最大的弱势群体

近年来,我国图书馆界普遍关注为弱势群体服务,并且做了大量卓有成效的工作,但实质上,图书馆作为社会文化机构链条中重要的一环,却是社会制度中最缺乏保障的环节之一,也是社会机构,尤其是公益性事业中最大的弱势群体。图书馆倡导关心弱势群体,为弱势群体服务,然而有多少决策者意识到了图书馆也是社会机构中的最大弱势群体!谁应该关心和扶持图书馆这个弱势群体的自身发展?谁应该而且必须为图书馆这个弱势群体买单?这无疑是我们面临的一个严峻挑战。

2.3 回应——图书馆是政府的责任

联合国教科文组织颁布的《公共图书馆宣言》中有一句非常重要却被许多人忽视的话,那就是"公共图书馆是国家和地方当局的责任"。也就是说,图书馆是政府的责任。

图书馆是政府的责任,这是世界公共图书馆发展的基本原则,一条不可动摇的原则。如今,我国公共图书馆沦为社会发展中的弱势群体,出现了失衡和滞后的状况,这不完全是图书馆界和图书馆人自己的责任,也不完全是图书馆馆长的责任,而应该是政府的责任。然而,长期以来,图书馆界一直在盲目地承担这种不属于自己的责任,以为靠"以文补文""以文养文"这种有偿服务就可以"自救",就可以发展图书馆事业。这是图书馆决策者,尤其是一些地方政府决策者对发展图书馆事业的误导,并由此形成我国一些地区的公共图书馆事业发展出现积贫积弱的恶性循环局面。《公共图书馆宣言》早已宣明:"必须制定专门的法规支持公共图书馆,国家和地方政府必须为公共图书馆筹措经费。"

面临这种挑战,图书馆应该如何去获得发展,应该向什么样的方向发展?笔者认为深圳图书馆、杭州图书馆的发展已经为我们做了有力的回答。多年来,我们所积极倡导的中国公共图书馆发展方向和基本模式,在这些图书馆中得到了充分的实践,他们做了,而且做得非常好!我们现在应该做和能做的就是沿着深圳图书馆和杭州图书馆的发展道路继续前行,像吴晞馆长、像褚树青馆长那样,努力地去说服政府官员,努力地去把公共图书馆理念灌输给各级政府官员,让各级政府真正地重视图书馆的发展。唯有如此,我们的事业才能真正地办好,才能真正地像深圳图书馆那样以开放、平等、免费为服务宗旨,像杭州图书馆那样以平等、免费、无障碍为理念。只有当政府认识到图书馆建设是全体公民的文化权利的重要体现,是整个和谐社会建设的一部分,并愿意对图书馆进行投入,甚至花大力气投入的时候,才是图书馆事业真正开始兴旺发达的时候。

3 社会发展的挑战与回应

3.1 挑战——公民权利的贫困

迈入 21 世纪后,我国政府相继提出了树立科学发展观、构建和谐社会等重大方针和举措,强调以人为本,促进经济社会和个人的全面、协调与可持续发展,并把注重社会公平作为和谐社会构建的重要特征。

有位政府官员曾经说过这样一句话:中国最大的贫困是公民权利的贫困。笔者很欣赏这句话,并由此获得了很大的启示:公共权力与公民权利的和谐是和谐社会的根本,公民的基本权利没有保障就不可能真正地构建和谐社会。构建和谐社会是我们当前的重要使命,我们必须认真地思考:图书馆在构建和谐社会中究竟起到了什么样的作用? 究竟应该起到什么样的作用? 这既是一个理论的挑战,更是一个实践的挑战。

3.2 挑战——图书馆权利的贫困

事实上,我国图书馆事业最大的贫困,既不是经费的贫困,也不是信息资源的贫困,而是公民图书馆权利的贫困。同样,我国图书馆界的最大腐败也就是图书馆权利的腐败。

纵观图书馆的发展历史,我们可以清楚地看到:图书馆,尤其是公共图书馆,是民众的精神福祉,是公民权利,尤其是公民的文化权利、信息权利、阅读权利的一种具体体现。因此,图书馆是一种不可或缺的社会公平制度安排,是社会和谐的重要内容和保障。但是,我国图书馆界尚有不少人认识不到我国公民图书馆权利的贫困,甚至反其道而行之,在实践上存在着对公民社会地位和年龄等方面的歧视,在理论上则质疑甚至批判公共图书馆精神,竭力为有偿服务辩护。这无疑是我们面临的又一重大挑战。

3.3 回应——自由、平等、开放、免费

面对这些挑战,我们提出"面向大众的图书馆关怀"这一主题,其实质就是要全面提倡自由、平等、开放、免费的图书馆精神和服务,这是迄今为止我们所做出的最准确而有力的回应。只有坚持自由、平等、开放、免费,才能真正地保障公民的图书馆权利,才能真正地发挥图书馆在构建和谐社会中的重大作用。唯其如是,才是我国图书馆事业发展的正确道路。

4　结语

面向大众的图书馆关怀是我们对我国图书馆事业当前所面临的挑战而做出的及时回应。在这次年会上,我们将从两个方面来探讨"面向大众的图书馆关怀":一是从历史的角度进行探讨,如 20 世纪上半叶中国的平民教育运动是如何兴起的? 新图书馆运动又是如何产生和发展的? 我们的公共图书馆事业和现代图书馆事业是如何走过来的? 希望通过研究这些问题,以史为鉴,重建图书馆的人文精神,推动今天图书馆事业的发展。二是从现实的角度进行研究,如体现人文关怀的图书馆服务模式,新农村的图书馆建设,贫困地区的图书馆建设等,重点是探讨公共图书馆的基本精神。

最后,笔者要特别说明的是,近年来,图书馆学界有关图书馆精神,尤其是有关公共图书馆精神的讨论和争鸣异常激烈,在表面上看,这种争鸣好像是两代人在相互攻讦,但是,在实质上,这并不是两代人之间的矛盾和冲突,而是两种思想观念——"新学"与"旧学"、进步与落后的激烈碰撞。结果是什么? 结果是自由、平等、开放、免费的公共图书馆精神和理念开始在中国图书馆界广泛传播,开始在中国社会各个层面广泛传播并为社会大众所接受,又反过来推动图书馆事业的发展。我们可以看到,在这种思想、这种理念逐渐深入人心的今天,我们的公共图书馆事业,或者真正符合公共图书馆精神的公共图书馆正在全国各个地方迅速崛起,而且这种崛起已成为势不可挡的潮流! 每一个图书馆人、每一个研究者都为之欢欣鼓舞。我们期待中国图书馆事业,尤其是公共图书馆事业兴旺发达,也期待着图书馆事业在和谐社会的构建中发挥更重要的作用。

以民为本

——21 世纪中国图书馆事业发展的路向 *

今天,大家常常讲以人为本、人性化服务,但是我认为:只有当我们真正地把"以人为本"落实到"以民为本"的时候,才是我们图书馆事业真正全面发展的时候。

以人为本和以民为本具有明显的差别。在某种程度上,以人为本更具有与"以技术为本"相对的意味,或者说,以人为本强调的是作为整体的"人"。因此以人为本所说的"人"相对而言比较模糊,比较宽泛,并不具体。以民为本强调的是重民(民为邦本)、爱民(爱民如子)、富民(下富才能上富,民富则国强)、从民(顺从民意)、同民(与民同甘共苦)、信民(取信于民)等等,更多地体现了执政者或者资源管理者这类"人"对其服务对象"民众"这类"人"的关怀。因此,在某种程度上,"以民为本"实质上是"以人为本"的落实和具体化。

如今,我们正处在构建和谐社会的重要时期,和谐社会强调的是社会公平、制度公平,强调的是保障民众的基本权利,所以其基本点也就是以民为本。我们将中国图书馆学会 2006 年年会第一分会场的主题定为"面向大众的图书馆关怀",就是对如何构建和谐社会的一种回答。图书馆关怀必须面向大众,面向老百姓,只有这样才能实现图书馆的社会公平,才能实现图书馆的社会和

---

* 本文是《图书馆建设》编辑部王妍根据程焕文于 2006 年 7 月 25 日在中国图书馆学会 2006 年年会(云南昆明)第一分会场"面向大众的图书馆关怀"(图书馆学理论专业委员会、图书馆史研究专业委员会主办)所做的主旨报告《以民为本——21 世纪中国图书馆事业发展的路向》录音整理,经作者审阅修订。见:程焕文. 以民为本——21 世纪中国图书馆事业发展的路向[J]. 图书馆建设,2006(5):12 – 13.

谐。我国的图书馆事业应该而且必须向着以民为本的方向发展,事实上,目前也正在向着这个路向发展。因此,我利用这个机会,从以民为本的角度,略谈几点有关我国图书馆事业发展路向的粗浅看法。

1 图书馆管理的发展路向

1.1 从无为而治走向道德法治

无为而治并不是一件坏事,有时还是一种非常高的管理境界,但是,我在这里所说的无为而治是带引号的"无为而治",也就是在图书馆事业的宏观管理上不作为的意思。在过去很长的时间里,我们的图书馆事业既没有立法保障,也没有职业道德规范,一直处于"整体非理性"的状态。最近几年,这种"无为而治"的状况有所改变,图书馆事业开始走向道德法治,中国图书馆学会颁布了《中国图书馆员的职业道德准则(试行)》,图书馆从业人员知道了本职业的最基本操守是什么。在地方立法的基础上,国家图书馆法的立法工作也在启动,这是一个正确的发展路向。以民为本,需要有制度上的保障,虽然我们目前还没有做到,但大家也已经看到,我们的国家、我们的社会正在向着这个方向发展。

1.2 从民众办馆走向政府办馆

"民众办馆"可能也不够准确,我想要表达的真实意思是,尽管图书馆都是政府办的,但实际上在很多地方,政府并没有承担起应该承担的责任,所以图书馆事业的发展才这么不平衡,才有这么多的问题。过去,更多的是图书馆人在想尽办法办馆。20世纪80年代的时候有很多的图书馆都是海外华侨、港澳同胞捐资兴建的,其中以广东最为典型。没有这些海外华侨、港澳同胞的资助,广东的图书馆事业建设就不会有今天的局面。与此同时,许多的地方政府并没有把建设图书馆放在应有的位置上,而是鼓励图书馆"以文补文""以文养文",也就是叫民众自己去办馆,这是一种非常不负责任的做法。我过去一直在批评这种做法,图书馆界的不少人很不认同,认为我是在与图书馆过不去,这真是莫名其妙。如今,全国倡导构建和谐社会,一些地方政府的决策者开始认识到图书馆在保障民众文化权利方面的重要作用,开始认识到图书馆建设是政府的责任,于是纷纷开始重视图书馆的建设,以前所未有的高投入建立了一批新的公共图书馆。图书馆是政府的责任,只有各级政府承担起这个责任,图书馆事业才能真正健康而理性地发展。

2 图书馆建设的发展路向

2.1 从市区走向社区

近十年来,在一些经济相对比较发达的地区,尤其是在沿海的发达城市,社区图书馆的建设如火如荼,方兴未艾。例如深圳、佛山、杭州、苏州、北京、上海、广州等地,在建设市区的中心图书馆和区县图书馆的同时,正在努力构建四级图书馆体系,社区图书馆一直做到了街道,做到了"里弄",做到了居委会,这些发展与我们过去的图书馆发展方向有着明显的不同。现在,一些城市在建设图书馆的时候都不约而同地提出了一个基本的口号"打造一公里文化圈",或者"打造十五分钟文化圈",让所有的居民、所有的市民在步行十五分钟的范围内就可以到达一个文化休闲的处所,其中也就包括图书室或者图书馆。这个发展路向让图书馆深入到了民众的生活之中,唤醒了图书馆的生命力和活力,这是我国图书馆事业发展的必然之路。

2.2 从都市走向乡村

虽然乡镇图书馆、乡村图书馆的发展相对来说还不能令人满意,甚至非常落后,但是,我们也欣喜地看到,有一些地方的乡村图书馆建设已经做得非常好。比如广东佛山的南海区就基本上实现了村村有图书室,这个发展是非常令人惊喜的。图书馆建设,从都市里、从城市中,一直深入到乡村农庄,渗透到社会的最底层,甚至渗透到社会的每一个角落,这是我们图书馆事业建设的一个重要发展方向和长期任务。只有这样,占中国人口大多数的农村民众才有可能享有基本的文化权利、图书馆权利、阅读权利。

3 图书馆用户的发展路向

3.1 从"贵族"走向平民

我所说的"贵族"打着引号,并不是说我们所为之服务的那些人真的就是"贵族",只是相对于平民而言的一种形象说法而已。很久以前,我们也强调过图书馆要"为人民服务",但是,那个时候的"人民"在很大程度上是相对"敌人"而言的。当然,过去我们也没有否定为平民百姓服务,但是实际上,我们过去更多的是强调为"贵族"服务。比如我们引以为骄傲的决策咨询服务,就不是为平民服务的。当然,我不是反对这么做,应该做,但是不可偏废另外一个方向——平民百姓,我们不能忽视了平民百姓,因为相对于"贵族"来说,平民百姓更需要图书馆的关怀。

3.2 从"精英"走向大众

同样,我所说的"精英"也是打着引号的,主要是指知识阶层。当然我们的图书馆毫无疑问地应该为这批人服务,比如定期服务、跟踪服务、专题服务等都是应该和必须做的。但是,我们还要注意到我们还有一个更加庞大的用户群体——普罗大众,我们不能为了满足少部分"贵族""精英"阶层的需要而忽视了广大的平民,忽视了普罗大众的需求。

和谐社会的构建需要图书馆关怀,那么图书馆究竟应该关怀谁呢?"贵族"需要我们去关怀吗?"精英"需要我们去关怀吗?可能需要,但是,这种图书馆关怀对他们来说并不重要,甚至无所谓。真正需要图书馆关怀的是平民百姓、普罗大众。所以,从图书馆用户群体的角度来看,从"贵族"走向平民和从"精英"走向大众,将是未来图书馆发展的一个走向。

4 图书馆服务的发展路向

4.1 从有偿服务走向开放免费

自 20 世纪 80 年代以来,有偿服务在我国图书馆界盛极一时且根深蒂固,垂而不死。最近五六年,甚至更长一段时间,围绕着有偿服务这个问题,图书馆界的争论非常激烈,几乎水火不相容。我在这里不想再讲。我只想强调:有偿服务是死路一条,开放免费是图书馆发展的必由之路和康庄大道;只有实现了开放免费,我们才能真正地实现民众的图书馆权利平等,才能真正地体现以民为本。

在这里,我还要特别地强调:图书馆决不能向下要钱向上服务,只能向上要钱向下服务!这才是图书馆的唯一出路。

4.2 从学习研究走向休闲娱乐

我们一直比较强调图书馆为教学、科研和学习服务,毫无疑问,这是正确的。但是,我们必须看到图书馆服务正在向着新的多元化的方向不断拓展。过去,我们把图书馆当作"没有围墙的大学",强调民众到图书馆是为了终身学习。现在,图书馆还必须成为民众休闲和娱乐的场所。这很重要,其意思是说,民众到图书馆来,不一定是为了学习研究,可能并没有目的,只是一种非常随意的行为。闲暇的时候,民众觉得图书馆的环境高尚雅致,像逛街一样随便到图书馆逛逛,随意翻翻书籍报纸,不是为了学习,纯粹是为了休闲;或者带上家人,或者约几个朋友,到图书馆去喝杯咖啡,聊聊天,或者去听听音乐,或者去看一部录像或电影,或者去上上网,玩玩游戏,权作打发时光。我想:图书馆的这种大众化应该成为一个发展路向,这样一来,图书馆也就真正地与民众的日常生活融为一体了。

图书馆"以民为本"的内容非常多,因为时间关系,我在这里只是从四个方面简单地列举了八点内容,显然是挂一漏万,仅供大家思考。

普遍均等　惠及全民

——关于公共服务普遍均等原则的阐释[*]

迄今为止,在中国公共图书馆的发展历史上,最具有历史性、时代性和先进性,最能够体现和代表公共图书馆本质、使命和正确发展方向的国家政策理念,是中国政府在《国家"十一五"时期文化发展规划纲要》中所确立的"公共服务普遍均等原则"和中共中央在《中共中央关于构建社会主义和谐社会若干重大问题的决定》及相关会议中提出的"基本公共服务均等化"与"惠及全民原则"。这是中国公共图书馆发展前所未有的最重大的划时代里程碑,它宣告了中国公共图书馆发展整体非理性时代的终结,标志着中国公共图书馆发展和谐理性时代的开始。因此,全面、准确、充分地理解、把握和坚持"公共服务普遍均等原则""基本公共服务均等化"和"惠及全民原则",不仅是我国图书馆界同人当前的迫切任务,而且也是我国公共图书馆事业未来的长期使命。

1　公共服务普遍均等原则:和谐社会的思想飞跃

2006 年 9 月 13 日,中国政府正式发布了《国家"十一五"时期文化发展规划纲要》(以下简称《纲要》)。《纲要》第三部分"公共文化服务"第一条"完善公共文化服务网络"指出:"积极推进政府职能转变,实行政企分开、政事分开、政资分开和管办分离,切实把政府的职能由主要办文化转到社会管理和公共

　　[*]　程焕文.普遍均等　惠及全民——关于公共服务普遍均等原则的阐释[J].图书与情报,2007(5):4 – 7.

服务上来。要从现阶段经济社会发展水平出发,以实现和保障公民基本文化权益、满足广大人民群众基本文化需求为目标,坚持公共服务普遍均等原则,兼顾城乡之间、地区之间的协调发展,统筹规划,合理安排,形成实用、便捷、高效的公共文化服务网络。"①

这段纲要性的文字在表面上看来似乎平淡无奇,但是,在实质上却蕴涵着公共服务型政府、公民基本文化权益、公共服务普遍均等原则三个方面的重要思想。它们互为表里,彼此之间相互作用、相互依存,共同构成了和谐社会文化服务网络建设与发展的新思想、新理念、新方向。

1.1 公共服务型政府

所谓"公共服务",简单地说,是指主要由公共部门提供的满足全社会共同需要的公共产品和服务。根据内容和形式,公共服务可分为基础性公共服务、经济性公共服务、社会性公共服务、公共安全服务四类,图书馆事业属于社会性公共服务的范畴。

公共服务是政府的主要职能之一。近年来,在政府职能转变的改革中,政府转型的一个重大改革方向即是从经济建设型政府向公共服务型政府的转变。《纲要》提出"切实把政府的职能由主要办文化转到社会管理和公共服务上来",既表明公共服务是与社会管理同等重要的政府职能,又表明政府职能将从主要办文化向公共文化服务转变。也就是说,未来的政府将是公共服务型政府,即提供私人和社会团体无力或不愿提供的,却又与其公共利益相关的非排他性服务的政府。

2006 年 10 月 11 日,中国共产党第十六届中央委员会第六次全体会议通过的《中共中央关于构建社会主义和谐社会若干重大问题的决定》(以下简称《决定》)进一步指出:"建设服务型政府,强化社会管理和公共服务职能。为

---

① 国家"十一五"时期文化发展规划纲要[EB/OL].[2007 - 08 - 25]. http://news3. xinhuanet. com/politics/2006 - 09/13/content_5087533. htm /2007 - 8 - 25.

人民服务是各级政府的神圣职责和全体公务员的基本准则。"①这表明建设服务型政府已经成为政府转型的一个重要改革方向。这是近 30 年来中国政府改革发展历程的必然,只要我们去考察一下自立宪制度建立 300 多年来西方政府的发展历史,我们就不难认识和理解公共服务型政府及其重大现实意义。

1.2　公民基本文化权益

2005 年 11 月 7 日,中共中央办公厅、国务院办公厅发布的《关于进一步加强农村文化建设的意见》(以下简称《意见》)在"农村文化建设的指导思想和目标任务"中正式提出"实现和保障农民群众的基本文化权益"②。这种理念在《纲要》中得到了进一步的完善。《纲要》提出"十一五"时期我国文化发展要坚持的第二项方针原则是"坚持以人为本,保障和实现人民群众的基本文化权益,使广大人民群众共享文化发展成果",并在"公共文化服务"部分反复强调"实现和保障公民基本文化权益""切实维护低收入和特殊群体的基本文化权益"③。

虽然《意见》和《纲要》在提及"基本文化权益"时根据不同的语境使用了不同的限定词,且没有(也不可能)对"基本文化权益"做教科书式的概念界定,但是,《纲要》已经正式提出和确立了"公民基本文化权益"的全新理念,并且比较清晰地勾画了"公民基本文化权益"的所指内容和大致范围。

从《纲要》"完善公共文化服务网络"部分的内容来看,"公民基本文化权益"的所指内容和大致范围包括以下几个方面。

其一,公共文化基础设施与网络,包括:图书馆、博物馆、文化馆、美术馆、

---

①　中共中央关于构建社会主义和谐社会若干重大问题的决定(2006 年 10 月 11 日中国共产党第十六届中央委员会第六次全体会议通过)[EB/OL].[2007 - 08 - 25]. http://news3. xinhuanet. com/politics/2006 - 10/18/content_5218639. htm.

②　中共中央办公厅　国务院办公厅关于进一步加强农村文化建设的意见(中办发[2005]27 号)[EB/OL].[2007 - 08 - 25]. http://www. ccnt. gov. cn/zcfg/fgxwj/t20060329_25227. htm.

③　国家"十一五"时期文化发展规划纲要[EB/OL].[2007 - 08 - 25]. http://news3. xinhuanet. com/politics/2006 - 09/13/content_5087533. htm.

电台、电视台、广播电视发射转播台(站)、互联网公共信息服务点等。

其二,公共文化信息资源,包括:各种纸质出版物、音像出版物、电子出版物、网络出版物、(电子图书、舞台艺术、知识讲座和影视节目等)数字资源库等。

其三,公共文化服务,包括:全面覆盖的多层次公共文化服务网络、多方面多层次多样化的公共文化服务方式、优惠或者免费开放的公共文化设施服务制度等。

1.3 公共服务普遍均等原则

《纲要》在"完善公共文化服务网络"部分首次提出了"坚持公共服务普遍均等原则",这在我国是一个重大的思想解放与突破,使建设公共服务型政府和保障公民基本文化权益的实现成为可能。其后,"坚持公共服务普遍均等原则"的新思想在《决定》中得到了进一步的升华和深化。

1.3.1 公共服务普遍均等原则的升华

《决定》在"建设服务型政府,强化社会管理和公共服务职能"中提出:"以发展社会事业和解决民生问题为重点,优化公共资源配置,注重向农村、基层、欠发达地区倾斜,逐步形成惠及全民的基本公共服务体系。"①虽然,"普遍均等"与"惠及全民"在一定程度上只是相同概念的不同表述,但是,《决定》在提出"惠及全民"思想时,已经从《纲要》的"完善公共文化服务网络"层面上升到了"基本公共服务体系"层面,这显然是一种重大的跨越。

2007 年 6 月 16 日,中共中央总书记胡锦涛主持中共中央政治局会议,研究加强公共文化服务体系建设。会议认为:"加强公共文化服务体系建设的目标任务是,按照结构合理、发展平衡、网络健全、运行有效、惠及全民的原则,以政府为主导、以公益性文化单位为骨干,鼓励全社会积极参与,努力建设公共文化产品生产供给、设施网络、资金人才技术保障、组织支撑和运行评估为基

---

① 中共中央关于构建社会主义和谐社会若干重大问题的决定(2006 年 10 月 11 日中国共产党第十六届中央委员会第六次全体会议通过)[EB/OL]. [2007 - 08 - 25]. http:// news3. xinhuanet. com/politics/2006 - 10/18/content_5218639. htm.

本框架的覆盖全社会的公共文化服务体系,切实保障人民群众看电视、听广播、读书看报、进行公共文化鉴赏、参加大众文化活动等基本文化权益。"①虽然这次会议的相关文件尚未公布,但是,只要把这次会议的精神与《纲要》中"完善公共文化服务网络"部分的文字做一番比较,我们就不难看出其中的诸多重要变化,例如:"加强公共文化服务体系建设的目标任务""惠及全民的原则""以政府为主导、以公益性文化单位为骨干、鼓励全社会积极参与""覆盖全社会的公共文化服务体系"。由此可见,从"公共服务普遍均等原则"到"惠及全民原则",是公共文化服务体系建设思想的升华。

1.3.2　公共服务普遍均等原则的深化

《决定》在"加强制度建设,保障社会公平正义"部分提出"完善公共财政制度,逐步实现基本公共服务均等化"。显而易见,《决定》不仅首次提出了"基本公共服务均等化"的概念,而且把"完善公共财政制度"作为"逐步实现基本公共服务均等化"的前提,使建设"覆盖全社会的公共文化服务体系"落到了实处,这无疑是"公共服务普遍均等原则"和"惠及全民原则"的深化。

总之,从《纲要》提出"坚持公共服务普遍均等原则",到《决定》把"惠及全民"列入加强公共文化服务体系建设的目标任务,这不仅充分地说明了党和国家对公共文化服务体系建设迫切性的高度重视,而且反映了我国公共文化服务体系建设的新思维、新理念、新路向。

2　公共服务普遍均等原则:公共图书馆精神的理性复归

何谓"公共服务普遍均等原则"?《纲要》提出了"公共服务普遍均等原则",但是并没有做学理的阐述。因此,对于"公共服务普遍均等原则"的理解,似乎有两种方式:"普遍的均等服务原则"或者"普遍服务原则+均等服务原则"。从现有的国

---

① 中央政治局召开会议研究加强公共文化服务体系建设[EB/OL].[2007 - 08 - 25].http://news.sina.com.cn/c/2007 - 06 - 17/093812038130s.shtml.

家相关政策文件和国内外的实际情形来看，后一种理解方式应该比较合适。

普遍服务（Universal Service）是国际通行的概念。国际经济合作与发展组织对电信普遍服务的定义是：任何人在任何地方任何时候都能以承担得起的价格享受电信业务，而且运营商的服务质量和资费一视同仁。欧盟"普遍服务指令"对普遍服务的定义是："根据各国的条件，在不影响竞争的情况下，以所有最终用户承担得起的价格提供最低限度质量的服务"。世界各国有关普遍服务的定义基本上与上述定义大同小异。

1907 年，美国 AT&T 总裁西尔多·维勒首次提出普遍服务的概念，其后，美国政府开始实行电信普遍服务政策。一百年来，普遍服务已经发展成为国际电信和邮政发展的最高宗旨，其实质就是保障每个公民通信自由的基本权利。

普遍服务最初是在具有垄断性质的电信服务已满足人们生活的基本要求的情况下，为了解决收入水平差距较大和自然条件较差导致的部分人群无法享受到电信基本服务的难题，由政府对电信服务提供商提出要求，作为允许其保持垄断地位的一种条件，即要求其在保持垄断地位的同时应尽的一种义务。由此可见，普遍服务最初是由政府针对按照市场原则无法将一些基本服务资源配置到部分人群和部分地区的现实情况而采取的一项制度安排。

随着社会的发展，普遍服务的社会要求逐渐从电信、邮政等垄断领域扩展到基础教育、基本医疗等非垄断领域，成为民众对国家的诉求和政府必须履行的义务。于是，普遍服务逐渐成为一项服务社会全体成员的综合保障制度，并由此形成了包括人文社会普遍服务、基础产业普遍服务、信息知识普遍服务三个层次内容的社会普遍服务体系。

《纲要》提出"切实把政府的职能由主要办文化转到社会管理和公共服务上来"，体现了政府逐步构建社会普遍服务体系的发展趋向。

从构建公共文化普遍服务体系上看，我国提出"普遍服务原则"起于 2005 年 11 月 7 日发布的《意见》。《意见》在第 17 条"加强对拓宽农村文化市场的政策调控"中提出："按照普遍服务原则，运用市场准入、资格认定、价格调节、财税优惠等政策，引导各类市场主体在出版物发行、电影放映、文艺表演、网络服务等领域,积极开发农村文化市场。"①

《纲要》提出的"十一五"时期文化发展的第一个重点就是:"抓好基层文化建设,加大力度改善农村及中西部地区公共文化基础设施条件,完善公共文化服务体系,保障农民和城市低收入群体的基本文化权益。力争到'十一五'期末,城市的文化设施、服务网络和文化产品基本满足居民就近便捷享受文化服务的需求,在农村基本解决农民群众看书难、看戏难、看电影难、收听收看广播电视难的问题。"②由此可见,《纲要》把公共文化普遍服务摆在了一个十分重要的位置,不仅如此,《纲要》自始至终都贯穿着公共文化普遍服务的新思想。这种新思想已经涵盖了社会普遍服务特点的各个方面。

2.1　强制性

社会普遍服务需要政府提供立法保障,以规范化的方式强制实行。这当然也是公共文化普遍服务的基本保障。《纲要》在"保障措施和重要政策"部分提出:"立足我国国情,借鉴国外有益经验,加快文化立法步伐,抓紧研究制定……图书馆法……"并在第46条"完善文化发展的经济政策"中特别强调"加大政府对文化事业投入力度,扩大公共财政覆盖范围,中央和地方财政对文化的投入增幅不低于同级财政经常性收入的增长幅度。加强基层文化设施建设,保证一定数量的中央财政转移支付资金和新增文化经费主要用于农村文化建设……建立政府对公共文化事业投入的绩效考评机制……制定相应税收政策,吸引和鼓励社会力量兴办公益性文化事业"③。

2.2　非歧视性

社会普遍服务必须公平正义和机会均等,不论民众的社会地位、经济状

---

① 中共中央办公厅国务院办公厅关于进一步加强农村文化建设的意见[EB/OL].[2007－08－25]. http://www.ccnt.gov.cn/zcfg/fgxwj/t20060329_25227.htm.

②③ 国家"十一五"时期文化发展规划纲要[EB/OL]. [2007－08－25]. http://news3.xinhuanet.com/politics/2006－09/13/content_5087533.htm.

况、所处地理位置、种族、性别、年龄等如何,所有的民众在价格、质量和服务等方面都应得到平等的服务。《纲要》在文化设施、服务网络和文化产品等不同层面反复强调了公共文化普遍服务的非歧视性。例如,在"完善公共文化服务网络"部分提出:"在巩固县县有图书馆、文化馆的基础上,基本实现乡镇有综合文化站,行政村有文化活动室""在中西部及其他老少边穷等地广人稀的地区配备流动文化服务车,建设流动服务网络""文化信息资源共享工程——以农村为重点,建设电子图书、舞台艺术、知识讲座和影视节目等数字资源库,基本完成全国市、县和乡镇分中心建设,推进文化资源数字化,促进文化信息资源共享""实行定点服务与流动服务相结合,鼓励具备条件的城市图书馆采用通借通还等现代服务方式,推动公共文化服务向社区和农村延伸。"①

2.3 可获得性

社会普遍服务必须保障全国范围内的所有民众无论何时何地都能够以支付得起的价格获得普遍服务。虽然社会普遍服务只保证所有地区符合条件的所有人都能按同一条件、同一成本享受到某项服务,并不是使所有人都能无偿享受服务,但是,政府可以通过相应的援助制度或政策措施使特殊的困难群体同样可获得普遍服务。《纲要》在强调一般群体的公共文化普遍服务可获得性的同时,也反复强调了特殊群体公共文化普遍服务的可获得性。例如:"采用政府购买、补贴等方式,向基层、低收入和特殊群体提供免费文化服务""切实维护低收入和特殊群体的基本文化权益。采取政府采购、补贴等措施,开辟服务渠道,丰富服务内容,保障和实现城市低收入居民、残疾人、老年人和农民工等群体的基本文化生活需求。"②

作为公共文化服务体系中政府必须承担责任的公益性文化事业的一部分,公共图书馆服务毫无疑问应该坚持普遍均等服务原则。如果我们把上述

①② 国家"十一五"时期文化发展规划纲要[EB/OL].[2007-08-25].http://news3.xinhuanet.com/politics/2006-09/13/content_5087533.htm.

规定与联合国教科文组织颁布的《公共图书馆宣言》做一番比照,我们就会发现,《纲要》的公共服务普遍均等原则思想与《公共图书馆宣言》中的公共图书馆理念大致吻合。所以,"公共服务普遍均等原则"的确立是公共图书馆精神在国家制度上的理性复归。

3　基本公共服务均等化:责任政府的神圣使命

在公民社会,政府本身就是公民推举的管理公共事务的一个组织,公共性是它的核心。因此,坚持公共服务普遍均等原则,逐步形成惠及全民的基本公共服务体系是政府天经地义的责任和神圣使命。

如前所述,社会普遍服务的第一个特点是强制性,即需要政府提供立法保障,强制并规范实行。虽然《纲要》"保障措施和重要政策"部分的相关内容已经显示了公共文化普遍服务的强制性特点,但是,由于受《纲要》自身性质的限制,《纲要》在此方面的认识高度和深度均明显不足。正因为如此,《决定》具有特别重要的意义和价值,因为《决定》不仅把公共文化普遍服务的强制性升华到了建设和谐社会的高度,而且把公共文化普遍服务的强制性深化成了更加具体的政策与制度。

3.1　基本公共服务均等化

《决定》指出:"社会公平正义是社会和谐的基本条件,制度是社会公平正义的根本保证。必须加紧建设对保障社会公平正义具有重大作用的制度,保障人民在政治、经济、文化、社会等方面的权利和利益,引导公民依法行使权利、履行义务。"①《决定》在强调必须完善民主权利保障制度、法律制度、司法体制机制、公共财政制度、收入分配制度、社会保障制度中首次提出了"完善公

---

①　中共中央关于构建社会主义和谐社会若干重大问题的决定(2006 年 10 月 11 日中国共产党第十六届中央委员会第六次全体会议通过)[EB/OL].[2007 – 08 – 25]. http://news3. xinhuanet. com/politics/2006 – 10/18/content_5218639. htm.

共财政制度,逐步实现基本公共服务均等化"的思想①。这是一个新的执政思维,体现了构建社会主义和谐社会"必须坚持以人为本"和"社会公平正义"的基本思想,其要在消除中国当前最突出的主要矛盾,即广大人民群众对公共品和公共服务的需求迅速上升,与本应由政府提供的公共品和公共服务供给不足及配置失当之间的矛盾。因此,完善公共财政制度,逐步实现基本公共服务均等化,形成惠及全民的公共服务体系,是和谐社会创建过程中的一个重要制度安排。

何谓"基本公共服务均等化"？常修泽认为:基本公共服务均等化的内涵主要包括以下三个方面:第一,全体公民享有的基本公共服务的机会和原则应该均等,即全体公民在同一个原则下享有基本公共服务的均等机会。第二,全体公民享有基本公共服务的结果应该大体相等。其中,"大体相等"不是搞绝对平均主义,"基本公共服务"也不是指所有公共服务;公共文化有文化事业和文化产业之分,只有公共图书馆、农村文化室这类最基本的公益性文化事业应该均等化。第三,社会在提供大体均等的基本公共服务成果的过程中,尊重某些社会成员的自由选择权。也就是说,基本公共服务均等化不是"配给制",社会成员有权不去享受社会为之提供的公共服务②。

3.2 实现基本公共服务均等化的公共财政制度保障

逐步实现基本公共服务均等化需要健全的制度保障,涉及多个方面和多个层面的制度建设与完善。目前,我国公共产品供给不足的直接表现就是公共财政分配不合理,所以,改革和完善公共财政制度是逐步实现基本公共服务均等化的关键之一。正因为如此,《决定》才把"完善公共财政制度"作为"逐步实现基本公共服务均等化"的前提条件。这种公共财政制度保障主要包括

---

① 中共中央关于构建社会主义和谐社会若干重大问题的决定(2006 年 10 月 11 日中国共产党第十六届中央委员会第六次全体会议通过)[EB/OL].[2007-08-25]. http://news3. xinhuanet. com/politics/2006-10/18/content_5218639. htm.

② 常修泽:逐步实现基本公共服务均等化[EB/OL].[2007-08-25]. http://www.nen. com. cn/74333583107424256/20070202/2147411. shtml.

以下几个方面①。

其一,加大公共服务的财政投入。《决定》指出:"健全公共财政体制,调整财政收支结构,把更多财政资金投向公共服务领域,加大财政在教育、卫生、文化、就业再就业服务、社会保障、生态环境、公共基础设施、社会治安等方面的投入。"

其二,加大财政转移支付力度。《决定》指出:"进一步明确中央和地方的事权,健全财力与事权相匹配的财税体制。完善中央和地方共享税分成办法,加大财政转移支付力度,促进转移支付规范化、法制化。"

其三,增强基层政府提供公共服务能力。《决定》指出:"保障各级政权建设需要。完善财政奖励补助政策和省以下财政管理体制,着力解决县乡财政困难,增强基层政府提供公共服务能力"。

其四,增加国家财政投资规模。《决定》指出:"逐步增加国家财政投资规模,不断增强公共产品和公共服务供给能力"。

---

① 中共中央关于构建社会主义和谐社会若干重大问题的决定(2006 年 10 月 11 日中国共产党第十六届中央委员会第六次全体会议通过)[EB/OL].[2007 - 08 - 25]. http://news3. xinhuanet. com/politics/2006 - 10/18/content_5218639. htm.

大众服务:公共图书馆的永恒使命[*]

关于公共图书馆的价值和使命,在过去的一百多年间,学界与业界已经有许多论述,国内和国外也有许多政策法规做了各种各样的明确规定,似乎不需要再去讨论研究。尽管如此,这并不代表公共图书馆从业者、利益相关者,乃至全社会对公共图书馆的价值和使命都具有普遍正确的认识。如果不能够正确认识与把握公共图书馆的价值和使命,那么就必然导致公共图书馆的发展偏离方向,必然会削弱公共图书馆的社会价值,乃至使公共图书馆失去存在的意义。正因为如此,国际图书馆协会联合会(IFLA)一直把宣传图书馆的价值和使命做为首要任务,从《IFLA 全球愿景》①到最新的《IFLA 战略规划(2019—2024)》②无不如此。

公共图书馆价值和使命何在? 一言以蔽之,就在于"公共"二字。然而,由于中国的公共图书馆在名称上普遍缺乏"公共"二字,因此,人们对公共图书馆公共性与公益性、社会价值和使命的认知一直存在偏差③。公共图书馆起源于英美,英文为"Public Library"。"Public"的形容词意是公众的、公共的、公开的,其名词词意则是大众、公众、民众。"Public"作为"Library"的定语构成"Public Library"(公共图书馆)一词,已经在名称上标明了公共图书馆的公共、公开、公益性质和为大众服务的根本使命。

在我国公共图书馆迈入高速发展新时代的今天,回顾公共图书馆的发展

---

* 程焕文,马秀文. 大众服务:公共图书馆的永恒使命[J]. 图书馆建设,2022(2):17 - 24.

① IFLA Global Vision Report [EB/OL]. [2022 - 02 - 22]. https://www. ifla. org/global-vision-report/.

② IFLA Strategy 2019—2024 [EB/OL]. [2022 - 02 - 22]. https://www. ifla. org/units/strategy/.

③ 程焕文. 一面高高飘扬的旗帜[J]. 公共图书馆,2009 (2):2.

历程,进一步明确公共图书馆的历史使命和时代任务,对于进一步推动我国公共图书馆事业繁荣发展,具有守正创新的重要现实意义。

1 不忘初心:公共图书馆的历史缘起

"我是谁? 我从哪里来? 我要到哪里去?"这是大家熟悉的人生哲学终极问题。对于公共图书馆而言,我们同样必须不断地拷问:公共图书馆是什么? 公共图书馆从哪里来? 公共图书馆要到哪里去? 这同样是公共图书馆的终极问题,不明确这些问题,我们就不可能明确、牢记、实现及履行公共图书馆的价值和使命。

1.1 英国公共图书馆的起源:纳税建馆

但凡讲到公共图书馆的起源,大家都会不约而同地把英国颁布的世界第一部公共图书馆法《1850 年公共图书馆法》(*The Public Libraries Act* 1850)作为世界公共图书馆产生的标志。然而,很少有人去探究该图书馆法的具体内容,更遑论探究该图书馆法产生的历史背景、历史过程乃至其后的发展变化①。正因为如此,我们对公共图书馆的认知始终处在肤浅的层面而不能把握其真谛。

英国《1850 年公共图书馆法》的全称是《促进城镇议会建立公共图书馆和博物馆的法案》(*An Act for Enabling Town Councils to Establish Public Libraries and Museums*)。作为世界上第一部公共图书馆法,英国《1850 年公共图书馆法》的主要内容有以下五项②:

---

① 欧阳爱辉,闫玉冰. 国内英国公共图书馆法研究综述[J]. 福建图书馆学刊,2021(3):9 - 13.

② 冯佳. 英国《1850 年公共图书馆法》发展探究[J]. 图书与情报,2010(5):37 - 41,84;柳英. 英国公共图书馆法的实施与完善 1850—1919[J]. 图书馆,2019(4):42 - 47;柳英. 公共图书馆领域的首部国家立法——英国《公共图书馆法 1850》[J]. 中国人大,2017(17):51 - 53;柳英. 英国地方性图书馆立法的不同路径[J]. 图书馆理论与实践,2015(11):6 - 11.

第一,居民人数超过 1 万人的大型市镇应建立公共图书馆。这是《1850 年公共图书馆法》最初设定的公共图书馆的人口标准,到《1855 年公共图书馆法》时修改为只要人口在 5000 人以上的地方政府均可依法设置公共图书馆,到 1866 年《公共图书馆修订法》时则完全取消了设置公共图书馆的人口条件,也就是说,各地方政府,无论大小,都可以依法设置本地区的公共图书馆。仅以每 1 万人可设置一个公共图书馆而言,今天我国各地提出的万人拥有公共图书馆数量标准尚不及英国 170 年前提出的指标。由此可见,在构建覆盖城乡的公共图书馆服务体系上我们还有多长的路要走。

第二,超过三分之二的纳税人投票同意设立公共图书馆时,各市镇应依法设立公共图书馆。这一条在形式上确立了设立公共图书馆的民主性,在实质上确立了公共图书馆的公共性。

第三,符合条件的市镇议会可以通过征税的方式取得设置公共图书馆的经费,征税的比例是每英镑抽取半个便士的财产税。《1855 年公共图书馆法》改为每英镑征收一个便士的财产税,《1919 年公共图书馆法》则取消了这项限制。设置公共图书馆的经费来自民众的缴税,取之于民,用之于民,自然这项规定也就确定了公共图书馆的公益性。

第四,当市镇议会通过设立公共图书馆的议案后,市镇议会有权征用或租用土地和建筑,用于公共图书馆建设。这条规定确定了公共图书馆是各地政府责任的普遍原则。

第五,依法设置的公共图书馆应向市民免费开放。这项规定确定了公共图书馆向民众免费开放的普遍原则。

这些就是英国《1850 年公共图书馆法》的主要内容。英国公共图书馆正是按照这样的法律规定才在英国各地普遍兴起和迅速发展起来的,并因此而被世界各国仿效,成为席卷全球的公共图书馆运动的引领者。

1.2 美国公共图书馆的起源:免费开放

在过去的一百多年间,美国和英国一直在为究竟谁最先设立了世界第一个公共图书馆的问题而争论不休。英国说英国最早通过了世界上第一部公共图书馆法,美国说美国的公共图书馆法比英国的更早;英国说曼彻斯特公共图书馆是世界上第一个公共图书馆,美国说波士顿公共图书馆是世界上第一个公共图书馆。诸如此类的争论,无非就是谁先通过了立法,谁先通过了公共图书馆立案,谁先启动公共图书馆建设立项,谁先建成了公共图书馆,等等。这是一个没有公断的争讼,结果是英国和美国都自认为是世界上最早设立公共图书馆者。

我们知道,美国在有近现代意义的公共图书馆之前就已经有了"会员制"的图书馆。1839年,马萨诸塞州教育委员会的秘书霍勒斯·曼(Horace Mann)做了个调查,他发现州内的299个"会员制"图书馆,竟然把最贫困的人们都拒之门外①。也就是说,最贫困的人没办法使用图书馆,因为"会员制"图书馆是需要交钱的。所以从此以后,许多人就开始想办法让最贫困的人们使用图书馆。

1847年,波士顿市长乔西亚·昆西(Josiah Quincy)匿名向波士顿市捐赠5000美元用于成立图书馆,要求市议会授权征税以"建立和运营一个让市民使用的图书馆"。1848年,市议会批准昆西的要求,波士顿开始筹建公共图书馆。在为图书馆立法的辩论中,马萨诸塞州立法委员约翰·怀特(John Wight)提出"免费"公共图书馆将带来的4个优势:将成为公立学校必要的和有价值的延伸;为全民提供充足的、重要的实用信息来源;保存政府文件;帮助社区实现智力和道德的进步。1849年,新罕布什尔州通过美国第一部授权城镇通过征税建立和运营免费图书馆的立法。1851年,马萨诸塞州亦通过该法律。1852年7月,波士顿公共图书馆董事会主席埃弗里特撰写的《波士顿市公共图书馆董事会报告》被誉为"美国公共图书馆运动的宪章"。该报告言:"我们迫切需要促进人们对一般信息的获取,鼓励所有人读书和了解社会秩序最底层的问题。"呼吁图书馆对所有人免费开放,流通图书,既采购学术文献,又采购

---

① 威甘德.美国公共图书馆史[M].谢欢,谢天,译.北京:国家图书出版社,2021:24.

流行作品①。现在很多人去访问美国时经常可以看见新英格兰地区的一些公共图书馆旧建筑的石质门楣上刻有"Free Library"（免费图书馆）或者"Free to All People"（对所有人免费）字样，这正是其原因之所在。

美国的公共图书馆兴起于新英格兰地区，有的名称是"Public Library"（公共图书馆），有的名称则更加直观，就是叫"Free Library"（免费图书馆）。所以，关于公共图书馆是否应该免费是一个不可以去讨论的问题，因为免费是公共图书馆之所以成为公共图书馆的前提和基石。因此，任何有关公共图书馆是否应该免费的讨论都是愚不可及的，任何对公共图书馆免费的挑战都是反公共图书馆和反公共文化的。我们必须认清其本质，剥去其虚伪的学术外衣，并予以坚决的抨击。

1.3　中国公共图书馆的起源：人人入观

英美的公共图书馆理念传入中国是在鸦片战争打开中国大门以后。在中国公共图书馆的兴起过程中，有几份具有里程碑意义的重要文献不可以被忘记。

第一，李端棻的《请推广学校折》（1896年）。《请推广学校折》认为"人才之多寡，系国势之强弱也"。主张设立京师大学堂及各地学堂，北京大学的设立即源于此。不仅如此，《请推广学校折》言："今推而广之，厥有与学校之益相须而成者，盖数端焉。一曰设藏书楼，二曰创仪器院，三曰开译书局，四曰广立报馆，五曰选派游历。"第一次正式提出了在全国系统设立公共图书馆的思想。李端棻认为："好学之士，半属寒畯，购书既苦无力，借书又难，其人坐此孤陋寡闻无所成就者不知凡几。泰西诸国……都会之地，皆有藏书，其尤富者，至千万卷，许人人入观，成学之众，亦由于此。"因此"今请依乾隆故事，更加增广。自京师及十八行省省会咸设大书楼。妥定章程，许人人入楼观书……如

---

① 威甘德. 美国公共图书馆史[M]. 谢欢，谢天，译. 北京：国家图书馆出版社，2021：25.

此则向之无书可读者,皆得以自勉于学,无为弃才矣。"①今天看来,李端棻在《请推广学校折》中提出的覆盖全国的公共图书馆建议与英美公共图书馆设立的情形十分相似,其重点在于"许人人入楼观书",特别是"寒畯""向之无书可读者"入楼观书。

第二,《京师图书馆及各省图书馆通行章程》(1910 年)。1910 年,清政府在摇摇欲坠之际颁布了我国第一个图书馆规章《京师图书馆及各省图书馆通行章程》。该章程第一条规定"图书馆之设,所以保存国粹,造就通才,以备硕学专家研究学艺,学生士人检阅考证之用,以广征博采供人浏览为宗旨",第七条规定"图书馆收藏图籍,分为两类:一为保存之类;一为观览之类"②。虽然该章程在公共图书馆理念上趋于保守,没有达到"许人人入楼观书"的程度,但是,与"江南三阁"(文澜阁、文汇阁、文宗阁)相比,供"硕学专家"和"学生士人"浏览已在图书馆的开放上进步了许多。

第三,《通俗图书馆规程》与《图书馆规程》(1915 年)。这两个规程是民国时期颁布的图书馆法规。

1915 年 10 月,于民国时期颁布的《通俗图书馆规程》与英国的《1850 年公共图书馆法》十分类似。通俗图书馆的英文为"Popular Library",是 20 世纪初英美公共图书馆(Public Library)县级以下基层馆流行的发展方式。《通俗图书馆规程》是有关县级以下公共图书馆的规范,其中第一条规定"各省治、县治应设通俗图书馆,储集各种通俗图书,供公众之阅览。各自治区得视地方情形设置之。私人或公共团体、公私学校及工场,得设立通俗图书馆",第七条规定通俗图书馆不征收阅览费③。"供公众之阅览"和"不征收阅览费"之规定因此

---

① 李希泌,张椒华.中国古代藏书与近代图书馆史料(春秋至五四前后)[M].北京:中华书局,1982:95 – 99.

② 李希泌,张椒华.中国古代藏书与近代图书馆史料(春秋至五四前后)[M].北京:中华书局,1982:129.

③ 李希泌,张椒华.中国古代藏书与近代图书馆史料(春秋至五四前后)[M].北京:中华书局,1982:184.

成为 20 世纪中国公共图书馆的基调。

1915 年 11 月,民国政府颁布的《图书馆规程》则是有关县级以上公共图书馆的规范,其中第一条规定"各省、各特别区域应设图书馆,储集各种图书,供公众之阅览。各县得视地方情形设置之",在"供公众之阅览"上与《通俗图书馆规程》保持了一致性,但是,其第九条规定"图书馆得酌收阅览费"①则不符合公共图书馆的免费原则,体现了《图书馆规程》的时代局限性。尽管如此,公共图书馆"供公众之阅览"的使命则是确定无误的。

回顾公共图书馆产生的历史渊源,从英国、美国到中国,为公众服务、为底层民众服务、免费服务、公共图书馆是政府的责任,这些都是公共图书馆产生的基石、根本、底色和基调。今天,如果我们还不明白这些最基本的理念和原则,那么,我们不是无知,就是背叛,自然就会把公共图书馆引向歧途。总之,不知道从哪里来,就不会知道公共图书馆是什么,更不会知道公共图书馆要往哪里去。

2 牢记使命:公共图书馆的全球共识

一百多年来,各个国家对公共图书馆的使命做过许多表述,但是大同小异,没有根本性差别。

2.1 《公共图书馆宣言》

联合国教科文组织与国际图书馆协会联合会共同颁布的《公共图书馆宣言》(1994)开宗明义地宣称:"公共图书馆,作为各地通向知识的门径,为个人和社会群体提供了终生学习、独立决策和文化发展的基本条件。""公共图书馆是教育、文化和信息的有生力量,是透过人们的心灵促进和平和精神幸福的基

---

① 李希泌,张椒华.中国古代藏书与近代图书馆史料(春秋至五四前后)[M].北京:中华书局,1982:185.

本力量。"在阐述什么是公共图书馆时指出："公共图书馆是地方的信息中心，用户可以随时得到各种知识和信息。""公共图书馆应该在人人享有平等利用权利的基础上，不分年龄、种族、性别、宗教信仰、国籍、语言或社会地位，向所有的人提供服务。公共图书馆必须为那些因各种原因不能利用普通服务的用户，例如小语种民族、伤残人员、住院人员或被监禁人员，提供特殊的服务和资料。"①这里所说的"人人享有平等利用权利"中的"人人"就是"大众"——所有人。在此基础上，《公共图书馆宣言》从信息、读写能力、教育和文化四个方面列举了公共图书馆的 12 项核心使命。这些使命一言以蔽之都是为大众服务。这是全世界的共识，也是全世界的共同公共图书馆价值观，我们必须牢记、坚守和践行。

2.2 《公共文化服务保障法》

2016 年 12 月通过的《中华人民共和国公共文化服务保障法》②第一条规定"为了加强公共文化服务体系建设，丰富人民群众精神文化生活，传承中华优秀传统文化，弘扬社会主义核心价值观，增强文化自信，促进中国特色社会主义文化繁荣发展，提高全民族文明素质，制定本法"，在立法依据上强调的是"人民群众"和"全民族"。第二条规定"本法所称公共文化服务，是指由政府主导、社会力量参与，以满足公民基本文化需求为主要目的而提供的公共文化设施、文化产品、文化活动以及其他相关服务"，在公共服务的对象上认定的是"公民"。第三条规定"公共文化服务应当坚持社会主义先进文化前进方向，坚持以人民为中心，坚持以社会主义核心价值观为引领；应当按照'百花齐放、百家争鸣'的方针，支持优秀公共文化产品的创作生产，丰富公共文化服务内容"，在公共文化服务的原则上确立了"以人民为中心"。无论是"人民群众""全民族"，还是"公民""人民"，说到底公共文化服务就是大众服务。

---

① 程焕文，潘燕桃. 信息资源共享[M]. 北京：高等教育出版社，2004：378 - 380.
② 中华人民共和国公共文化服务保障法[EB/OL]. [2022 - 02 - 22]. http://www. npc. gov. cn/zgrdw/npc/xinwen/2016 - 12/25/content_2004880. htm.

2.3 《公共图书馆法》

2017 年 11 月通过的《中华人民共和国公共图书馆法》①在总则上对公共图书馆的性质、使命同样做了十分明确的规定：

第一条规定"为了促进公共图书馆事业发展，发挥公共图书馆功能，保障公民基本文化权益，提高公民科学文化素质和社会文明程度，传承人类文明，坚定文化自信，制定本法"，在立法依据上强调"保障公民基本文化权益"和"提高公民科学文化素质"，突出的是"公民"。

第二条规定"本法所称公共图书馆，是指向社会公众免费开放，收集、整理、保存文献信息并提供查询、借阅及相关服务，开展社会教育的公共文化设施"，在公共图书馆的定义上强调的是"向社会公众免费开放"。

第三条规定"公共图书馆是社会主义公共文化服务体系的重要组成部分，应当将推动、引导、服务全民阅读作为重要任务""公共图书馆应当坚持社会主义先进文化前进方向，坚持以人民为中心，坚持以社会主义核心价值观为引领，传承发展中华优秀传统文化，继承革命文化，发展社会主义先进文化"，在公共图书馆使命和服务原则上确立了"全民阅读"和"以人民为中心"。

总之，无论是"保障公民基本文化权益""向社会公众免费开放"，还是"应当将推动、引导、服务全民阅读作为重要任务""坚持以人民为中心"，都是在强调为公民、为公众、为人民服务。所以，为大众服务不仅是公共图书馆的历史使命，而且也是公共图书馆的时代使命。

《公共图书馆法》第三十三条规定"公共图书馆应当按照平等、开放、共享的要求向社会公众提供服务"。这一条是《公共图书馆法》非常出彩的一条。这一条为什么非常出彩？是因为国家公布的《公共图书馆法（征求意见稿）》中没有这一条，是在征求意见过程中根据程焕文提出的意见增加的条目，而且

---

① 中华人民共和国公共图书馆法［EB/OL］.［2022 - 02 - 22］. http://www. gov. cn/xinwen/2017 - 11/05/content_5237326. htm.

几乎是原文照用。笔者之所以提及这段鲜为人知的事实,并非为了邀功自显,而是要说明一个问题:即使是在《公共图书馆法》的立法过程中和最后文本中,大家对于公共图书馆的认知始终存在模糊乃至错误的认识,比较一下《公共图书馆法(征求意见稿)》和《公共图书馆法》就一目了然。这里仅以这两个版本中关于公共图书馆的定义为例做点说明:

《公共图书馆法(征求意见稿)》①第二条规定"本法所称公共图书馆,是指以提供阅读服务为主要目的,收集、整理、保存、研究和传播文献信息,向公众开放,并经依法登记的非营利组织,包括由政府设立的公共图书馆和由公民、法人或者其他组织设立的公共图书馆"。

《公共图书馆法》第二条规定"本法所称公共图书馆,是指向社会公众免费开放,收集、整理、保存文献信息并提供查询、借阅及相关服务,开展社会教育的公共文化设施"。

《公共图书馆法》第二条的公共图书馆定义虽然不完美,但是中规中矩,强调了公共图书馆的公共性("公共文化设施")和公益性("向社会公众免费开放")。因此,坚持公共图书馆的正义性,符合全世界的公共图书馆共同价值观。

可是,《公共图书馆法(征求意见稿)》第二条既没有确认公共图书馆的公益性,又模糊了公共图书馆的公共性,其中的"经依法登记的非营利组织,包括由政府设立的公共图书馆和由公民、法人或者其他组织设立的公共图书馆"把一切向"公众开放"的图书馆均列入公共图书馆的范畴,在世界图书馆界可谓是独树一帜。公共图书馆的公共性和公益性是一个不可分割的整体,公共但非公益的图书馆不是公共图书馆,公益而非公共的图书馆更不是公共图书馆。这是再简单不过的道理,可是在经历了从立法调研,到文本起草,再到文本修改,直到向全社会征求意见的这个漫长过程,许多专家学者都认识不到这个浅

---

① 国务院法制办关于公布《中华人民共和国公共图书馆法(征求意见稿)》公开征求意见的通知［EB/OL］.［2022 - 02 - 22］. https://www. pkulaw. com/protocol/3184ff9d791f6467bf7ff14804263d46bdfb. html.

显的道理,"公共"与"私有"不分,以至于把"公民"个人、"法人"(包括营利法人、非营利法人、事业单位法人、社会团体法人、捐赠法人、特别法人、机关法人等)和"其他组织"设立的"向公众开放"的图书馆均列入"公共"的范畴,与"政府设立的公共图书馆"相提并论。后来,在征求意见阶段,程焕文曾多次提出尖锐的批评意见,最终的《公共图书馆法》将"征求意见稿"中的此类表述删去了许多,但是删除得不干净,还留有不少"首尾"痕迹。例如,《公共图书馆法》第四条第二款规定"国家鼓励公民、法人和其他组织自筹资金设立公共图书馆",第二十条第二款规定"公民、法人和其他组织设立的公共图书馆,可以以捐赠者的姓名、名称命名公共图书馆、公共图书馆馆舍或者其他设施",因为这几条"尾巴"的存在,所以导致许多条款都不得不使用"政府设立的公共图书馆"的起首字样,痕迹十分明显,亦十分别扭。这就是我们对公共图书馆是什么的主流认知。从这一点上讲,我国在公共图书馆的正确认知上要走的路还很长。

正因为如此,"我是谁?我从哪里来?我要到哪里去?"这样的哲学问题对于我们明确公共图书馆的历史使命和时代使命也就具有独特的现实意义。

3 永续辉煌:公共图书馆的时代使命

大众服务是公共图书馆的永恒使命。虽然在不同时代大众服务的表现形式和侧重点各有不同,但是无论如何,公共图书馆的发展必须始终与国家发展和社会进步相适应。因此在新时代,面向国家战略和国家需求的大众服务就是我国公共图书馆的时代使命。

3.1 国家战略即时代使命

新时代的国家战略和国家需求主要有以下两个层面。

3.1.1 第一个层面:2035 年远景目标

在国家战略上,我国的远景目标是到 2035 年基本实现社会主义现代化,在新中国成立一百年时建成富强民主文明和谐的社会主义现代化国家。

在 2035 年远景目标中,国家文化的远景目标是"建成文化强国,国民素质和社会文明程度达到新高度,国家文化软实力显著增强""基本公共服务实现均等化,城乡区域发展差距和居民生活水平差距显著缩小"①。这是公共图书馆履行大众服务使命的时代任务。

3.1.2 第二个层面:"十四五"发展目标

繁荣发展文化事业,提高国家文化软实力,提升公共文化服务水平,公共文化服务体系更加健全,基本公共服务均等化水平明显提高,是国家"十四五"时期经济社会发展指导方针和主要目标之一。

在提升公共文化服务水平上,"十四五"时期的主要任务如下②:

①推进城乡公共文化服务体系一体建设,创新实施文化惠民工程,广泛开展群众性文化活动,推动公共文化数字化建设。

②加强国家重大文化设施和文化项目建设,推进国家版本馆、国家文献储备库、智慧广电等工程。

③传承弘扬中华优秀传统文化,加强文物古籍保护、研究、利用,强化重要文化和自然遗产、非物质文化遗产系统性保护,加强各民族优秀传统手工艺保护和传承。

在公共文化服务体系建设上,"十四五"时期的目标如下③:

①公共文化服务布局更加均衡。城乡公共文化服务体系一体建设取得重大突破,城乡协同发展机制逐步健全,城乡公共文化服务差距进一步缩小。公共文化服务在保障人民基本文化权益,促进城乡经济社会发展中的重要作用更加凸显。

---

① (授权发布)中国共产党第十九届中央委员会第五次全体会议公报[EB/OL].[2022 - 02 - 22]. http://www. xinhuanet. com/2020 - 10/29/c_1126674147. htm.

② 中共中央关于制定国民经济和社会发展第十四个五年规划和二〇三五年远景目标的建议[EB/OL]. [2022 - 02 - 22]. http://www. gov. cn/zhengce/2020 - 11/03/content_5556991. htm.

③ 文化和旅游部关于印发《"十四五"公共文化服务体系建设规划》的通知[EB/OL]. [2022 - 02 - 22]. http://www. xinhuanet. com/2020 - 10/29/c_1126674147. htm.

②公共文化服务水平显著提高。城乡公共文化服务供给能力进一步增强,基本公共文化服务水平与经济社会发展水平同步提升。公共文化服务质量明显改善。公共文化服务知晓度、参与度、满意度不断提高。

③公共文化服务供给方式更加多元。政府主导、社会力量广泛参与的公共文化服务供给机制更加成熟,来自基层群众的文化创造更加活跃,政府、市场、社会共同参与公共文化服务体系建设的格局更加健全。

④公共文化数字化网络化智能化发展取得新突破。公共数字文化资源更加丰富,国家公共文化云等平台互联互通体系更加完善,智慧图书馆体系建设取得明显进展,公共文化数字服务更加便捷、应用场景更加丰富。

国家战略即时代使命,国家需求即时代任务。

3.2　高质量发展是时代主线

经过"十三五"时期的发展,我国公共图书馆的发展环境已经发生了巨大变化,开始转向高质量发展阶段。在这个阶段,我国公共图书馆服务体系的发展仍然存在许多突出的问题①。

①不平衡:区域不平衡,城乡不平衡。

②不充分:责任担当不充分,社会参与不充分,效能发挥不充分。

③不协调:体制不协调、资源不协调、服务不协调。

④不理想:缺经费、缺馆员、缺读者;保障率低、持证率低、利用率低。

缓解和解决上述问题是实现公共图书馆高质量发展的关键,其着力点主要有以下两个层面。

3.2.1　宏观层面的对策

宣传推广。宣传公共图书馆的社会价值始终是公共图书馆的重要任务,

---

① 程焕文,刘佳亲.新时代公共图书馆服务与建设创新的重点和难点[J].图书情报知识,2020(1):9 – 14,31;程焕文,刘佳亲.挑战与回应:中国高校图书馆的发展方向[J].中国图书馆学报,2020 (4):39 – 59;程焕文,刘佳亲.三不政策:新时代公共图书馆"零门槛"服务的制度创新方向[J].图书馆建设,2022(1):4 – 13.

任何时候都不可以懈怠。国际图书馆协会联合会始终把宣传图书馆的价值和使命放在首位,向所有决策者、利益相关者、全社会宣传图书馆的价值。中国图书馆界向来不重视图书馆价值和使命的宣传推广,这正是全社会对公共图书馆的价值认知不到位,决策者对公共图书馆不重视,利益相关者对公共图书馆支持力度不足的原因之所在。多年前,有人对城市公共图书馆的知名度做过实验检测:从到达一个城市的火车站开始,一路沿街询问当地居民是否知道该城市公共图书馆和如何到达的问题,结果发现直到距离该城市公共图书馆大约一公里时才能得到满意回答。这便是公共图书馆宣传推广不力的典型例证。因此,中国公共图书馆界必须高度重视公共图书馆的宣传推广,持之以恒地宣传公共图书馆的社会价值,从而促使全社会重视、支持和发展公共图书馆事业。

融合发展。融合发展是当今世界公共图书馆发展的潮流,虽然近十年来我国公共图书馆的"图书馆+"已经取得可喜的发展,许多创新在国际上享有很高的知名度和影响力,但是,在文旅融合、跨界融合、社会融合等方面,公共图书馆可以拓展的空间仍然巨大,应该着力加强。

智慧服务。智慧图书馆建设是"十四五"时期的重点任务之一。自"十二五"以来,我国在构建覆盖城乡的公共图书馆服务体系上成效显著,但是,我们必须清醒地看到,以前的成就主要是四级公共图书馆服务体系、总分馆制和基层图书馆的建设,集中在市县区域,而在省域公共图书馆服务体系的建设上则相对滞后。在"十四五"时期,充分利用现代网络技术、数字技术、人工智能技术等信息技术构建省域智慧图书馆服务体系,已成为构建覆盖城乡公共图书馆服务体系,高质量发展和提高公共图书馆服务水平的迫切需要和必然趋势。

3.2.2 微观层面的对策

新世纪以来,我国公共图书馆服务体系建设取得了巨大成就,但是与发达国家的公共图书馆服务水平和我国保障与实现民众基本公共图书馆权利的需求仍然存在较大距离。在今后相当长的时间内,我国公共图书馆在微观上必须在以下三个方面予以着力。

保障率。全面提高公共图书馆空间资源和知识资源的保障率。目前,我国公共图书馆的人均面积、人均藏书量和人均数字资源均处在世界较低水平,而且还有几百个区县和几千个乡镇没有公共图书馆。没有数量,就没有质量,量变才能发生质变。高质量发展必须高度重视数量的发展,只有空间资源和知识资源达到国家规定的公共图书馆最低标准以上,才有可能实现高质量发展。

持证率。全面提高公共图书馆服务人口的持证率和有效率。目前,我国城市公共图书馆的持证率基本上在 20% 以下,而且图书馆证的休眠率也比较高,与发达国家城市公共图书馆 50% 以上的持证率差距较大,基层图书馆的持证率更不待言。如何最大限度地吸引民众,全面提高公共图书馆的持证率,是公共图书馆高质量发展的必须着力点。

利用率。全面提高公共图书馆的图书外借率、数字资源点击率和活动参与率。目前,我国公共图书馆对这几项核心数据的统计基本局限在总量上,只强调次数和人次,而有意无意忽视实际人数,也就是说,现有的数据基本上是极为有限的少数民众创造的数据,并不能反映各个公共图书馆服务范围内全民的实际利用状况,与惠及全民的国家方针政策有较大差距。

3.3　中国道路是时代方向

在经历了 20 世纪追逐欧美公共图书馆发展潮流之后,新世纪的中国公共图书馆在体制创新、技术创新和服务创新方面一直走在世界前列①。这些创新发展充满了中国特色,已经在多个节点上引领全球公共图书馆的发展潮流。这是世界公认的事实。

未来,中国公共图书馆在治理体系与治理能力的创新、智慧技术与应用程

---

① 程焕文,彭嗣禹,高雅,等. 改变 21 世纪中国公共图书馆进程的十大创新[J]. 图书馆杂志,2018(11):26 – 34.

序的创新、服务模式与服务内容的创新等诸多方面将会继续领跑,并令全球图书馆界瞩目。这些创新扎根在中国大地,具有鲜明的中国特色,具有可借鉴性、可复制性,自然构成公共图书馆发展的中国道路,必然成为中国公共图书馆发展的时代方向。

岭南模式

岭南模式:崛起的广东公共图书馆事业[*]

"进入 21 世纪之'数字时代'以来,我国图书馆界,乃至社会各界思想之进路,同趋于图书馆精神,尤其是公共图书馆精神一方向,'于是相与呼应汹涌如潮然。始焉其势甚微,几莫能觉;浸假而涨——涨——涨,而达于满度',这正是今日中国图书馆学思潮之大势。与一百年前的 20 世纪初期的公共图书馆思潮大致相仿。"①

与此同时,正当我国图书馆界沉浸在对数字图书馆的狂热和憧憬的时刻,走在我国图书馆数字化网络化前列的广东公共图书馆界,却不约而同地开始了从以技术发展为中心向以人文发展为中心的重大转变。这种转变起初只是广东公共图书馆的个别自觉行为,后来迅速发展成为广东公共图书馆的普遍自觉行为,进而演变成了"岭南派:中国式公共图书馆的模样"②。

这种转变的显著特点是:坚持公共、公开、公益、共享、平等、自由的公共图书馆核心价值与服务理念,充分保障和实现民众,尤其是弱势群体的图书馆权利和阅读权利,因此,可以称之为新世纪中国公共图书馆精神的复兴。公共图书馆精神复兴不仅及时地响应了构建和谐社会的时代需求,而且为实施《国家

---

* 本文为国家社会科学基金项目"图书馆权利研究"(项目号:05BTQ003)成果之一,并曾于 2006 年 12 月 15 日在深圳图书馆举办的"深圳图书馆建馆二十周年暨新馆开馆专题学术报告会"上演讲。见:程焕文.岭南模式:崛起的广东公共图书馆事业[J].中国图书馆学报,2007(3):15-25.

① 21 世纪的中国图书馆学思潮[EB/OL].[2006-12-06]. http://blog.sina.com.cn/u/4978019f0100033y.

② 岭南派:中国式公共图书馆的模样[N].新华书目报·图书馆专刊,2006-02-18(B9).

"十一五"时期文化发展规划纲要》①的"公共文化服务"目标提供了及时、可资借鉴的先进范例;不仅创新和丰富了我国公共图书馆的发展理念,而且将对我国图书馆事业的未来发展产生积极而深远的影响。

1　流动图书馆:广东模式

所谓"广东模式",是指广东省立中山图书馆创立的"流动图书馆"模式。该模式突破了省(自治区、直辖市)立图书馆仅限于一个城市办馆的传统格局,不仅通过设立分馆的形式将省立图书馆延伸到了省内的各个县市,组成了一个遍及全省的省立图书馆网,而且通过援助西部少数民族地区设立分馆的方式,将一省的省立图书馆延伸到了边远的少数民族自治区;通过网络协作的方式将省立图书馆的数字资源服务延伸到了全国各地。因"流动图书馆"的涉及范围遍及广东全省,进而惠及全国数十个省区市,故笔者称之为"广东模式"。

作为"国家举办的综合性的公共图书馆",省(自治区、直辖市)图书馆"是全省(自治区、市)的藏书、图书目录和图书馆间协作、协调及业务研究、交流的中心"②。因此,省(自治区、直辖市)图书馆在各省(自治区、直辖市)的各级公共图书馆建设中具有"法定"的中心作用、主导作用、示范作用和辐射作用。唯其如是,省(自治区、直辖市)图书馆的核心价值观与服务理念直接决定并影响着各省(自治区、直辖市)各级公共图书馆的发展状态和发展方向。

进入新世纪以后,广东省立中山图书馆以"流动是美丽的"新理念,开创了省(自治区、直辖市)图书馆发展的新模式。

---

① 　国家"十一五"时期文化发展规划纲要 [EB/OL]. [2006 - 12 - 06]. http://culture. people. com. cn/GB/22226/71018/4814170. html.

② 　省(自治区、市)图书馆工作条例 [EB/OL]. [2006 - 12 - 06]. http://www. law - lib. com/law/law_view. asp? id =2528.

1.1 "流动是美丽的"——流动图书馆

广东省是我国的经济强省,但是,广东全省经济的发展极其不均衡,以致全省各地公共图书馆的发展水平差距悬殊。据广东省文化厅 2002 年统计,广东省内欠发达地区的大多数基层图书馆年购书经费在 5 万元以下,年购书量在 1000 册(件)以下;在全省 130 个地、县公共图书馆中,年新购图书册数为零的近 20 个;地处粤东的南澳县图书馆已经 20 年没有买过一本新书。

2003 年 1 月 15 日,17 位广东省政协委员在广东省政协八届一次会议上提出第 383 号提案《关于建立广东省流动图书馆的建议》。2003 年 9 月,广东流动图书馆建设项目被列入《广东省文化大省建设规划纲要》,目标是 5 年内在全省建成 60 个流动图书馆。2003 年 11 月 23 日,广东流动图书馆建设项目正式启动。其建设方式为广东省立中山图书馆牵头,省内欠发达地区图书馆参与;其具体运作方式为:广东省立中山图书馆每年在粤东、粤西、粤北等欠发达地区设立分馆,广东省财政每年拨 500 万元专项购书经费及配套资金,为各分馆购置 1.2 万册图书,图书资源在各个分馆之间每半年流动交换一次,在流动中实现图书利用效益最大化。按照项目计划,从 2003 年开始,每年建成 10 个左右流动图书馆,争取到 2008 年在省内欠发达地区建成约 60 个分馆组成的流动图书馆群,每年为 1000 多万人次读者提供阅览服务。①

广东流动图书馆以网络协作为基础、以文化需求为动力、以资源共享为目标,着力推动全省公共图书馆的业务改革和建设,有效打破条块分割,改善了区域间文化配置不合理的状况,为构建合理的公共文化服务体系,解决省内欠

---

① 陈志.流动图书馆点燃希望之火:有书之地 定有希望之火[N].南方日报,2005 - 06 - 27(A4);杨文雯.图书馆"流动"进山乡[N].华南新闻,2005 - 09 - 21(4).

发达地区基层群众读书难的问题探索出了一种新模式①。自 2003 年项目启动以来,广东流动图书馆的建设已经取得了令人瞩目的社会效益,受到社会公众和媒体的广泛关注。据统计,截至 2006 年 12 月,广东流动图书馆已经建立了新兴、紫金、兴宁、南雄、澄海、乳源、端州、潮安、曲江、清新、饶平、高州、和平、罗定、平远、普宁、博罗、连平、广宁、南澳、雷州、梅县、郁南、龙川、化州、廉江、大埔、蕉岭、乐昌、怀集、海丰、阳春、德庆、信宜、吴川共 35 个分馆②。2005 年全年各分馆接待读者 1359369 人次,平均每馆每月进馆人次为 4000 人次;总阅览量达 2712749 册次。2006 年 7 月 11—14 日,中央电视台综合频道在黄金时段连续 4 晚播出的《文化体制改革启示录》曾专门播放以广东流动图书馆为题材的专题片,这在我国图书馆事业发展史上实属鲜见③。

1.2 流动图书馆流向监狱——"求知图新"读书基地

在广东图书馆界流传着中共中央政治局委员、广东省委书记张德江的一句名言:多读一本好书,就少犯一个错误;多建一座图书馆,就可以少建一座监狱④。为此,广东省立中山图书馆在过去的近 3 年时间内完成了全省监狱"求知图新"读书基地的建设(参见表 1)。

---

① 陈卫东. 广东流动图书馆实践研究[J]. 图书馆论坛,2005(5):34 – 37;杨文雯. 图书馆"流动"进山乡[N]. 华南新闻,2005 – 09 – 21(4).

② 广东流动图书馆 [EB/OL]. [2006 – 12 – 07]. http://eweb. zslib. com. cn/com/gdldtsg/main. php.

③ 我馆召开第三届广东流动图书馆工作会议 [EB/OL]. [2006 – 12 – 07]. http://www. zslib. com. cn/cn/level3. asp? id = 528&tit.

④ 陈志. 流动图书馆点燃希望之火:有书之地　定有希望之火[N]. 南方日报,2005 – 06 – 27(A4).

表1 "求知图新"读书基地建设一览表

签约/赠书时间	签约/赠书监狱	赠书数量	赠书价值
2004 年 4 月 20 日 (签约并赠书)	广东省监狱局未成年犯管教所、番禺监狱、女子监狱、广州监狱、高明监狱、四会监狱	15400 册	32 万元
2004 年 9 月 28 日 (签约并赠书)	坪石监狱、乐昌监狱、韶关监狱、武江监狱、北江监狱、英德监狱、清远监狱	16000 册	35 万元
2005 年 2 月 16 日(签约) 2005 年 6 月—2006 年 2 月 (分 4 批次赠书)	怀集监狱、梅州监狱、连平监狱、阳春监狱、蕉岭监狱、阳江监狱、东莞监狱、江门监狱、佛山监狱、茂名监狱、深圳监狱、揭阳监狱	78600 册	253 万元
合计	25 所监狱	110000 册	320 万元

资料来源:我馆与广东省监狱管理局共建"求知图新"读书基地[EB/OL].[2006 - 12 - 11].http://www.zslib.com.cn/cn/zqiu3.asp;中秋节的人文关怀——我馆与广东省监狱管理局举行共建"求知图新"读书基地第二批签字赠书仪式[EB/OL].[2006 - 12 - 10].http://www.zslib.com.cn/cn/zqiu1.asp.

自 2004 年 4 月至 2006 年 2 月,广东省立中山图书馆先后 3 次与广东全省的 25 所监狱全部签订了合作协议,先后分 6 批次赠送了 11 万册总价值超过 320 万元的图书,并与共建单位开展了一系列的读书活动和普法活动,对服刑人员提供的特殊服务也已覆盖了全省的所有监狱,受到广大服刑人员的热烈欢迎①。

在"求知图新"读书基地的建设过程中,广东省立中山图书馆在信息资源服务、业务指导、读书活动等方面实行了一系列新举措,其中包括:①为监狱服刑人员、干警无偿办理集体借书证,提供长期免费的批量图书借阅服务;②长期为服刑人员提供技术学习、科学研究、文艺创作等有关专业信息及学习指导跟踪服务;③为干警提供网上信息服务和专题服务;④为监狱服刑人员提供读

① 我馆完成全省监狱"求知图新"读书基地建设 [EB/OL].[2006 - 12 - 11].http://www.zslib.com.cn/cn/qztx.htm.

书指导,举办读书现场咨询会、读书心得征文活动等;⑤由广东省立中山图书馆专家向监狱培训图书管理人员传授图书管理专业知识;⑥各监狱将逐步建设中心图书馆,向广大服刑人员开放,待时机成熟时,广东省立中山图书馆将在全省监狱设立"流动图书馆"服务点①。

"求知图新"读书基地的建设,进一步延伸了公共图书馆的社会教育空间,配合法律手段,从道德伦理、文化教育等方面对服刑人员进行潜移默化的教育改造,提高他们的文化水平和基本技能,为其刑满释放后的就业打下基础,从而有利于构建和谐社会②。

1.3 流动图书馆流向网络——联合参考咨询网

早在20世纪80年代,广东省立中山图书馆就走在我国图书馆自动化发展的前列。20世纪90年代末以来,又走在我国数字图书馆建设的前列。可贵的是,广东省立中山图书馆没有将图书馆的数字化和网络化局限在一馆之内,而是通过建立"联合参考咨询网"较好地实现了信息资源的大众共享。

2005年,由广东省立中山图书馆牵头,福建、广西、天津、吉林、山东等12个省(自治区、直辖市)的30个公共图书馆合作建立了"联合参考咨询网"。作为我国公共图书馆合作建立的公益性服务联盟,"联合参考咨询网"的宗旨是以数字图书馆馆藏资源为基础,以因特网的丰富信息资源和各种信息检索技术为依托,为社会公众提供免费的网上参考咨询和文献远程传递服务。当时,"联合参考咨询网"拥有我国最大规模的中文数字资源库群,包括电子图书90万种,中文期刊论文1500多万篇,博硕士论文23万篇,会议论文17万篇,外文期刊论文500万篇,国家标准和行业标准7万件,专利说明书86万件,以及规模庞大的地方文献数据库和特色资源库,提供电子邮件咨询、短信咨询、

① 我馆与广东省监狱管理局共建"求知图新"读书基地[EB/OL].[2006-12-11]. http://www.zslib.com.cn/cn/zqiu3.asp.
② 我馆完成全省监狱"求知图新"读书基地建设[EB/OL].[2006-12-11]. http://www.zslib.com.cn/cn/qztx.htm.

电话咨询和 OICQ 实时在线咨询等 4 种方式服务①。

据统计,截至 2006 年 12 月 10 日,"联合参考咨询网"有在线咨询馆员 298 人②,注册读者 40026 人,已使用咨询服务用户 35637 人(占注册人数的 89%),其中首次使用用户 16920 人(占 47%),多次使用用户 18720 人(占 53%),累计解答用户咨询 22.48 万例,远程传递文献 104.45 万篇,平均每天解答咨询 800 多例,回复率达 100%,用户满意度达 70%③。"联合参考咨询网"积极为广大用户解答各类咨询,提供远程文献传递服务,为我国众多中小型图书馆和农村基层图书馆(室)改善了资源、经费、人才短缺的状况,实现了资源共享,提高了整体服务水平,体现了公共图书馆公益性服务的宗旨和社会公平,有利于消除信息鸿沟和城乡差别。"联合参考咨询网"已经成为我国图书馆网上参考咨询的著名品牌④。

1.4　流动图书馆流向新疆——哈密分馆

2002 年 8 月,广东省立中山图书馆援疆干部李宏荣以图书馆专家的身份,应邀为新疆哈密地区劳动局和文体局联合举办的"文化工作业务知识培训班"讲授图书馆自动化及现代图书馆管理课程,从此广东省立中山图书馆开始了对新疆哈密地区图书馆的援助。

2003 年 9 月 19 日,广东省立中山图书馆向哈密地区图书馆捐赠了 14800 册新书和 108 个单双面书架,价值 40 万元,并决定在图书、设备、技术和干部

---

① 服务公告 [EB/OL]. [2006 - 12 - 12]. http://59.42.244.59/Readers/Index. aspx.
② 咨询馆员介绍 [EB/OL]. [2006 - 12 - 12]. http://find. ssreader. com/Readers/ Index. aspx.
③ 广东省立中山图书馆读者使用情况 [EB/OL]. [2006 - 12 - 12]. http://eweb. zslib. com. cn/com/gddszx/htm. php? nowmenuid = 589.
④ 全国公共图书馆网上参考咨询经验交流会在广州召开 [EB/OL]. [2006 - 12 - 12]. http://eweb. zslib. com. cn/com/gddszx/main. php.

培训等方面继续向哈密地区图书馆提供必要的资助①。

2004年至2005年,广东省文化厅、广东省立中山图书馆、广州市图书馆、广东商学院图书馆以及广东社会各界共向哈密地区赠书9万余册,其中向哈密地区图书馆赠送图书5万余册(其数量已超过哈密地区图书馆原有馆藏总量)以及书架、电脑、防盗监测仪、复印机等设备,总价值超过180万元。其间,广东省立中山图书馆还分批为哈密地区图书馆培训了业务骨干②。

2004年8月31日上午,广东省立中山图书馆哈密分馆揭牌暨哈密地区图书馆电子阅览室开通仪式在哈密地区南粤文化中心门前广场隆重举行,它标志着哈密地区图书馆事业迈入了一个新的发展阶段。

哈密分馆成立后,哈密地区图书馆能够通过因特网无偿共享广东省立中山图书馆的数字化资源,包括50万种电子图书、1200万篇期刊论文、18万篇博硕士学位论文、16万篇学术会议论文及120万条书目数据等。以虚拟馆藏的方式,哈密地区图书馆现有馆藏量扩充了50倍以上,极大地改善了哈密地区文化基础设施的条件,使哈密地区图书馆迅速成为拥有数字资源的现代化图书馆,既支援了西部大开发,实施了文化援疆,同时也开创了跨省合作共享信息资源的新模式,为我国文化信息资源共享提供了可资借鉴的范例③。

1.5 流动图书馆流向西藏——墨脱分馆

西藏墨脱县在2006年还是一个不通车、不通邮的地区,且2006年8月以前这里没有一个图书馆。

2006年8月24日上午,广东省立中山图书馆墨脱分馆揭牌暨广东省立中山图书馆向墨脱县赠送图书仪式在西藏林芝地区墨脱县驻八一办事处隆重举行。广东省立中山图书馆向墨脱县赠送价值50余万元的171100册图书和设

---

① 广东省援助哈密地区图书馆大事记 [EB/OL]. [2006 - 12 - 10]. http://data2. zslib. com. cn/hm/zyhd/dsj. htm.

②③ 广东文化援疆的重要成果——广东省立中山图书馆哈密分馆揭牌 [EB/OL]. [2006 - 12 - 10]. http://data2. zslib. com. cn/hm/zyhd/fgjp. htm.

备,并支援建设墨脱县图书馆和 36 个学校图书室。这个创举不仅结束了墨脱县没有图书馆的历史,也使墨脱县图书馆实现了跨越式的发展,实现了自动化管理,其服务网点覆盖了墨脱县所有学校及教学点,使墨脱县人均公共藏书达到 1.7 册,一举跃居全国县级行政区划人均公共藏书第一位。与此同时,广东省立中山图书馆还对林芝及墨脱县图书馆的工作人员进行了图书馆岗位业务培训。在顺丰速运集团公司捐赠 15 万元援建费用的支持下,广东省立中山图书馆赠送给墨脱县的 317 包图书及电脑等设备经波密县中转站,已分三批通过背运的方式到达县城及 36 所学校、分教点,预计在今冬明春大雪封山时可为用户提供阅览服务①。

1.6 "流动图书馆"流向学界——《广州大典》与《清代稿抄本(广东藏本)》

在许多图书馆纷纷将古籍文献珍秘为藏或高额收费使用的今天,广东图书馆界坚持"学术者,天下之公器也"的理念,以刊刻为守,以流传为用,将大量珍稀古籍文献无偿地公诸于编辑出版,在全国做出了表率。

2005 年 4 月 30 日,在中共广州市委宣传部、广东省文化厅的主持下,《广州大典》编纂工程正式启动。《广州大典》是一部由广州市宣传文化基金出资 2000 万元、广东省立中山图书馆和中山大学图书馆联合编辑、广东人民出版社出版的大型广州文化历史丛书。《广州大典》从汉代至 1911 年在广州行政区划出版的广州史料、穗人著述、广版丛书中选辑、整理包含经、史、子、集和丛书等类别书籍共约 3000 种文献,初拟分 10 辑,每辑约出版 100 册,共 1000 册,计划在 3 至 5 年内完成编辑和出版工作。2006 年 9 月 29 日,《广州大典》正式开印。这种由地方政府出巨资、地方文化部门主持编纂大型文献丛书的举措在全国尚属首创②。

---

① 莲花圣地开新葩——广东省立中山图书馆墨脱分馆揭牌[EB/OL]. [2006 - 12 - 10]. http://www.zslib.com.cn/cn/mt/mt.htm.

② 《广州大典》编纂工程在广东省立中山图书馆正式启动[EB/OL]. [2006 - 12 - 10]. http://www.zslib.com.cn/cn/gzdd.htm.

与此同时,由广东省出版集团大沿海出版工贸公司出资 2000 万元、广东省立中山图书馆和中山大学图书馆联合编辑、广东人民出版社出版的另一套大型文献丛书(清史编撰项目)《清代稿抄本(广东藏本)》第一辑的编撰任务已经完成,并将于 2007 年初正式开机印刷。

《广州大典》和《清代稿抄本(广东藏本)》的编辑出版,可使人们通过新版图书看到大量珍贵古籍善本,而不必翻阅文献原件,将极大方便社会各界人士阅读及研究,也为古籍文献的珍藏提供了"静养"的条件和环境。《广州大典》和《清代稿抄本(广东藏本)》集广州历史文献之大成,将珍稀的地方典籍化身千百,既抢救了文献,传承了文脉,又嘉惠了学林,造福了社会,对促进广州社会、经济、政治、文化建设具有积极的现实意义和深远的历史意义。

2 图书馆之城:深圳模式

所谓"深圳模式",是指深圳图书馆创立的"图书馆之城"模式。该模式突破了市、区(县)两级财政"分灶吃饭"的制度限制,采用以市级图书馆为龙头,以区级图书馆为骨干,与街道和社区共建的方式,通过市级图书馆直接提供文献资源、计算机与网络设备等基本条件,由街道和社区负责提供场地、招募管理人员或志愿者、提供配套投入等相应条件,共同建设市、区、街道和社区四级公共图书馆(室),从而建立星罗棋布的图书馆网络,使整个深圳市成为一个坐落在现代化图书馆网之中的现代化大都市。因"图书馆之城"为深圳首创,故笔者称之为"深圳模式"。

1997 年 7 月 15 日,深圳市第二届人民代表大会常务委员会第十六次会议通过《深圳经济特区公共图书馆条例(试行)》,是为我国第一部地方性图书馆法规,具有开启先河的历史意义。其后,深圳市委相继颁布了《关于印发〈深圳市文化事业发展(1998—2000)三年规划及 2010 年远景目标〉的通知》(深发〔1998〕4 号)、《深圳市社会主义精神文明建设"十五"规划》,在此基础上,深圳市文化局于 2003 年 9 月 18 日发布了《深圳市建设"图书馆之城"(2003—

2005)三年实施方案》。从此,深圳市正式掀起了"图书馆之城"的建设热潮。

2.1 "图书馆之城"之方案①

所谓"图书馆之城"是一个形象的说法,即把深圳建成一个没有边界的大图书馆网。

根据"图书馆之城"建设总体要求制定的《深圳市建设"图书馆之城"三年(2003—2005)实施方案》(以下简称《方案》),其目标为:服务深圳建设国际化城市的战略任务,以发达国家著名国际化城市和国内先进城市为参照,创新图书馆发展模式;加强图书馆基础设施建设;以优化组合各图书情报单位文献资源为基础,建立全市各系统、各类型图书馆互联互通的文献信息共享平台;构建地区图书馆联盟和数字图书馆网络,拓展图书馆服务功能及覆盖面,形成面向社会、服务群众的社区化、多层次、资讯丰富、快捷高效的图书馆信息服务体系,使深圳市图书馆整体水平达到省内领先、国内大城市位居前列,主要指标接近发达国家同等城市水平。

在《方案》中包括了多项专门指标:

①在基础设施建设上,市、区级图书馆分别达到国家省级、地市级图书馆标准;

②特区内的区、街道图书馆实行总分馆制;

③特区外的镇图书馆按照国家制定的县级图书馆标准建设,吸引社会力量共建社区(村)图书馆;

④争取每个社区(村)拥有1个规模不等的图书馆(室)或"共享工程"基层用户。

按照《方案》,计划到2005年底基本实现每15万常住人口拥有1个公共图书馆,每1.5万常住人口拥有1个社区(村)图书馆(室);达到全市常住人口

---

① 深圳市建设"图书馆之城"(2003—2005)三年实施方案[EB/OL].[2006-12-11]. http://szwen.gov.cn/template/4/viewzcfg.asp?id=124&csid=60;深圳市建设图书馆之城推进办公室.深圳市建设图书馆之城的理念与实践[M].深圳:海天出版社,2006:434-440.

人均拥有藏书2册(件)、户籍人口人均拥有藏书6册(件)的指标。在推进文化部"全国文化信息资源共享工程"的建设上,计划以网络连接为基础,在深圳图书馆建设1个"全国文化信息资源共享工程"省级分中心,在6个区图书馆建设6个基层中心,在乡镇、街道(社区)建设200个基层网点。

2.2 "图书馆之城"之成效①

《方案》实施3年以来,深圳市公共图书馆事业发展速度明显加快,建设水平显著提高,取得了令人瞩目的社会成效。深圳市先后被文化部和广东省文化厅授予全国文化信息资源共享工程先进单位,深圳图书馆和福田区文化局被授予全国文化信息资源共享工程基层先进单位。

在图书馆的建设上,据统计,截至2005年底,深圳全市已拥有公共图书馆520个,其中市级公共图书馆2个,区级公共图书馆6个(其中5个被评为国家地市级一级图书馆),街道公共图书馆47个,达标社区图书馆473个(占社区总数的76%),业已形成遍布全市的市、区、街道、社区四级图书馆网络。仅2005年,公共图书馆接待读者1517多万人次,外借图书120万册次,举办活动3000场次②。

在信息资源的建设上,据统计,截至2005年底,深圳各图书馆总藏书已达800多万册(件),全文电子文献100多万件,平均每1.5万人拥有1个社区图书馆,常住人口人均藏书超过1.6册,户籍人口人均藏书5.8册。建成"共享工程"省级分中心1个,基层中心6个,基层用户点超过300个,极大地丰富了全市文化资源。

---

① 我局与市委宣传部联合召开"图书馆之城"建设工作会议暨基层图书馆建设经验交流会[EB/OL].[2006 - 12 - 07]. http://szwen. gov. cn/template/4/viewnews. asp? id = 19476&csid = 60.

② 深圳市文化局(广播电影电视局、新闻出版局)2005年度情况[EB/OL].[2006 - 12 - 07]. http://www. szwen. gov. cn/government/ndbg. htm.

在信息资源的服务上,深圳各图书馆开展了远程网上借书、送书上门等服务,实现了"一卡在手,借遍全市7大图书馆"的目标。深圳少年儿童图书馆牵头研制并组建了国内最大的"中国少年儿童信息大世界——网上图书馆"。2004年,深圳图书馆实现了与广东省立中山图书馆、香港中央图书馆、澳门中央图书馆之间的书目信息互查、数字文献的传输和下载。

在全民阅读的倡导上,2000年创设的全市群众性读书活动"深圳读书月"于每年11月举办,迄今已经成功地举办了7届。与此同时,深圳已经把读书活动经常化、制度化,并初步打造了一批深受读者欢迎的活动品牌,如南山图书馆的"博士论坛""百姓健康讲坛",宝安图书馆的"宝图星期讲座",福田区图书馆的"读者沙龙""大家讲坛",深圳少年儿童图书馆的"六一小脚印系列文化活动",以及沙头角图书馆的"读书与生活讲座"等。如今,"深圳读书月"已经成为深圳一张亮丽的城市名片和响当当的文化品牌,受到了中央、省、市各级媒体的高度关注,相关的新闻报道已刊发了5000多条[1]。

2006年7月12日,作为"图书馆之城"的标志成果、深圳市地标的深圳图书馆新馆开馆。该馆总建筑面积近5万平方米,藏书180余万册,实行"全面开放、免证阅览、分层管理、一卡通行"的免费服务与成本服务的新型服务方式,在全国率先采用DILAS系统和利用无线射频技术(RFID)研发的、集图书自助借还书、图书自助分拣、自动整序排架、自助清点馆藏、智能图书车和射频防盗报警等一系列自动化管理功能于一体的全新的图书馆业务管理模式。

"图书馆之城"的建设,通过几种不同类型的总分馆机制的探索,已经初步走出了一条符合深圳实际的、能够规范公共图书馆管理、有效聚合全市信息资源、提高信息资源利用率、最终实现信息资源共享的新路。

2.3 "图书馆之城"之未来

在"图书馆之城"的三年建设初见成效的基础上,深圳市又确定了未来五

---

① 深圳市文化局(广播电影电视局、新闻出版局)2005年度情况 [EB/OL]. [2006 – 12 – 07]. http://www.szwen.gov.cn/government/ndbg.htm.

年的"图书馆之城"建设的五大目标：

第一,继续加强网络建设,加大街道图书馆建设力度,力争实现每15万人口拥有1个县级以上水平的公共图书馆,形成布局合理、规模适宜、结构完善、特色明显、保障可靠的公共图书馆网络体系,使深圳市公共图书馆建设总体水平位居全国前列。

第二,推动资源建设,特别是数字图书馆建设工作,搭建全市统一的数字资源共享平台,形成运行高效的全市统一的文献信息资源共建共享保障体系,实现常住人口人均藏书3册、户籍人口人均藏书超过6册的指标。

第三,创新服务内容和服务形式,提高服务质量,扩大"通借通还"规模,在市、区、街道图书馆之间实现"通借通还";延伸服务范围,设立小型、灵活的"流动图书馆网",利用流动图书车开展流动图书服务,满足那些远离公共图书馆的市民的阅读需求;同时打造一批市民喜爱的公益讲座品牌。

第四,加强与珠三角公共图书馆及港澳地区公共图书馆的交流与合作,实现与图书馆业务的高水平对接。

第五,深化公共图书馆内部机制改革,增强活力,充分发挥"图书馆之城"在建设学习型社会和高品位文化城市过程中应有的作用①。

3 政府主导:广州模式

所谓"广州模式",是指广州市目前正在创造的、一种由政府主导的图书馆发展模式。该模式目前尚未完全成型,仍在发展变化之中,但是,已经显示出独特的发展态势,故笔者暂且称之为"广州模式"。

在全国的副省级城市和省会城市中,广州市的规模最大,人口超过千万,

---

① "图书馆之城"制订下一阶段建设任务 [EB/OL]. [2006 - 12 - 07]. http://szwen. gov. cn/template/4/viewnews. asp? csid =60&id =19477;深圳市文化局七大举措推进"图书馆之城"建设 [EB/OL]. [2006 - 12 - 10]. http://www. ccnt. gov. cn/xwzx/whbdfdt/t20060406_25583. htm.

全市的 GDP 位居中国第三。但是,由于各种原因,广州市的公共图书馆发展相对比较滞后。可喜的是,近年来,在广州市委和市政府的主导下,广州市的公共图书馆事业正在发生巨大的变化。笔者称之为广州市公共图书馆事业发展"四重奏"。

3.1 大兴公共图书馆信息资源与馆舍建设

为了大力建设公共图书馆的信息资源,广州市委宣传部于 2005 年规划设计了一个图书订购系统,并拨出专款 2000 万元用于全市公共图书馆的图书采购。通过网上选购,广州市各公共图书馆以平均不足 3 折的价格补充了数百万册图书。该项目的招标方式大异于普通的政府采购招标,可以称为政府采购的成功典范,因为它同时实现了政府资金效率、图书馆信息资源建设、出版社图书发行、市民大众阅读的"四赢"! 可谓是当今我国图书馆书刊采购的典型成功案例,也是政府主导图书馆信息资源建设的一次有益尝试。

2006 年 2 月 20 日,在广州市委和市政府的主导下,总建筑面积 9.5 万平方米、工程投资约 8.4 亿元人民币(不含征地费用)的广州图书馆新馆动工开建。以此为开端,广州市在未来的 3—5 年中将建造总面积超过 20 万平方米的各级各类公共图书馆,即将掀起广州有史以来最大规模的公共图书馆建设热潮。2006 年 6 月,面积超过 2 万平方米的广州市黄埔区图书馆新馆已经正式开馆。2006 年 10 月 23 日,广州图书馆与企业合作组建的"广州图书馆动漫玩具专题分馆"在黄埔区正式向市民开放。这是国内第一家动漫和玩具专题图书馆,收藏了大量的世界各国有关动漫和玩具的专题信息资源[①]。

3.2 强化公共图书馆人才培训

为了适应广州市大规模建设公共图书馆的需要,广州市委宣传部制定了

---

① 我馆首个专题分馆——动漫玩具专题分馆开放 [EB/OL]. [2006 - 12 - 10]. http://www.gzlib.gov.cn/news/news.asp? new = 607.

专门的公共图书馆人才培训计划,采用由广州市委宣传部主办、中山大学资讯管理系承办、广州市文化局和中山大学图书馆协办的方式,于 2006 年 5—7 月在中山大学举办了第一届为期两个月的"广州市图书馆专业人才高级研修班"。该研修班共有 32 名学员,全部是来自广州市各公共图书馆的业务骨干,33 位授课者均为来自国内外的著名图书馆学专家。研修班采用专家报告、专题讲座、专题研讨、小组讨论、小组报告、个案调研、学术参观、研修论文等多种形式相结合的培训方式,开创了在职全日制培训公共图书馆人才的新模式。目前,广州市委宣传部已将中山大学资讯管理系作为广州市公共图书馆人才培训基地,并将在 2007 年 3 月主办第二届"广州市图书馆专业人才高级研修班"①。

3.3 制定《广州市公共图书馆条例》

广州市委和市政府的领导们深刻地认识到:公共图书馆事业的发展不能仅靠某个人或者某些人的觉悟,必须要有政策的支持和立法的保障,只有这样公共图书馆才能走上法制化和可持续发展的道路。2006 年 7 月,广州市委宣传部和广州市文化局委托中山大学资讯管理系牵头,联合广州各类型图书馆的专家学者,共同开展《广州市公共图书馆条例》的调研和起草工作;10 月,《广州市公共图书馆条例(草案)》的起草工作基本完成,并在其后提交到广州市人民代表大会法制办公室,被正式列入了广州市人民代表大会 2007 年的立法议程。该条例将是我国图书馆界的第五部地方立法,在规定公共图书馆的馆舍建设面积、公共图书馆的藏书数量和年入藏信息资源数量,规范图书馆的服务行为,维护公众的权益,以及保障公共图书馆工作人员的工资和津贴待遇等方面比之前的地方图书馆法有所超越,其意义不言而喻②。

---

①② 崛起的广州市公共图书馆事业——向陈建华部长致敬 [EB/OL].[2006 - 12 - 16]. http://blog. sina. com. cn/u/4978019f01000358.

3.4 开展"书香羊城——全民阅读系列活动"

为创建文明城市,广州市于 2006 年 11 月制定并发布了《书香羊城——全民阅读系列活动方案》,决定从 2006 年起开展为期十年的大型综合性读书文化活动——"书香羊城——全民阅读系列活动"。

为此,广州市专门成立了全民阅读活动指导委员会和全民阅读活动组织委员会,市委书记、市长亲自担任主任、副主任。活动经费由市委宣传部、财政局每年在专项经费中拨出,专款专用。该活动以建设学习型城市为目标,以提高市民的文化素质为主题,旨在通过每年举办"全民读书月"等一系列形式多样的活动,重点培养青少年和儿童良好的阅读习惯,激发市民的阅读兴趣,以提高市民素质,应对知识经济时代的迫切需求,为广州建设现代化大都市提供强大的精神动力、思想保障和智力支持。

作为全民阅读系列活动的一项重要内容,广州市"全民阅读月"活动于每年 12 月举办,由市直机关工委、广州警备区政治部、市教育局、团市委、市总工会、市妇联和各区(县级市)委宣传部(文明办)等单位牵头开展"阅读进机关""阅读进军营""阅读进校园""阅读进企业""阅读进家庭""阅读进社区、农村""羊城青年学堂"和"书香伴我同成长"等系列活动。2006 年 11 月 16 日上午,广州市首届"全民阅读月"活动启动仪式暨 2006 年羊城书展开幕式在天河体育中心南门广场隆重举行,十年打造书香羊城的序幕已经拉开①。

4 图书馆之城:东莞模式

所谓"东莞模式",是指东莞图书馆创立的"图书馆之城"模式。该模式起

---

① 倡导全民阅读 建设和谐文化 [EB/OL]. [2006 - 12 - 16]. http://www.guangzhou.gov.cn/node_392/node_401/node_408/2006 - 11/1163666400140413. shtml;汤应武副部长在"书香羊城——全民阅读系列活动"工作会议上的讲话 [EB/OL]. [2006 - 12 - 16]. http://www.guangzhou.gov.cn/node_687/node_688/node_713/2006 - 10/1162276267136488. shtml.

初为"集群图书馆"模式,后迅速发展成为"图书馆之城"模式。"集群图书馆"模式突破了市、区、镇、社区四级公共图书馆管理体制的束缚,突破了公共图书馆与其他各系统图书馆之间的条块分割,建立了全市统一的总分馆制度。因为"集群图书馆"模式为东莞图书馆首创,而东莞"图书馆之城"模式又与深圳"图书馆之城"模式有异曲同工之妙,故笔者称之为"东莞模式"。

4.1 "集群图书馆"建设方案①

所谓"集群图书馆",是指东莞地区图书馆总分馆制,即以东莞城市中心图书馆(东莞图书馆新馆)为总馆,以各镇(区)、各系统图书馆为分馆,以社区图书馆、单位内部图书馆(资料室)为网点,以图书流动车为补充和调节手段的地区性图书馆集群网②。

东莞图书馆总分馆制构想始于 2002 年底东莞市委、市政府立项建设 4.5万平方米的东莞图书馆新馆。以此为契机,东莞图书馆开始制定"点"(新图书馆)"面"(地区图书馆体系)相结合的发展规划纲要,以东莞图书馆作为城市中心图书馆,通过整合全市的图书馆资源,建设布局合理、协调有序、规范高效的图书馆群体,构建城市图书馆服务体系,增强城市的配套服务能力,发挥群体优势,服务东莞市民。2004 年 5 月,东莞市政府下发《关于印发东莞地区图书馆总分馆制实施方案的通知》,正式开始在东莞地区推行城市图书馆总分馆管理模式,并专门成立了东莞市图书馆总分馆制工作指导委员会和管理委员会,并批拨专项启动经费,确定各镇(区)政府和各系统财政主管部门每年根据地区人口和社会生产总值,按一定比例投入相应的单列经费用于分馆建设,

---

① 关于印发东莞地区图书馆总分馆制实施方案的通知(东莞图书馆东府办〔2004〕56号)[EB/OL].[2006 - 12 - 18]. http://www. dglib. cn/libcity/download. asp.
② 李东来,等.城市图书馆集群化管理研究与实践[M].北京:北京图书馆出版社,2005:70.

专款专用①。

总分馆制的实施模式是"由市政府发文,市文化局与各镇(区)政府签约,市政府和各镇(区)政府共同出资,共同推动实施总分馆制建设"。在保证条件上,实行"政府主导,统一组织,经费分担,分步实施"。在运行模式上,总、分馆之间实行通借通还,总馆负责全区域内文献资源的采编等业务工作,同时指导和协调分馆开展各种读者服务工作。在运作流程上,实行镇(区)、社区(村)提出申请—总馆现场检查办馆条件—总分馆签约—分馆人员培训及考核—挂牌成立—年度考核评比。在经费管理上,采取统筹支出、捆绑使用、专款专用、签约使用等方式保证总分馆的正常运行②。

4.2 "图书馆之城"建设方案③

在总分馆制的实施初见成效后,东莞图书馆又及时将总分馆制提升到"图书馆之城"建设的高度。2005 年 7 月,东莞市政府发布《关于印发〈东莞市建设图书馆之城实施方案〉的通知》(东府办〔2005〕46 号),正式提出了"整合全市图书馆资源,建设图书馆之城"的更为宏大的目标,以培育城市文化品牌、实现城市文化的跨越式发展。

东莞的"图书馆之城"是指图书馆以有形与无形的网络覆盖和服务全市,通过形式多样的活动,构筑城市学习空间,营造城市学习氛围。其中有形之网是指总分馆制的图书馆网点遍布全市,通过文献物流传递,形成覆盖市、镇(区)、社区(村)、图书流动车、院校、企业、家庭的网络服务体系;无形之网是指数字图书馆网络覆盖全城,通过积极推进"全国文化信息资源共享工程"建

---

① 李东来,等.城市图书馆集群化管理研究与实践[M].北京:北京图书馆出版社,2005:4.

② 关于印发东莞地区图书馆总分馆制实施方案的通知(东莞图书馆.东府办〔2004〕56 号)[EB/OL].[2006 – 12 – 18].http://www.dglib.cn/libcity/download.asp.

③ 关于印发《东莞市建设图书馆之城实施方案》的通知(东莞图书馆.东府办〔2005〕46 号)[EB/OL].[2006 – 12 – 18].http://www.dglib.cn/libcity/showContent.asp?articleID = 37.

设,建成市级中心、基层中心和基层网点三级信息网络架构,共同为全市市民提供便捷的现代图书馆信息服务。

图书馆之城的建设分三个阶段:设施建设阶段(2004—2005 年)、巩固发展阶段(2006—2008 年)和知识辐射阶段(2009—2010 年)。其目标是力争到 2010 年,达到以下建设目标:①完善和加强图书馆基础设施建设,逐步形成镇(区)有图书馆、学校和社区(村)有图书室、工厂有阅览室、酒店餐厅等公共场所有阅报(刊)架、家庭有书报和电脑的格局,基本实现每 1.2 万常住人口拥有 1 个社区(村)图书馆(室)。②实现全市常住人口人均拥有藏书 1 册(件)的指标,基本建成配置合理、优势互补、具有规模效应的地区性文献资源体系,满足东莞经济和社会发展的需要。③总分馆制逐步成型,基层图书馆采取灵活多样的办馆方式,形成以公益性图书馆为主体,院校、企业图书馆为补充的图书馆网络,让图书馆走上联合发展之路。④以东莞图书馆"图书馆集群网络管理平台"为依托,进行数字资源的加工和整合,利用覆盖全市的网络化管理和服务体系,为广大群众提供便捷的文化服务。⑤以各类图书馆(室)为阵地,借助社会各方面力量,开展经常性的知识沙龙、系列讲座、学习论坛和举办读书节等活动,提高市民素质,培育现代市民,增强城市竞争和发展能力①。

4.3 "图书馆之城"建设成效

东莞图书馆新馆正式启用时,全市 32 个镇(区)中已有 25 个设有图书馆。据统计,2004 年底,公共图书馆藏书总量 160 余万册,户籍人口(160 万)人均拥有藏书 1 册,常住人口(户籍人口加暂住人口 750 万)人均拥有藏书 0.13 册。户籍人口每 5.9 万人拥有 1 个图书馆,常住人口每 27.8 万人拥有 1 个图

---

① 关于贯彻落实《东莞市建设图书馆之城实施方案》的意见[EB/OL].[2006 - 12 - 18]. http://www. dglib. cn/libcity/showContent. asp? articleID = 39.

书馆①。

经过两年多的建设，东莞图书馆已经创新开展了一系列的特色服务，包括设立东莞图书馆自助借还处，打造儿童天地、东莞书屋、台湾书屋、漫画图书馆、粤剧图书馆、东莞学习论坛、东莞数字图书馆、大众生活主题图书馆等。其中位于东莞图书馆一楼南侧的东莞图书馆自助借还处有各类图书 1 万余册，采用先进的 3M 图书自助借还系统与设备，24 小时开放，无馆员值守，完全是"借书还书你主宰，你的 DIY 图书馆"，被誉为"中国大陆第一家 24 小时图书馆"。东莞市民学习网则是由东莞图书馆开发、面向全体市民开放、完全免费的网上数字学习平台，它利用现代远程教育技术，提供计时学习、课堂测试、在线问答和自动测评等学习模块。

2004 年 3 月，东莞图书馆克服困难，对面包车进行改装，开始了"图书流动车"服务。2004 年 11 月，东莞市政府拨款购置的新图书流动车试运行。2005 年 1 月，图书流动车正式启用。图书流动车在参与东莞地区总分馆物流传递系统运作的同时，以方便、快捷、灵活的方式为市民提供流动图书服务，深受广大市民的欢迎。截至 2005 年底，图书流动车服务站点总数已达 100 个，遍布全市 31 个镇(区)②。

5 联合图书馆：佛山模式

所谓"佛山模式"，是指佛山市禅城区创立的"联合图书馆"模式。该模式突破了区、镇、街道的条块分割限制，采用镇、街道投资建馆、区政府投资维持图书馆运作的方式，建立了管理统一、服务统一、标志统一、资源高度共享的普通公共图书馆和专业公共图书馆相结合的区级公共图书馆网模式。因"联合

---

① 李东来，等.城市图书馆集群化管理研究与实践[M].北京：北京图书馆出版社，2005：146.

② 图书流动车［EB/OL］.［2006 – 12 – 18］. http://www.dglib.cn/tsldc2005/tsldc_1. asp.

图书馆"模式为佛山市首创,故笔者称之为"佛山模式"。

5.1 "联合图书馆"建设方案①

2002 年 9 月,为了建设在国内具有一定影响力的文化标志性工程,实现《佛山市禅城区建设文化名城实施意见 2003 — 2010 年》提出的建设文化名城的战略目标,中共佛山市禅城区委、佛山市禅城区人民政府发布了《关于佛山市禅城区"联合图书馆"建设方案》,正式提出了建设佛山市禅城区"联合图书馆"的规划和设想。

佛山市禅城区"联合图书馆"是一个主分馆制的图书馆服务体系。它根据禅城区人口分布状况、各街道(镇)产业特点,分别建立一批布局合理、深入社区、贴近市民的中小型公共图书馆群,在满足各街道(镇)产业发展对专业文献和信息需求的基础上,提供社区图书馆服务。其主要特征是管理统一、服务统一、标志统一、资源高度共享,从而将其建设成为禅城区标志性文化设施。

"联合图书馆"建设的总体目标是:建成主馆 1 个、分馆 8—9 个的图书馆群,按人口标准,每 10 万个禅城区常住居民拥有 1 个公共图书馆,到 2010 年全区常住人口人均拥有藏书 1 册;同时,构建全区图书统一采购,书目数据统一编制,书刊通借通还,资源完全共享的联合服务体系。

"联合图书馆"的馆址布局依据市区人口密度来划分,各馆之间的距离不能少于 4 公里,服务半径不少于 2 公里。计划建设以下 9 个主馆及分馆:①禅城区图书馆,②少年儿童图书馆,③澜石金属图书馆,④环市童装图书馆,⑤外来工图书馆,⑥南庄陶瓷图书馆,⑦张槎纺织图书馆,⑧亚洲艺术公园图书馆,⑨开发区图书馆。"联合图书馆"总体建设规模大约为 16000 平方米,即主馆面积 4000 平方米,各分馆平均面积 1000 多平方米。在"联合图书馆"的所有权与管理上,集中统一管理、分层分点服务正是"联合图书馆"的核心内容。主

---

① 中共佛山市禅城区委、佛山市禅城区人民政府《关于佛山市禅城区"联合图书馆"建设方案》[EB/OL].[2006 – 12 – 20].http://www.cclib.cn/page/6 – 02.html.

馆与分馆是一个统一的整体,所有分馆的管理权必须归属区政府属下的禅城区图书馆,人、财、物及业务管理活动由主馆统筹和调配,以确保工作流程的统一和顺畅,确保服务质量的稳定和提高,实现真实意义上的资源共享。在"联合图书馆"建馆的投资方式上,不管采用何种渠道的投资方式,最终建成的"联合图书馆"的管理权必须归属禅城区图书馆。

5.2 "联合图书馆"建设成效①

佛山市禅城区联合图书馆的设想,得到了省、市、区各级领导及主管局的高度重视。佛山市禅城区联合图书馆的建设已初具规模,到2006年底已建成1个禅城区图书馆主馆和少年儿童图书馆、澜石金属图书馆、环市童装图书馆等3个分馆。

禅城区图书馆(原石湾区图书馆)作为佛山市禅城区联合图书馆的主馆,先后3次获得"国家一级图书馆"和"省文明图书馆"称号。在全国区(县)级图书馆中率先成功开发国家部级科研课题"计算机多媒体陶瓷产品数据库",为佛山陶瓷产业的发展做出了贡献,荣获佛山市政府授予的"佛山市爱国主义教育基地"和"佛山市文明窗口单位"称号,享有"小馆办大事"的美誉。

"佛山市禅城区联合图书馆——少年儿童图书馆"于2003年10月底挂牌成立,是佛山市禅城区联合图书馆的第一个分馆。目前该馆拥有少儿读物3万余册、期刊200种。该馆在做好基础服务的同时,引入全新概念,是佛山首家以玩具代替书本传播知识、开发智力的玩具图书馆,成为深受少年儿童喜爱的校外活动场所。

"佛山市禅城区联合图书馆——澜石金属图书馆"位于新落成的佛山澜石国际金属交易中心,于2005年6月7日建成开馆,是全国首家金属行业公共图书馆,并力争成为国内最大和最具权威的金属专业图书馆和国家级金属信

---

① 佛山市禅城区联合图书馆的建设与发展 [EB/OL]. [2006 - 12 - 20]. http://www. cclib. cn/page/6 - 01. htm.

息中心。该馆采取"全权委托"管理模式,开创了由镇、街道办投资建馆,禅城区政府下拨运行经费,由佛山市禅城区联合图书馆负责管理的独特的办馆模式①。

"佛山市禅城区联合图书馆——环市童装图书馆"于2006年3月23日在新落成的佛山环市童装交易中心创新中心内试开馆,是全国首家童装行业公共图书馆。该馆同样采取了"全权委托"管理模式,在提供公共图书馆信息资源服务的同时,还为童装行业提供专业信息服务和文化支持,以文化信息服务促进产业发展②。

目前正在合作筹建的"佛山市禅城区联合图书馆——外来工图书馆",将成为全国首家外来工图书馆。该馆制定了以下3个建馆目标:第一,以收藏大众文艺、科普、法律、休闲类读物为主,兼顾收藏适合禅城区产业发展需要的专业图书;第二,力争5年内实现禅城区外来工每3个人拥有1本图书;第三,把该馆建设成为全禅城区外来工的文化活动中心和自助培训基地。建设外来工图书馆是关注弱势群体、构建和谐社会的一种新的尝试③。

6 岭南模式的启示

所谓"岭南",通常是指由越城岭、都庞岭(一说揭阳岭)、萌渚岭、骑田岭、大庾岭五座山组成的五岭之南,范围包括广东、海南和广西的大部分,是中国一个特定的环境区域。这些地区不仅地理环境相近,而且人民的生活习惯也有很多相同之处。历史上,天然屏障南岭山脉阻碍了岭南地区与中原的交通、

---

① 佛山市禅城区联合图书馆"澜石金属图书馆"建设方案 [EB/OL]. [2006-12-20]. http://www.cclib.cn/page/6-04.html.

② 佛山市禅城区联合图书馆"环市童装图书馆"建设方案 [EB/OL]. [2006-12-20]. http://www.cclib.cn/page/6-03.html.

③ 佛山市禅城区联合图书馆"外来工图书馆"建设方案(草案) [EB/OL]. [2006-12-20]. http://www.cclib.cn/page/6-05.html.

经济联系，使岭南地区的经济、文化远不及中原地区，曾被北方人称为"蛮夷之地"。然而，近代以来，随着中国对外开放，岭南地区开风气之先，一直走在中国现代化和改革开放的前列，并形成了与中国其他地区迥然不同的先进的岭南文化。

20世纪80年代，海外侨胞、港澳同胞纷纷回粤捐建图书馆，开创了新时期公共图书馆建设的新局面。进入21世纪后，广东公共图书馆界率先进行各种各样的改革探索和创新发展，迅速形成了与中国其他地区公共图书馆迥异其趣的"岭南模式"。

所谓"岭南模式"，是指从广东兴起，以上述"广东模式""深圳模式""广州模式""东莞模式"和"佛山模式"为代表，主张创新、务实、求真和博采各家之长，尤其主张弘扬公共、公开、公益、共享、平等、自由的公共图书馆核心价值与服务理念，使公共图书馆朝着现代化、大众化方向发展，从而保障民众的图书馆权利和阅读权利，充分发挥图书馆在构建和谐社会中的重大作用，进而发展繁荣公共图书馆事业的模式。因为岭南模式在构想中具有创新性和预见性，在实践上具有多样性和示范性，在理论上具有先进性和丰富性，因此，岭南模式的理论和实践正在逐步形成新世纪我国图书馆事业与图书馆学术的一个独特流派——岭南派。

6.1 理念认同：公共图书馆精神的复兴

理念是事业的出发点，不同的理念一定会导致不同的结果，而且往往是差之毫厘，谬之千里。

20世纪80年代以后，在市场经济的影响下，我国公共图书馆在发展中曾一度误入歧途，有偿服务在全国十分流行，以至于公共图书馆的发展陷入进退维谷、恶性循环的误区之中。面对公共图书馆发展的困境，在世纪之交举国上下开展图书馆有偿服务的时刻，广东的一批图书馆专家学者在呼吁遵循联合国教科文组织《公共图书馆宣言》的同时，开始积极地实施《公共图书馆宣言》所阐述的各项原则，履行公共图书馆的使命。

《公共图书馆宣言》开宗明义地说:"社会和个人的自由、繁荣与发展是人类的基本价值。人类基本价值的实现取决于信息灵通的公民在社会中行使民主权利和发挥积极作用的能力。人们的建设性参与和民主社会的发展有赖于令人满意的教育和自由与无限制地利用知识、思想、文化和信息。公共图书馆,作为各地通向知识的门径,为个人和社会群体提供了终生学习、独立决策与文化发展的基本条件。"①这表明:公共图书馆是人类基本价值的体现。长期以来,人们普遍比较认同这种理念,所以对图书馆是民众终生学习的场所这个观念并无异议,但是,如何从本质上全面地认同并真正地将这种理念付诸实践则截然不同。广东图书馆界对公共图书馆精神的认同主要体现在以下几个方面:

其一,对平等权利的认同。《公共图书馆宣言》说:"公共图书馆是地方的信息中心,用户可以随时得到各种知识和信息。公共图书馆应该在人人享有平等利用权利的基础上,不分年龄、种族、性别、宗教信仰、国籍、语言或社会地位,向所有的人提供服务。公共图书馆必须为那些因各种原因不能利用普通服务的用户,例如小语种民族、伤残人员、住院人员或被监禁人员,提供特殊的服务和资料。"②如何保障和实现民众平等利用图书馆的权利,这是公共图书馆的永恒主题。进入新世纪以后,广东公共图书馆界的一系列举措,例如广东省立中山图书馆的流动图书馆、深圳和东莞的图书馆之城、佛山的联合图书馆等,其显著的共同特点是将公共图书馆的服务向下延伸,延伸到各个社区的普通民众,延伸到边远的贫困地区,延伸到伤残人士,延伸到监狱。这既体现了人人享有平等利用权利的公共图书馆精神,又十分符合关心弱势群体、构建和谐社会的时代要求,因而具有理论与实践的双重示范作用。

其二,对公共公益的认同。公共公益是实现民众平等利用图书馆权利的基本保障和前提条件。《公共图书馆宣言》规定:"公共图书馆原则上应该免

---

①② 程焕文,潘燕桃.信息资源共享[M].北京:高等教育出版社,2004:378-380.

费服务。"①近20年来,公共图书馆的公共性和公益性一直是我国图书馆界争论的焦点与热点,其具体的体现是有关有偿服务的争论与实践。进入新世纪以后,广东公共图书馆界不约而同地取消了过去的有偿服务项目,开始全面推行免证阅览、免费服务,获得了社会大众和政府的一致好评,在全国起到了表率作用。

其三,对公开共享的认同。公开共享是实现民众平等利用图书馆权利的充分保障和高级形式。长期以来,我国图书馆界在实践上经常会不自觉地陷入珍秘为守、以藏为重和条块分割、重复浪费的不良状态。进入新世纪以后,广东公共图书馆界在全面实施全国文化信息资源共享工程的同时,积极开展区域性信息资源的公开和共享,区域内四级公共图书馆(市、区、街道、社区图书馆)的信息资源共知、共建、共享成绩显著,例如文献信息资源的联采联编、"一卡通"式的通借通还、馆际互借、电子文献传递、网上联合参考咨询等已经成为十分普遍的公共图书馆运行和服务方式。这既顺应了公共图书馆发展的世界潮流,又极大地提高了公共图书馆的效益,充分地发挥了公共图书馆的作用。

其四,对普遍服务的认同。《公共图书馆宣言》指出:"公共图书馆是地方的信息中心,用户可以随时得到各种知识和信息。"②近10年来,我国公共图书馆的建设存在着图书馆越建越大,却离市民越来越远的现象,广东也存在着同样的状况。面对着这样一个值得深思的现象,广东公共图书馆界普遍认同:只有坚持国际图联颁布的公共图书馆标准,即每5万人应有一个图书馆,公共图书馆的服务半径应不超过4公里,才能使公共图书馆普遍服务民众,真正成为地方的信息中心。因此,广东省在建设大型的中心图书馆的同时,及时地调整图书馆的发展方向和重点,纷纷提出"打造1公里文化圈"或者"打造15分钟文化圈"的理念,加大力度发展乡镇(街道)图书馆和社区图书馆,使图书馆深入社区,方便读者,贴近市民。这种发展方向与《国家"十一五"时期文化发

---

①② 程焕文,潘燕桃.信息资源共享[M].北京:高等教育出版社,2004:378-380.

展规划纲要》提出的"完善公共文化服务网络""加强农村文化建设""普及文化知识"等完全吻合,体现了广东图书馆界先行一步的创新精神。正如程亚男、王晓东所言:深圳"'图书馆之城'的建设,体现现代图书馆普遍服务、平等服务、开放便利、共建共享四大基本原则。其建设的基本理念是:维护公民的文化权利,大兴勤奋读书之风"①。

6.2　责任归位:政府的主导地位与作用

长期以来,经费问题一直是困扰我国公共图书馆发展的瓶颈和关键之所在。面对经费问题的困扰,各级公共图书馆都在积极谋求解困之道,其中比较普遍的做法是自力更生,开展有偿服务,结果是既偏离了公共图书馆的基本精神,又损害了民众平等、免费利用图书馆的权利,使公共图书馆的发展陷入了越是开展有偿服务、越是失去民众和政府的支持、越是经费困难的恶性循环。

《公共图书馆宣言》已明确指出:"公共图书馆是国家和地方当局的责任。必须制定专门的法规支持公共图书馆,国家和地方政府必须为公共图书馆筹措经费。公共图书馆必须是各种长期的文化、信息供应、识字和教育战略的一个基本组成部分。"②既然"公共图书馆是国家和地方当局的责任",那么,公共图书馆就不应该去承担"国家和地方当局的责任",否则,公共图书馆的发展必然会走向歧途。

进入新世纪以来,广东公共图书馆界深刻地认识到了《公共图书馆宣言》有关"公共图书馆是国家和地方当局的责任"的重要性,通过各种有效的方式促使地方政府比较充分地认识到并承担起了其建设和发展公共图书馆的责任。

其一,积极推动各级政府制定、颁布和实施公共图书馆政策。从 1997 年 7

---

① 程亚男,王晓东.《深圳市建设"图书馆之城"(2003—2005)三年实施方案》解读[M]//深圳市建设图书馆之城推进办公室.深圳市建设图书馆之城的理念与实践.深圳:海天出版社.2006:39 - 52.
② 程焕文,潘燕桃.信息资源共享[M].北京:高等教育出版社,2004:378 - 380.

月 15 日深圳市第二届人民代表大会常务委员会第十六次会议通过我国第一部地方图书馆法规——《深圳经济特区公共图书馆条例(试行)》,到 2003 年 9 月 11 日深圳市文化局发布《深圳市建设"图书馆之城"(2003—2005)三年实施方案》;从 2003 年 1 月 15 日 17 位广东省政协委员在广东省政协八届一次会议上提出第 383 号提案《关于建立广东省流动图书馆的建议》,到 2003 年 9 月建设广东流动图书馆被写入《广东省文化大省建设规划纲要》;从 2002 年 9 月中共佛山市禅城区委、佛山市禅城区人民政府发布《关于佛山市禅城区"联合图书馆"建设方案》,到 2004 年 5 月东莞市政府下发《关于印发东莞地区图书馆总分馆制实施方案的通知》;从 2006 年 7 月广州市委宣传部和文化局委托中山大学资讯管理系牵头联合广州各类型图书馆的专家学者共同开展《广州市公共图书馆条例》的调研和起草工作,到 2006 年 12 月《广州市公共图书馆条例(草案)》被正式列入广州市人民代表大会 2007 年的立法议程……在这些有关公共图书馆建设和发展的地方政府政策的背后,都凝聚着广东公共图书馆界人士艰辛而卓有成效的公共关系影响力。

其二,积极地谋求各级地方政府承担公共图书馆的经费责任。良好的公共图书馆政策还必须有充分的经费保障才能得以有效实施。在现阶段中国的各种图书馆政策都无法对公共图书馆的经费做出明确而具体的规定的情况下,积极地影响政府的决策,谋求最大限度的经费支持,显得特别重要。在这个方面,我们可以清楚地看到广东公共图书馆界的智慧:广东流动图书馆是省政府全额拨款支持;深圳的图书馆之城是市政府负责基本建设经费支持,相关图书馆主管部门负责相应发展经费支持;东莞的图书馆之城的分馆业务管理系统和 ADSL 网络通信费由市统筹,镇区分馆所在地政府每年投入总分馆制建设的费用;佛山市禅城区联合图书馆的建设中采取"全权委托"管理模式,即馆舍及室内装修由街道投资建设,日常运作经费由区政府全额承担,以保证图书馆服务的公益性。

6.3 制度创新:模式的多样性与示范作用

一般来说,目前我国公共图书馆建设和发展的问题基本上源于公共图书馆制度的问题,而公共图书馆制度层面的问题绝不是一朝一夕就可以解决的。在这种情形下,要谋求公共图书馆的突破性发展,必须勇于和善于进行公共图书馆的制度创新。广东公共图书馆建设和发展的各种模式,在本质上体现的是公共图书馆制度的创新,而这种制度创新具有多层次性、多样性,特别是示范性和可复制性。

广东流动图书馆的建设和发展在制度创新上采用的是"一竿子捅到底"的做法。广东省立中山图书馆全权负责各流动图书馆的建设和管理,包括流动图书馆的藏书、网络、家具、设备等,而各流动图书馆则只负责提供场地和服务人员。因为所有的流动图书馆都是广东省立中山图书馆的分馆,所以,这种模式完全打破了省立图书馆仅限于省会城市的格局,将省立图书馆延伸到了省内外。

深圳图书馆之城的建设和发展则突破了市区两级政府财政"分灶吃饭""貌合神离"的制度障碍,实现了市、区(县)、镇(街道)、社区四级公共图书馆的一体化。

东莞图书馆之城的建设和发展则在构建市、区(县)、镇(街道)、社区四级公共图书馆一体化的基础上,实现了全市公共图书馆的集群管理体制,并将集群管理体制从公共图书馆系统拓展到了其他图书馆系统,呈现出各类型图书馆"大一统"的管理模式。

佛山市禅城区联合图书馆目前采用的分散管理和集中管理相结合的管理模式突破了区、镇、街道各自为政、条块分割的限制,采用镇、街道投资建馆,区政府投资维持图书馆运行的方式,建立了管理统一、服务统一、标志统一、资源高度共享的普通公共图书馆和专业公共图书馆相结合的区级公共图书馆网模式。

6.4 未来和谐:全民阅读与未成年人阅读

面对着网络与数字技术日益普及和民众阅读率不断下降的严峻挑战,公共图书馆的未来将何去何从? 近年来,广东公共图书馆的建设和发展对此给予了十分明确而有力的回应,即坚持"两条腿走路"和"两手抓,两手都要硬"的做法。

一方面,全力开展图书馆数字化、网络化建设,实施文化共享工程。在全面开展图书馆数字化和网络化建设的过程中,广东省立中山图书馆的联合参考咨询网,深圳图书馆已在全国率先采用 DILAS 系统和无线射频技术(RFID)研发的集图书自助借还书、图书自助分拣、自动整序排架、自助清点馆藏、智能图书车和射频防盗报警等一系列自动化管理功能于一体的新图书馆业务管理模式,东莞图书馆采用 3M 技术设备开设的 24 小时自助借还图书馆等,在全国均具有领先地位和示范作用。

另一方面,大力开展全民阅读。深圳市于 2000 年创设的全市群众性读书活动——"深圳读书月"截至 2006 年已经成功举办了 7 届,佛山市自 2000 年创设的"佛山市家庭读书活动"截至 2006 年已经成功举办了 7 届,东莞市于 2005 年创办的全市群众性读书活动"东莞读书节"截至 2006 年已经成功举办了 2 届,广州市从 2006 年 11 月起实施的为期 10 年的大型综合性读书文化活动"书香羊城——全民阅读系列活动"已经全面展开。这些全民读书活动已经或者正在成为这些城市的文化品牌。此外,类似佛山图书馆"公益讲座"之类的读书与科普活动品牌在广东公共图书馆界举不胜举,社会影响极其广泛。

广东省的全民阅读活动具有两个鲜明的特点:一是由各地市委和市政府统一领导规划与组织实施,由各级公共图书馆和相关单位与部门具体承办,声势浩大,影响面广,形式多样,生动活泼,全民参与,效果显著;二是普遍重视未成年人阅读,坚持"阅读从娃娃抓起",从小培养未成年人的阅读习惯,使全民阅读具有可持续发展性。这种极具远见的举措将为公共图书馆的持续发展奠定坚实的基础,值得全国图书馆界仿效推广,也值得我们去认真地思考和研究。

崛起的广州公共图书馆事业

——《公共图书馆建设与服务》序*

  《公共图书馆建设与服务——广州市图书馆专业人才高级研修班论文集》付梓在即,主编刘洪辉和叶敏邀我撰写一篇序言,我深感荣幸和欣慰,因为这本著作非同寻常,凝聚着广州市领导和图书馆界同人的公共图书馆理想和智慧,是广州市在新世纪兴起公共图书馆建设新高潮的有力见证之一。

  《公共图书馆建设与服务》收录了广州市图书馆专业人才高级研修班第一期和第二期学员撰写的 66 篇学术论文,内容涉及和谐社会建设中的公共图书馆理念、城市公共图书馆建设、公共图书馆资源建设、公共图书馆资源共享、城市公共图书馆服务,尤其是大众阅读服务、社区公共图书馆服务、弱势群体公共图书馆服务等各个方面,看似十分普通,但是如果浏览一下书后的附录"广州市图书馆专业人才高级研修班(一、二期)授课专家名录"(以下简称"授课专家名录")和"广州市图书馆专业人才高级研修班学员名录",那么,我相信读者一定会惊叹不已!

  书后的附录显示:参加广州市图书馆专业人才高级研修班的学员共有 72人(第一期 32 人,第二期 40 人),而参加授课的专家则有 50 多人。虽然作为当时的中山大学资讯管理系主任,我是广州市图书馆专业人才高级研修班的主要组织和承办者之一,但是,当我重新翻阅熟悉的"授课专家名录"时,我仍然感到十分的惊喜和由衷的欣慰。这份"授课专家名录"几乎囊括了我国图书馆界专家的精华,既有我国图书馆学教育界绝无仅有的两位图书馆学"资深教

---

  * 程焕文.崛起的广州公共图书馆事业——《公共图书馆建设与服务》序[J].图书馆论坛,2008(2):4-7,51.

授"（人文社会科学终身教授）——武汉大学信息管理学院彭斐章教授和北京大学信息管理系吴慰慈教授，以及中国科学院文献情报中心孟广均教授等德高望重的学术前辈，又有当今我国图书馆学教育的学科带头人——武汉大学信息管理学院院长陈传夫教授、北京大学信息管理系主任王余光教授、华东师范大学信息学系主任范并思教授、北京大学信息管理系李国新教授、台湾大学图书馆学系主任黄慕萱教授、台湾政治大学图书资讯与档案学研究所杨美华教授等中青年专家；既有我国图书馆界德高望重的国家图书馆原副馆长、中国图书馆学会副理事长谭祥金教授和孙蓓欣研究馆员，甘肃省图书馆原馆长潘寅生研究馆员等学术前辈，又有当今我国公共图书馆的事业带头人——上海图书馆馆长吴建中教授、首都图书馆馆长倪晓建教授、广东省立中山图书馆馆长李昭淳研究馆员等学术中坚；既有广东省立中山图书馆王贵忱先生，中山大学中文系黄天骥教授、历史系姜伯勤教授、资讯管理系陈永生教授等国内的著名人文社会科学专家，又有美国加州大学伯克利分校信息学院副院长 Ray Larson 教授、美国南康涅狄格州立大学刘燕权教授、英国利物浦大学 Robert Sanderson 博士等国外的著名图书馆学专家。其中，五分之四以上的授课专家为教授和研究馆员，三分之一以上的授课专家为博士生导师，五分之四以上的授课专家同时参加了第一期和第二期研修班的授课。如此大规模的豪华的授课专家队伍，在中国图书馆在职专业培训历史上，乃至中国图书馆学专业教育历史上均为独一无二，绝无仅有。这种独特的图书馆学专业继续教育景观发端于广州市委和广州市政府致力公共图书馆事业建设的理念感召，响应于海内外图书馆学专家学者对广州市公共图书馆建设的倾情学术奉献，是二者的完美结合与和谐共鸣。

广州市图书馆专业人才高级研修班由广州市委宣传部主办，中山大学资讯管理系承办，广州市文化局、广州图书馆和中山大学图书馆协办，先后共举办了两期：第一期（2006 年 5 月 8 日至 7 月 6 日）两个月，第二期（2007 年 3 月 12 日至 5 月 31 日）两个半月。每期的研修包括专家讲座、专题研讨、学术参观、个案调研、学术报告、指导研修、论文撰写、论文点评等教学培训模块，通常星期一至星期五为专家讲座、专题研讨、学术报告等内容,每天邀请一至二位专家做专题讲授并组织互动研讨,而周末则进行学术参观和个案调研,学员学术参观的足迹自广州、东莞、深圳,乃至澳门、香港,远及上海、苏州、杭州等图书馆事业发达城市和地区,每期学员实地考察学习的各类型图书馆达 20 个。这种边讲授边考察、边学习边研修、边调研边写作的全脱产学习,既具有名副其实的强化力度,又具有立竿见影的显著成效,开创了新世纪图书馆人才专业培训的新模式。

广州市图书馆专业人才高级研修班的举办源于原广州市委常委、宣传部部长陈建华先生的文化理想。陈建华部长是一个理想主义者,因为有理想,所以才有追求,只有理想主义者才可成就宏图伟业。多年来,陈建华部长恪守"文化遗产是根源,文化人才是根本,文化设施是根基"的文化理念,致力于广州市文化遗产、文化人才、文化设施的建设和发展。

2006 年 5 月 8 日,陈建华部长在第一期广州市图书馆专业人才高级研修班开学典礼上说:"社会发展的根本是实现人类自身的基本价值""目前中国最大的贫困是公民权利的贫困。"[①]因此,陈建华部长反复强调他的公共图书馆理念就是"反市场经济逻辑":产业部门的职责是要会赚钱,文化部门的职责是要会花钱。其文化理想就是要将广州市的博物馆、艺术馆、图书馆完全办成公益事业,并在未来几年内使广州市公共图书馆事业成为中国公共图书馆事业发展的排头兵。

2007 年 3 月 12 日,陈建华部长在第二期广州市图书馆专业人才高级研修班开学典礼上再次重申了他的图书馆理念,许多话语均为至理名言,例如:"图书馆事业的发展是实现公民文化权利的根本""党政领导在位时不重视文化事业,退休后再重视文化事业,这样的人不值得尊重""当基层的文化领导,要有文化情结,要重视图书馆事业,有权不用,过期作废,悔之莫及""把钱花在图书

① 崛起的广州市公共图书馆事业——向陈建华部长致敬 [EB/OL]. [2007-12-25]. http://blog.sina.com.cn/s/blog_4978019f01000358.html.

馆上,任何时候都不会出错"①。

我相信,陈建华部长没有看过联合国教科文组织和国际图书馆协会联合会颁布的《公共图书馆宣言》,但是他的这些理念和理想与《公共图书馆宣言》所阐述的公共图书馆精神保持了高度一致,这令我们图书馆人感到非常的惊喜和佩服。更令我们惊喜和佩服的是,他的这些理念和理想完全符合于2006年9月发布的《国家"十一五"时期文化发展规划纲要》②和2006年10月通过的《中共中央关于构建社会主义和谐社会若干重大问题的决定》③的基本精神,完全符合其后胡锦涛总书记于2007年10月15日所作的《高举中国特色社会主义伟大旗帜 为夺取全面建设小康社会新胜利而奋斗——在中国共产党第十七次全国代表大会上的报告》④的基本精神。

陈建华部长的图书馆理念来自他的文化理想,来自他的图书馆情结,正如陈建华部长所言:他与图书馆有缘分,有浓厚的图书馆情结。陈建华部长上中学时国家正处在"书荒"年代,因为崇拜鲁迅先生,陈建华部长曾经翻墙到图书馆内偷读《鲁迅全集》等图书,从此树立了自己的世界观和人生理想,更深知图书馆不可或缺的重要性,因此,陈建华部长参加工作后在担任广东省委原书记谢非同志的秘书时曾经上书建议修建广东省科技图书馆,最后促成1亿元的拨款。

陈建华部长是个理想主义者,但是他更崇尚知行合一,通过不断的实践把自己的理想变成现实。因为"浓厚的图书馆情结",他在担任广州市委宣传部

---

① 解不开的图书馆情结:第二期广州市公共图书馆专业人才高级研修班开学[EB/OL].[2007 – 12 – 25].http://blog.sina.com.cn/s/blog_4978019f010007hk.html.

② 国家"十一五"时期文化发展规划纲要[EB/OL].[2007 – 12 – 25].http://news3.xinhuanet.com/politics/2006 – 09/13/content_5087533.htm.

③ 中共中央关于构建社会主义和谐社会若干重大问题的决定(2006年10月11日中国共产党第十六届中央委员会第六次全体会议通过)[EB/OL].[2007 – 12 – 25].http://news3.xinhuanet.com/politics/2006 – 10/18/content_5218639.htm.

④ 胡锦涛在党的十七大上的报告(全文)[EB/OL].[2007 – 12 – 25].http://www.chinadaily.com.cn/hqzg/2007 – 10/25/content_6220107.htm.

部长期间亲自导演了广州市公共图书馆事业发展的"三部曲"。

第一部曲:公共图书馆建设

2005 年,为了公共图书馆的资源建设,陈建华部长亲自规划设计了一个图书订购系统,并拨专款 2000 万元用于图书采购,结果广州市各公共图书馆通过网上选购,以平均不足 3 折的价格补充了数百万册图书。陈建华部长拨款的理由非常简单:文明城市人均拥有图书的标准是 1.6 册,广州市没有达标。广州市招标中心说:该项目的招标大异于普通的政府采购招标,可以称为政府采购的典范,因为它实现了政府资金效率、图书馆资源建设、出版社图书发行、市民大众阅读的"四赢"!这的确可以成为当今我国图书馆书刊采购的典型成功案例。

2005 年广州市区县行政区划变更,东山区与越秀区合并,东山区政府大楼因两个区的合并而舍弃,有人建议将其改做老干部活动中心,有人建议改做商业用地或者其他用途,陈建华部长率先向广州市政府提出把东山区政府大楼改建为区图书馆的建议,因图书馆乃公益事业,所以新闻报道一经发表,就深受民众欢迎拥护,其他动议自然而然无声无息。不仅如此,陈建华部长还拨专款对该图书馆进行装修。2007 年 3 月 12 日,在第二期广州市图书馆专业人才高级研修班开学典礼之前,越秀区图书馆举行了隆重的开馆典礼,一座处于闹市中心的休闲式公共图书馆在广州市迅速崛起。

2006 年初,广州图书馆新馆奠基开工,3 年内面积达 9 万平方米的现代化公共图书馆将在广州市拔地而起,免费向市民开放。记得数年前,因为广州图书馆新馆建设项目搁浅,我曾在媒体上进行过抨击。没想到,陈建华先生出任部长以后主动拨款 120 万元,重新启动了搁置多年的广州图书馆新馆建设项目的调研与论证,从而使该建设项目起死回生。有趣的是,广州图书馆新馆建设的经费来源是每年从地铁建设经费中拿出的半公里预算(2.5 亿元),这正是陈建华部长的建议和智慧。

2006 年 6 月 1 日,面积超过 2 万平方米的广州市黄埔区图书馆新馆正式开馆。

2007 年 6 月 1 日,坐落在珠江之滨海珠区樱花街的广州少年儿童图书馆海珠分馆正式开馆。该分馆是一座建筑的两层裙楼,原为肉菜市场,因为城市建设的原因需要改做其他用途。为加强未成年人文化阵地的建设,进一步加强广州市未成年人的素质道德教育,加之考虑到广州少儿图书馆的现有馆舍楼龄较长、面积较小、功能不够完善,在陈建华部长的亲自推动下,广州市委、市政府投资 1000 多万元将海珠区樱花街的肉菜市场改造增建成了一个 4600 平方米的广州少儿图书馆分馆,使广州少年儿童图书馆的馆舍总面积达到了 8800 多平方米,位居全国少儿图书馆前列,为广州市 240 多万名少年儿童增添了一个健康成长的知识乐园①。

此外,在陈建华部长的亲自推动下,目前正在建设的处于广州市天河区黄金地段的太古文化广场,亦将建设一个 1 万平方米的工具书图书馆;经陈建华部长拨款支持,增城图书馆和从化图书馆亦正在筹备建设中。在未来几年内,广州市各级公共图书馆新馆建设的总面积将超过 20 万平方米。

第二部曲:公共图书馆人才培养

2006 年 5 月 8 日,陈建华部长在第一期广州市图书馆专业人才高级研修班开学典礼上说:在未来三年内,广州市各级公共图书馆新馆建设的总面积将超过 20 万平方米,在这个过程中,人才建设是根本,所以必须从今年起开办广州市图书馆专业人才高级研修班,以培养高素质的公共图书馆管理人才。首期参加为期两个月研修班的学员为各馆负责人,研修班的考勤将作为未来学员晋升的依据;市委宣传部和有关部门亲自从全国各地的图书馆学专家学者中"海选"了 30 多位研修班的教师;除专家学者授课以外,每周还组织公共图

---

① 肉菜市场变儿童天堂:一份最珍贵的"六一儿童节"礼物(超强组图)[EB/OL].
[2007 - 12 - 25]. http://blog. sina. com. cn/s/blog_4978019f010008gx. html.

书馆的学术参观。由此可见,广州市培养公共图书馆人才的力度和强度。

陈建华部长在第一期广州图书馆专业人才高级研修班开学典礼上说:该研修班还将继续办下去,中山大学资讯管理系将成为广州市公共图书馆人才的培养基地。不仅如此,广州市委宣传部部长还将选送毕业的学员赴国外访问培训。为此,我曾经感叹:有这样的宣传部部长,广州市的公共图书馆馆员真是幸运和令人羡慕,广州市的公共图书馆事业必将崛起和腾飞。2007 年 3月,第二期研修班如期举行。目前,选派广州市公共图书馆业务骨干赴美国洛杉矶县公共图书馆访问培训的工作也在顺利进行之中。

第三部曲:制定《广州市公共图书馆条例》

陈建华部长认为,公共图书馆事业的发展不能仅靠某个人或者某些人的觉悟,必须要有政策的支持和制度的保障,只有这样公共图书馆才能走上持续发展的健康道路。因此,广州市必须尽快通过人大立法,制定《广州市公共图书馆条例》,以便将来依法发展广州市的公共图书馆事业。

陈建华部长崇尚知行合一,他的知行合一可谓是雷厉风行,立竿见影。2006 年 5 月 8 日,在第一期研修班开学典礼结束后,陈建华部长当即决定委托中山大学资讯管理系负责《广州市公共图书馆条例》的调研和起草工作,并建议把该课题正式列为广州市重点科研项目。其后,我们课题组全体成员齐心协力,在半年多的时间内顺利地完成了《广州市公共图书馆条例(草案)》的调研和起草工作任务。2007 年广州市人大会议已将《广州市公共图书馆条例》列入广州市人大的立法项目计划。目前,《广州市公共图书馆条例(草案)》已经完成了公开征求意见等立法程序,我国第五部地方图书馆立法即将诞生。

陈建华部长在亲自导演广州市公共图书馆事业发展"三部曲"的同时,还亲自导演了"三部曲"的"协奏曲"——"书香羊城——全民阅读十年计划"。

为创建文明城市,在陈建华部长的亲自推动下,广州市于 2006 年 11 月制定和发布了《书香羊城——全民阅读系列活动方案》,决定从 2006 年起开展为期 10 年的大型综合性读书文化活动——"书香羊城——全民阅读系列活动"。

为此,广州市专门成立了全民阅读活动指导委员会和全民阅读活动组织委员会,市委书记、市长亲自担任主任、副主任。活动经费由市委宣传部、财政局每年在专项经费中拨出,专款专用。该活动以建设学习型城市为目标,以提高市民的文化素质为主题,旨在通过每年举办"全民读书月"等一系列形式多样的活动,重点培养青少年和儿童良好的阅读习惯,激发市民的阅读兴趣,以提高市民素质,应对知识经济时代的迫切需求,为广州建设现代化大都市提供强大的精神动力、思想保障和智力支持。作为全民阅读系列活动的一项重要内容,广州市"全民阅读月"活动于每年 12 月举办,由市直机关工委、广州警备区政治部、市教育局、团市委、市总工会、市妇联和各区(县级市)委宣传部(文明办)等单位牵头开展"阅读进机关""阅读进军营""阅读进校园""阅读进企业""阅读进家庭""阅读进社区、农村""羊城青年学堂""书香伴我同成长"等系列活动。2006 年 11 月 16 日上午,广州市首届"全民阅读月"活动启动仪式暨 2006 年羊城书展开幕式在天河体育中心南门广场隆重举行,10 年打造书香羊城的序幕已经拉开[①]。

"书香羊城——全民阅读十年计划"为什么是十年? 陈建华部长说,"我们就是要抓 0—10 岁少年儿童的读书,要抓 10—20 岁青少年的读书,10 年以后见成效"。这种远见卓识将奠定未来 10 年,乃至 20 年广州市全面和谐可持续发展和图书馆事业发展的基础。

在这样令人振奋的广州市图书馆建设和发展背景下,广州市图书馆专业人才高级研修班自然非同一般,深受各界人士高度重视,令全国图书馆界瞩目和景仰。

中山大学校长黄达人教授,中山大学党委副书记、副校长李萍教授,广州市委常委、宣传部部长陈建华先生,广州市委常委、副部长李哲夫先生,广州市

---

① 倡导全民阅读 建设和谐文化[EB/OL].[2007 – 12 – 25]. http://www. guangzhou. gov. cn/node_392/node_401/node_408/2006 – 11/1163666400140413. shtml;汤应武副部长在"书香羊城——全民阅读系列活动"工作会议上的讲话[EB/OL].[2007 – 12 – 25]. http://www. guangzhou. gov. cn/node_687/node_688/node_713/2006 – 10/1162276267136488. shtml.

文化局局长陶诚先生等 20 余位领导亲自参加了第一期和第二期研修班开学典礼。中山大学党委副书记、副校长李萍教授在第一期研修班开学典礼的致辞中说，这是她有生以来第一次参加这样别开生面的开学典礼，虽然这个普通的研修班只有 32 位学员，可是前来参加开学典礼的嘉宾却有广州市委常委、宣传部部长，市委宣传部副部长，市文化局党委书记，市文化局副局长，各处处长，中山大学有关领导、教师等 30 多人。李萍副校长为如此之多的党政高层领导高度重视这样一个普通的图书馆专业人才研修班且亲自参加开学典礼所感动，所有的学员更是为之感动！中山大学校长黄达人教授在第二期研修班开学典礼的致辞中说：他对图书馆和图书馆员始终充满了敬意，每次到图书馆来参加活动，都会发表热情洋溢的讲话。我相信研修班的学员们不会忘记黄达人校长的肺腑之言："大学和社会的发展要靠制度的力量和文化的力量，而文化的力量远远大于制度的力量""办理图书馆要有品位、有眼光""大学、医院和图书馆通常是安置家属的重要场所，我很高兴，中大的校医院已经有 5 年没有安排一个家属，我也从没有向校图书馆安排家属""我到处宣传建设大学的新校区，首先要建好图书馆"。

　　更令人感动的是，所有的授课专家，无论是年逾古稀的资深教授，还是风华正茂的学术带头人；无论是信息管理学院（系）的院长、系主任，还是图书馆馆长，虽然他们工作繁忙，但是没有一个人拒绝过我们的授课邀请，他们均以能够为广州市公共图书馆的发展奉献自己的力量而感到无上光荣。学员们在外出参观学习时，上海图书馆馆长吴建中教授、党委副书记王世伟博士，杭州图书馆褚树青馆长，苏州市图书馆邱冠华馆长，深圳图书馆吴晞馆长，东莞图书馆李东来馆长等各地的馆长均在百忙之中拨冗亲自做专题学术报告，陪同学员参观学习，讲解图书馆的发展经验，回答学员的各种问题。

　　在研修班开办期间，各地图书馆纷纷来电要求派员参加，中山大学资讯管理系的研究生也以能够一睹著名图书馆学专家的风采为荣幸，广州市委宣传部的多位处长一直在跟班听课。我清楚地记得，第一期研修班进入第二周时，2006 年 5 月 15 日上午 8 点多，市委宣传部的一位青年干部来到我的办公室告知:广州市委常委、宣传部部长陈建华今天上午将专程前来听蒋永福教授的学术讲座,并嘱咐不必惊动校方。这可是破天荒地振奋人心的喜讯——在一百多年的中国近现代图书馆历史上第一次有一位高级干部在百忙之中不请自来,像一名普通的图书馆从业人员一样真心诚意地、专心致志地听一位普通图书馆学专家的学术讲座。在课间休息的时候,陈部长说:明天上午还要来听于良芝教授的学术讲座。我和所有的学员都为此感动,为此振奋,为此喝彩!

中山大学资讯管理系对研修班给予了高度的重视,每期研修班均聘请了两位班主任全程管理研修班的各项事务,指导学员研修。第一期研修班的班主任为中山大学图书馆原馆长赵燕群研究馆员和中山大学图书馆与资讯科学研究所副所长、资讯管理系潘燕桃副教授,第二研修班的班主任为赵燕群研究馆员和中山大学资讯管理系陈定权教授,他们为研修班的顺利进行付出了满腔热情和大量精力。尤其令人感动的是,国家图书馆原副馆长、中国图书馆学会原副理事长和中山大学资讯管理系原主任谭祥金教授一直担任着研修班义务班主任的重要角色,亲自联系和陪同学员到各地图书馆参观学习,给研修班提供了许多无私帮助。

虽然陈建华部长在 2007 年 5 月已调任广东省河源市委书记,但是,广州市图书馆专业人才高级研修班的举办为广州市公共图书馆的发展埋下了专业人才的种子①。如今,广州市委宣传部将第一期和第二期研修班学员们撰写的学术论文与调研报告结集成册正式出版,正逢我国开始"兴起社会主义文化建设新高潮"之时。

2007 年 10 月 15 日,胡锦涛总书记在《高举中国特色社会主义伟大旗帜为夺取全面建设小康社会新胜利而奋斗——在中国共产党第十七次全国代表大会上的报告》中指出:"推动社会主义文化大发展大繁荣……要坚持社会主

---

① 令图书馆界揪心的高层官员调动:陈建华部长调任河源市委书记[EB/OL].[2007 - 12 - 25]. http://blog. sina. com. cn/s/blog_4978019f01000843. html.

义先进文化前进方向,兴起社会主义文化建设新高潮,激发全民族文化创造活力,提高国家文化软实力,使人民基本文化权益得到更好保障,使社会文化生活更加丰富多彩,使人民精神风貌更加昂扬向上。"①

2007 年 12 月 25 日,中共中央政治局委员、广东省委书记汪洋在中共广东省委十届二次全会上的讲话中强调:当前广东的发展已经站在了一个新的历史起点上,正处于经济社会发展全面转入科学发展轨道的关键时期,广东作为改革开放的先行区,科学发展观思想的提出地,要继续解放思想,坚持改革开放,以当年改革开放初期"杀开一条血路"的气魄,努力在实践科学发展观上闯出一条新路,争当实践科学发展观的排头兵。中共广东省委十届二次全会提出:着力提高全民文明素质,文化大省建设开创新局面;要大力发展社会主义民主政治,切实保障人民群众的民主权利;要兴起社会主义文化建设新高潮,提升广东文化软实力②。

2007 年 12 月 27 日,广州市委常委、宣传部部长王晓玲表示:2008 年要以庆祝改革开放 30 周年为契机,在全市掀起解放思想的大讨论。一套"有广州特色"的文化体制改革方案已经基本确定,2008 年会重点推出。该方案改革力度很大,将会"不鸣则已,一鸣惊人"③。

在全国"兴起社会主义文化建设新高潮"的时刻,我们期待着广州市图书馆建设高潮的到来,相信在广州市委、广州市政府、市委宣传部、市文化局的领导下,广州市图书馆事业的发展将会像市委宣传部部长王晓玲所说的那样"不鸣则已,一鸣惊人"。

---

① 胡锦涛在党的十七大上的报告(全文)[EB/OL].[2007 - 12 - 25].http://www.
chinadaily. com. cn/hqzg/2007 - 10/25/content_6220107. htm.

② 省委十届二次全会在广州隆重开幕[EB/OL].[2007 - 12 - 25].http://www.
nanfangdaily. com. cn/southnews/newdaily/yw/200712260138. asp.

③ 在全市掀起思想解放大讨论[EB/OL].[2007 - 12 - 25].http://www. nanfangdaily.
com. cn/southnews/dd/dsb/A35/200712270132. asp.

全面评价《广州市公共图书馆条例》*

刚才国新已经讲过,《广州市公共图书馆条例》(以下简称《条例》)要比国家制定的《中华人民共和国公共图书馆法》(以下简称《公共图书馆法》)先进,而我的基本评价是在《公共图书馆法》颁布后直到再修改的时候,《条例》可能还会比它先进。从目前的情形来看,《条例》会在较长一段时间在国内处于领先地位,在现有的六部地方性图书馆法规中,它是最好的法规,我不相信其他的地方图书馆立法会达到《条例》这个认知水准,请大家接受我的这种自我吹捧。

在 2015 年 5 月 1 日《条例》正式实施之前,广州市政府召开了一次实施工作会议,陈建华市长和王东副市长亲自参加,召集了全市各个职能部门和各个区的负责人,一共有四个人发言,一个是我本人做的发言,一个是广州图书馆馆长方家忠,还有一个是越秀区的区长,最后是陈建华市长的长篇讲话。我的讲话其实很简单,题目也非常明确——《全面履行政府的图书馆责任,充分保障市民的图书馆权利》。《条例》的制定和《公共图书馆法》的制定是彼此关联的,我们在制定《公共图书馆法》时必须非常清楚公共图书馆最普遍的价值观念是什么,这个是第一重要的。中国公共图书馆有个特点,那就是它践行的是世界公共图书馆的普遍价值,这个是必须考虑的事情。第二个需要我们去把握的重点是公共服务普遍均等、惠及全民,这是新世纪以来党和国家关于公共文化发展的最基本政策,第三个才是我们公共图书馆发展的实情。

在《条例》开始实施之前,潘燕桃教授对所有相关的政策进行了解读和说

---

* 本文是程焕文在 2015 年中国图书馆学会年会(广州,2015 年 12 月 15—17 日)公共图书馆法制建设主题论坛上的发言,由《图书馆建设》编辑部根据录音记录。见:程焕文.全面评价《广州市公共图书馆条例》[J].图书馆建设,2016(1):19 – 20.

明,因为这是地方的图书馆条例,所以它可以规定得很具体。《条例》和现在的《公共图书馆法》最大的不同是,《条例》开章明义地写清楚其目的是"实现与保障民众的基本文化权益"。怎么去实现和保障?我们在《条例》中间用了很多最基本的概念,如常住人口,原来我们用的是服务人口,后来经过博弈改为常住人口。《条例》的精髓是把所有的规定都界定为"人均",如馆舍面积人均多少,藏书量人均多少,年增长量人均多少。如果一个地方的图书馆面积按照人均算完以后只有零点几平方,政府应不应该尽这个责任? 一年的人均藏书增长量零点几册,七八年乃至十年后,全市人均才增加一册,政府不应该尽这个责任吗?所以《条例》充满了智慧,是很了不起的。没办法规定的内容,《条例》就从具体的量上进行规定,那么政府就要按照规定给予资金支持。《条例》对馆长的规定也是很清楚的,"馆长负责制"是一个很超前的说法。现在的政府官员调动得太快,图书馆馆长轮岗更快,有很多不懂专业的人担任图书馆馆长,大学也是一样频繁地轮岗。我的基本观念是,图书馆就是一个专业技术部门,它不是一个行政管理部门,所以《条例》特别规定必须"具有五年以上图书馆工作经验"的人员才能做馆长,也就是说,如果有专业技术但是没有从事过图书馆工作的人员是不能做馆长的,这就保证了图书馆的发展品质,保障了民众的基本权益。《条例》给大家描绘了一个公共图书馆的蓝图,就是建立四级的公共图书馆管理体制及这个体制如何运行下去。广州的公共图书馆总体而言落后于北京和上海,我想未来十年或二十年,广州的公共图书馆一定会赶上去,甚至要超过它们。这种文化的竞争是一种良性的竞争,你做得好,我比你做得更好,然后你比我做得更好。所以我们对《条例》是比较满意的,但不是最满意,其实还有好多想法没有放进去,但是我们完成了一个公共图书馆法规的基本任务,那就是可以实现和保障民众的基本图书馆权益,让他们享有平等和自由利用图书馆的权利。

昨天在"迈向权利保障时代——公共图书馆发展与广州实践"主题论坛上,我发表了一通慷慨激昂的演讲。刚才朱主任说我昨天的讲话是刨根性质的,也就是把《公共图书馆法》要整个推翻掉,我觉得是有这个意思的,但是非我的本意,所以我现在要讲一下《公共图书馆法》。对于《公共图书馆法》,大家期盼已久,刚刚刘司长也做了很多的解释,这个过程确实很艰难,他们在此之前已经付出了非常艰辛的劳动,是经过各个政府部门,各种意见的协调、博弈、妥协的结果,多少年来心灵的折磨是我们无法领会的。但是我认为现在的草案会对我们的公共图书馆事业造成不良的影响,这话说得很严重。为什么?因为首先它对公共图书馆的定义是不清晰的,甚至我认为是错误的。刚才国新讲到定义中的"非营利组织",我们最清楚的 OCLC 就是非营利组织,可是它每年要赚十几亿美金。非营利性就是指图书馆的人员可以赚钱,服务可以有偿,但是不能以营利为目的,只能为了保本,这个定义是很要命的一件事情,和后面的免费服务完全是冲突的。其次,政府设立的图书馆是公共图书馆,可是公民、法人或其他组织设立的图书馆都是不可能成为公共图书馆的,公民设立的图书馆是私有财产,法人或公司设立的图书馆是公司的财产,凭什么要它们成为公共图书馆呢? 在任何时候,我们都应该清楚公民、法人、其他组织设立的图书馆都是公共图书馆的补充方式,永远不可以成为主流。如果图书馆界有一个声音要让民办图书馆成为公共图书馆的主流,那么这就是在坑害我们的事业,想毁掉我们的事业。所以任何时候,公共图书馆都是政府的责任,如果到今天还不能明确公共图书馆是政府的责任,那么就罔顾了一百多年来中国公共图书馆的发展历史,就是倒退,这是非常重要的事情。再次,在第 37 条第 5 款有一条惩罚措施,即公共图书馆"所举办活动的主题、内容造成恶劣影响的",我认为其影响是极不好的,这违背了图书馆的基本精神,草案中涵盖了太多的审查内容,在国际上图书馆举办活动是不应该受到干预的。这个草案如果翻译成英文版后,在国际图书馆界是会被所有人攻击的。还有第 4 款规定"入藏来源不明或者来源不合法的文献信息资源的"也会受到处分,可实际上图书馆就是收藏了很多来历不明的东西。

肖燕(中国图书馆学会学术研究委员会图书馆法律与知识产权分会副主任,清华大学研究馆员):理想很丰满,现实很骨感。我们的程焕文主任,大家都知道他是研究图书馆史的。我国的图书馆立法启动于2001年,中图学会的图书馆法与知识产权研究专业委员会成立于2002年,程焕文是该专业委员会的第一任主任,李国新是副主任,我是委员,我们在一起合作已经十几年了,为了我们国家的立法,为了图书馆事业,确实一直在努力。我的问题是在《广州市公共图书馆条例》的制定过程中,你是智囊,是操刀者,还是其他的角色?

程焕文:昨天陈建华市长说我是始作俑者。因为他当年要建立广州图书馆的新馆,他希望在新馆建成之前,先有人才的储备,所以他就委托我来帮他开办公共图书馆员的培训班,于是我就按照广州图书馆的要求,把所有相关的图书馆界的朋友们、专家们、大牌教授们请过来。他当时也去听了几次课,我们中午在学校的饭堂吃工作餐时,谈到了未来图书馆事业的发展,我说你重视图书馆是让我们很开心的一件事情,但是如果下一任领导对这个没兴趣,那么这件事情也就做不下去了。他问我怎么可以把它做好,我说赶紧出台图书馆方面的立法,在制度上给予保证,那么下一任领导就会把这件事情继续做下去。他说那好,我们制定一个图书馆条例。因此,我们就开始进行立法调研、法规起草,所有的起草、立法说明都是我和潘教授两个人亲自完成的,调研是由广州图书馆负责完成,后面全程的修改,直到交到人大法工委,刘洪辉、方家忠一直参与其中。

肖燕:刚才你对《公共图书馆法》征求意见稿提出了很多意见,请问你是否想把你的思想写成文字,寄给国务院法制办?

程焕文:我说过你写再多的文章,不如把这个意见直接在政策中表达,在征求意见期间,也许越多人发表意见,越会促进草案的进一步完善。今天比较好的是,朱兵主任和刘小琴司长都在这里,他们是草案的重要参与者,我们已经表达了一个声音,接下来我也希望自己抽出时间,针对具体的条文写出建设性的意见,并做理由说明,而不是说直接改成什么样子。这是我们图书馆界的大事,而且是关系到未来几十年公共图书馆发展的大事,大家都应该放下你的著述和写文章的笔,把焦点集中在这,我也会抽出时间,把意见表达上去。

陈建华的图书馆情怀[*]

2021 年 3 月 5—11 日,十三届全国人大四次会议在京召开,参会代表共提出建议 8993 件,其中涉及科教文卫方面的建议占建议总数近四分之一。2021 年 4 月 6 日,全国人大常委会秘书长杨振武在十三届全国人大四次会议代表建议交办会上表示,按照全国人大组织法和代表法的有关规定,这些建议交由 194 家承办单位研究办理①。

会议期间,全国人大广东代表团代表陈建华提交了三件有关图书馆的建议:《关于国家采购数字资源并免费开放社会利用的建议》《关于将古籍保护扩展为文献保护的建议》和《关于组织开展 DNA 存储产业布局的建议》。这是迄今为止编者所知全国人大代表在会议期间提交有关图书馆建议的数量之最,代表着新时代图书馆的最强音。为此,《图书馆论坛》以专题形式刊发全文,以共同鼓与呼。

1 "三根"文化理念

陈建华代表是一位 1972 年参加"上山下乡"的知青,1978 年从广东省陆丰县畜牧果农场考入北京钢铁学院机械系冶金机械专业学习,1982 毕业后分配到广东省韶关钢铁厂转炉车间工作,因此他时常自称是一位地道的"理工男"。1984 年 11 月,调至广东省直机关工作。1992 年 1 月,邓小平同志到武

---

* 本文为《图书馆论坛》"时代强音:全国人大代表图书馆建议"专题栏目的前言。见:程焕文.陈建华的图书馆情怀[J].图书馆论坛,2021(8):43 – 48.

① 王比学.十三届全国人大四次会议 8993 件代表建议统一交办[N].人民日报,2021 – 04 – 07(4).

昌、深圳、珠海、上海等地视察,发表一系列重要谈话。邓小平同志在广东视察期间,陈建华负责全程记录和整理邓小平同志的南方谈话。1998 年 12 月,从广东省委办公厅副主任上调至广州工作,先后担任广州市委常委兼从化市委书记、广州市委宣传部部长。之后,相继担任河源市委书记、广州市市长、广州市人大常委会主任等职,直到 2020 年 6 月退休。陈建华长期在广东、广州工作,从知青到"理工男",再到不同岗位的领导,似乎与文化和图书馆并没有什么直接关系。然而,"文革"时期翻窗潜入尘封的图书馆"偷读"书籍的经历在他的心里埋下了终生难忘的美好图书馆情怀。

"文化遗产是根源,文化人才是根本,文化设施是根基"是陈建华数十年来一直秉持和努力践行的文化理念。因为"文化遗产是根源",所以他一直致力于文化遗产的保护和弘扬;因为"文化人才是根本",所以他一直高度重视文博人才和图书馆人才的培养与人才队伍的建设;因为"文化设施是根基",所以他一直不遗余力地大规模建设图书馆、博物馆和艺术馆。

在担任从化市委书记期间,陈建华兼任从化市文物管理委员会主任委员,与主管文化、城建的副市长潘安一起,两次开展文物普查,发掘了太平镇钱岗村和广裕祠等一批文化遗产,拨专款修复广裕祠。2003 年,广裕祠修复工程荣获联合国亚太地区文化遗产保护奖(The UN Award of the Cultural Relics Conservation)的最高奖——杰出项目奖(The First-place Award of Excellence),陈建华和他的团队获得国际文化遗产保护表彰①。

2002 年 11 月,陈建华在出任广州市委常委、宣传部部长后开始更加全面地在广州市践行"三根"文化理念。

2003 年 6 月,在陈建华的主持下,继 1956 年、1982 年和 1999 年三次开展广州市文物普查之后,广州市以全新的文化遗产理念在更广的领域和更深的层面,开展了广州有史以来最广泛的地毯式的第四次文化遗产普查。全市2000 多名文化遗产工作者参加普查工作,不但拾起众多遗珠,更将文物的外延

---

① 杨晓南. 从化广裕祠首获联合国大奖第一名[N].广州日报,2003 - 09 - 10(1).

扩展到前所未有的广度,汇聚成当时正在进行的第三次全国文物普查的"广州经验"。2008 年,陈建华主编的《广州市文物普查汇编》由广州出版社出版。经过 6 年普查,获得 4334 条文物线索,文字记述、照片、测绘图、碑刻拓本和分布位置相互关联,成为广州有史以来最为全面的文物宝藏图,开创了文物志编撰的新篇章。不仅如此,陈建华还通过广州市规划局把《广州市文物普查汇编》中所有不可移动文物列入城市紫线保护范围,使古建筑、古村落等文化遗产在其后的城乡建设中得到全面保护。

2 广州市图书馆发展"三部曲"

陈建华是一个崇尚知行合一的现实主义者,总是善于把崇高的文化理想通过不断的实践行动变成现实。在担任市委宣传部部长期间,陈建华亲自导演了广州市图书馆发展的"三部曲"。

2.1 第一部曲:公共图书馆资源建设与馆舍建设

2005 年,为了解决广州公共图书馆文献资源严重不足的问题,陈建华亲自规划设计了一个图书订购系统,并拨专款 2000 万元用于图书采购,结果广州市各公共图书馆通过网上选购,以平均不足 3 折的价格补充了数百万册图书。拨款的理由非常简单:文明城市人均拥有图书的标准是 1.6 册,广州市没有达标。广州市招标中心说:该项目的招标大异于普通的政府采购招标,可以称为政府采购的典范,因为它实现了政府资金效率、图书馆资源建设、出版社图书发行、市民大众阅读的"四赢"。这个举措在图书馆图书采购招标还没有在中国普遍开始的 2005 年是一个了不起的创举。

广州图书馆的历史可以追溯到 1927 年,其后的半个世纪时办时停,与省馆时分时合,直到 1981 年广州市政府将位于广州市中山四路 42 号的"星火燎原展览馆"改为广州图书馆,才有了专门的馆舍。进入新世纪以后,这座建筑面积 1.8 万平方米的馆舍已经远远不能满足市民的需要,于是,筹建新馆成了市民的热切期盼。然而,由于经费的原因,广州市图书馆新馆建设项目一直只有动议而未能立项。在市委、市政府的规划统筹下,陈建华亲力亲为,重新启动广州图书馆新馆建设项目的调研和论证。2004年10月,广州发展计划委员会正式批复,同意广州图书馆新馆建设项目立项。2006年2月20日,广州图书馆新馆正式奠基。

2005年广州市区县行政区划变更时,东山区与越秀区合并,地处市中心的东山区政府大楼因合并而不再用作政府办公,许多人建议改做老干部活动中心,市委宣传部和市文化局率先向广州市政府提出把东山区政府大楼改造为区图书馆的建议,得到市政府的批准。越秀区图书馆结合该馆地处商业闹市中心的特点,设置大面积的休闲阅读服务区,率先在全国公共图书馆开展休闲阅读服务,成为当时在网上红极一时的图书馆。

2006年6月,在市委宣传部和市文化局推动下,面积超过2万平方米的广州市黄埔区图书馆新馆正式落成开放,增城图书馆、从化图书馆亦相继落成。

2007年6月1日,坐落在广州市滨江东路樱花街江丽苑的广州少年儿童图书馆海珠分馆闪亮开馆,成为广州市委、市政府向全市少年儿童赠送的一份最珍贵的"儿童节"礼物。樱花街江丽苑首层和第二层原是肉菜市场,为了满足少年儿童阅读的迫切需求,市委宣传部和市文化局建议市政府将这个肉菜市场收回改造为少年儿童图书馆。经过近两年的建设,投资1000多万元,建筑面积达4600平方米、藏书20多万册、期刊800多种、阅览座位400多个的现代化少年儿童图书馆大放光彩,成为中国第一个少年儿童图书馆分馆。

2.2 第二部曲:公共图书馆人才培养

人才建设是根本。在陈建华担任广州市委宣传部部长之初,广州市文化局决定派遣时任广州图书馆副馆长的方家忠和时任广州少年儿童图书馆馆长的刘洪辉赴美国加州洛杉矶县公共图书馆访问进修一年(2002年9月—2003年9月),学习美国公共图书馆的先进管理理念和技术方法,为广州公共图书馆的发展奠定了领军专业人才的基础。

在广州图书馆新馆建设的同时,陈建华认为必须全力开展专业人才队伍的建设,以适应未来广州图书馆事业发展的需要。为此,市委宣传部拨专款委托中山大学资讯管理系开办广州市图书馆专业人才高级研修班,以培养高素质的公共图书馆管理人才。市委宣传部和市文化局专门制定了高级研修班计划:每期研修班的时间为两个月;首期参加研修班的学员为广州图书馆和各区图书馆的负责人,所有学员不可以有任何缺勤,研修班的考勤将作为学员未来晋升的依据;市委宣传部、市文化局、广州图书馆和中山大学资讯管理系协商,从全国各地遴选和邀请30多位著名的图书馆学专家学者担任首期高级研修班的教师;除专家学者授课以外,每个周末安排学员赴珠江三角洲各市图书馆参观学习,期末集中赴省外和港澳地区的公共图书馆游学调研。

在高级研修班开课期间,陈建华时常放下或者取消一些重要日程安排,前来中山大学图书馆,坐在不起眼的学员位置上听课,每次均嘱咐组织者不要惊动学校领导,不要告诉应邀前来讲学的外地图书馆专家。他总是真诚地说,自己不是领导而是学生,需要虚心地向图书馆界的各位老师学习。他的虚心好学感动了所有参加高级研修班的师生。

在第一期广州市图书馆专业人才高级研修班结业后,市委宣传部和市文化局又相继拨款举办了第二期和第三期高级研修班,对广州图书馆和各区图书馆的中层以上骨干进行了全员培训,为其后广州公共图书馆的迅速崛起和腾飞奠定了坚实的人才基础。

2.3　第三部曲:制定《广州市公共图书馆条例》

陈建华认为,公共图书馆事业的发展不能仅靠某个人或者某些人的文化自觉,必须要有政策的支持和制度的保障,才能实现可持续发展,因此,必须制定《广州市公共图书馆条例》。为此,在2006年5月开办广州市图书馆专业人才高级研修班期间,市委宣传部委托中山大学资讯管理系程焕文团队负责《广州市公共图书馆条例》的前期调研和起草工作,并将该课题正式列为广州市哲学社会科学重点科研项目予以资助。

2007 年 4 月,在广州市公共图书馆事业蓬勃兴起之时,陈建华调任广东省河源市委书记,继续践行"三根"文化理念,在河源又开辟了一片崭新的文化发展天地。时逢第三次全国文物普查开始,为摸清河源全市的文物家底,陈建华组织成立河源市文物管理委员会、河源市文物普查工作编纂委员会和文物普查领导小组,亲自担任领导小组组长,对河源市五县一区普查获得的文物资料进行有规划的整理和汇编。

2013 年 7 月,陈建华主编的汇聚河源市第三次全国文物普查全部成果的文物大志——《河源市文化遗产普查汇编》由广东人民出版社出版。由上百名文物普查人员历时 7 年多下乡普查和共同编纂的《河源市文化遗产普查汇编》共收录上万张文物历史照片和 2688 个文物录入点(全市共普查 2714 个文物点),包括古遗址 226 处、古墓葬 62 处、古建筑 1807 处、石窟寺及石刻 17 处,近现代重要史迹及代表性建筑 495 处、其他 85 处;还汇入了各地丰富的非物质文化遗产内容,专门汇编了"河源恐龙专记"和河源市馆藏文物,对于全面保护河源市的文化遗产,弘扬河源市的历史文化具有标志性意义。

陈建华到河源任职以后,发现河源市的图书馆事业处在落后的地位,1993年成立的河源市图书馆馆舍狭小,藏书匮乏,与河源市作为客家文化中心地的文化地位极为不相称,于是决定规划兴建图书馆新馆。2010 年,在陈建华推动下,完成河源客家文化公园的选址、规划和设计招标。河源客家文化公园是一个全方位展示客家文化的主题公园,位于河源中心城区,规划建设占地面积130 公顷。位于公园中的河源市图书馆新馆以客家的五凤楼等为灵感,与周边环境高度融合,采用现代的手法重新诠释客家建筑文化,既体现了客家文化思想精髓,又体现了对场地的尊重,具有强烈的时代感和浓郁的文化氛围,成为公园的重要特色和闪光亮点。河源市图书馆新馆于 2013 年 6 月动工,2016 年12 月落成开放,总占地面积约 3 万平方米,建筑面积 2.5 万平方米,拥有阅览座位 1000 个,藏书 100 万册。2018 年 5 月,河源市图书馆被评定为国家一级图书馆。

2012 年 1 月,陈建华调任广州市市长,他要求完成广州图书馆新馆建设并加快《广州市公共图书馆条例》的立法工作。广州图书馆新馆于 2012 年 12 月 28 日落成并部分开放,2013 年 6 月 23 日全面开放。这座占地面积 2.1 万平方米、总建筑面积 10 万平方米,拥有 4000 个阅览座位的现代化城市公共图书馆巍然矗立在珠江岸边,犹如一面公共图书馆的旗帜高高飘扬在祖国南天。迄今为止,广州图书馆一直是世界上面积最大的城市公共图书馆,不仅如此,广州图书馆的藏书量已经超过 1000 万册,线下读者访问量和图书馆外借量一直位居全国图书馆的首位,成为新时代中国公共图书馆的典范。

2012 年 3 月,在陈建华推动下,广州市人大正式启动《广州市公共图书馆条例》的立法工作。2014 年 10 月 29 日,广州市第十四届人民代表大会常务委员会第三十四次会议审议通过《广州市公共图书馆条例》。2015 年 1 月 13 日,广东省第十二届人民代表大会常务委员会第十三次会议批准通过《广州市公共图书馆条例》,2015 年 5 月 1 日起施行,成为我国第六部地方性图书馆法规,为广州建设"图书馆之城"奠定了坚实的法律保障。

《广州市公共图书馆条例》可谓十年磨一剑,其中的艰难非亲身经历难以言表。如果没有陈建华的始终不渝和亲力亲为,就根本不会有《广州市公共图书馆条例》的立法和颁布施行。令人记忆最为深刻的是,在征询各部门对《广州市公共图书馆条例》意见时,有一种比较强烈的声音要求删去其中有关镇(街)设立图书馆面积指标的规定,认为社会已经发展到数字时代,没有必要建设基层图书馆舍。陈建华要求持有这种看法的人去看看偌大的广州图书馆新馆每日人满为患、读者时常席地而坐的场面。结果所有去看过的人都赞同这些指标规定条款。自《国家"十二五"时期文化改革发展规划纲要》颁布以来,构建覆盖城乡的公共文化服务体系,建立总分馆制,建设基层公共文化服务网点一直是国家公共文化服务体系建设的重点,《广州市公共图书馆条例》在此方面的规定恰当其时、恰当其实。

为了全面推动《广州市公共图书馆条例》的施行,2015 年 5 月 26 日下午,陈建华在广州市政府礼堂组织召开《广州市公共图书馆条例》实施工作会议,全市各相关部门和各区政府负责人参加会议。在会议上,程焕文讲解了《广州市公共图书馆条例》的立法精神和实施重点,广州市文化广电新闻出版局局长陆志强讲解了《"广州图书馆之城"建设规划(2015—2020)》,最后,陈建华做了关于全面实施《广州市公共图书馆条例》的专题讲话。陈建华坦言,尽管近年来广州市在公共图书馆建设上取得了较大进步,但每80万人才拥有1个公共图书馆的现实,不仅与先进国家有巨大差距,就是与深圳、东莞、苏州等兄弟城市相比也有较大差距,严重影响了广州市文化建设事业,与广州市建设国家中心城市的定位和培育世界文化名城的战略目标极不相适应,要努力开创广州市公共图书馆事业新局面。"条例对全市公共图书馆建设提出了多项刚性任务和要求,必须不折不扣抓好落实。"陈建华要求广州市各级政府领导干部对于图书馆建设首先要亲力亲为,其次就是要舍得花钱。陈建华指出,当前要突出围绕两个阶段的重点任务推进落实。第一阶段,按照每8万人拥有一个公共图书馆的要求,实施区图书馆整体提升和镇(街)图书馆分馆专业化升级改造工程,完成全市统一的数字图书馆门户建设和全市公共图书馆信息化管理系统建设。第二阶段,按照人均拥有3册馆藏书籍的目标,提升公共图书馆藏书规模和服务水平,大幅提升市民持证率、到馆人数和人均外借册次等效益指标,建设布局合理、设施齐全、资源共享、服务高效的"图书馆之城"。陈建华要求市、区两级政府要切实将公共图书馆事业纳入国民经济和社会发展规划与年度计划,所需经费列入本级财政预算,同时,落实每服务1万至1.5万人配备一名工作人员的要求,确保财政投入和人员保障满足经济社会发展要求,和公共图书馆服务人口、服务范围、服务需求、服务功能相适应。市、区文化行政主管部门负责行政区域内公共图书馆的建设管理,发改、财政、教育、规划、国土、人力资源、建设、交通等职能部门根据各自职责,积极支持市、区、镇(街)、村(社区)四级公共图书馆(室)及服务网点建设,协同推进条例实施。由此可见陈建华深切的图书馆情怀。

3 古籍纸张保护"三部曲"

自2006年起,陈建华策划、规划、组织开展了大型历史文献丛书《广州大典》的编辑出版工作。2015 年 4 月,陈建华、曹淳亮主编的《广州大典》经过十年编纂,由广州出版社首发。《广州大典》依经、史、子、集、丛五部分类,共 520 册,每册约 850 页,收录 1911 年以前有关广州的历史文献 4064 种,是迄今为止最为全面的广州历史文化史料著作的集成和我国最大的地方文献历史丛书。

在《广州大典》一期编辑出版的同时,陈建华以《广州大典》为平台构建了全方位的广州历史文化整理、研究、推广和传播体系。

在《广州大典》的宣传推广上,为了促进国际文化交流、推动广州文化走向世界,陈建华规定《广州大典》为非商业文化产品,不在市场销售,首次印刷的 2000 套《广州大典》分别赠送国内外著名国家图书馆、公共图书馆、高校图书馆和与广州建立姊妹关系的国际友好城市,藏之四海,传之寰宇。

在《广州大典》的学术研究上,设立《广州大典》专项研究基金,每年以广州市哲学社会科学项目形式向海内外学者征集有关《广州大典》和广州历史文化研究的课题,予以专项资助,特别设立博士论文资助项目,从而使《广州大典》和广州历史文化的研究走出广东,迈向全国,成为国际学术研究的关注点。

在《广州大典》的编辑研究上,建立可持续发展机制,2015 年 4 月 30 日在广州图书馆设立具有 10 余个事业编制的《广州大典》研究中心。目前,《广州大典》研究中心已完成《广州大典》大部分数据库的研发和发布。2019 年 10 月,《广州大典》一期工程的补编《广州大典·曲类》由广州出版社出版。《广州大典》二期工程,研究期刊、书志、书名索引、著者索引等目录索引的编制亦取得可喜进展。

在《广州大典》二期工程“民国卷”的编辑研究工作中,陈建华发现民国文献的存藏状况远比清代以前的历史文献更加严峻,机制纸张印刷的民国图书已普遍严重老化,新闻纸印刷的报纸已全面脆化,亟待抢救。于是,《广州大典》研究中心开启古籍纸张保护的“三部曲”。

3.1 第一部曲:古籍脱酸及加固技术装置协同创新研究

2016 年,《广州大典》研究中心拨款 1000 万元设立“古籍脱酸及加固技术装置协同创新研究"重大研究课题,由广州市委宣传部副部长、广州市社科联主席曾伟玉和中山大学信息管理学院程焕文牵头,组织中山大学化学院副院长陈旭东教授团队、复旦大学中华古籍保护研究院院长杨玉良院士团队和国家古籍保护中心副主任张志清研究馆员团队开展协同研究,攻克民国文献脱酸和加固技术,研发古籍脱酸及加固技术装置,为全国的民国文献保护和保存提供全面的支持。

3.2　第二部曲:开化纸传统技艺恢复研究

在设立"古籍脱酸及加固技术装置协同创新研究"重大研究课题之后研究中心得知:始于唐宋,盛于明清,因耐老化、寿命长、细腻洁白、帘纹不显、温软柔润而风靡朝野的开化纸为中国古纸之极品,是明清最名贵的书籍用纸,然而至清同治后,因战乱和机制纸冲击等各种原因,开化纸制作技艺中断百年。于是,《广州大典》研究中心于2017年拨款300万元给复旦大学中华古籍保护研究院院长杨玉良院士团队设立开化纸传统技艺恢复研究项目,以研发失传已久的"千寿之纸"——开化纸,造福中华古籍的印刷和再造出版。2017年3月24日,浙江衢州首个文化类院士工作站——"开化纸研究实验室·杨玉良院士工作站"在开化县正式启用,研制国际一流古籍修复和印刷用纸的工作进入实操阶段。鉴于开化纸主要原料——荛花的稀缺性问题,浙江农林大学通过一段时间的技术研究,初步建立了荛花组织培养快速繁育技术体系,开展了种苗批量繁育和后续炼苗移栽的试验。其后,杨玉良院士团队在开化县开展了荛花的大面积种植。目前,最新研制的开化纸样品已经基本实现了帘纹不显,取得了重大进展,开化纸传统技艺的恢复指日可待。

3.3　第三部曲:古籍脱酸增强关键技术与设备研发

鉴于华南理工大学制浆造纸学科的优势,《广州大典》研究中心于2017年再次拨款1000万元设立古籍脱酸增强关键技术与设备研发项目,委托华南理工大学轻工科学与工程学院制浆造纸工程国家重点实验室、造纸与污染控制国家工程研究中心副主任樊慧明教授团队开展古籍脱酸增强关键技术与设备的研发,以期在纸质文献酸化老化脱酸增强、纸质文献技术鉴定、纸质文献评价指标体系、古籍与近代文献修复材料研制、当代重要文献材料的研究等方面取得系统性的成就。2020 年,华南理工大学古籍保护与利用研究中心获批成立,樊慧明研究团队自承担古籍脱酸增强关键技术与设备研发项目以后,进行了纸质文献脱酸加固方法研究,完成了脱酸/增强化学品的研究,进行了化学品交叉验证试验,自主研发出了脱酸/增强小批量中试设备,进行了老化规律与脱酸效果评估研究、基于纸样图文质量和人工老化评价研究、纸张酸化老化机理研究、纸张的无损/微损检测技术研究。经过前期的研究,团队已发表 SCI 论文 6 篇,中文核心论文 12 篇;申请美国、欧洲国际专利 3 件,申请中国专利 18 件,授权中国专利 5 件;已培养博士生 1 名,硕士研究生 20 名。形成了与国家古籍保护中心、中山大学和复旦大学科研团队齐头并进,各具特色的古籍脱酸、加固与纸张研发局面。

4 两个"三部曲"催生三件建议

两个"三部曲"尽显陈建华的图书馆情怀,更催生了三件建议。陈建华退休后专心致志于文献学、版本学、目录学方面的学习和研究,自 2020 年秋季开始连续两个学期在中山大学信息管理学院旁听古籍整理、古籍保护和图书馆学基础理论等研究生课程。在课堂讨论中,陈建华对图书馆发展的重大问题十分关切,于是开展深入研究,并将自己的解决方案撰写成《关于国家采购数字资源并免费开放社会利用的建议》《关于将古籍保护扩展为文献保护的建议》和《关于组织开展 DNA 存储产业布局的建议》,在参加十三届全国人大四次会议期间正式提交给全国人大常委会,以期在国家层面攻克图书馆界面临的难题。

《关于国家采购数字资源并免费开放社会利用的建议》建议建立国家层面的数字资源采购机制,利用国家公共财政支持,通过"国家许可"模式建立数字资源保障机制、遴选机制、运行机制和长期保存机制,向人民群众提供均等化、免费的数字资源服务。这项建议有利于全面解决全国图书馆在数字资源建设上的经费难题、技术难题、利用难题和长期保存难题,为构建覆盖全国的公共数字服务体系,充分实现和保障全国民众的数字文化权利提供了切实可行的解决方案。如果此建议能够成为国策,那么将全面改变我国图书馆的现状,使我国图书馆在数字资源建设和利用上迅速领先于世界各国,从而充分体现中国特色社会主义理论、制度、道路和文化的优越与优势。

《关于将古籍保护扩展为文献保护的建议》建议国家将"古籍保护"扩展为"文献保护",并将其作为国家古籍保护工作"十四五"规划的重要内容来推进落实。这项建议不仅有助于在学科建设上确立文献保护的学科地位,而且在实践上有利于形成与文物保护并行的文献保护组织管理机制,从而全面推动中华文献保护事业的发展。

《关于组织开展 DNA 存储产业布局的建议》建议国家尽快组织开展 DNA 存储产业布局,以确保我国在这一领域始终保持并跑和领跑的地位。这件建议是一件极具前瞻性和创新性的建议,为攻克数字资源长期保存的世界难题提供了新的路向。

三件建议,互为表里,既面向现实,又面向未来,是陈建华"三根"文化理念的精彩展现,更是陈建华数十年图书馆情怀的智慧结晶。拜读陈建华的三件建议,彷如一幅美好的图书馆前景图展现在眼前,人大代表有建议,图书馆事业的发展和民众文化权利的保障就有希望。

一面高高飘扬的旗帜[*]

2009 年 4 月 9 日,深圳图书馆举办《深图通讯》改名《公共图书馆》座谈会,我因出差在外不克出席,未能见证《公共图书馆》首发时刻。近日,一份装帧雅致、印刷精美的《公共图书馆》"创刊号"自邮政局翩然而至,令人眼前一亮,精神为之一振。

《公共图书馆》原名《深图通讯》,是深圳图书馆创办的一份"内部刊物",在此之前已经出版了 21 期,从第 22 期,即 2009 年第 1 期起正式改名为《公共图书馆》(季刊),"内部刊物"的性质仍然无法改变。我之所以乐意称之为"创刊号",是因为它翻开了中国公共图书馆百年历史的崭新一页,在中国南方树立了一面高高飘扬的公共图书馆大旗!

中国公共图书馆有一百多年的发展历史,但是,中国内地没有"公共图书馆",这是我个人的一个非常不著名的论断。我之所以这样说,既不是妄自菲薄或者民族虚无,也不是否定中国公共图书馆发展的成就,而是在陈述一个基本的事实:近 60 年来,中国内地的确没有一个公共图书馆在名称上冠有"公共"二字。这是世界公共图书馆发展历史上的"中国特色"——一种独一无二的特色!

也许,有人会觉得公共图书馆在名称上是否加冠"公共"二字并不重要,关键是公共图书馆是否真正在履行公共图书馆的职责,同时,外人也无权干涉,因为这完全属于公共图书馆的自决范畴。但是,当整个中国内地的公共图书馆在名称上都没有"公共"二字时,这已经不是一个不重要的名称自决问题,而是一个严重的名节自绝问题。

---

* 程焕文.一面高高飘扬的旗帜[J].公共图书馆,2009(2):2.

子曰:"名不正,则言不顺;言不顺,则事不成;事不成,则礼乐不兴;礼乐不兴,则刑罚不中;刑罚不中,则民无所措手足。故君子名之必可言也,言之必可行也,君子于其言,无所苟而已矣。"这是几千年来中国人普遍明白的一个简单道理,可是,半个世纪以来,我国的公共图书馆界"突然"选择性地失忆了。

因为公共图书馆不姓"公共",所以,公共图书馆可以在"为人民服务"的大旗下,剥夺"地富反坏右"利用图书馆的自由,对"封资修"文献进行全面的"无产阶级专政";可以在"市场经济"的幌子下,掀起席卷中华大地的"以文补文"和"以文养文"的有偿服务,变相地剥夺低收入者和生活贫困者等弱势群体利用图书馆的权利,推卸政府应该承担的公共责任;可以在"为决策服务""为科研服务"的高调下,罔顾普通大众的一般阅读诉求,使公共图书馆沦为"贵族图书馆"……

名声是小,失节为大。在过去60年间,我国大多数公共图书馆既无"名",又失"节"。可以说,中国内地没有"公共图书馆"折射出的是践踏"公共"的意识灰暗,反映出的是抹杀"公共"的历史阴霾。

在"整体非理性"的客观现实下,深圳图书馆人异军突起,在中国南方率先树立起了一面公共图书馆的旗帜。

1997年7月15日,深圳市第二届人民代表大会常务委员会第十六次会议通过了中国大陆第一个公共图书馆法规——《深圳经济特区公共图书馆条例(试行)》,开创了我国图书馆立法的先河。

2003年9月18日,深圳市文化局颁布《深圳市建设"图书馆之城"(2003—2005)三年实施方案》,在全国率先建设覆盖全城、服务全民的没有边界的文献信息资源共享网络。

2006年7月12日,深圳图书馆新馆开馆,在全国率先正式提出了"开放、平等、免费"的公共图书馆服务理念,并在全国第一个应用RFID自助借还系统,使普通市民能够享受自助、自主的人性化现代化服务。

2007年2月14日,深圳市政府宣布:自3月1日起,深圳图书馆、深圳市少儿图书馆、深圳市博物馆、关山月美术馆、深圳美术馆、深圳画院、深圳市群艺馆 7 个市属公益性文化场馆向公众永久免费开放,在全国率先迈入公共文化场馆服务的"零门槛"时代。

2007 年 7 月 21 日,深圳图书馆自主研制开发的"城市街区 24 小时自助图书馆系统"启动,在全国第一个实施集自助借书、自助还书、申办新证、预借服务、查询服务等图书馆基本服务功能于一体的现代化"城市街区自助图书馆",将公共图书馆延伸到城市的每一个服务盲区,使公共图书馆真正成为"市民身边的图书馆"。

2007 年 8 月 6 日,深圳市正式出台《深圳市进一步完善公共文化服务体系实施方案》,在全国率先提出建设公共文化服务体系的五项原则:公益性原则——要求政府提供的是免费或优惠的公共文化服务,同时鼓励和引导社会组织提供非营利的文化服务;公平性原则——建设覆盖全社会各阶层不同类型人群的公共文化服务网络,让所有人均能公平地享有公共文化服务和产品;便利性原则——要求公共文化服务设施建设布局合理、就近服务人群,公共文化服务经常性、适合大众便捷获取;多样性原则——要求提供的服务和产品的品种、层次、特色多样化,服务对象多样化,惠及不同群体;基本性原则——要求制定关于基本文化权利和文化福利的指标体系,确保所提供的公共文化服务能满足人民群众的基本文化生活需求。

2008 年 9 月 27 日,深圳市文化局开始免费向市民派发《深圳市公共文化服务指引》,方便市民能够快捷地享受、参与公共文化服务,在全国率先提供公共文化服务指引。

如今,建设较完善的覆盖全社会的公共文化服务体系,加大公共文化服务的政府投入,以品牌带动和促进市民参与,突出外来建设者等重点群体,以创新提高公共文化服务效益与质量,最大限度实现市民文化权利,让城市文化繁荣的成果惠及全体市民,不再只是深圳图书馆人的理想,而是深圳市委和深圳市政府的普遍理念和深圳市民享受高尚优雅生活的现实。

在深圳公共文化体系建设领跑全国的今天,深圳图书馆将原有的《深图通讯》正式更名为《公共图书馆》,在全国高举"公共图书馆"的旗帜,大张旗鼓地弘扬"公共"二字,可谓名正言顺,名至实归。

虽然因为客观的原因,《公共图书馆》现在还是一个"内部刊物",但是,其精美优雅的装帧、精心细致的编辑、图文并茂的风格、求真唯实的学风,已超然于国内其他"正式"的图书馆学专业期刊之上。在许多专业期刊深陷追名逐利的学术腐败泥潭而不能自拔的今天,《公共图书馆》从一开始就奠定了将坚持不收版面费和发放稿酬的办刊基调,这无疑是繁荣图书馆学术研究的福祉。

虽然中国现在还没有"公共图书馆",但是,因为《公共图书馆》的诞生,一面崭新的"公共图书馆"旗帜已经在中国南方高高矗立,正迎着和谐社会建设的春风猎猎飘扬。我驻足仰望这面高高飘扬的旗帜,虔诚地行注目礼,祈祷在华夏大地插满自由、平等、开放、免费的公共图书馆旗帜。

公共图书馆地图：
幸福生活的绚丽画卷和文化权利的赞美诗篇[*]

文化地图是一个城市的精神名片和文明坐标,图书馆地图则是一个城市的知识钥匙和文化标尺。

进入新世纪以后,全国文化建设日新月异,各地绘制文化地图的呼声此起彼伏,然而大多雷声大雨点小,稍有作为者又大多"有文无图"徒有虚名,真正的文化地图迄今仍然是凤毛麟角。究其原因,既不在各地政府不重视,也不在绘制文化地图技术艰难,而在于其图书馆之稀少,以至于无法确定其文明坐标、文化标尺、文化网格和文化测绘点。

在一个城市的文化具象中,博物馆、美术馆、艺术馆、展览馆、音乐厅、歌剧院、古迹等固然具有城市文化地标的作用,但是,在绝大多数情况下,基本上是一个城市的文化景点既屈指可数,亦非常往之处,无法构成绘制文化地图的必要条件,仅在城市旅游地图上标注即足矣。图书馆则不然,图书馆乃是一个城市的文化标尺、文化网格和民众终身学习的日常文化生活中心。文化网格的缜密稀疏决定绘制文化地图的必要与否,只有图书馆星罗棋布,才有充分必要绘制文化地图,为民众的日常文化生活提供便利。

从国内外的文化地图来看,遍布文化地图的基本上是灿若繁星的图书馆,而其他的文化具象不过是图书馆星群中的点缀。2007 年版深圳《福田区公共文化服务地图》(见福田公共文化服务网)几乎全图都是图书馆,即是典型的例证。如是说来,文化地图在某种意义上几乎就是图书馆地图,虽然图书馆地

---

   * 程焕文.公共图书馆地图:幸福生活的绚丽画卷和文化权利的赞美诗篇[J].公共图书馆,2011(1):2.

图并不完全等同于文化地图。

2005年10月，上海图书馆与上海市测绘院共同绘制的《上海市图书馆分布图》(见上海图书馆网站)可能是我国第一幅图书馆地图。这张分布图以数字编号的方式在上海地图上标注了上海市281个各类图书馆的地理位置，并以分区索引的方式标注了各类图书馆的名称、通讯地址和"一卡通"开通情况，全上海市的图书馆一览无余，整个上海犹如文化大观园般布满了繁花似锦的图书馆，美不胜收。尽管分布图上满是方框数字编号，需翻转查对索引方可确认图书馆的名称，有点美中不足，但是，《上海市图书馆分布图》作为我国第一幅图书馆地图，开创了我国图书馆地图的先河。

2006年，深圳市福田区图书馆编印的《福田区公共图书馆地图》则是我国第一幅公共图书馆地图。2008年第二版《福田区公共图书馆地图》问世，2009年再版。这份公共图书馆地图以绿、橙、蓝、青四种颜色的底框在白底的地图上分别标注了福田区图书馆、8个街道图书馆、88个社区图书馆(包括4个主题图书馆)的名称，区、街道、社区三级图书馆覆盖全区，五彩斑斓、灿若繁星、一目了然。地图右上角的"公交指引"，详细标明前往各公共图书馆的公交线路，甚为方便民众。地图背面的《福田区公共图书馆索引》，按照街道详列各图书馆名称、地址、电话号码、开放时间，以及福田区公共图书馆咨询与投诉电话，信息十分周详。在福田区图书馆介绍板块中，标有醒目的"开放、平等、免费、求实、求精"办馆理念，在"大家讲坛"推介板块中，特别强调"谁都能来讲，讲者无类""谁都能来听，听者无类""'大家讲坛'是大家讲给大家听，人人可为讲者，个个可为听众，相互启发，共同提升"。这些都充分地体现了"全面介绍福田区公共图书馆分布及交通情况，指引广大读者更方便、快速地了解和利用图书馆，让城市居民充分享受使用图书馆的权利"的地图编印宗旨。

迄今为止，《福田区公共图书馆地图》是我国最为精美且最有价值的图书馆地图。作为我国第一幅公共图书馆地图，它不仅能指引民众更方便、更快捷地了解和利用图书馆，而且旗帜鲜明地向广大民众宣示"开放、平等、免费"和"让城市居民充分享受使用图书馆的权利"的公共图书馆思想与图书馆权利理念。这在国内外图书馆地图史上可能绝无仅有，令人赞叹，令人赞美。

《福田区公共图书馆地图》，一幅四开大小的折页公共图书馆地图，投影的是深圳"图书馆之城"的十年建设成就，描绘的是幸福深圳的绚丽画卷，书写的是文化权利的赞美诗篇。

手捧《福田区公共图书馆地图》，心中充满无限的希冀：广东，乃至整个中国，何时才能再绘制出这样精美的公共图书馆地图？这样的《广东公共图书馆地图》出版之日，便是幸福广东开始之时，这样的《中国公共图书馆地图》出版之日，便是中国图书馆事业兴旺发达和中国文化昌明之时。

深圳图书馆　一面高高飘扬的旗帜
——《"图书馆之城"高质量发展丛书》序*

深圳图书馆,中国公共图书馆"一面高高飘扬的旗帜","我驻足仰望这面高高飘扬的旗帜,虔诚地行注目礼,祈祷在华夏大地插满自由、平等、开放、免费的公共图书馆旗帜。"

这段文字是我应邀为《公共图书馆》2009 年第 2 期撰写的卷首语中的真切感言。那时,深圳图书馆将《深图通讯》更名为《公共图书馆》,在全国高举"公共图书馆"的旗帜,大张旗鼓地弘扬公共图书馆精神,的确令我由衷敬佩。我之所以一直由衷地敬佩深圳图书馆,而且从不吝惜任何赞美词句,并非因为我个人与深圳图书馆有几十年的深厚友谊,而是因为深圳图书馆一直秉持和践行正确的公共图书馆理念,而这些公共图书馆理念正是我长久的公共图书馆理想。

新世纪以来,我国公共图书馆事业突飞猛进。就公共图书馆理念的实践而言,可以以 2011 年 1 月 26 日文化部、财政部发布《关于推进全国美术馆、公共图书馆、文化馆(站)免费开放工作的意见》(文财务发〔2011〕5 号)要求:"到 2011 年底,全国所有公共图书馆、文化馆(站)实现无障碍、零门槛进入,公共空间设施场地全部免费开放,所提供的基本服务项目全部免费"为标志,将20 世纪 80 年代以后我国公共图书馆的发展划分为前后两个时期,前者为有偿服务盛行的整体非理性时期,后者为全面免费开放的黄金发展时期。我之所以在《公共图书馆》2009 年第 2 期的卷首语中盛赞深圳图书馆是中国公共图

　＊ 程焕文.序三:深圳图书馆　一面高高飘扬的旗帜[M]//张岩.深圳经验——"图书馆之城"创新发展二十年.深圳:深圳出版社,2023:10 – 19.

书馆"一面高高飘扬的旗帜",就是因为在全国公共图书馆尚处在有偿服务大行其道的整体非理性时代,深圳图书馆异军突起,早已在中国南方率先树立起了一面弘扬人类共同价值观的公共图书馆旗帜。

1997年7月15日,深圳市第二届人民代表大会常务委员会第十六次会议通过了我国第一部公共图书馆地方法——《深圳经济特区公共图书馆条例(试行)》,开创了我国图书馆立法的先河。

2003年9月18日,深圳市文化局颁布《深圳市建设"图书馆之城"(2003—2005)三年实施方案》,在全国率先建设覆盖全城、服务全民的没有边界的文献信息资源共享网络。

2006年7月12日,深圳图书馆新馆开馆,在全国率先正式提出了"开放、平等、免费"的公共图书馆服务理念,并在全国第一个应用RFID自助借还系统,使普通市民能够享受自助、自主的人性化现代化服务。

2007年2月14日,深圳市政府宣布:自3月1日起,深圳图书馆、深圳市少儿图书馆、深圳市博物馆、关山月美术馆、深圳美术馆、深圳画院、深圳市群艺馆7个市属公益性文化场馆向公众永久免费开放,在全国率先迈入公共文化场馆服务的"零门槛"时代。

2007年7月21日,深圳图书馆自主研发的"城市街区24小时自助图书馆系统"启动,是全国第一个集自助借书、自助还书、申办新证、预借服务、查询服务等图书馆基本服务功能于一体的现代化"城市街区自助图书馆",将公共图书馆延伸到城市的每一个服务盲区,使公共图书馆真正成为"市民身边的图书馆"。

2007年8月6日,深圳市正式出台《深圳市进一步完善公共文化服务体系实施方案》,在全国率先提出建设公共文化服务体系的五项原则:①公益性原则,要求政府提供的是免费或优惠的公共文化服务,同时鼓励和引导社会组织提供非营利的文化服务;②公平性原则,建设覆盖全社会各阶层不同类型人群的公共文化服务网络,让所有人均能公平地享有公共文化服务和产品;③便利性原则,要求公共文化服务设施建设布局合理、就近服务人群,公共文化服务经常性、适合大众便捷获取;④多样性原则,要求提供的服务和产品的品种、层次、特色多样化,服务对象多样化,惠及不同群体;⑤基本性原则,要求制定关于基本文化权利和文化福利的指标体系,确保所提供的公共文化服务能满足人民群众的基本文化生活需求。

2008年9月27日,深圳市文化局开始免费向市民派发《深圳市公共文化服务指引》,在全国率先提供公共文化服务指引,方便市民快捷地享受、参与公共文化服务。

2009年6月,深圳"图书馆之城"启动统一服务工作,读者只需拥有一张"图书馆之城"读者证,即可"一证通行、通借通还",在全市加入统一服务的任一公共图书馆享受阅读文献、借还文献、查阅数字资源等图书馆服务。2013年3月获"广东省特色文化品牌"奖。

2013年11月,深圳图书馆倾力打造了集阅读、活动与展览功能为一体的经典阅读空间"南书房",引领全国新型文化空间建设与城市经典阅读新风尚。

2017年8月,深圳市文体旅游局发文要求各区探索实施人、财、物由总馆垂直管理的图书馆总分馆制模式。

深圳市政府和深圳图书馆当年的这些举措,今天看来自然没有什么稀奇,但是,只要我们翻开中国公共图书馆的史册,把深圳图书馆的上述举措放在百年来中国公共图书馆发展历史的时间坐标轴上,我们就不难发现其中每一项创新举措都具有里程碑的意义。可以毫不夸张地说,近30年来深圳图书馆的每一步发展都走在中国公共图书馆的最前面,一直在发挥示范和引领的重要作用,而且在很大程度上颇有几分只可学习模仿而无法超越的感觉。我之所以有如此看法,并非深圳是特区享有特别的国家政策,更不是深圳经济发达有钱好办事,因为特区不止一个,经济发达的城市更是多了去,而是因为深圳图书馆人始终恪守人类共同的公共图书馆价值观,而这正是其他许多地方普遍缺乏的最为基本的观念。换句话说,深圳图书馆的一切成就都源自深圳市政府和深圳图书馆人的正确公共图书馆理念。

我时常说,图书馆的历史其实就是图书馆人的历史,或者说是图书馆人价值观的发展历史。一个图书馆的发展历史,一个地方的图书馆发展历史,一个时代的图书馆发展历史,其表在人员的多寡,藏书的聚散,馆舍的大小,方法的是非,技术的新旧,服务的优劣,其实这一切全在图书馆人价值观的良莠。不同的图书馆人必有不同的图书馆价值观,不同的图书馆价值观必有不同的图书馆。林语堂曾言:一个学校的好坏取决于图书馆的大小。我谓:一个图书馆的好坏取决于馆长任期的长短,而一个馆长的好坏取决于其价值观的优劣。我也多次说过,一个图书馆的好坏,去网页上看看是否有任期超过十年的馆长就一目了然。言下之意,凡是没有馆长任期达到或者超过十年的图书馆基本上不是一个好图书馆。

深圳图书馆迄今不过 40 多年的历史。几十年间,深圳图书馆从无到有,从有到大,从大到强,乃至"王者荣耀",前后经历了 7 任馆长(包括主持工作的副馆长),其中沈迪飞、吴晞、张岩三位馆长共计任期 33 年。正是因为这三位馆长的薪火相传,深圳图书馆才有了 30 多年的辉煌。

1986 年,在位于深圳红荔路的深圳图书馆基本竣工之际,前来视察的深圳市市长李灏曾对深圳图书馆说:"现在第一流的馆舍有了,下面就看你们唱戏了。不仅建筑设备是第一流的,在管理、服务等方面也应该是第一流的。"从此"三个第一流"成为深圳图书馆发展的基调,且一直引领中国公共图书馆的发展潮流。

在沈迪飞担任馆长(1990—1998 年,任期 8 年)期间,图书馆数字化网络化成为席卷全球的浪潮,深圳图书馆研发的图书馆自动化管理系统(ILAS)不仅实现了深圳图书馆计算机集成系统和网络化的腾飞,而且海内外用户总数一度接近 4000 家,成为中国最大的图书馆自动化管理系统,引领全国图书馆自动化管理系统的发展潮流。

在吴晞担任馆长(1998—2011 年,任期 13 年)期间,我国公共图书馆开始进入新馆建设的高潮,在 2006 年 7 月位于深圳市福田区中心的深圳图书馆新馆(总建筑面积 4.95 万平方米)落成开放之际,吴晞馆长与深圳图书馆全体同人决意在中国打造一个"真正的公共图书馆"。于是,在中国公共图书馆界首倡并践行"开放、平等、免费"的服务理念,率先在国内图书馆界全面应用 RFID,首创城市街区自助图书馆,率先提出建设"图书馆之城"打造"全城一个图书馆",诸此种种,深圳图书馆迅速成为享誉全球的公共图书馆。

创业难,守业更难。如果说在沈迪飞、吴晞两位馆长的任期内,深圳图书馆人主要是创业的话,那么,在张岩馆长(2012年至今,任期11年)继任后,深圳图书馆人则重在守业,而且守的是前任开创的如日中天的事业,要想再有所创新、有所进步、有所成就,谈何容易?

令人欣慰的是,张岩馆长虽非图书馆学专业出身,在任职之前亦无图书馆任职经历,但有一颗忠于图书馆事业的心,始终忠实地恪守正确的公共图书馆理念。正因为如此,张岩馆长也就掌握了公共图书馆创新发展的利剑,无坚不摧,无往不胜。自张岩2012年担任馆长以来,深圳图书馆人在高平台高起点上再上层楼,创造了一个又一个新的辉煌。

在2013—2022年的10年间,深圳"图书馆之城"实现了从"建馆"到"建城"的重大转变,全市公共图书馆快速拓展,高质量发展,服务效益和社会作用显著提升。截至2022年底,深圳"图书馆之城"共有各类公共图书馆(室)、自助图书馆1086个,其中全市公共图书馆(室)779个,各类自助图书馆307个,形成覆盖深圳所有街区的公共图书馆网络,深圳因此成为名副其实的"千馆之城"。不仅如此,在这10年间,深圳全市公共图书馆经费总投入共计约62.64亿元,年均增长率为9.37%;图书馆工作人员增加502人,总数增至2514人;公共图书馆总建筑面积增至51.53万平方米,增长56.37%;阅览座位总量增至5.53万个,增长52.77%;读者用终端设备5062台;文献总藏量增至6053.35万册/件,增长112.07%;统一服务新增注册读者317.87万人,累积注册读者401.20万人,增长282.71%;借还文献量共计2.12亿册次,年均增长率为5.58%;电子期刊论文下载量累计1.11亿篇,年均增长率为16.85%;全市参与活动市民累计6620.81万人次,年均增长率达27.22%。各项发展指标在全国城市图书馆中均名列前茅。

在深圳"图书馆之城"的建设中,张岩馆长锐意创新,相继推出了在全国颇有影响的多项创新举措。

在推进公共图书馆法制建设上,深圳素以法治推动图书馆建设和发展而闻名,1997年深圳颁布实施了我国第一部公共图书馆地方法——《深圳经济特区公共图书馆条例(试行)》,2016年又颁布实施了我国第一部阅读推广地方法——《深圳经济特区全民阅读促进条例》。鉴于时代的发展变化,深圳图书馆人提出修订公共图书馆地方立法的建议。2018年《深圳经济特区公共图书馆条例(试行)》修订工作被深圳市纳入立法计划调研项目,2021年《深圳经济特区公共图书馆条例(试行)》修订工作被列为《深圳市人大常委会2022年度立法计划》年度预备项目。

在推进公共图书馆治理体系建设上,鉴于深圳"图书馆之城"在市、区两级总分馆架构中,特别是在各区总馆(区馆)、分馆(街道、社区馆)、服务点三级架构中,仍然存在基层人员、经费、资源等各自为政,总分馆效能难以全面发挥的全国性普遍问题,2017年1月,张岩馆长在深圳市政协会议上提出"打造以区图书馆为总馆的垂直总分馆体系,区委区政府加大对垂直总分馆体系的保障力度"的提案,并得到市政府的迅速响应和落实。2017年8月,原深圳市文体旅游局发文,要求各区在"三个统筹""五个统一"基础上探索实施人、财、物由总馆垂直管理的图书馆总分馆制模式。随后,宝安、龙岗、罗湖、盐田等区采取多种形式在全国率先开展垂直总分馆建设实践,实现人员、经费、文献等资源由区总馆统一配置和共享,打通阻碍基层图书馆发展的壁垒。截至2022年底,各区纳入垂直管理的基层图书馆达146个,占各区基层图书馆总量的19.39%。其中,垂直管理的街道馆39个,垂直管理的街道覆盖率为52.70%;另有社区馆71个,其他类型图书馆36个。

在提升公共图书馆治理能力上,深圳图书馆始终把标准化建设作为深圳"图书馆之城"建设的基础。截至2022年底,深圳公共图书馆界共牵头并参与制定14项国家、行业与地方标准,建立了包括统一服务技术平台、射频识别、书目质量控制、业务统计、自助图书馆、服务标准化等在内的"图书馆之城"标准体系,从而实现了从"深圳质量"到"深圳标准"的升级转变。在业务规范上,2015年,深圳图书馆牵头制定并推出5个统一服务业务规范,2022年增加至11个,各类规范覆盖统一服务网点建设与管理、读者事务、流通业务、财务结算、技术平台、典藏等业务,成为全市统一服务网点共同遵守的业务准则,极大地推动了统一服务发展。

在创设新型文化空间,全面促进全民阅读上,2013年,张岩馆长创设新型文化空间"南书房",引领新型文化空间建设风潮。2014年,深圳图书馆以城市经典阅读空间"南书房"为平台,联合中国图书馆学会阅读推广委员会,采用专业团队推荐、专家评审、深圳图书馆员推荐等相结合的方式,推出《南书房家庭阅读经典书目》,每年向市民推荐30种经典图书。截至2023年,10年间共推荐300种古今中外经典图书,成为全国公共图书馆的创新性经典阅读品牌。如今,《经典之美——"南书房家庭经典阅读书目"(300种)》不仅是深圳乃至全国城市家庭经典阅读的权威指南,而且亦是城市家庭藏书建设的必备指南,对书香家庭和学习型社会建设具有深远的影响。

在深圳图书馆馆舍建设上,1986年落成开放的位于深圳红荔路的深圳图书馆(建筑面积1.56万平方米,时为深圳"八大文化设施"之一)和2006年落成开放的位于深圳福田区中心的深圳图书馆新馆(建筑面积4.95万平方米)在开馆之时,均创造过多项深圳的全国之最,然而新世纪以来,我国公共图书馆的新馆建设犹如春江潮水,后浪推前浪,一浪高过一浪,深圳图书馆的诸多全国之最迅速被淹没。有鉴于此,2013年深圳市发展和改革委员会正式批复深圳图书馆调剂书库项目(后更名为深圳图书馆北馆)的立项。经过10年的项目设计、项目选址、建筑施工,深圳图书馆北馆将于2023年建成开放。届时,总建筑面积达7.2万平方米、设计藏书量800万册的深圳图书馆北馆将承担城市公共图书馆、全市文献调剂书库以及深圳"图书馆之城"联合采编中心、网络数据中心和文献调配中心的"一馆一库三中心"功能,部署面向全场景的第五代"图书馆之城"中心管理系统(ULAS-V),建设协同工作的智能立体书库和全自动分拣系统,创设深圳文学馆、深圳学人书房等10余个特色馆中馆和交互式学习空间,将实现与深圳图书馆中心馆的功能衔接、整合,打造集文献收藏、全民阅读、社会教育、思想交流、文化传承与创意创造于一体的大型综合性、智慧型图书馆。

诸此种种创新举措不胜枚举,颇值得全国公共图书馆学习、借鉴,乃至复制、推广。为此,在张岩馆长的带领下,深圳图书馆同人编撰了6卷本"'图书馆之城'高质量发展丛书",包括《深圳经验——"图书馆之城"创新发展二十年》《开放 创新 典范——"图书馆之城"二十周年文集(2003—2023)》《"图书馆之城"标准规范与技术应用要则》《统一服务这十年——"图书馆之城"事业发展报告(2013—2022)》《从经典阅读开始——新型文化空间创新与实践》《经典之美——"南书房家庭经典阅读书目"(300种)》。这6本著作从总到分,从宏观到微观,相互关联,浑然一体,全面总结和反映了深圳"图书馆之城"建设20年来,特别是近10年来的创新发展与实践经验,堪称新世纪以来我国城市公共图书馆创新发展著述的典范之作。

第1卷《深圳经验——"图书馆之城"创新发展二十年》为该丛书之总要,全面地总结深圳"图书馆之城"建设20年来的12条创新发展经验:理念先行、政府履职、专业引领、统一服务、科技赋能、机制创新、文化高地、空间再造、阅读推广、图书馆+、媒体营销、气质蝶变。全书条分缕析,深入浅出,引人入胜,是历年来有关深圳"图书馆之城"创新发展经验研究的集大成之作。

第2卷《开放 创新 典范——深圳"图书馆之城"二十周年文集(2003—2023)》则是深圳"图书馆之城"建设37个"深圳样本"的典型案例研究,与第一卷本《深圳经验——"图书馆之城"创新发展二十年》珠联璧合,共同构成深圳"图书馆之城"建设完整的成功经验体系,可为全国各地开展公共图书馆服务体系建设提供十分有益的理论借鉴和实践参考。

第3卷《"图书馆之城"标准规范与技术应用要则》主要收录2023年深圳图书馆牵头修订的新规范与技术应用要则,十分具有新颖性,具有重要的可复制、可扩散价值。

第4卷《统一服务这十年——"图书馆之城"事业发展报告(2013—2022)》以事实与数据客观记录和详细分析近10年来深圳"图书馆之城"建设

的最新进展,为全面细致地了解和研究深圳"图书馆之城"建设成就提供了可靠的统计数据。

第 5 卷《从经典阅读开始——新型文化空间创新与实践》以深圳图书馆"南书房"经典阅读空间建设为立足点,系统阐述国内外经典阅读空间和新型阅读空间建设的理论与实践,以点带面,中西兼备,案例纷呈,生动地展现了深圳新型文化空间的多样性、便利性、吸引力和生命力,实为图书馆阅读空间建设案头必备之参考。

第 6 卷《经典之美——"南书房家庭经典阅读书目"(300 种)》则是南书房家庭经典阅读书目推荐推广 10 年计划的项目成果,堪称新世纪家庭经典阅读推荐书目的典范。

这 6 卷《"图书馆之城"高质量发展丛书》浑然一体,全方位地揭示了深圳"图书馆之城"建设的创新经验,充分展现了深圳图书馆先行先试、引领示范的特色,值得赞美,值得学习,更值得复制推广。

当然,全国各地的具体情形各异,特区更是自有特别之处,深圳特区图书馆的创新经验和成功实践难免会南橘北枳,并非可以完全照搬。尽管如此,倘若要求解可供全国公共图书馆借鉴的深圳"图书馆之城"创新经验的最大公约数,即深圳"图书馆之城"建设创新经验的普适性,或者说,公共图书馆建设的普遍规律,那么,我认为以下三点至关重要。

其一,自由、平等、公正、法治的公共图书馆价值观。自由、平等、公正、法治,是中国共产党在社会价值取向层面对社会主义核心价值观的最新概括,亦是自公共图书馆产生以来全球公共图书馆共同的核心价值观。如上所述,这是我最为敬佩深圳图书馆的原因之所在,6 卷本"'图书馆之城'高质量发展丛书"亦把"理念先行"置于深圳"图书馆之城"创新经验之首,可见公共图书馆核心价值观之重要。这些核心价值观在公共图书馆的具体体现,就是全面实现和保障民众享有自由平等地利用公共图书馆的基本文化权利。离开了这些价值观,公共图书馆就没有存在的意义;背离了这些价值观,公共图书馆就会走向现代社会文明的反面。任何时候,只有忠实地恪守公共图书馆核心价值观,公共图书馆才能保持正确的发展方向,才能成为"真正的公共图书馆"。这是全球公共图书馆兴旺发达的铁律。

其二,政府忠实地履行公共图书馆责任。公共图书馆是国家和各级政府的责任,这是联合国教科文组织和国际图书馆协会联合会共同确立的全球公共图书馆基本原则。近年来,我国相继颁布实施《中华人民共和国公共文化服务保障法》和《中华人民共和国公共图书馆法》,明确规定了国家和各级政府的公共图书馆责任。敦促各地各级政府依法全面履行公共图书馆责任,既是深圳"图书馆之城"创新发展至关重要的成功经验,也是现在和将来全国各地各级公共图书馆必须努力的方向。任何时候,任何地方,无论是外国还是中国,无论是东南还是西北,只有政府充分全面地履行公共图书馆责任,公共图书馆才能真正发展,否则绝无可能。这也是全球公共图书馆兴旺发达的铁律。

其三,统一的公共图书馆服务体系。深圳"图书馆之城"建设的经验充分证明统一的公共图书馆服务体系是公共图书馆高质量发展的关键。由总馆垂直管理的图书馆总分馆制模式不仅是破解当今公共图书馆总分馆制建设中基层壁垒的法宝,是深圳公共图书馆现代治理体系建设的成功经验,而且也是全球发达国家公共图书馆服务体系建设的基本模式。充分发挥新时代中国特色社会主义制度的优势,创新公共图书馆治理体系,建立人员、经费和资源统一管理的公共图书馆服务体系,是当今和未来我国建立公共图书馆现代治理体系的正确道路。深圳"图书馆之城"建设先行先试,已经为我们开辟了这条成功的道路,只要我们沿着这条道路继续前进,我国的公共图书馆事业就必将创造新的辉煌。这同样是全球公共图书馆兴旺发达的铁律。

自由、平等、公正、法治的公共图书馆价值观,政府忠实地履行公共图书馆责任,统一的公共图书馆服务体系,不仅是深圳"图书馆之城"建设成功经验的三大关键,而且更是全球公共图书馆兴旺发达的三大铁律,非此无以言深圳图书馆,非此无以言公共图书馆。

我深情地仰望深圳图书馆这面高高飘扬的旗帜,热切地祈盼中国公共图书馆事业兴旺发达,引领全球公共图书馆的发展。

《佛山市公共图书馆管理办法》的时代价值[*]

2021 年 2 月 18 日,佛山市人民政府正式公布《佛山市公共图书馆管理办法》(以下简称《佛山办法》),并自 2021 年 5 月 1 日起实施①。作为佛山市文化领域的第一部行政规章和《中华人民共和国公共文化服务保障法》(以下简称《公共文化服务保障法》)、《中华人民共和国公共图书馆法》(以下简称《公共图书馆法》)颁布实施后我国第一个市级地方公共图书馆立法,《佛山办法》的颁布实施对于进一步推动佛山市公共图书馆事业,乃至全国公共图书馆的发展具有重要的时代价值。

1 历久弥新:公共图书馆发展模式的高平台

进入 21 世纪以后,广东公共图书馆事业突飞猛进,迅速形成了以"广东模式""深圳模式""广州模式""东莞模式""佛山模式"为代表的"岭南模式",成为全国公共图书馆竞相参观、学习、借鉴、模仿、复制的模范②。由此,平等、免费、开放、共享的公共图书馆理念自广东开始迅速向全国传播,从此"岭南模式"一直引领中国公共图书馆的发展潮流,进而成为全球公共图书馆发展创新的典范③。

---

* 程焕文.《佛山市公共图书馆管理办法》的时代价值[J].图书馆论坛,2021(7):35 – 39.

① 佛山市公共图书馆管理办法 [EB/OL].[2021 – 06 – 02].http://www.foshan.gov.cn/gkmlpt/content/4/4756/post_4756230.html#36.

② 程焕文.岭南模式:崛起的广东图书馆事业[J].中国图书馆学报,2007(3):15 – 25.

③ 程焕文,彭嗣禹,高雅,等.改变 21 世纪中国公共图书馆进程的十大创新[J].图书馆杂志,2018(11):26 – 34.

作为"岭南模式"的典型代表,"佛山模式"的核心是"联合图书馆"。回顾佛山联合图书馆的发展历史,在 21 世纪中国公共图书馆发展进程的每个关键时间节点上,佛山市联合图书馆都走在前面。

在《文化事业发展第十个五年计划纲要》(2001—2005)提出加强图书馆建设基本实现县县有图书馆之前,佛山已经开启了总分馆制建设。2002 年 9 月,佛山市禅城区人民政府发布《关于佛山市禅城区"联合图书馆"建设方案》,正式提出建设"联合图书馆"的规划设想。2003 年 10 月,禅城区图书馆的第一个分馆——禅城区图书馆少儿分馆正式开放,由此开启了佛山市联合图书馆和公共图书馆总分馆制建设的历史。

在《国家"十一五"时期文化发展规划纲要》首次提出完善公共文化服务体系之前,佛山已经开启了公共图书馆服务体系建设。2004 年佛山市图书馆提出的《佛山市联合图书馆实施方案》被列为佛山市宣传文化重要建设工程,2005 年佛山市联合图书馆建设全面启动。联合图书馆旨在"整合全市图书馆资源,搭建覆盖全城、服务全民的文献信息资源共享网络和服务体系,形成统一资源、统一平台、统一标识、统一管理、分散服务的联合图书馆体系,实现同城生活、同城便利、保障市民享受更加充分与平等的文化权利"[①]。如今,佛山市联合图书馆的建设已经 16 年,其先于《国家"十一五"时期文化发展规划纲要》提出的建设公共图书馆服务体系的思想理念,不仅与国家"十一五"至"十四五"文化发展规划中有关公共图书馆服务体系建设的思想理念完全吻合,而且至今在多个方面仍然走在前面。

在《国家"十二五"时期文化改革发展规划纲要》提出加快构建公共文化服务体系和《国家"十三五"时期文化发展改革规划纲要》提出加快现代公共文化服务体系建设时,佛山市联合图书馆已经构建享誉全球的现代公共图书馆服务体系。截至 2020 年 10 月底,佛山市联合图书馆成员馆已发展至 342

---

① 潘燕桃.公共图书馆理念的成功实践之二:佛山市联合图书馆研究[J].图书馆论坛,2009(6):125 – 130,254.

个,遍布佛山五区,其中普通成员馆 80 个,智能图书馆 259 个,馆外新书借阅点 3 个,建成了以市图书馆为中心馆、区图书馆为总馆、街镇图书馆为分馆,(社区)村居图书室、智能图书馆等其他类型图书馆为基层服务点的四级公共图书馆服务网络,实现了统一服务形象、统一书目检索平台、一证通借通还、资源共建共享的一体化建设。读书驿站、民宿图书馆、粤书吧等图书馆新业态遍地开花,智能文化家、邻里图书馆等多项佛山图书馆文化服务经验从全国走向世界,截至 2020 年,邻里图书馆已发展至 1170 个,将超过 23.8 万册次公共藏书资源下沉到家庭末梢。2018 年,佛山市联合图书馆中心馆——佛山市图书馆荣获第三届国际图书馆协会联合会绿色图书馆奖,2020 年,佛山市联合图书馆的邻里图书馆项目荣获 2020 年国际图书馆协会联合会国际图书馆营销奖第一名,成为有史以来我国公共图书馆中获得国际图书馆协会联合会奖励最多的公共图书馆[①]。

在国家"十四五"规划(2021—2025 年)开启的头一年,佛山市颁布实施《佛山办法》,将联合图书馆的建设理念和《公共文化服务保障法》《公共图书馆法》的立法精神有机结合,把联合图书馆的发展上升到了制度确认和立法推动的高平台。毫无疑问,《佛山办法》的颁布实施标志着享誉全球的佛山市联合图书馆体系建设迈入更高起点、更高层次、更高水平的高质量发展新时代,将为佛山市继续引领我国构建覆盖城乡的公共图书馆服务体系和保障民众的基本文化权益提供持续的强劲动力。

2 和而不同:公共图书馆体系建设的高质量

高质量发展是 2017 年党的十九大首次提出的新表述,表明中国经济由高速增长阶段转向高质量发展阶段,开始快速实现从速度规模型向质量效益型

---

① 佛山市联合图书馆 15 周年:建设成果集中展示,佛山经验国际领先［EB/OL］.
［2021 – 06 – 02］. http://whly. gd. gov. cn/news_newdsxw/content/post_3134449. html.

的转变。公共图书馆服务体系建设亦从"十三五"时期提出的加快现代公共文化服务体系建设转向"十四五"时期提出的"繁荣发展文化事业""提升公共文化服务水平"①。《佛山办法》第一条开宗明义地提出立法的宗旨是"为了全面推进佛山市公共图书馆事业高质量发展,加强和规范佛山市公共图书馆管理,完善公共图书馆服务网络,保障公民基本文化权益",把"全面推进佛山市公共图书馆事业高质量发展"放在了《佛山办法》的重要位置,并"结合本市定位和发展实际"(第一条)从以下几个方面予以具体实施。

2.1 坚持政府责任

联合国教科文组织和国际图书馆协会联合会颁布的《公共图书馆宣言》明确规定公共图书馆是各级政府的责任。我国《公共文化服务保障法》对各级人民政府的公共文化责任做了具体的规定。《佛山办法》全面地贯彻落实了公共图书馆的政府主体责任。

《佛山办法》第十条第一款规定"市人民政府负责在全市行政区域内统筹建立覆盖城乡、便捷实用的公共图书馆服务网络",第二款规定"区人民政府负责本行政区域内公共图书馆服务网络建设,接受市人民政府的监督与工作指导",明确规定了政府的公共图书馆主体责任,充分贯彻落实了《公共文化服务保障法》和《公共图书馆法》的政府责任精神。

佛山市公共图书馆服务体系建设之所以能够成为"佛山模式",其表在"联合图书馆",其实在政府主体责任。从2005年开始全面启动联合图书馆建设至今,佛山市人民政府一直担当主体责任。如今,《佛山办法》把这种政府主体责任的担当和联合图书馆的成功经验以立法的形式进一步制度化,第十二条规定"市人民政府应当建立完善以市图书馆为中心馆,区图书馆为区总馆,镇(街道)图书馆为分馆,村图书馆、社区图书馆以及其他类型的基层图书馆或

---

① 中共中央关于制定国民经济和社会发展第十四个五年规划和二〇三五年远景目标的建议 [EB/OL].[2021 – 06 – 02].http://www.gov.cn/zhengce/2020 – 11/03/content_5556991.htm.

者图书室为基层服务点的联合图书馆体系"。

2.2　坚持各方联动

2012 年《国家"十二五"时期文化改革发展规划纲要》首次提出在"加快构建公共文化服务体系"中要"坚持政府主导、社会参与"的原则,2016 年 12 月发布的《公共文化服务保障法》正式确立"政府主导、社会力量参与"的公共文化服务体系建设原则。《佛山办法》第十条规定"公共图书馆服务网络建设遵循政府主导、社会参与、各方联动的原则",在"政府主导、社会参与"的基础上创造性地增加了"各方联动"。

"各方联动"既是联合图书馆体系建设的经验特色,又使自上而下的"政府主导、社会参与"公共图书馆服务体系建设具有了由下向上汇聚各方力量,上下结合、同心同德、同向同行、同频共振的时代力量。这种力量是佛山力量,更是人民力量,体现了习近平总书记坚持以人民为中心的发展思想和党的十九大确立的坚持以人民为中心的基本方略。

联合图书馆之要在于联合,联合之要在于在政府建设公共图书馆服务体系的同时调动社会各方力量建设图书馆,并将其纳入公共图书馆服务体系之中,体现的正是"功成不必在我,功成必然有我"的政府责任和政府主导。《佛山办法》第十条规定的"统一规划、统一标准、统筹管理、分级保障、分类建设、分众服务"的"三统三分"管理方法正是对这种成功实践的时代肯定。

2.3　坚持融合发展

从联合建设到融合发展是佛山市联合图书馆发展的必然之路。以"图书馆 +"为特征的公共图书馆建设与服务融合发展是 21 世纪中国公共图书馆的十大创新之一①。佛山市联合图书馆在"图书馆 +"的融合发展上一直走在全

---

① 程焕文,彭嗣禹,高雅,等. 改变 21 世纪中国公共图书馆进程的十大创新[J]. 图书馆杂志,2018(11):26 - 34.

国公共图书馆的前列,如今风靡全国的"你选书我买单"就是佛山联合图书馆的创造发明。如今,《佛山办法》将公共图书馆融合发展的理念进一步制度化,确立了多项融合发展的路向。

其一,文化融合。《佛山办法》第三十七条规定"鼓励公共图书馆与博物馆、文化馆(站)、美术馆、科技馆、工人文化宫、青少年宫等各类型公共文化机构建立交流与合作机制,联合开展阅读推广与社会教育活动,合作推进文献信息的研究利用,并探索服务场地共用、数字信息共享等创新举措"。

其二,广佛融合。《佛山办法》第三十八条第一款规定"市、区人民政府应当推动建设广佛公共图书馆通借通还机制,推动广佛文献信息共享,促进广佛公共图书馆服务标准统一"。

其三,湾区融合。《佛山办法》第三十八条第二款规定"市人民政府应当推动中心馆与粤港澳大湾区其他城市图书馆建立文献交流与文化合作机制,加强人文湾区建设"。

其四,民众融合。《佛山办法》第四十二条规定"全市公共图书馆应当联合各界力量,打造阅读品牌,推动、引导、服务全民阅读。鼓励公共图书馆与个人、家庭、民间读书会等社会力量合作,共同提供阅读服务"。

其五,文旅融合。《佛山办法》第四十五条第二款规定"鼓励公共图书馆与旅游景区、酒店和民宿等单位开展合作,探索科学、合理的文化旅游协同发展模式"。

3 普遍均等:民众图书馆权利保障的高水平

2005 年 11 月 7 日,中共中央办公厅国务院办公厅发布的《关于进一步加强农村文化建设的意见》首次提出"实现和保障农民群众的基本文化权益"。2006 年 9 月 13 日正式发布的《国家"十一五"时期文化发展规划纲要》提出"完善公共文化服务网络……以实现和保障公民基本文化权益、满足广大人民群众基本文化需求为目标,坚持公共服务普遍均等原则,兼顾城乡之间、地区之间的协调发展,统筹规划,合理安排,形成实用、便捷、高效的公共文化服务网络"。从此,"实现和保障公民基本文化权益、满足广大人民群众基本文化需求"成为公共文化服务体系建设的目标,"普遍均等"成为公共图书馆服务体系建设必须坚持的原则①。

坚持"普遍均等"原则是构建覆盖城乡的公共图书馆服务体系,实现和保障公民基本文化权益的前提和保障,其重点、难点和关键点在镇(街道)及以下基层图书馆的建设。离开了基层图书馆建设,公共图书馆服务体系建设就背离了"普遍均等"的建设原则,就不可能实现和保障公民基本文化权益。

《佛山办法》特别强调镇(街道)图书馆分馆和村图书馆、社区图书馆以及其他类型基层图书馆或图书室的基层服务点建设,在经费、空间和文献三个方面做了详细的规定,全面落实了"普遍均等"的公共图书馆服务体系建设原则。

其一,经费资源保障。《佛山办法》第四条第一款规定"镇人民政府(街道办事处)应当按照公共图书馆领域的事权和支出责任,加大对政府设立的公共图书馆的投入,将设施设备、文献信息、人员、服务、运行与维护等方面的费用列入本级财政预算,并及时、足额拨付",第二款规定"镇人民政府(街道办事处)应当统筹使用相关资金,重点加大对基础条件相对薄弱和发展不平衡的政府设立的公共图书馆在馆舍改造、文献信息购置、用户活动开展等方面的支持",第三款规定"镇人民政府(街道办事处)应当在社区公共文化设施建设经费中保留一定比例用于社区的公共图书馆建设"。这些关于镇(街道)图书馆分馆和基层服务点建设经费的规定在我国现有的公共文化和公共图书馆法规中是绝无仅有的。

其二,空间资源保障。《佛山办法》第十一条第三款规定"镇人民政府(街道办事处)应当至少设立 1 家公共图书馆,常住人口超过 20 万的镇(街道)应当根据实际情况增设公共图书馆。村、社区可以根据实际情况设立村图书馆、

---

① 程焕文.普遍均等　惠及全民——关于公共服务普遍均等原则的阐释[J].图书与情报,2007(5):4－7.

社区图书馆以及其他类型的基层图书馆或者图书室,服务村(居)民";第十五条第二款规定镇(街道)"分馆及基层服务点每千人建筑面积合计不得低于 23 平方米",第三款规定"基层综合性文化服务中心的图书室建筑面积不得低于 30 平方米",第五款规定"社会力量设立或者参与举办的公共图书馆,建筑面积高于 640 平方米的,可以作为分馆;建筑面积不高于 640 平方米的,可以作为基层服务点。"这些有关基层图书馆面积指标的规定远远高于又极大地拓展了国家有关公共图书馆建设和服务的相关标准规范,体现了地方标准必须高于国家标准的标准制定要求,展示了佛山市未来引领基层图书馆服务体系建设的宏伟蓝图。

其三,文献资源保障。《佛山办法》第二十七条第一款规定"公共图书馆应当制定馆藏发展目标和年度采购计划",第二款规定按照服务范围内常住人口为基数计算,镇(街)"分馆年人均新增纸质文献信息合计不少于 0.1 册(件)。基层服务点藏书量不得少于 1000 种、1500 册,年新增藏书不得少于 50 种、100 册"。这些最低限度标准的规定是确保基层图书馆和服务网点具备可利用性、便利性的有力保障。

"普遍均等"是构建覆盖城乡的公共图书馆服务体系的基本原则,"普遍服务"则是发挥公共图书馆服务体系效能的基本原则。由于我国社会主要矛盾是人民日益增长的美好生活需要和不平衡不充分的发展之间的矛盾,因此,构建普遍均等覆盖城乡的公共图书馆服务体系仍然任重道远,实现公共图书馆"普遍服务"不过是一种远大理想。正因为如此,2019 年 1 月实施的《公共图书馆法》仅规定"公共图书馆应当按照平等、开放、共享的要求向社会公众提供服务"(第三十三条),没有把"普遍服务"列入其中。

《佛山办法》第四十条规定"公共图书馆应当坚持普遍、平等、开放、共享和便利的服务原则"。在公共图书馆服务原则上,一方面延续了《公共图书馆法》规定的公共图书馆服务"共享"原则,另一方面又继承了 2015 年 5 月 1 日实施的《广州市公共图书馆条例》"公共图书馆应当坚持普遍、平等、免费、开放和便利的服务原则"(第三十四条)中的"普遍"服务原则,进一步体现了广东作为我国改革开放前沿先行示范的引领作用。

　　"建立一个强大的联合图书馆界,为社会发展提供文化、信息和参与动力"①是全球图书馆人的共同愿景。在我国迈入中国特色社会主义新时代的今天,《佛山办法》将为佛山构建覆盖城乡的公共图书馆服务体系,全面推进佛山市公共图书馆事业高质量发展提供有力的立法保障。

---

　　①　IFLA Strategy 2019 - 2024[EB/OL].[2021 - 06 - 02].https://www.ifla.org/strategy.

邻里图书馆的模式创新

——《邻里图书馆：公共文化服务创新的佛山实践》序*

邻里图书馆是由佛山市图书馆创意、市政府主导、公民自愿参与,以社区公民家庭住宅内的可用空间为据点,以公共图书馆服务体系为平台,图书馆与公民共同建设的免费开放、公众共享的新式微型家庭公共图书馆。

邻里图书馆不仅是 2015 年以来佛山市创建国家公共文化服务体系示范区建设最为闪亮的招牌,而且是新世纪以来中国公共图书馆在全球图书馆营销中最为闪耀的明星。2018 年初,佛山市图书馆提出邻里图书馆项目创意;4月,首批 20 家邻里图书馆正式挂牌;8 月,佛山市将"'千家万户'阅暖工程——邻里图书馆项目"列入佛山市创建国家公共文化服务体系示范区建设重点项目。2019 年 1 月,邻里图书馆突破 500 家。2020 年 7 月,邻里图书馆项目荣获国际图联国际营销奖第一名。佛山市图书馆成为迄今为止我国 2000 多个县级以上公共图书馆中在国际图联获得最高营销奖殊荣的图书馆。为什么佛山市图书馆能够凭借实施仅仅两年的邻里图书馆项目一飞冲天、一举成名,成为全球最为耀眼的中国公共图书馆营销明星呢?

九层之台,起于累土;滴水穿石,非一日之功。邻里图书馆的一举成名绝非偶然,而是近三十年来在佛山市委领导下,佛山市各级政府充分履行政府主体责任,佛山市图书馆五任馆长——侯旭恺、曹晓莉、王惠君、屈义华、黄百川继往开来、不断创新,全体图书馆同人齐心协力,全社会积极参与公共图书馆服务体系建设的必然结果。

---

* 程焕文.序二[M]//黄百川.邻里图书馆:公共文化服务创新的佛山实践.北京:国家图书馆出版社,2023:5 – 15.

回顾近三十年来佛山市公共图书馆的繁荣发展，我们不难发现，以 1993 年佛山市图书馆祖庙路新馆落成开放和 2014 年佛山市图书馆新城新馆落成开放为标志，佛山市公共图书馆服务体系建设经历了两个发展阶段，大约每十年实现一次腾飞。佛山市公共图书馆的每次发展腾飞都呈现出共同的特点和规律：一方面，市政府以建设佛山市图书馆新馆为先导，进而以市图书馆为中心带动各区图书馆新馆建设；另一方面，佛山市图书馆又以各区图书馆先行先试为突破点，以充分调动一切利益相关者的积极性、各方联动为基础，探索基层图书馆建设的发展路径，进而推动佛山市公共图书馆服务体系建设。这种自上而下与自下而上的双向互动，不仅形成了上下齐动的双向合力，极大地激发了社会力量的参与活力和各个层面的创新活力，而且开辟出一条能够突破政府财力、人力、物力投入普遍不足，基层公共图书馆网络布局松散、设施建设落后、服务效益低下的困境，从而构建起全面覆盖城乡公共图书馆服务体系的崭新发展道路，成为在全国可复制、可推广的先进模式。

佛山市是国家历史文化名城，明清时期为广州府下的佛山镇，素以手工业发达著称，与河南朱仙镇、湖北汉口镇、江西景德镇并称四大名镇。1949 年，佛山改镇为市，设市建制。其后，佛山市经多次行政区划变更，直到 2002 年才形成下辖禅城、南海、顺德、三水和高明五个区的现有格局。

佛山市图书馆成立于 1957 年，迄今不过 65 年的历史。建馆后，佛山市图书馆馆址多次变化——中山公园、升平路、永安路、筷子路——始终处于一种不确定的状态，直到 1981 年位于祖庙路的馆舍落成，才算有了独立的建筑。然而，彼时的祖庙路馆面积不过 1500 平方米，藏书才 10 万册，工作人员仅 10 人，仍然乏善可陈，鲜为人知。20 世纪 80 年代后，在改革开放的推动下，全国迅速兴起了图书馆新馆建设高潮。在这样的时代背景下，1981 年建成的佛山市图书馆相形见绌，显得十分落后，无法适应佛山市经济和社会的飞速发展，难以满足广大民众迅速增长的知识需求。一时间，主张将市图书馆合并到其他文化机构的声音四起。

在这个关键时期，佛山市图书馆借助中山大学信息管理系谭祥金教授、中山大学图书馆赵燕群馆长等广东图书馆界专家的力量,积极影响政府的相关决策者,终于引起了佛山市市长卢瑞华的高度重视。于是,市政府决定投资 2000 万元在祖庙路兴建佛山市图书馆新馆,由此开辟了佛山市图书馆的振兴发展之路。1990 年 7 月,佛山市图书馆新馆奠基;1993 年 1 月 8 日,新馆落成开放。此时的佛山市图书馆新馆占地面积 4650 平方米,建筑面积 17888 平方米,不仅是佛山建市以后投资最多、规模最大的文化设施,而且一跃成为当时全国面积最大的地级市公共图书馆。

在新馆建设的同时,佛山市图书馆将专业人才队伍建设作为进一步发展的首要任务。凭借对图书馆未来美好蓝图的憧憬和描绘,佛山市图书馆从武汉大学吸引一批又一批图书馆学专业优秀毕业生,从全国各地陆续招徕图书馆学专业青年人才。其气魄,其远见,在全国独一无二。这奠定了佛山市图书馆振兴和腾飞的人才基础,并形成了其重视图书馆学专业人才队伍建设的优良传统。从此,一代又一代的图书馆新人不断创造一个又一个新的成就,佛山市图书馆亦一步一个台阶不断上升,成为全国公共图书馆服务体系建设的排头兵。

区(县)图书馆、乡镇(街道)图书馆①和村(社区)图书馆建设始终是公共图书馆服务体系建设的难点和痛点,现在如此,二十年前更是如此。在全国公共图书馆都深陷政府财政投入严重不足,基层图书馆普遍薄弱的共同困境之际,2002 年初,禅城区图书馆提出建设禅城区联合图书馆的设想,鼓励乡镇街道和公司企业投资建设图书馆馆舍。建成后,区政府负担其日常经费,区图书馆负责相应的管理工作,实行统一标识、统一平台、统一资源、统一管理、分散服务的办馆模式,建设以禅城区图书馆为总馆,以乡镇(街道)图书馆为分馆的联合图书馆体系。9 月,禅城区委区政府发布《关于佛山市禅城区"联合图书馆"建设方案》;10 月,"禅城区图书馆少儿分馆"开放,禅城区联合图书馆正式起步。

---

① 下文行文中将其简称为"镇街图书馆"。

2003 年底,鉴于禅城区联合图书馆建设的成功尝试,佛山市委书记黄龙云提出在佛山市推广联合图书馆建设。2004 年 6 月,佛山市图书馆发布《佛山市联合图书馆实施方案》,提出:①坚持政府指导,属地实施,政策扶持,各方联动,稳步推进,市民受益的基本思路。②建设以公共图书馆为主体,各行业系统图书馆加盟,覆盖全城、服务全民的文献信息资源共享网络。③在纵向上,建立和完善以市图书馆为龙头、区图书馆为骨干、镇街图书馆为节点、社区(村)图书馆为网点的公共图书馆四级网络;在横向上,公共图书馆与学校、企事业单位图书馆等不同类型的成员馆互联互通、优势互补、资源共享、协同服务,逐步形成高水准、覆盖全社会的图书馆服务网络和科学合理、富有地方特色的多级文献保障体系。④在统一标识、统一平台、统一资源、分级建设、分级管理、分散服务的建设原则下,各区可根据实际情况制定本区联合图书馆建设的具体目标、实施方案,积极探索多元化的联合图书馆发展模式。2004 年 10 月,佛山市联合图书馆正式全面启动。从此,联合图书馆成为佛山市公共图书馆服务体系建设的创新特色和发展模式,开始引领新世纪我国公共图书馆的创新发展。截至 2018 年,佛山市联合图书馆体系共有成员馆 228 家,各区全面落实图书馆总分馆制建设,共有图书馆总分馆主馆 5 个、分馆 36 个、服务点350 个。其中,禅城区和南海区被广东省文化厅确定为公共图书馆总分馆建设的示范区,在全省宣传推广。

回顾新世纪我国公共图书馆的发展,我们不难发现:其一,直到 2012 年 5 月发布《文化部"十二五"时期文化改革发展规划》(2011—2015 年),国家才正式提出"推广公共图书馆总分馆制",佛山市联合图书馆在推广公共图书馆总分馆制上比全国要早 8 年以上;其二,直到 2018 年实施《中华人民共和国公共图书馆法》和 2018 年发布《国家"十三五"时期文化发展改革规划纲要》(2016—2020 年),国家才正式提出坚持"政府主导,社会参与"的公共图书馆服务体系建设原则,佛山市联合图书馆在坚持"政府主导,社会参与"上比全国要早 14 年以上。"跑得快,好世界"——联合图书馆在理念和实践上的创新正是这句广东话的真实写照。

　　2007年，佛山市委市政府对佛山新城（原东平新城）进行重新定位和规划调整，提出建设具有国际一流水平、智能化国内领先、浓郁岭南风貌、辐射带动力强的佛山市中心城区、广东工业服务示范区、现代岭南文化新城。佛山市图书馆再次迎来新的发展机遇。

　　2008年2月，佛山市政府将市图书馆新馆建设列入佛山新城文化中心项目。佛山新城文化中心项目总用地面积30.8万平方米，净用地面积20.8万平方米，建设规模约67万平方米。其中：公共建筑约32万平方米，投资约32亿元，包括坊塔、科技馆与青少年文化宫、艺术村、图书馆、档案中心、博物馆、艺术馆七个单体建筑；商业建筑约35万平方米，由宏宇东平文化大酒店、书城、星耀影视广场和创意产业园项目组成。

　　2010年1月，作为佛山新城文化中心的第一个开建项目，佛山市图书馆新馆工程动工。2014年12月6日，佛山市图书馆新馆落成开放。新馆建筑面积4.7万平方米，阅览座位2500个，再次成为全国最大的地级市公共图书馆。

　　2015年8月，佛山市成为第三批创建国家公共文化服务体系示范区城市。作为佛山创建国家公共文化服务体系示范区的重要组成部分和中坚力量，佛山市图书馆在进一步深化联合图书馆建设、构建覆盖城乡的公共图书馆服务体系过程中，相继推出移动智能图书馆（流动汽车图书馆）、智能图书馆（智能文化家、企业文化家、读书驿站、顺图书房）、邻里图书馆、民宿图书馆等社区图书馆建设的创新理念和创造实践，在打通公共图书馆服务"最后一公里"的社区图书馆建设中再次走在了全国前列。

　　2018年7月，佛山市图书馆荣获第三届国际图联绿色图书馆奖第一名，成为该奖项自2016年设立以来首次获得最高荣誉的中国图书馆。同年9月，佛山市创建国家公共文化服务体系示范区通过文化和旅游部验收。2019年3月，佛山市正式成为国家公共文化服务体系示范区城市。2020年7月，邻里图书馆项目荣获国际图联国际营销奖第一名，成为佛山市作为国家公共文化服务体系示范城市最为闪亮的名片和招牌。

　　自2018年初规划实施，到2021年获得广东省公共文化服务体系示范项目的授牌,邻里图书馆项目在不到五年的时间里,一年一个台阶,实现了四次跳跃升级。

第一次升级:从市馆项目到市级工程(2018 年)。2018 年初,佛山市图书馆提出实施"四大创新举措,九项基本任务"的年度工作计划,进一步完善公共图书馆服务体系建设,并以首要创新举措的方式正式提出邻里图书馆的创新理念:制定社会参与的激励政策及家庭主体的遴选规则,建立公平竞争机制和绩效考评机制,在佛山市招募热爱阅读、热心公益的家庭建设邻里图书馆。市图书馆向家庭提供阅读资源与活动支持,并鼓励家庭阅读资源参与社会共享,从而将图书借阅、亲子阅读、阅读分享等社区公共图书馆服务延伸至家庭。在此创新理念和实施思路下,佛山市图书馆制订了邻里图书馆项目的发展规划:打造 1000 个邻里图书馆,服务 10000 个家庭,最终达到服务 50000 个家庭的目标,助力佛山打造"阅读之城"。

2018 年初,佛山市图书馆发布邻里图书馆招募通知后,市民踊跃报名参与,于是诞生了第一家邻里图书馆——"小星星"邻里图书馆。4 月 21 日,佛山市图书馆在"世界读书日·阅读大会"上正式为首批 20 家邻里图书馆授牌。

2018 年 8 月,佛山市发布《佛山市创建国家公共文化服务体系示范区领导小组办公室关于开展"千家万户"阅暖工程——邻里图书馆招募工作的通知》,正式将邻里图书馆项目列为创建国家公共文化服务体系示范区的重点工程,在佛山市统一部署推进。于是,邻里图书馆从佛山市图书馆的规划项目跃升为佛山市创建国家公共文化服务体系示范区的重点工程。9 月,佛山市图书馆发布《"千家万户"阅暖工程——邻里图书馆深化实施方案》,从管理提升、保障升级、宣传推广三个方面进一步深化邻里图书馆项目的实施方案,全面开展邻里图书馆项目的品牌建设。

第二次升级:从市级工程到省级项目(2019 年)。2019 年 1 月,邻里图书馆突破 500 家。2 月,邻里图书馆项目入选第三批广东省公共文化服务体系示范区(项目)创建名单。于是,邻里图书馆项目从佛山市重点工程升级为广东省示范项目。

2019 年 4 月,佛山市印发《佛山市"千家万户"阅暖工程——邻里图书馆创建广东省公共文化服务体系示范项目工作方案》。9 月,第一届邻里图书馆管理委员会成立。12 月,《人民日报》文化版发表题为《佛山以家庭为单位,以邻里为纽带推广阅读——图书馆开在你家我家》的长篇报道,邻里图书馆项目的影响开始从广东走向全国。

第三次升级:从省级项目到国际品牌(2020 年)。2020 年 7 月,邻里图书馆项目荣获国际图联国际营销奖第一名。8 月,邻里图书馆突破 1000 家。8 月 25 日,由人民日报社主办与出版的国际新闻报刊《环球时报》(*Global Times*)英文版发表题为《邻里图书馆项目惠及佛山千家万户》("Mini-Library Project Bene.ts Thousands of Families in Foshan")的专题报道,向海外推介邻里图书馆项目。其后,《光明日报》发表《邻里图书馆:让书香溢满左邻右舍》(9 月 2 日),《中国日报》(*China Daily*)发表《阅读让生活更美好》("Reading for Better Life")(12 月 8 日)。各类各级媒体竞相宣传报道,在一年多的时间内,有关邻里图书馆项目的媒体报道超过 1700 篇次。邻里图书馆项目展现了非同寻常的全国示范效应和国际品牌影响力。

第四次升级:从国际品牌到标准建设(2021 年)。2021 年 6 月,邻里图书馆小程序正式上线试运行。7 月,《邻里图书馆建设及服务规范》被纳入 2021 年佛山市地方标准制修订计划项目,邻里图书馆开始迈上标准化的发展道路。8 月,佛山市图书馆应邀在国际图联世界图书馆与信息大会的专题会议上做题为"如何使你的图书馆成为明星! 在全球激发营销思维"的报告,向全世界图书馆阐释和展示邻里图书馆项目的创新理念和营销实践。12 月,邻里图书馆项目获得广东省公共文化服务体系示范项目的授牌。

邻里图书馆项目之所以能够如此成功,究其原因,关键在于全方位的创新。纵观邻里图书馆项目四年来的发展,其最为突出的创新主要体现在以下三个方面:

(1)模式创新。邻里图书馆作为新式微型家庭公共图书馆,是基层公共图书馆建设的一种模式创新。这个创新模式具有以下三个特点:

其一，家庭融合。家庭既是社会的基本单位和细胞，亦是私有制的根源和主体；公共图书馆则是社会的公共文化机构。"私有"和"公共"的性质不同，二者并不相容。邻里图书馆项目在公民自愿的基础上，以家庭为单位，把公共图书馆建在家庭里，进而充分发挥公民的主观能动作用，以家庭人力和私有物力为社区公众提供公益服务，实现了"私有"与"公共"的相互融合。这种融合创新，一方面把公共图书馆服务体系的末梢嵌入家庭之中，另一方面又把家庭的公益服务融入公共图书馆服务体系之中，创造了一种新的共建共享、合作共赢的基层图书馆建设模式。2022 年 7 月颁布的《公共图书馆宣言(2022)》特别新增了"伙伴关系"章节，强调"建立伙伴关系对于公共图书馆接触更广泛、更多样化的公众至关重要。必须确保与相关伙伴合作，例如：用户群体，学校，非政府组织，图书馆协会，企业和地方的，区域的，国家的与国际层面的其他专业人士"。由此可见，邻里图书馆在建立伙伴关系、开展社会合作上走在了全球公共图书馆的前列。

其二，家庭阅读。家庭是社会的基本单位，家庭文化是社会文化的细胞。因此，家庭阅读是全民阅读的基础，书香家庭是书香社会的根基，建设学习型家庭则是建设学习型社会的根本。邻里图书馆项目的初衷是送书到家庭，营造书香家庭，搭建"图书馆 + 家庭"的阅读体系，从而推广家庭阅读与亲子阅读，并带动左邻右舍的家庭阅读与亲子阅读。因此，在家庭教育上，邻里图书馆项目极大地契合了社会的广泛需求，具有与家庭同心同德、同行同向、同频共振的社会魅力和社会功效。唯其如是，家庭阅读和亲子阅读成为邻里图书馆贯穿始终的服务根本，成为推广全民阅读、建设学习型社会和书香中国的长效机制。诚如《公共图书馆宣言(2022)》所言，"图书馆在社会中的益处经常在后代中显现"，邻里图书馆的这种长效机制将会在经历几代人之后进一步充分体现。犹太民族之所以自强不息，人才辈出，其重要的原因之一就是家庭阅读和亲子阅读的长效机制。

其三，微型服务。虽然邻里图书馆的物理空间和藏书数量均十分有限，但是其功能十分齐全。在资源配置上，既有图书馆的图书配送，也有"你选书，我买单"的家庭采购;在流通服务上,既有普通借阅服务,也有佛山市公共图书馆服务体系的通借通还服务;在服务方式上,既有家庭现场服务,也有自助服务和移动终端数字服务;在管理方式上,既有家庭的自主管理,也有公共图书馆的统一平台管理。凡此种种,可以说把一切可以嵌入的公共图书馆服务功能几乎全部植入家庭。邻里图书馆通过打通公共图书馆服务的"最后一米",将现有的四级公共图书馆服务体系结构由社区进一步向下延伸,构建了新的"市—区(县)—街道(乡镇)—社区(村)—家庭"五级公共图书馆服务体系结构。毫无疑问,邻里图书馆是公共图书馆服务体系建设的一项重大创新。

(2)治理创新。从项目创意,到项目实施,乃至项目升级,佛山市图书馆始终把邻里图书馆的制度设计和制度建设放在首位,相继制定了一系列的相关政策,包括《邻里图书馆建设及服务规范》《邻里图书馆绩效考核管理办法》《邻里图书馆管理委员会章程》《示范项目过程管理规定》《示范项目经费管理制度》等面向全市的宏观制度和《邻里图书馆申请声明》《邻里图书馆合作协议》《绩效规则》《佛山市图书馆读者办证协议》等面向家庭的微观制度。这两个层面的制度设计与制度实施,不仅保障了邻里图书馆建设的规范化和科学化,而且成为构建新的公共图书馆服务治理体系和提高公共图书馆服务治理能力的重要基础。在此基础上,邻里图书馆实现了多个方面的公共图书馆服务体系治理创新。

其一,邻里图书馆四级项目管理体系创新。在邻里图书馆的建设中,佛山市创建了四级项目管理体系。第一级为佛山市邻里图书馆示范项目创建领导小组。2019年5月,佛山市正式成立"千家万户"阅暖工程——邻里图书馆示范项目创建领导小组。该领导小组由来自市文化广电旅游体育局、市图书馆、各区图书馆等机构和单位的11位主要责任人组成,市文化广电旅游体育局局长担任组长。领导小组负责统筹、领导和协调邻里图书馆示范项目的创建工作。第二级为佛山市图书馆邻里图书馆管理中心。在市邻里图书馆示范项目创建领导小组的指导下,佛山市图书馆成立了邻里图书馆管理中心。该管理中心组建了管理组、统筹组、招募组、资源保障组、技术组、流通组、活动组、宣传组八个工作小组,具体负责邻里图书馆项目的联合联动运营管理。第三级为禅城、南海、顺德、三水、高明五区图书馆工作小组。第四级为镇街图书馆联动建设协调人员。佛山市图书馆创建的"一个中心,五区联动,八大小组"邻里图书馆运营管理体系,有力地保障了"市—区—镇街"三级图书馆的协调联动和邻里图书馆的全面推进。经过四年的建设,邻里图书馆已遍及全市,成为佛山市图书馆的常规业务。于是,佛山市图书馆将八个工作组的职责全部转移至佛山市图书馆负责全市联合图书馆建设的体系建设部,将邻里图书馆纳入联合图书馆体系,作为联合图书馆体系的末梢,进行统一管理。

其二,邻里图书馆公民自治与民主管理机制创新。为了增强公共图书馆与邻里图书馆成员馆的紧密联系,强化邻里图书馆的自我管理和自我服务,促进社会自治,在佛山市图书馆的组织和邻里图书馆的支持下,2019年9月28日,佛山市邻里图书馆管理委员会成立大会在佛山市图书馆举行。首届佛山市邻里图书馆管理委员会由9位邻里图书馆馆长代表和2位佛山市图书馆代表共11位委员组成。在成立大会上,"永无岛"邻里图书馆馆长罗茜被推选担任首届邻里图书馆管理委员会主任委员,并通过了《邻里图书馆管理委员会章程》。2021年10月10日,佛山市邻里图书馆管理委员会举行换届会议,选举产生了第二届邻里图书馆管理委员会。管理委员会改由7位市、区图书馆业务代表和8位邻里图书馆馆长代表共15位委员组成。佛山市图书馆体系建设部主任朱忠琼担任第二届佛山市邻里图书馆管理委员会主任委员,"四点读书"邻里图书馆馆长王丽琴任副主任委员,佛山市图书馆馆员曾翠玉任秘书长。

邻里图书馆管理委员会具有协调、谋划、督促、反馈和协作五项职能:①协调图书馆与成员间的关系,增进相互理解和信任,协调图书馆的人财物与邻里图书馆无缝对接,落实邻里图书馆的资源配置;②群策群力策划活动、组织培训,惠及更多市民;③督促公共图书馆和邻里图书馆各项工作的开展和各项措施的落实;④反馈邻里图书馆家庭和读者的意见和建议,参与邻里图书馆项目管理,共同完善邻里图书馆项目建设;⑤协助解决邻里图书馆和读者的困难和问题,协同推进邻里图书馆的宣传推广和活动组织。

邻里图书馆管理委员会保障了成员馆对邻里图书馆工作的知情权、参与权和监督权,有力地推进了邻里图书馆的民主决策和科学管理,实现了邻里图书馆与公共图书馆的共建、共享与共治,在我国公共图书馆服务治理体系中成功地引入了公民自治与民主管理的新机制。

(3)营销创新。邻里图书馆项目在佛山是一项创新。有效传播邻里图书馆的理念,充分调动公民参与的积极性,是邻里图书馆项目成功实施的关键。为此,佛山市图书馆未雨绸缪,在邻里图书馆项目开展的前期就成立了宣传工作小组,制定了线下与线上相结合的系统营销策略和营销方案,在中期和后期的实施中不断完善提高,取得了十分显著的成效。其中,最为突出的营销创新主要体现在以下两个方面:

其一,理念创新。邻里图书馆项目在理念设计上,以实现和保障公民的图书馆权利为根本,以为公民家庭赋权和赋能的理念吸引广大公民参与邻里图书馆项目的建设。这种赋权和赋能的理念使邻里图书馆家庭享有五个方面的权益:①更高级别的借阅权限,每个加入邻里图书馆的家庭可借阅 200 册图书,借期 365 天;②图书馆提供的"点单式"选书服务,以及家庭阅读推荐书目、数字资源推介等服务;③图书馆提供的阅读活动和空间资源;④邻里图书馆的自主命名权和图书馆的授牌;⑤获得图书馆的宣传。这些服务理念大多前所未有,对邻里图书馆家庭充满了吸引力。

其二,形象创新。邻里图书馆项目秉持联合图书馆"统一标识"的优良传统,在项目启动之初,就做了视觉识别系统设计。在馆徽(LOGO)设计上,邻里图书馆的馆徽以金色为主色调,采用"图案 + 文字"的方式设计。图案采用"书卷"和展开的书页圆圈构图,在圆圈的右下方留有如同大门的开口,在圆圈内有篆书"邻里"字样和篆书"图书馆"阴文印章,既有书香家庭平面图的具象,又有开卷读书和开放利用的寓意。在图案的下方是书法体隶书"邻里图书馆"字样。邻里图书馆的馆徽简洁雅致,寓意深刻。在英文名称的设计上,邻里图书馆的英文为"N-Library",释义为"Neighborhood Library"(邻里图书馆)

和"Numberless Library"（无数的图书馆），简单明了，含义丰富。这种英文名称设计即使在欧美也称得上高水平。在广告词的设计上，围绕邻里图书馆最重要的特色——家庭阅读和亲子阅读，佛山市图书馆设计了"阅读有伴、友爱相邻""耕读传家、以文会友""让阅读成为家庭新时尚"等宣传词，十分贴近民众。可以说，在中国图书馆界，没有几个图书馆能够像佛山市图书馆这样，为一个项目做出如此精细而有创意的视觉识别系统设计。

经过四年多的发展，截至 2021 年 12 月 31 日，邻里图书馆已发展到 1330 家，累计从图书馆借书 37.1 万册次，转借图书 13.4 万册次，举办活动 1731 场次，服务读者 5.7 万人次，成效显著，成绩斐然。在邻里图书馆取得巨大成功的同时，佛山市图书馆馆长黄百川研究馆员带领佛山市图书馆的同人，撰写这本书，从丰富的实践中总结经验，阐述邻里图书馆的理论与实践，为邻里图书馆项目增添了新的光彩。

这本书在系统梳理、归纳、总结过去四年邻里图书馆的相关制度、方案和研究成果的基础上，运用多学科基础理论对邻里图书馆的产生缘起、发展历程、运作机制、营销实践和创新要素进行了系统的总结研究，采用实证调查研究的方法对邻里图书馆家庭、服务对象和图书馆馆员进行了全面的数据统计分析，并针对研究发现的不足和问题，提出了改进的对策建议和未来发展方向，具有重要的学术价值和实践价值。这本著作还采用案例研究法，对六个典型的邻里图书馆案例进行了具体的剖析，并在书后列有邻里图书馆大事记、主要荣誉一览表、研究成果一览表、媒体报道精选等八个附录。这些典型案例研究和相关附录亦具有重要的参考价值。全书结构严谨，逻辑严密，数据翔实，资料丰富，说理透彻，既有理论提炼阐发，又有实践中的真知灼见，文字通俗流畅，可读性极强，是新世纪以来我国有关公共图书馆服务体系建设研究的一部极为优秀的学术著作。

因此，我郑重地向图书馆界和图书馆学界推荐《邻里图书馆：公共图书馆服务创新的佛山实践》这本书，并祝愿佛山市图书馆在公共图书馆服务体系建设中再创辉煌。

公共图书馆是社区的创造者

——论"易本书"与"邻里图书馆"的社区创造价值[*]

"易本书"（Ex-book），家藏图书共享平台，作为佛山市公共图书馆服务体系建设的网络末端服务品牌，既是"邻里图书馆"（N-Library）的生长和完善，又与"邻里图书馆"互为表里，相辅相成，相得益彰，共同完美地实现了公民参与公共图书馆服务的社会机制创新，堪称新时代新征程上我国公共图书馆服务体系建设中社区创造的典范。

社区（Community）是社会（Society）有机体的最基本构成单位，是宏观社会的缩影。一般而言，社区具有一定数量的人口、一定范围的地域、一定规模的设施、一定特征的文化、一定类型的组织等基本要素。虽然社会学家提出的社区定义众多，但是，社区的基本定义不外乎是指具有某种互动关系与共同文化维系力的、在一定领域内相互关联的人群组成的共同体及其活动领域。

社区是现代社会发展的重要内容，是民主社会是否健全完善的直接反映。因为现代意义的社区概念是近代以后才从欧美传入中国的，特别是中西社会制度的差异，一般而言，国人对社区的认知并不全面，社区的发展亦不够完善。例如：虽然社区的类型多种多样，但是许多人对社区的认知大多囿于行政社区（如居委会、学校、工厂等）和网络社区。正因为如此，欧美通常使用的"Library Community"（图书馆社区）、"Global Library Community"（全球图书馆界）时常令我国图书馆界学人在翻译时找不到对应的中文译词。

《国际图书馆协会联合会 – 联合国教科文组织公共图书馆宣言（2022）》

---

   * 程焕文. 公共图书馆是社区的创造者——论"易本书"与"邻里图书馆"的社区创造价值［J］. 图书馆论坛，2023（4）：3 – 6.

（以下简称《公共图书馆宣言（2022）》）增添了三条有关社区的阐述①。

①"公共图书馆是社区的创造者，积极主动地联系新用户，听取其意见，以此设计满足地方需求和促进提高生活质量的服务。"

②"确保所有人利用各种社区信息和各种组织社区的机会，从而认识图书馆在社会结构核心的作用。"

③"建立伙伴关系对于公共图书馆接触更广泛、更多样化的公众至关重要。例如：用户群体，学校，非政府组织，图书馆协会，企业和地方的、区域的、国家的与国际层面的其他专业人士。"

为什么"公共图书馆是社区的创造者"？相信我国图书馆界大多数人难以充分认知。可喜的是，佛山市图书馆通过实施"邻里图书馆"和"易本书"项目，已经在实施《公共图书馆宣言（2022）》所宣示的"公共图书馆是社区的创造者，积极主动地联系新用户，听取其意见，以此设计在满足地方需求和促进提高生活质量的服务"方面提供了成功的范例。

新世纪以来，在构建覆盖城乡的公共图书馆服务体系中，"图书馆服务区""十五分钟图书馆服务圈""一公里图书馆服务圈"等概念逐渐流行。这些提法已经具有"图书馆社区"（Library Community）的意味，但是，尚不具备图书馆社区的完整意义，因为严格说来这种"图书馆服务区"只是公共图书馆服务体系的延伸和拓展，图书馆与公民之间是一对多的公共服务事业线性关系，公民与公民之间的互联互动、主动参与和民主决策十分有限。

2018年初，佛山市图书馆提出邻里图书馆创意：建设市政府主导，公民自愿参与，以社区公民家庭住宅内的可用空间为据点，以公共图书馆服务体系为平台，图书馆与公民共同建设，免费开放，公众共享的新式微型家庭公共图书馆。2020年7月，邻里图书馆发展到1000个，并荣获国际图书馆协会联合会

① 程焕文.国际图书馆协会联合会–联合国教科文组织公共图书馆宣言（2022）[J].图书馆建设，2022（6）：7–9；程焕文.关于《公共图书馆宣言（2022）》中译本的若干问题[J].图书馆建设，2022（6）：10–29.

国际图书馆营销奖(The IFLA International Library Marketing Award)第一名①。因此,佛山市图书馆成为迄今为止我国 2000 多个县级以上公共图书馆中在国际图书馆协会联合会获得最高营销奖殊荣的图书馆。邻里图书馆之所以获得国际图书馆协会联合会的高度认可,其表在图书馆营销的创新,其实在图书馆社区创造的创新。一方面,公民参与公共图书馆服务不再是单一人力资源投入的志愿服务或者资金、图书与设备的捐赠,而且还包括公民私有空间资源和私有物质资源长期投入的志愿服务,实现了公共图书馆与公民家庭的融合和公共资源与私有财产的共享。这正是《公共图书馆宣言(2022)》特别倡导的"建立伙伴关系"的生动体现。另一方面,在微观上,邻里图书馆建立了以家庭为中心的微型图书馆社区,成为一个个公共文化服务的社会细胞;在宏观上,这些公共文化服务社会细胞又在统一标识、统一平台、统一资源、分级建设、分级管理、分散服务的建设原则下,通过邻里图书馆网络平台构成了一个覆盖佛山全市,且不断生长的邻里图书馆社会有机体和公共文化服务共同体,从而全面体现了"图书馆在社会结构核心的作用"。更为重要的是,佛山市图书馆在设立邻里图书馆管理中心的同时,于 2019 年 9 月成立了以邻里图书馆馆长为主体的佛山市邻里图书馆管理委员会,在公共图书馆业务管理的基础上实现了邻里图书馆的公民民主管理和公民共同服务,从而使邻里图书馆成为具有现代意义的公共图书馆社区。这不仅是基层公共图书馆服务体系建设的制度创新,而且是公共图书馆社区创造的创新,充分体现了《公共图书馆宣言(2022)》所倡导的"公共图书馆是社区的创造者"精神。

如果说邻里图书馆主要是佛山市图书馆的创意,那么,"易本书"则完全是佛山市图书馆"积极主动地联系新用户,听取其意见,以此设计满足地方需求和促进提高生活质量的服务"的社区创造。

2019 年 9 月,在邻里图书馆初兴之时,"恒福天悦邻里图书馆"在邻里图

---

① 陈艳. 邻里图书馆项目的概念、背景缘起及发展脉络研究[J]. 新世纪图书馆,2022(8):13 – 19.

书馆微信群中询问:"请问怎么将自家的图书盘活,像图书馆的书一样可以扫码外借?"由此引发民众的共鸣和佛山市图书馆的重视。于是,佛山市图书馆在 2020 年初启动的"邻里图书馆运营服务系统"中增添了家藏图书共享功能。2021 年,佛山市图书馆百尺竿头更进一步,正式上线具备借阅、漂流、赠送、展示四项功能的家藏图书共享平台,"易本书"正式诞生。在"易本书"平台上,市民可以上传个人家藏的图书,以多种不同的方式供公众利用:①借阅,可快递和面对面借阅,借阅期限 60 天;②漂流,上传图书可在公众间不断漂流,除非上传者召回图书,否则无需归还;③赠送,下单者可获得该图书的所有权;④展示,在平台上展示,不对外借阅①。

"易本书"项目计划用五年时间打造全国最大的家藏图书共享平台,构建家藏图书流通网络,让家庭藏书和公共图书馆藏书一起流动起来。2021 年为项目建设第一期阶段,以佛山市为主要运营区域,完成制度设计、宣传推广、经验总结工作,平台上传藏书用户数超过 1000 个,共享图书数量超过 1 万册,活跃用户总数超过 2000 个。2022 年为提质增效阶段,预计新增注册人数超过 2 万人,市民新增上传藏书量超过 3 万册,新增流通订单 1 万单。通过本项目的运作,最终达到平台发展、图书馆影响力提升的目的②。

"易本书"项目的实施充分激发了公民的社会责任感,有效调动了公民的社会服务积极性,对于公共图书馆服务体系建设产生了十分直观的社会效益:一是将公民的家庭藏书供大众共享,在一定程度上弥补和缓解了公共图书馆馆藏资源的不足;二是通过 P2P 的公民藏书自主流通服务模式,在图书馆不增加服务成本的前提下,扩大了公共图书馆的服务范围,丰富了公共图书馆的服务方式。更为重要的是,"易本书"是在邻里图书馆基础上对公共图书馆社区创造的进一步深化和升华。

---

① ② 易本书[EB/OL].[2023 - 02 - 10]. https://www.fslib.com.cn/special_category/58.

其一,"易本书"以网络平台的方式构建了公民藏书公共文化服务共同体。自春秋战国以来,我国私人藏书有着 2000 多年的发展历史。私有财产神圣不可侵犯。这是近现代民主社会和文明社会的基本要义。20 世纪以来,我国图书馆界对古代藏书"秘而不宣""藏而不用"之类的抨击延绵不绝,其实是分不清公共和私有界限的愚昧表现,因为私人藏书作为私有财产神圣不可侵犯,是一种天赋人权,不开放不流通是天经地义的,也就是说,公民没有任何责任和义务开放私有藏书供公众利用。明清之际,我国私人藏书的发展进入鼎盛时期,向公众流通开放的私人藏书大量涌现,这类"公益服务"只是个人的"义举",而非"公共服务",因为其藏书的私有属性没有任何改变,其行为亦是个人行为。在此过程中,亦出现过契约形式的私人藏书家共同体。藏书家曹溶(1613—1685)所著的《流通古书约》①中提到,因有感于"自宋以来,书目十有余种,灿然可观。按实求之,其书十不存四五,非尽久远散佚也。不善藏者,护惜所有,以独得为可矜,以公诸世为失策也。故入常人手犹有传观之望,一归藏家,无不绨锦为衣,旃檀作室,扃钥以为常。有问焉则答无,有举世曾不得寓目,虽使人致疑于散佚,不足怪矣""不借未可尽非,特我不借人,人亦决不借我,封己守株,纵累岁月,无所增益,收藏者何取焉",于是提出"彼此藏书家,各就观目录,标出所缺者,先经注,次史逸,次文集,次杂说,视所著门类同,时代先后同,卷帙多寡同,约定有无相易,则主人自命门下之役,精工缮写,较对无误,一两月间,各齐所钞互换"的流通古书"简便法"。虽然"此法有数善:好书不出户庭也;有功于古人也;己所藏日以富也;楚南燕北皆可行也",但是其根本仍是丰富私人藏书。藏书家丁雄飞(1605—1687)与黄虞稷(1629—1691)订立《古欢社约》②,其根本上仍然是私人藏书家之间的互借互抄与相互利用,并没有超出藏书家的范畴。今天看来,其"创新"之处在于以"契约"的方式结成

---

① 曹溶. 流通古书约[M]//李希泌,张椒华. 中国古代藏书与近代图书馆史料(春秋至五四前后). 北京:中华书局,1982:31 - 32.

② 丁雄飞. 古欢社约[M]//李希泌,张椒华. 中国古代藏书与近代图书馆史料(春秋至五四前后). 北京:中华书局,1982:45 - 47.

藏书家"共同体"。

"易本书"同样没有改变公民藏书的私有属性,但是,"易本书"以佛山市图书馆"易本书"家藏图书共享平台与"易本书"平台用户自愿签订《"易本书"家藏图书共享平台服务协议》,共同遵守《"易本书"家藏图书共享平台相关规则》的"契约"方式,将公民的家藏图书汇集在佛山市图书馆的"易本书"平台上,共同向公众提供公益服务,实现了私有藏书的公众共享。这就远远超出了"私"的范畴,将公民的个人"义举"和公共图书馆的公益服务有机结合,创建了一个新型的公民藏书公共文化服务共同体。

其二,"易本书"以公民自愿的方式实现了更加广泛的公共图书馆服务公民参与格局。政府主导,社会参与,是十余年来我国公共文化服务体系建设的基本原则。公民公共文化志愿服务和政府购买公共文化服务是当今最为流行的社会参与公共文化服务体系建设方式,前者是公益驱动的大众参与,后者则为利益追逐的商家参与。与这些不同的是,邻里图书馆是以家庭空间为基础提供公共图书馆的公共服务,"易本书"则是以公共图书馆的平台为基础提供私人藏书的公众共享,二者的前提都是公民自愿自觉自为,极大地激发了公民参与公共图书馆服务的潜力和动能,全面激活了公民参与公共图书馆服务的私有资源,有效促进了家庭阅读与全民阅读。

其三,"易本书"以公民自主的方式实现了公共图书馆服务的民主参与。在"易本书"平台上,无论是借阅、漂流,还是捐赠、展示,公民可以自主决定其私有藏书的共享服务方式,不受制于任何压力。这既维护了公民依法享有的私有藏书物权,又充分尊重了公民的私有藏书自主权,在以公共图书馆为中心的全民阅读推广服务体系基础上,创建了以家庭藏书为基础的公民自主管理、自主供给、自主服务的阅读推广服务共同体,在一定程度上使公众成为公共文化服务与公共文化治理的参与者、决策者和受益者。这亦是公共文化服务体系建设的治理创新。

公共图书馆是社区的创造者。"易本书"与邻里图书馆忠实地践行了《公共图书馆宣言(2022)》的精神,展现了国际图书馆协会联合会描绘的"一个强大而团结的图书馆界为有文化、知情和参与性社会提供动力"的全球图书馆共同愿景①,为我国构建覆盖城乡公共图书馆服务体系的创新发展提供了成功的范例,值得学习、借鉴、复制和推广。

---

① Our Vision and Mission [EB/OL]. [2023 - 02 - 10]. https://www.ifla.org/vision-mission/.

"公共文化共同体"的社会价值和时代价值[*]

　　为贯彻落实党的二十大关于高质量发展的要求,解决制约公共文化服务体系建设中存在的资源分散、保障不足、效能不高等痛点、难点问题,加快建设开放多元、充满活力的现代公共文化服务体系,自 2022 年起,广州市通过组建政、产、学、研、媒、社会力量等主体深度参与基层公共文化服务体系建设,先后试点实施"基层公共文化治理项目库""广州乡村文化振兴讲习所""花城市民文化空间""繁星行动""向美而行"等项目。

　　2023 年 6 月 7 日,广州市文化广电旅游局在及时总结实践经验的基础上专门印发《关于在全市开展"公共文化共同体"建设的实施意见》的通知①,正式提出"广州公共文化共同体"的新概念、新理念,并在全市开展公共文化共同体建设的具体实施方案。

　　2023 年 9 月 21 日,广州市文化广电旅游局向广东省文化和旅游厅报送关于《广州探索"公共文化共同体"建设着力推动公共文化服务高质量发展》(穗文广旅报〔2023〕128 号)的报告。

　　2023 年 12 月 14 日,广东省文化和旅游厅向文化和旅游部报送《广州率先开展"公共文化共同体"建设　推动现代公共文化服务体系出新出彩》(粤文旅报〔2023〕91 号)的广州公共文化共同体建设实践案例。

　　2024 年 1 月 11—13 日,在文化和旅游部公共服务司的指导下,由广东省文化和旅游厅主办、广州市文化广电旅游局承办的以"发展共同体,构建新格

---

　　*　程焕文."公共文化共同体"的社会价值和时代价值[J].图书馆论坛,2024(3):2 - 7.
　　①　广州市文化广电旅游局关于印发《关于在全市开展"公共文化共同体"建设的实施意见》的通知[EB/OL].[2024 - 01 - 15]. http://wglj. gz. gov. cn/gkmlpt/content/9/9020/post_9020270. html#913.

局"为主题的"公共文化服务共同体建设现场交流活动"在广州市隆重举行,广东省文化和旅游厅正式发布《广东省公共文化服务共同体建设工作指南》。

公共文化共同体,从广州市实施相关试点项目到总结经验形成共同体概念,再从逐级向广东省、文化和旅游部上报实践案例,到在文化和旅游部公共服务司的指导下,广东省文化和旅游厅主办全国公共文化服务共同体现场交流活动,并发布《广东省公共文化服务共同体建设工作指南》,在大约两年的时间内迅速凝练并提升为广东省公共文化服务体系和治理体系建设的新概念、新模式与新举措,呈现出引领全国公共文化服务体系和治理体系建设的新趋势。

公共文化共同体,不仅为推动公共文化服务高质量发展、健全现代公共文化服务体系提供了可取的先行先试示范经验,而且忠实地遵循了习近平总书记提出的人类命运共同体理念和人类共同价值观,多维度体现了公共文化权利观、公共文化共同利益观、公共文化可持续发展观和基层公共文化治理观的基本理念,其社会价值和时代价值已初见端倪。归结起来,盖有以下四个方面。

1 从公共文化服务体系到公共文化协作联盟:公共文化权利价值

公共文化服务体系建设是国家和各级政府的责任,是实现公民公共文化权利和社会公平正义的基本保障。

新时代以来,党和国家高度重视公共文化服务体系建设,2017 年 3 月 1 日施行的《中华人民共和国公共文化服务保障法》[①](以下简称《公共文化服务保障法》)明确规定"加强公共文化服务体系建设"是国家和各级人民政府的责

---

① 中华人民共和国公共文化服务保障法(2016 年 12 月 25 日第十二届全国人民代表大会常务委员会第二十五次会议通过)[EB/OL].[2024 - 01 - 15]. http://www. npc. gov. cn/zgrdw/npc/xinwen/2016 - 12/25/content_2004880. htm.

任；2018 年 1 月 1 日施行的《中华人民共和国公共图书馆法》①（以下简称《公共图书馆法》）将"保障公民基本文化权益"列为立法的基本宗旨。

《公共文化服务保障法》明确规定"国务院文化主管部门、新闻出版广电主管部门依照本法和国务院规定的职责负责全国的公共文化服务工作；国务院其他有关部门在各自职责范围内负责相关公共文化服务工作"②。《公共图书馆法》亦规定"国务院文化主管部门负责全国公共图书馆的管理工作。国务院其他有关部门在各自职责范围内负责与公共图书馆管理有关的工作。县级以上地方人民政府文化主管部门负责本行政区域内公共图书馆的管理工作。县级以上地方人民政府其他有关部门在各自职责范围内负责本行政区域内与公共图书馆管理有关的工作"③。但是，公共文化服务体系建设基本上一直是各级人民政府主管部门在冲锋陷阵，各级人民政府其他有关部门的参与力度始终不足，并未形成各级政府主管部门和其他有关部门的通力合作的局面。

广州市"公共文化共同体"的公共文化标杆项目，一是通过强化市、区、镇（街）、社区四级联动机制，发挥体系的引领示范作用、推动资源优化配置、激活公共文化服务体系活力，实现公共文化服务体系效能的纵向提升；二是倡导大公共文化理念，打破文化主管部门和其他有关部门，乃至社会主体之间的壁垒，突破以"三馆一站"为中心的公共文化传统服务模式，引导鼓励宣传、文化、体育、科技、民政、工会、团委、妇联等部门负责和管理的公共文化设施、联盟、体系、联合体，共同参与公共文化服务体系建设，以横向整合的方式共同推动与公共文化相关的人、财、物、服务、信息等统一管理、集约使用、协同运作；三是以打造标杆项目为抓手，依托公共图书馆、博物馆、文化馆、美术馆、纪念馆、科技馆、体育馆、工人文化宫、青少年宫等公共文化设施，探索建立跨行业跨部

---

①③ 中华人民共和国公共图书馆法［EB/OL］．［2024 - 01 - 15］．http://www. npc. gov. cn/zgrdw/npc/xinwen/2018 - 11/05/content_2065662. htm.

② 中华人民共和国公共文化服务保障法（2016 年 12 月 25 日第十二届全国人民代表大会常务委员会第二十五次会议通过）［EB/OL］．［2024 - 01 - 15］．http://www. npc. gov. cn/zgrdw/npc/xinwen/2016 - 12/25/content_2004880. htm.

门的公共文化设施联盟,促进公共文化设施机制共建、阵地共享、信息互通、品牌共创、人才共育。这种纵向提升和横向整合较好地破解了公共文化服务体系建设因财政分灶吃饭而长期存在的条块分割问题,以及因部门主体责任分工而长期存在的各自为战问题,较好地调动了各部门资源,打通了资源壁垒、畅通了下沉渠道、提高了配置效率,实现了资源互联互通、共建共享。在纵向提升上,广州市公共文化共同体建设与深圳市图书馆的"垂直管理模式"有着殊途同归之妙、异曲同工之美;在横向整合上,广州市公共文化共同体建设则实现了公共文化主管部门与其他有关部门的协同合作,以及公共文化机构相互之间的协同合作,创新了公共文化服务体系的建设模式。

这种纵向提升与横向整合的公共文化服务体系建设新模式可在深度和广度上更加有效地推动基层公共文化服务体系建设的创新发展,从而更大限度地充分实现和保障公民的基本公共文化权利和社会的公平正义,因此,具有更加充分实现和保障公民公共文化权利的价值。

2 从公共文化社会参与到公共文化公民参与:公共文化共同利益价值

"政府主导,社会力量参与"①和"坚持政府主导,鼓励社会参与"②是《公共文化服务保障法》《公共图书馆法》规定和国家确立的公共文化服务体系建设基本原则与方针。

《国际图书馆协会联合会-联合国教科文组织公共图书馆宣言(2022)》③

---

① 中华人民共和国公共文化服务保障法(2016 年 12 月 25 日第十二届全国人民代表大会常务委员会第二十五次会议通过)[EB/OL].[2024 - 01 - 15]. http://www. npc. gov. cn/zgrdw/npc/xinwen/2016 - 12/25/content_2004880. htm.

② 中华人民共和国公共图书馆法[EB/OL].[2024 - 01 - 15]. http://www. npc. gov. cn/zgrdw/npc/xinwen/2018 - 11/05/content_2065662. htm.

③ 程焕文. 国际图书馆协会联合会-联合国教科文组织公共图书馆宣言(2022)[J]. 图书馆建设,2022(6):7 - 9.

（以下简称《公共图书馆宣言（2022）》）不仅将"公民参与"列为公共图书馆的核心使命之一，而且新增了"伙伴关系"专门章节，向世界各国宣示"建立伙伴关系对于公共图书馆接触更广泛、更多样化的公众至关重要。必须确保与相关伙伴合作，例如：用户群体，学校，非政府组织，图书馆协会，企业和地方的、区域的、国家的与国际层面的其他专业人士"。

公共文化服务体系建设既是国家和政府的主体责任，也是全社会的共同责任。因为公共文化服务体系建设直接关系社会的公平正义，所以所有的公共文化利益相关者，包括国家与地方政府、学校、非政府组织、公司企业、专门人士、公民等各个方面、各个层级的公共文化利益相关者，都应该共同参与公共文化服务体系的建设。

这种公共文化共同参与观的基石是以"自由、平等、公正、法治"为社会价值取向的共同公共文化价值观。现阶段的主要共同公共文化价值观的使命乃是充分实现和保障公民享有公共文化的平等权利。

近十年来，以"公共文化＋""图书馆＋""文化馆＋"等为主的社会力量的参与方式，成为我国基层公共文化服务体系建设主流和热潮，新型公共文化空间在全国如雨后春笋般涌现，如今已经超过 3.35 万个[①]，在全国乃至全球产生了十分广泛的影响，十分有效地实现和保障了基层民众享有公共文化的平等权利。

然而，实现和保障公民的公共文化平等权利，不仅必须保障公民享有公共文化的平等权利，而且还必须保障公民参与公共文化的平等权利。如何实现从"公共文化＋"向"公共文化×"转型升级，即从政府主导与社会参与的公共文化融合发展模式向政府主体责任与社会共同责任相结合的公共文化一体化发展模式的转型升级，或者从建立公共文化总分馆制向构建公共文化利益共同体的转型升级，这不仅是新型公共文化空间建设必然面对的时代课题，而且

---

① 全国新型公共文化空间超 3.35 万个[EB/OL].［2024－01－15］. https://www. chinanews. com. cn/sh/2024/01－04/10140244. shtml.

也是基层公共文化服务体系建设的必然趋势。

广州市提出的"公共文化共同体"新概念,在理念上,既是习近平人类命运共同体理念和习近平文化思想在公共文化服务体系建设上的忠实遵循,也是人类共同价值观在公共文化服务体系建设上的具体体现;在实践上,通过建立公共文化设施联盟、花城市民文化空间、全民艺术普及联盟、全民阅读联盟、公共图书馆与中小学校"馆校合作"项目等,多维度探索建立公共文化利益相关者共同体的路径;并且以公众参与为基础开展公共文化标杆项目的动态评价,使广大民众享有参与基层公共文化服务体系建设的平等机会,开辟了公共文化服务体系建设的新模式,初步体现了公共文化共同利益价值。

3 从公共文化保障力到公共文化影响力:公共文化效能价值

公共文化服务体系建设的基本目标是保障公民的基本公共文化权利,终极目标是促进社会和个人的繁荣与发展。

《公共文化服务保障法》规定"按照公益性、基本性、均等性、便利性的要求,加强公共文化设施建设,完善公共文化服务体系,提高公共文化服务效能"[①]。一方面,强调的是公共文化服务体系对于公民基本公共文化权利的保障力,即国际公认的公共文化服务可获得性(Availability)、可利用性(Accessibility)、可负担性(Affordability)和可接受性(Acceptability);另一方面,强调的是提高公共文化服务的效能,即充分发挥公共文化服务的社会价值与作用。

习近平总书记在给国家图书馆老同志的回信中强调"图书馆是国家文化

---

① 中华人民共和国公共文化服务保障法(2016 年 12 月 25 日第十二届全国人民代表大会常务委员会第二十五次会议通过)[EB/OL].[2024 - 01 - 15]. http://www. npc. gov. cn/zgrdw/npc/xinwen/2016 - 12/25/content_2004880. htm.

发展水平的重要标志,是滋养民族心灵、培育文化自信的重要场所"①。

《公共图书馆宣言(2022)》强调"社会和个人的自由、繁荣与发展是人类的基本价值",并声明"联合国教科文组织相信公共图书馆是教育、文化、包容和信息的有生力量,是可持续发展的重要因素,是每个人通过人们的思想实现和平与精神福祉的重要因素"②。

如何在不断提高公共文化服务保障力的同时充分发挥公共文化服务的影响力,促进社会和个人的繁荣与发展,既是公共文化服务体系建设与生俱来的使命和任务,也是我国公共文化服务体系建设的终极目标。

广州市开展的公共文化共同体建设在多个维度上对促进社会和个人的繁荣与发展做了有益的尝试③:

①探索文旅融合赋能的新模式和新路径,推动公共文化、文化产业与乡村游、本地游深度融合,整合公共文化或非物质文化遗产资源开发文化艺术研学游、体验游等产品和服务,激发群众参与热情,提升乡村文化建设品质。

②探索传统文化赋能的新模式和新路径,推动公共文化机构、演出企业与团体、艺术院校等深度合作,深入基层,充分挖掘地方特色资源与优秀传统文化,指导、培养乡村文艺演出团队与志愿队伍,发展提升乡村舞蹈、戏剧、曲艺、游艺、杂技等业态,发挥传统文化凝聚人心、凝聚共识的功能,探索推进优秀传统文化融入基层党建与社会治理工作。

③探索数字文化赋能的新模式和新路径,创作、传播、展现地方特色文化、民间技艺、乡土风貌、田园风光、生产生活等方面的数字文化产品或服务,挖掘活化乡村优秀传统文化资源,支持当地宣传推广、文创产品开发、农

---

① 习近平给国家图书馆老专家的回信[EB/OL].[2024 - 01 - 15]. https://www. gov. cn/xinwen/2019 - 09/09/content_5428594. htm.

② 程焕文. 国际图书馆协会联合会 – 联合国教科文组织公共图书馆宣言(2022)[J]. 图书馆建设,2022(6):7 - 9.

③ 广州市文化广电旅游局关于印发《关于在全市开展"公共文化共同体"建设的实施意见》的通知[EB/OL].[2024 - 01 - 15]. http://wglj. gz. gov. cn/gkmlpt/content/9/9020/post_9020270. html#913.

产品品牌形象塑造,为基层特色农产品的社交电商、直播卖货等工作提供资源与指导。

这些探索有利于充分发挥基层公共文化服务体系建设助力乡村振兴、建设宜居宜业和美乡村的重要作用,有效提升了公共文化服务的影响力,展现了现代公共文化服务体系的公共文化效能价值。

4 从公共文化共建共享到公共文化共治共创:公共文化治理价值

公共文化共建共享,是公共文化服务体系建设的基本方式;公共文化共治共创,则是新时期推进国家治理体系和治理能力现代化的基本要求。

《"十四五"文化发展规划》①开宗明义地指出"文化是国家和民族之魂,也是国家治理之魂"。

《中共中央关于坚持和完善中国特色社会主义制度—推进国家治理体系和治理能力现代化若干重大问题的决定》②指出"必须加强和创新社会治理,完善党委领导、政府负责、民主协商、社会协同、公众参与、法治保障、科技支撑的社会治理体系,建设人人有责、人人尽责、人人享有的社会治理共同体"。

《中共中央 国务院关于加强基层治理体系和治理能力现代化建设的意见》③指出"基层治理是国家治理的基石,统筹推进乡镇(街道)和城乡社区治理,是实现国家治理体系和治理能力现代化的基础工程","坚持共建共治共享,建设人人有责、人人尽责、人人享有的基层治理共同体"。

---

① 中共中央办公厅 国务院办公厅印发《"十四五"文化发展规划》[EB/OL]. [2024 - 01 - 15]. https://www.gov.cn/zhengce/2022 - 08/16/content_5705612.htm.

② 中共中央关于坚持和完善中国特色社会主义制度 推进国家治理体系和治理能力现代化若干重大问题的决定[EB/OL]. [2024 - 01 - 15]. https://www.gov.cn/zhengce/2019 - 11/05/content_5449023.htm? ivk_sa = 1024320u.

③ 中共中央 国务院关于加强基层治理体系和治理能力现代化建设的意见[EB/OL]. [2024 - 01 - 15]. https://www.gov.cn/gongbao/content/2021/content_5627681.htm.

建设人人有责、人人尽责、人人享有的基层治理共同体,是新时代党和国家确立的基本国策。在建设现代公共文化服务体系的同时,如何加强公共文化治理体系和治理能力建设,进而促进基层治理共同体建设,这是现在和将来的重要任务。广州市公共文化共同体确立的两个建设目标正是在此方面的有益尝试①:

①"推动广州各级各类公共文化机构、联盟、体系和联合体在公共文化服务领域实现深度合作、协同发展、共同缔造"。

②"以'横向整合资源、纵向提升体系、夯实基层基础'为建设思路,重点打造一批面向社会治理关键问题、发挥文化赋能作用的公共文化标杆项目,形成一批可复制推广的创新工作模式,建立一个协同发展的公共文化服务平台,提高公共文化产品与服务供给品质,扩大公共文化服务体系的社会影响力,形成可复制可推广的公共文化共同体'广州经验'"。

第一个目标在于建立"以提升文化治理能力为核心,以公共文化标杆项目为抓手"的公共文化共同体;第二个目标在于通过公共文化共同体"积极发挥文化治理功能。鼓励各级探索文化赋能社会治理路径,着力为基层政权治理能力建设、基层群众自治制度建设、基层法治和德治建设、基层智慧治理能力建设等贡献文化力量"。

上述两个目标构成了一个相互关联、互为表里、相得益彰的整体,为探索解决基层社会治理的关键问题提供了基本指向。在此基础上,广州市公共文化共同体在公共文化治理体系和治理能力建设上做了多方面的有益尝试②:

①建立"共同体圆桌会议"交流机制。原则上每半年召开一次。会议由广州市文化广电旅游局召集,指定或派出专人负责会议和相关重大事项的指导决策;各相关部门及其负责和管理的公共文化设施、联盟、体系、联合体派出专人参加。会议旨在促进各单位之间的项目合作、信息沟通、工作研讨和经验交

---

①② 广州市文化广电旅游局关于印发《关于在全市开展"公共文化共同体"建设的实施意见》的通知[EB/OL].[2024 – 01 – 15]. http://wglj. gz. gov. cn/gkmlpt/content/9/9020/post_9 020270. html#913.

流,围绕履行共同体的主要任务展开专门研讨、共商共议。

②建立标杆项目的深度合作机制。共同体以联合策划、开发、运营跨系统、跨层级的公共文化标杆项目为核心任务,探索以文化力量实现社会善治。在合作的基础上,进一步推动公共文化设施、资源、活动、服务和管理共建共享,建立健全各项联动协同机制,切实提高公共文化服务覆盖面、增强实效性。

③全面推动标杆项目的纵深发展。一是鼓励参与单位围绕公共文化标杆项目展开全面合作,整合同类型活动和服务品牌,推动公共文化服务体系向空白处和薄弱处延伸覆盖。鼓励各参与单位积极围绕党和国家中心任务、人民群众的重要精神文化需求提出有潜力的新项目、新品牌、新机制,或将其牵头负责的重点工作纳入公共文化共同体建设,按照公共文化标杆项目的标准做大做强。二是鼓励各参与单位结合自身优势,优先在全民阅读、全民艺术普及、文旅志愿服务、数字文化服务、文旅融合、馆校合作等公共文化的重点领域打造公共文化标杆项目,树立一批有代表性和推广价值的典型案例,探索公共文化的跨界融合路径。

④搭建共同体合作平台。通过整合公共文化标杆项目资源,依托市、区、镇(街)公共文化线下服务体系,建立资源共建共享的数字平台,实现从需求采集、产品征集展示、点单配送、反馈评价的全过程管理。

⑤实施基层公共文化夯实项目。通过实施基层公共文化共同体建设、新时代文明实践与文化站共建平台、群众文艺团队建设"群星工程"等基层公共文化夯实项目,充分组织和动员基层力量,推动基层协同共建,赋能基层社会治理。

上述举措为新时代公共文化治理体系和治理能力建设提供了可行的实施路径,初步体现了公共文化治理价值。

综上所述,公共文化共同体,既是公共文化服务体系建设的新概念,亦堪称公共文化服务体系建设的新模式、公共文化治理体系与治理能力建设的新模式和公共文化可持续发展的新模式。虽然公共文化共同体尚在实施过程中,亦将不断丰富完善,但是已经初步体现了公共文化权利价值、公共文化共同利益价值、公共文化效能价值和公共文化治理价值。

　　展望未来,在公共文化共同体建设中尚有可拓展的广阔空间,可进一步落实"健全充满活力的基层群众自治制度"①,"在基层公共事务和公益事业中广泛实行群众自我管理、自我服务、自我教育、自我监督"②,"引导群众自办文化活动","充分发挥农民主体作用,大力引导群众自发性的文化活动,广泛搭建群众自我交流展示的活动平台,引导带动农民群众在文化生活中当主角、唱大戏"③,从而进一步加强公共文化服务治理体系和治理能力建设,更加充分地发挥公共文化治理的效能。

---

　　① 中共中央关于坚持和完善中国特色社会主义制度　推进国家治理体系和治理能力现代化若干重大问题的决定[EB/OL].[2024 – 01 – 15].https://www.gov.cn/zhengce/2019 – 11/05/content_5449023.htm? ivk_sa = 1024320u.

　　② 中共中央　国务院关于加强基层治理体系和治理能力现代化建设的意见[EB/OL].[2024 – 01 – 15].https://www.gov.cn/gongbao/content/2021/content_5627681.htm.

　　③ 文化和旅游部办公厅关于印发《关于持之以恒推动乡镇综合文化站创新发展的实施方案》的通知(办公共发〔2023〕156 号)[EB/OL].[2024 – 01 – 15].https://www.gov.cn/govweb/zhengce/zhengceku/202309/content_6902599.htm.

政府责任

全面履行政府的图书馆责任　充分保障市民的图书馆权利*

2006 年 5 月,陈建华市长在担任广州市委宣传部部长时委托中山大学资讯管理系牵头开展《广州市公共图书馆条例》立法研究和文本起草工作。2014 年 10 月 29 日,广州市第十四届人民代表大会常务委员会第三十四次会议审议通过《广州市公共图书馆条例》。2015 年 1 月 13 日,广东省第十二届人民代表大会常务委员会第十三次会议批准《广州市公共图书馆条例》。2015 年 1 月 22 日,广州市人大常委会发布公告,自 2015 年 5 月 1 日起正式施行《广州市公共图书馆条例》①。在《广州市公共图书馆条例》的 9 年立法过程中,笔者是前期立法研究和起草工作的负责人,进入立法程序以后则是《广州市公共图书馆条例》草案修订的主要参与者,参与和见证了《广州市公共图书馆条例》的全过程。因此,对《广州市公共图书馆条例》充满了专业情感、事业理想和文化梦想。下面笔者谨从三个方面谈谈个人对《广州市公共图书馆条例》的几点粗浅认识。

1　《广州市公共图书馆条例》的重要意义

《广州市公共图书馆条例》的颁布施行,是认真贯彻落实党和国家的文化

---

　*　本文为作者于 2015 年 5 月 26 日下午在广州市政府礼堂举行的《广州市公共图书馆条例》实施工作会议上的发言稿。见:程焕文. 全面履行政府的图书馆责任　充分保障市民的图书馆权利[J]. 图书馆论坛,2015(8):6 – 8,5.
　①　广州市公共图书馆条例[EB/OL]. [2015 – 05 – 20]. http://www. rd. gz. cn/page. do? pa = 2c9ec0233a0016bd013a00366ab30059&guid = 40c837feb34743aea02eb8d4a48913fc&og = 402881cd27e001000127e13e5c4d08ed.

政策与发展战略,全面推进广州市公共图书馆发展的法律保证和重大里程碑,标志着广州开始迈入全面构建覆盖城乡的公共图书馆服务体系,实现和保障民众公共图书馆权利的新时代。

1850 年,英国颁布世界上第一部《公共图书馆法案》,迄今已有 60 多个国家与地区先后制定和颁布了 250 多部图书馆法律法规。目前,我国尚无全国性的图书馆法,只有深圳、内蒙古、湖北、北京、四川和广州 6 地先后颁布了地方性的公共图书馆法规。

作为最新的地方性公共图书馆法规,《广州市公共图书馆条例》条款数量最多,内容最全面,理念最先进,理论最科学,既充分体现了新世纪以来党和国家的文化政策与理念,又广泛借鉴了国内外的有益经验,结合了广州公共图书馆的发展实际,堪称我国地方性公共图书馆法规的典范。

1.1　关于保障和实现民众的基本图书馆权利

新世纪以来,党和国家提出了"坚持以人为本,保障和实现人民群众的基本文化权益,使广大人民群众共享文化发展成果","切实维护低收入和特殊群体的基本文化权益",坚持"公共服务普遍均等""基本公共服务均等化""惠及全民"的文化发展方针原则①。

《广州市公共图书馆条例》第三十四条规定:"公共图书馆应当坚持普遍、平等、免费、开放和便利的服务原则。"这个条款是贯彻落实上述党和国家文化发展方针原则的具体体现。其中,"普遍服务原则"和"平等服务原则"是国际公认的公共图书馆基本原则与核心价值,是公共图书馆之所以成为公共图书馆的根本。这两项原则在我国的其他 5 部地方性公共图书馆法规中均无明文

---

①　国家"十一五"时期文化发展规划纲要［EB/OL］.［2015 - 05 - 10］. http://www. gov. cn/jrzg/2006 - 09/13/content_388046. htm;中共中央关于构建社会主义和谐社会若干重大问题的决定(2006 年 10 月 11 日中国共产党第十六届中央委员会第六次全体会议通过)［EB/OL］［2015 - 05 - 10］. http://news3. xinhuanet. com/politics/2006 - 10/18/content_5218639. htm.

规定,《广州市公共图书馆条例》开了先河。

图书馆权利是民众利用图书馆的平等和自由,是民众基本文化权益的基本内容①。《广州市公共图书馆条例》第四十四条规定:公共图书馆用户享有"平等获取信息和知识"和"免费、平等获得公共图书馆基本服务"的权利。第四十七规定:除国家规定禁止公开传播的文献信息资源外,"公共图书馆不得限制文献信息资源的利用"。第五十四条第六款规定:"擅自限制文献信息资源利用的"公共图书馆及其工作人员将承担相关责任。这些条款在我国第一次明确规定了民众利用图书馆的"平等权利"和"自由权利"。这是广州社会文明、民主、开放、进步的重要体现,也是《广州市公共图书馆条例》立法理念先进的具体体现。

1.2　关于构建覆盖城乡的公共图书馆服务体系

"构建覆盖城乡的公共文化服务体系",实现"基本公共服务均等化",是党和国家的文化发展目标,是"保障和实现民众基本文化权益"的具体实践。

《广州市公共图书馆条例》第十二条规定:"市人民政府设立的广州图书馆为全市公共图书馆的中心馆""区人民政府负责建设区和镇、街道公共图书馆,建立公共图书馆总分馆体系,区公共图书馆为区域总馆,镇、街道公共图书馆为分馆",在我国地方性图书馆法规中第一次创造性地提出了中心馆与总分馆相结合的公共图书馆服务体系建设模式。这有利于缓解因市区两级财政"分灶吃饭"而形成的公共图书馆服务体系发展困境,是构建覆盖全市的四级公共图书馆服务体系的制度创新。

《广州市公共图书馆条例》第二十二条规定:"全市公共图书馆实行统一标志,并纳入路标、路牌、公共交通等城市标志系统。"这在我国现有的图书馆法规和制度中也是绝无仅有。

1.3　关于公共图书馆的建设与发展标准

《广州市公共图书馆条例》第十六条、第十七条、第十八条和第二十三条分

---

① 程焕文,潘燕桃,张靖.图书馆权利研究[M].北京:学习出版社,2011:36.

别对各级公共图书馆的建筑面积、藏书总量、年均藏书增长量和馆员配备数量做了明确而细致的规定。这些指标体系既参考了国家颁布的公共图书馆建设标准与规范,又充分考虑了广州市公共图书馆的发展现状和未来发展需要,总的来看,普遍高于我国最低标准①,低于发达国家的标准。在这套指标体系的制定中,《广州市公共图书馆条例》借鉴国际经验,首次提出了以公共图书馆服务范围内的常住人口数量为基本依据的计算方法,体现了广州市公共图书馆设立与建设的科学性、客观性和可持续发展性。

《广州市公共图书馆条例》尚有许多方面的制度创新和理念创新,如第二十七条提出的"建立贮存图书馆"等,由于时间关系,这里不再一一列举。

2 公共图书馆是各级地方政府义不容辞的责任和神圣使命

公共图书馆是各个国家和地方政府的责任,这是公共图书馆与生俱来的特性,古今中外概莫能外。因此,联合国教科文组织和国际图书馆协会联合会颁布的《公共图书馆宣言》特别强调:"公共图书馆是国家和地方当局的责任。必须制定专门的法规支持公共图书馆。"②

党和国家的一系列文化政策反复强调各级党委和政府在文化建设中的重要地位与作用,强调加大政府的投入力度,建立健全同国力相匹配、同人民群众文化需求相适应的政府投入保障机制,增加公共文化服务体系建设资金和经费保障投入。

《广州市公共图书馆条例》共计58条,其中第4、5、7、8、9、10、11、12、13、14、23、32、53条共计13条直接规定了各级政府在发展公共图书馆方面的具体责任,涉及公共图书馆的管理体制、建设标准、经费预算、人员配

---

① 中华人民共和国文化部. 公共图书馆建设标准[S]. 北京:中国计划出版社,2008.

② 联合国教科文组织,国际图书馆协会联合会. 公共图书馆宣言[M]//程焕文,潘燕桃. 信息资源共享. 北京:高等教育出版社,2004:378-380.

备、法律责任等各个方面,条款数目之多,内容涉及面之广,责任规定之实,超越了我国现有的所有地方性公共图书馆法规,充分体现了其对政府公共图书馆责任的高度重视。

广州是一个具有2000多年悠久历史的经济发达城市,可是,广州市公共图书馆的整体发展水平与北京、上海有较大距离,甚至不及深圳、东莞。

各级政府应依法行政,严格履行其公共图书馆责任,不可滥用权力。例如:《广州市公共图书馆条例》第二十三条与第二十四条对馆员和馆长的聘任做了明确的专业技术门槛规定,这是公共图书馆专业性的客观要求和具体体现。因此,在馆长的聘任和专业馆员的聘用上应坚持专业性原则,不可以随意为之,否则,就会违背《广州市公共图书馆条例》的规定。

3 充分实现和保障市民的图书馆权利

"图书馆是没有围墙的大学",这是大家耳熟能详的一句名言。这句话是公共图书馆兴起以后,人们对公共图书馆社会职能的形象描述。

公共图书馆是公益性的文化服务机构,也是重要的社会教育机构。在图书馆、博物馆、美术馆、文化馆等公共文化机构中,唯有公共图书馆是民众终身学习的机构,是最能够体现、实现和保障民众基本文化权益的公共文化机构。

"权利的贫困是最大的贫困",在本质上,公共图书馆是穷人的图书馆。因此,构建覆盖城乡的公共图书馆服务体系是充分实现和保障民众图书馆权利的基本条件。《广州市公共图书馆条例》在此方面做了十分全面的具体规定,我想特别强调以下两点。

3.1 关于公共图书馆的空间资源建设

空间资源是公共图书馆存在和发展的必要条件。有多大的图书馆建筑就有多大的公共图书馆服务平台。如果没有空间资源,公共图书馆就会丧失作为市民的知识中心、学习中心和文化中心的社会地位与社会功能。看看全球最大的城市图书馆——广州图书馆新馆每天拥挤的人潮,就会明白图书馆空间资源多么重要。

《广州市公共图书馆条例》在强调加强数字图书馆建设的同时,对图书馆的建筑面积做了专门的规定。第十六条规定:市级公共图书馆的建筑面积应该达到每千人10平方米以上;区域总馆和镇、街道分馆的建筑面积合计应该达到每千人37.5平方米以上。总的来看,这个建设指标只是略高于国家的最低标准,不及北京、上海甚至深圳,与发达国家的城市公共图书馆发展水平相比距离更大。先天不足,需要迎头赶上。

3.2 关于公共图书馆的纸质资源建设

纸质资源是衡量公共图书馆发展水平和城市文明程度的重要指标,也是全民阅读的基本保障。

数字图书和纸质图书的发展不是替代关系,而是相互促进、比翼齐飞的关系。20世纪80年代以来,我国的纸质图书出版量一直在持续增长,2014年已经达到年出版量44万种的水平,高居世界第一,远远高于位居第二的美国。在经历了近十年的低迷和亏损以后,2013年德国、英国等欧洲国家的纸质图书销售也开始回暖盈利①。

据《2014当当中国图书消费报告》统计:当当全年售书3.3亿册。广东位居各省图书消费排行榜第一,年度购书量占全国总量的16.89%。广州位居全国图书消费最多的10个城市之首②。由此可见广州市民的纸质图书需求之旺和全民阅读热情之高。

《广州市公共图书馆条例》在强调兼顾纸质信息资源建设与数字信息资源建设的同时,对纸质信息资源建设作了明确的规定。第十七条规定:到2020

---

① 去年英国出版商出版新书数量全球最多［EB/OL］.［2015 - 06 - 05］. http://www.bkpcn. com/Web/ArticleShow. aspx? artid = 121950&cateid = A0501.

② 当当发布2014中国图书消费报告 全国阅读两极分化［EB/OL］.［2015 - 06 - 05］. http://www. chinanews. com/it/2015/01 - 13/6964132. shtml.

年时,市级公共图书馆的人均藏书量合计应该达到 1 册(件)以上;区域总馆和镇、街道分馆的人均藏书量合计应该达到 2 册(件)以上。也就是说,到 2020 年时,广州市的人均公共图书馆藏书拥有量应该从目前的不足 1.6 册提高到 3 册以上。

《广州市公共图书馆条例》第十八条规定:市级公共图书馆的年人均纸质信息资源入藏量不少于 0.06 册(件);区域总馆和镇、街道分馆的年人均新书入藏量合计不少于 0.14 册(件)。这既是实现 2020 年广州市人均公共图书馆藏书量达到 3 册以上的客观需要,也是对各级政府保障公共图书馆经费持续投入的具体规定。

4　结　语

最后,我再一次强调:公共图书馆是各级地方政府的责任,各级地方政府履行了多少公共图书馆责任,各地的民众就会享受多少公共图书馆权利。我相信广州将会成为民众图书馆权利最富足的文明城市。

论《公共文化服务保障法》立法精神

——国家和政府的公共文化服务责任解析[*]

　　进入 21 世纪以来,党和国家相继制定了一系列有关公共文化建设和服务的方针与政策①,公共文化事业因此得以迅速发展。然而,由于缺乏专门的法律保障,各级政府在执行党和国家的方针与政策中力度各异,无从监督,无法追责,以致全国各地公共文化服务的发展不平衡,体系不健全,不能普遍均等地满足人民群众的文化需求。为此,全国人大教科文卫委员会自 2014 年 4 月开始牵头启动《中华人民共和国公共文化服务保障法》(以下简称《保障法》)立法工作,2015 年 5 月完成《保障法》草案,并向社会公开征求意见。2016 年 12 月 25 日,第十二届全国人民代表大会常务委员会第二十五次会议通过《保障法》,并自 2017 年 3 月 1 日起施行②。《保障法》从启动立法到完成立法并付诸实施,前后不到三年时间,速度之快,力度之大,在我国文化立法史上实属罕见。这本身就充分说明了《保障法》立法的迫切性、重要性及党和国家对公共文化事业的高度重视。

　　公共文化事业是公益性事业,当然是政府的责任。只有国家和政府全面履行其公共文化责任,才能促进公共文化服务繁荣发展。这是近两百年来的国际共识和各国政府普遍履行的职责。国际图书馆协会联合会和联合国教科文组织颁布的《公共图书馆宣言》宣称:"公共图书馆原则上应该免费服务。

---

* 程焕文.论《公共文化服务保障法》立法精神——国家和政府的公共文化服务责任
解析[J].图书馆论坛,2017(6):1-9.

① 程焕文,潘燕桃,张靖.图书馆权利研究[M].北京:学习出版社,2011:36-104.

② 中华人民共和国公共文化服务保障法[EB/OL].[2017-05-01].http://www.
npc.gov.cn/npc/xinwen/2016-12/25/content_2004880.htm.

公共图书馆是国家和地方当局的责任。必须制定专门的法规支持公共图书馆,国家和地方政府必须为公共图书馆筹措经费。公共图书馆必须是各种长期的文化、信息供应、识字和教育战略的一个基本组成部分。"①《保障法》正是本着公共文化服务是国家和政府的责任这个基本立法精神而制定和产生的。因此,不论是学习《保障法》,还是施行《保障法》,如果离开了这个基本立法精神,那么就会偏离《保障法》的根本。

1 《保障法》是一部规定国家和政府公共文化服务责任的法律

《保障法》分总则、公共文化设施建设与管理、公共文化服务提供、保障措施、法律责任、附则 6 章,共 65 条。

《保障法》第 2 条开宗明义地界定了"公共文化服务":"本法所称公共文化服务,是指由政府主导、社会力量参与,以满足公民基本文化需求为主要目的而提供的公共文化设施、文化产品、文化活动以及其他相关服务。"②这个定义中的"政府主导、社会力量参与"宣明了《保障法》的立法精神,即政府是公共文化服务的责任主体。

因为政府是公共文化服务的责任主体,所以《保障法》对各级人民政府的责任做了详细而具体的规定,其中涉及多个关于我国政府的专门名词术语,如果不明确其所指,那么将难以区分各级政府的具体责任。根据《中华人民共和国地方各级人民代表大会和地方各级人民政府组织法》③、《中华人民共和国宪法》和《中华人民共和国立法法》,可以将《保障法》中涉及的有关政府的名

---

① 程焕文,潘燕桃,张靖.图书馆权利研究[M].北京:学习出版社,2011:408.

② 中华人民共和国公共文化服务保障法[EB/OL].[2017 – 05 – 01].http://www.npc.gov.cn/npc/xinwen/2016 – 12/25/content_2004880.htm.

③ 中华人民共和国地方各级人民代表大会和地方各级人民政府组织法[EB/OL].[2017 –05 – 01].http://www.gov.cn/flfg/2005 –06/21/content_8297.htm.

词术语及其所指归纳如下：

①各级人民政府,是指中央人民政府(国务院)、省级(自治区、直辖市)人民政府、地级市(州、盟)人民政府、县级(市、区、旗)人民政府、乡镇级人民政府;

②县级以上人民政府,是指中央人民政府(国务院)、省级(自治区、直辖市)人民政府、地级市(州、盟)人民政府、县级(市、区、旗)人民政府;

③县级以上地方人民政府,是指省级(自治区、直辖市)人民政府、地级市(州、盟)人民政府、县级(市、区、旗)人民政府;

④地方各级人民政府,是指省级(直辖市、自治区)人民政府、地级市(州、盟)人民政府、县级(市、区、旗)人民政府、乡镇级人民政府;

⑤设区的市级人民政府,是指副省级、地级、副地级市人民政府。

根据上述名词术语,可将《保障法》中有关国家和政府责任的条款分类统计如表 1 所示：

表 1 《保障法》国家和政府责任条款分类统计表

序号	类别	层级	条款分布	条款数量/条
1	国家	国家	8，10，11，12，13，24，25，29，32，35，40，42，48，49，52，53，54	17
	国家与国务院,省、自治区、直辖市人民政府	国家—中央—省级	46	1
	国家与县级以上人民政府	国家—中央—省级—地级—县级	43	1
	国家与地方各级人民政府	国家—省级—地级—县级—乡镇级	33,37	2

序号	类别	层级	条款分布	条款数量/条
2	国务院与省、自治区、直辖市人民政府	中央—省级	5	1
	国务院与县级以上地方人民政府	中央—省级—地级—县级	7,41	2
	国务院与地方各级人民政府	中央—省级—地级—县级—乡镇级	6,45	2
3	各级人民政府	中央—省级—地级—县级—乡镇级	9,23,27,56,57	5
4	县级以上人民政府	中央—省级—地级—县级	4,55	2
5	县级以上地方人民政府	省级—地级—县级	14,15,60	3
6	地方各级人民政府	省级—地级—县级—乡镇级	18,34,36,38,39,51,58,59	8
7	设区的市级、县级人民政府	副省级—地级—副地级—县级	28	1
总计				45

　　从《保障法》和表 1 可见,除了总则(第 1、2、3 条,共 3 条)、公共文化设施建设与管理(第 16、17、19、20、21、22、26 条,共 7 条)、公共文化服务提供(第30、31、44 条,共 3 条)、保障措施(第 47、50 条,共 2 条)、法律责任(第 61、62、63 条,共 3 条)、附则(第 64、65 条,共 2 条)中总计 20 条有关立法宗旨、原则、定义、公共文化设施管理单位、公共文化设施服务和公民、法人单位等的规定

以外,在《保障法》的 6 章 65 条中共有 45 条有关国家和政府公共文化服务责任的专门规定,占条款总数的 69%。因此,完全可以肯定地说,《保障法》就是一部关于国家和政府公共文化责任的专门法律。

作为关于国家和政府公共文化责任的专门法律,《保障法》从多个方面对政府的责任做了具体的规定,详细情况可见表 2。

表 2 《保障法》国家和政府责任条款职责统计表

章	职 责	国家	中央	省级	地级	县级	乡镇	单位	个人	社团
第一章 总则	纳入国民经济和社会发展规划		4	4	4	4				
	制定服务指导和实施标准		5	5						
	建立服务综合协调机制		6	6	6	6	6			
	负责主管服务工作		7	7	7	7				
	扶助老少边贫地区	8								
	提供弱势群体服务		9	9	9	9	9			
	鼓励和支持与学校教育相结合	10								
	鼓励和支持科技运用	11								
	鼓励和支持国际交流与合作	12								
	鼓励和支持社会参与	13								
第二章 公共文化设施建设与管理	公布设施目录及有关信息			14	14	14				
	将设施网络建设纳入城乡规划			15	15	15				
	不得侵占或擅自改变建设用地							16	16	
	加强基层服务中心建设			18	18	18	18			
	不得擅自拆除、改变、妨碍、侵占设施							19	19	
	加强设施的配置、维护与运行管理							20		
	建立管理制度、服务规范							21		

续表

章	职　责	国家	中央	省级	地级	县级	乡镇	单位	个人	社团
	建立安全管理制度							22		
	建立效能考核评价制度		23	23	23	23	23			
	推动建立健全法人治理结构	24								
	鼓励和支持社会参与建设、运营和管理	25							25	25
	遵守公共秩序、爱护公共设施							26		
第三章　公共文化服务提供	支持全民文化活动		27	27	27	27	27			
	制定服务目录并组织实施				28	28				
	提供免费或者优惠服务	29						29		
	建立完善公共文化服务网络							30		
	向公众免费或优惠开放设施							31		
	鼓励和支持其他单位的文化体育设施开放	32								
	统筹规划公共数字文化建设	33		33	33	33	33			
	提供流动文化服务			34	34	34	34			
	增加农村公共文化产品供给	35								
	为弱势人员集中地提供服务			36	36	36	36			
	鼓励公民参与自主服务	37		37	37	37	37	37		37
	加强在校生服务			38	38	38	38			
	支持军队基层文化建设			39	39	39	39			
	加强民族语言文化产品供给	40								
	制定政府购买服务的政策		41	41	41	41				
	鼓励和支持社会参与提供服务	42								
	倡导和鼓励志愿服务	43		43	43	43		43		
	不得利用服务从事违法活动								44	44

续表

章	职　责	国家	中央	省级	地级	县级	乡镇	单位	个人	社团
第四章　保障措施	制定本级服务经费预算		45	45	45	45	45			
	通过转移支付重点扶助老少边贫地区的服务	46	46	46						
	鼓励社会资本依法投入服务	48								
	采取政府购买服务的措施支持社会提供服务	49								
	鼓励设立服务基金	50								
	合理设置和配备专业人员			51	51	51	51			
	鼓励和支持从事基层服务工作	52								
	鼓励和支持依法成立社会组织	53								
	支持服务理论研究,加强人才教育和培训	54								
	建立健全服务资金审计监督考核制度		55	55	55	55				
	建立服务考核评价制度		56	56	56	56	56			
	主动接受社会监督		57	57	57	57	57			
第五章　法律责任	追究未履行职责的政府主管人员责任			58	58	58	58			
	追究有违法行为的政府主管人员责任			59	59	59	59			
	追究侵占建设用地或擅自改变用途者责任			60	60	60				
	追究未履行规定的单位主管人员责任		61	61	61	61	61			

续表

章	职　责	国家	中央	省级	地级	县级	乡镇	单位	个人	社团
	追究有违法行为的单位主管人员责任		62	62	62	62	62			
总计条款数量/条		22	15	29	28	28	19	10	5	3

从表 2 可见,《保障法》中有关国家和各级政府责任条款的分布及其所占条款总数与整部法律条款总数(65 条)的比率分别为:国家 22 条(34%)、中央人民政府 15 条(23%)、省级人民政府 29 条(45%)、地级人民政府 28 条(43%)、县级人民政府 28 条(43%)、乡镇级人民政府 19 条(29%)。其中,有关省级、地级和县级人民政府责任的条款均在 40% 以上,而中央与乡镇人民政府责任的条款均在 30% 以下,由此可见,公共文化服务的责任重点在省级、地级和县级人民政府。

2　国家的责任

《保障法》中共有 22 条条款规定了国家的公共文化责任(见表 2)。这 22 条大致可以分为以下 4 类:一类为国家统筹规划公共数字文化建设(1 条,占 5%),二类为国家鼓励与支持发展公共文化服务事业(8 条,占 36%),三类为国家鼓励与支持扶助老少边贫地区的公共文化服务(4 条,占 18%),四类为国家鼓励与支持社会参与公共文化服务(9 条,占 41%)。这些条款所规定的国家公共文化服务责任重在公共文化服务的宏观指导和方向引导,是国家公共文化服务意志的具体体现。

2.1　统筹规划公共数字文化建设

公共数字文化建设是公共文化服务的发展方向,是构建覆盖城乡公共文化服务体系的基本保障。作为国家发展战略,公共数字文化建设自然是国家和地方各级人民政府的责任。因此,《保障法》第 33 条规定"国家统筹规划公共数字文化建设,构建标准统一、互联互通的公共数字文化服务网络,建设公共文化信息资源库,实现基层网络服务共建共享",强调"国家支持开发数字文化产品,推动利用宽带互联网、移动互联网、广播电视网和卫星网络提供公共文化服务",并要求"地方各级人民政府应当加强基层公共文化设施的数字化和网络建设,提高数字化和网络服务能力"。

2.2 支持公共文化服务事业发展

在公共文化服务事业的发展中,《保障法》从两个方面规定了国家的责任:

其一,鼓励和支持非公共文化服务单位提供公共文化服务:①"国家鼓励和支持公共文化服务与学校教育相结合,充分发挥公共文化服务的社会教育功能,提高青少年思想道德和科学文化素质"(第 10 条);②"国家鼓励和支持机关、学校、企业事业单位的文化体育设施向公众开放"(第 32 条);③"国家鼓励经营性文化单位提供免费或者优惠的公共文化产品和文化活动"(第 29 条)。

其二,国家支持加强公共文化服务事业建设,在管理上,"国家推动公共文化设施管理单位建立健全法人治理结构"(第 24 条);在服务上,"国家鼓励和支持发挥科技在公共文化服务中的作用,推动运用现代信息技术和传播技术,提高公众的科学素养和公共文化服务水平"(第 11 条),同时"国家鼓励和支持在公共文化服务领域开展国际合作与交流"(第 12 条);在队伍建设上,"国家鼓励和支持文化专业人员、高校毕业生和志愿者到基层从事公共文化服务工作"(第 52 条),同时"支持公共文化服务理论研究,加强多层次专业人才教育和培训"(第 54 条)。

2.3 扶助老少边贫地区的公共文化服务

扶助老少边贫地区的公共文化服务是促进城乡公共文化服务均等化的重要途径。《保障法》从以下 4 个方面规定了国家的责任:①"国家扶助革命老区、民族地区、边疆地区、贫困地区的公共文化服务,促进公共文化服务均衡协调发展"(第 8 条);②"国家鼓励和支持经济发达地区对革命老区、民族地区、边疆地区、贫困地区的公共文化服务提供援助",并专门规定"国务院和省、自治区、直辖市人民政府应当增加投入,通过转移支付等方式,重点扶助革命老区、民族地区、边疆地区、贫困地区开展公共文化服务"(第 46 条);③"国家重点增加农村地区图书、报刊、戏曲、电影、广播电视节目、网络信息内容、节庆活动、体育健身活动等公共文化产品供给,促进城乡公共文化服务均等化"(第 35 条);④"国家加强民族语言文字文化产品的供给,加强优秀公共文化产品的民族语言文字译制及其在民族地区的传播,鼓励和扶助民族文化产品的创作生产,支持开展具有民族特色的群众性文化体育活动"(第 40 条)。

2.4 鼓励社会开展公共文化服务

公共文化服务是国家和政府的责任,同时也有赖于全社会的支持与参与。因此,鼓励和支持社会开展公共文化服务乃是国家的责任。为此,《保障法》在以下几个方面做了专门规定。

2.4.1 鼓励和支持社会参与公共文化服务

《保障法》在鼓励和支持社会参与公共文化服务上做了三个层面的规定。

第一个层面是直接参与:"鼓励和支持公民、法人和其他组织参与公共文化服务单位的公共文化服务",并"对在公共文化服务中做出突出贡献的公民、法人和其他组织,依法给予表彰和奖励"(第 13 条)。

第二个层面是自主参与:"鼓励公民主动参与公共文化服务,自主开展健康文明的群众性文化体育活动",并要求"地方各级人民政府应当给予必要的指导、支持和帮助"(第 37 条)。

第三个层面是依法参与:"鼓励和支持公民、法人和其他组织兴建、捐建或者与政府部门合作建设公共文化设施,鼓励公民、法人和其他组织依法参与公共文化设施的运营和管理"(第 25 条)。

2.4.2 鼓励和支持社会参与提供公共文化服务

《保障法》在鼓励和支持社会参与提供公共文化服务上做了两种方式的

规定。

其一,以直接投入的方式参与提供公共文化服务。"国家鼓励和支持公民、法人和其他组织通过兴办实体、资助项目、赞助活动、提供设施、捐赠产品等方式,参与提供公共文化服务"(第42条)。

其二,以政府购买的方式参与提供公共文化服务。"国家采取政府购买服务等措施,支持公民、法人和其他组织参与提供公共文化服务"(第49条)。

2.4.3 倡导和鼓励社会参与文化志愿服务

《保障法》规定"国家倡导和鼓励公民、法人和其他组织参与文化志愿服务",并对文化志愿服务的管理做了具体规定,要求"公共文化设施管理单位应当建立文化志愿服务机制,组织开展文化志愿服务活动",要求"县级以上地方人民政府有关部门应当对文化志愿活动给予必要的指导和支持,并建立管理评价、教育培训和激励保障机制"(第43条)。

2.4.4 鼓励社会捐助公共文化服务

《保障法》规定"公民、法人和其他组织通过公益性社会团体或者县级以上人民政府及其部门,捐赠财产用于公共文化服务的,依法享受税收优惠"。同时,"国家鼓励通过捐赠等方式设立公共文化服务基金,专门用于公共文化服务"(第50条)。

2.4.5 鼓励社会资本投入公共文化服务

《保障法》规定"国家鼓励社会资本依法投入公共文化服务,拓宽公共文化服务资金来源渠道"(第48条)。虽然《保障法》没有说明社会资本投入公共文化服务后如何取得投入回报,但是,这显然是拓宽公共文化服务资金来源的一个新举措。

2.4.6 鼓励社会提供社会化公共文化服务

《保障法》规定"国家鼓励和支持公民、法人和其他组织依法成立公共文化服务领域的社会组织,推动公共文化服务社会化、专业化发展"(第53条)。这同样是公共文化服务的一个新的发展方向,即社会可以依法自主地开展公共文化服务。

3 中央人民政府的责任

《保障法》对中央人民政府(国务院)的责任做了明确的规定,并且每一项规定亦明确了下级人民政府的相应责任。

3.1 制定国家基本公共文化服务指导标准

《保障法》规定"国务院根据公民基本文化需求和经济社会发展水平,制定并调整国家基本公共文化服务指导标准"。并要求"省、自治区、直辖市人民政府根据国家基本公共文化服务指导标准,结合当地实际需求、财政能力和文化特色,制定并调整本行政区域的基本公共文化服务实施标准"(第5条)。

3.2 建立公共文化服务综合协调机制

《保障法》规定"国务院建立公共文化服务综合协调机制,指导、协调、推动全国公共文化服务工作。国务院文化主管部门承担综合协调具体职责"。同时,要求"地方各级人民政府应当加强对公共文化服务的统筹协调,推动实现共建共享"(第6条)。

3.3 负责主管公共文化服务工作

《保障法》规定"国务院文化主管部门、新闻出版广电主管部门依照本法和国务院规定的职责负责全国的公共文化服务工作;国务院其他有关部门在各自职责范围内负责相关公共文化服务工作"。同时规定"县级以上地方人民政府文化、新闻出版广电主管部门根据其职责负责本行政区域内的公共文化服务工作;县级以上地方人民政府其他有关部门在各自职责范围内负责相关公共文化服务工作"(第7条)。

3.4 制定政府购买公共文化服务的指导性意见和目录

《保障法》规定"国务院和省、自治区、直辖市人民政府制定政府购买公共文化服务的指导性意见和目录。国务院有关部门和县级以上地方人民政府应当根据指导性意见和目录,结合实际情况,确定购买的具体项目和内容,及时向社会公布"(第41条)。

3.5　制定公共文化服务经费预算

《保障法》规定"国务院和地方各级人民政府应根据公共文化服务的事权和支出责任,将公共文化服务经费纳入本级预算,安排公共文化服务所需资金"(第45条)。同时,特别强调"国务院和省、自治区、直辖市人民政府应当增加投入,通过转移支付等方式,重点扶助革命老区、民族地区、边疆地区、贫困地区开展公共文化服务"(第46条)。

4　各级人民政府的责任

《保障法》中共有5条关于各级人民政府责任的规定,这些规定明确了从中央到地方各级人民政府的共同责任和普遍责任。

4.1　提供弱势群体公共文化服务

《保障法》规定"各级人民政府应当根据未成年人、老年人、残疾人和流动人口等群体的特点与需求,提供相应的公共文化服务"(第9条)。

4.2　支持全民文化活动

《保障法》规定"各级人民政府应当充分利用公共文化设施,促进优秀公共文化产品的提供和传播,支持开展全民阅读、全民普法、全民健身、全民科普和艺术普及、优秀传统文化传承活动"(第27条)。

4.3　建立公共文化设施使用效能考核评价制度

《保障法》规定"各级人民政府应当建立有公众参与的公共文化设施使用

效能考核评价制度,公共文化设施管理单位应当根据评价结果改进工作,提高服务质量"(第 23 条)。

4.4　建立公共文化服务考核评价制度

《保障法》规定"各级人民政府应当加强对公共文化服务工作的监督检查,建立反映公众文化需求的征询反馈制度和有公众参与的公共文化服务考核评价制度,并将考核评价结果作为确定补贴或者奖励的依据"(第 56 条)。

4.5　主动接受社会监督

《保障法》规定"各级人民政府及有关部门应当及时公开公共文化服务信息,主动接受社会监督,并要求新闻媒体应当积极开展公共文化服务的宣传报道,并加强舆论监督"(第 57 条)。

5　县级以上人民政府的责任

《保障法》中虽然仅有 2 条关于县级以上人民政府公共文化服务责任的规定,但是,由于县级以上人民政府(中央、省级、地级、县级)是具有财政支配权力的政府,因此,这 2 条规定在《保障法》中至关重要,也是公共文化服务的根本保障。

5.1　将公共文化服务纳入本级国民经济和社会发展规划

《保障法》规定"县级以上人民政府应当将公共文化服务纳入本级国民经济和社会发展规划,按照公益性、基本性、均等性、便利性的要求,加强公共文化设施建设,完善公共文化服务体系,提高公共文化服务效能"(第 4 条)。这条规定是公共文化服务保障的根本,如果没有这条规定,《保障法》将失去其基本意义。这条规定不仅明确了县级以上人民政府应当将公共文化服务纳入本级国民经济和社会发展规划的责任,而且提出了将公共文化服务纳入本级国民经济和社会发展规划的原则与目标,即按照公益性、基本性、均等性、便利性的要求,加强公共文化设施建设,完善公共文化服务体系,提高公共文化服务效能。

5.2　建立健全公共文化服务资金使用的监督和统计公告制度

权力必须关在制度的笼子里。为了避免滥用权力挪用公共文化资金,《保障法》规定"县级以上人民政府应当建立健全公共文化服务资金使用的监督和统计公告制度,加强绩效考评,确保资金用于公共文化服务。任何单位和个人不得侵占、挪用公共文化服务资金。审计机关应当依法加强对公共文化服务资金的审计监督"(第 55 条)。

6　县级以上地方人民政府的责任

《保障法》对县级以上地方人民政府(省级、地级、县级)的公共文化服务责任,做了 2 条规定。

6.1　公布公共文化设施目录及有关信息

《保障法》规定"县级以上地方人民政府应当将本行政区域内的公共文化设施目录及有关信息予以公布"(第 14 条)。这是政府信息公开和接受社会监督的基本要求。

6.2　将公共文化设施建设纳入本级城乡规划

公共文化设施是公共文化服务的物质保障,如果没有公共文化设施,也就根本谈不上提供公共文化服务。

《保障法》规定"县级以上地方人民政府应当将公共文化设施建设纳入本级城乡规划,根据国家基本公共文化服务指导标准、省级基本公共文化服务实施标准,结合当地经济社会发展水平、人口状况、环境条件、文化特色,合理确定公共文化设施的种类、数量、规模以及布局,形成场馆服务、流动服务和数字服务相结合的公共文化设施网络"。同时,"公共文化设施的选址,应当征求公众意见,符合公共文化设施的功能和特点,有利于发挥其作用"(第15条)。这条规定不仅明确了将公共文化设施建设纳入城乡规划是省级、地级、县级人民政府的责任,而且对制定公共文化设施建设城乡规划的原则、标准和方法做了具体规定,以确保城乡规划中有关公共文化设施的建设符合公益性、基本性、均等性、便利性的要求,保持了与第4条将公共文化服务纳入本级国民经济和社会发展规划的一致性。

7 地方各级人民政府的责任

地方各级人民政府(省级、地级、县级、乡镇级)具有履行和落实公共文化服务的具体责任。《保障法》对地方各级人民政府公共文化服务责任的规定凸显了基层公共文化服务的重要性,这是构建覆盖城乡的公共文化服务网络的难点和关键点。因此,基层公共文化服务是地方各级人民政府的普遍责任。

7.1 加强基层综合性文化服务中心建设

《保障法》规定"地方各级人民政府可以采取新建、改建、扩建、合建、租赁、利用现有公共设施等多种方式,加强乡镇(街道)、村(社区)基层综合性文化服务中心建设,推动基层有关公共设施的统一管理、综合利用,并保障其正常运行"(第18条)。

7.2 提供流动文化服务

《保障法》规定"地方各级人民政府应当采取多种方式,因地制宜提供流动文化服务"(第34条)。

7.3 提供便利可及的公共文化服务

《保障法》规定"地方各级人民政府应当根据当地实际情况,在人员流动量较大的公共场所、务工人员较为集中的区域以及留守妇女儿童较为集中的农村地区,配备必要的设施,采取多种形式,提供便利可及的公共文化服务"(第36条)。

7.4　加强面向在校学生的公共文化服务

《保障法》规定"地方各级人民政府应当加强面向在校学生的公共文化服务,支持学校开展适合在校学生特点的文化体育活动,促进德智体美教育"(第38条)。

7.5　支持军队基层文化建设

《保障法》规定"地方各级人民政府应当支持军队基层文化建设,丰富军营文化体育活动,加强军民文化融合"(第39条)。

7.6　合理设置公共文化服务岗位,配备相应专业人员

《保障法》规定"地方各级人民政府应当按照公共文化设施的功能、任务和服务人口规模,合理设置公共文化服务岗位,配备相应专业人员"(第51条)。

8　设区的市级、县级人民政府的责任

《保障法》中仅有1条专门针对设区的市级、县级地方人民政府责任的具体规定"设区的市级、县级地方人民政府应当根据国家基本公共文化服务指导标准和省、自治区、直辖市基本公共文化服务实施标准,结合当地实际,制定公布本行政区域公共文化服务目录并组织实施"(第28条)。这条规定实际上是确定了组织实施公共文化服务是设区的市级、县级地方人民政府的责任,而不是上级或者下级人民政府的责任。因此,可以说,设区的市级、县级地方人民政府是组织实施公共文化服务的关键。

9 地方各级人民政府的责任追究

《保障法》不仅对政府的公共文化服务责任做了比较详细而具体的规定，而且对地方政府未履行或者违反公共文化服务职责的责任追究也做了具体规定。这是确保地方各级人民政府忠实执行《保障法》的必要措施。

《保障法》第五章法律责任共有 6 条，其中 3 条是有关地方各级人民政府的责任追究规定，其法律措施为责令限期改正、依法处分责任人员和依法强制执行。

9.1 未履行公共文化服务保障职责的责任追究

《保障法》规定"违反本法规定，地方各级人民政府和县级以上人民政府有关部门未履行公共文化服务保障职责的，由其上级机关或者监察机关责令限期改正；情节严重的，对直接负责的主管人员和其他直接责任人员依法给予处分"（第 58 条）。

9.2 违反公共文化服务保障职责的责任追究

《保障法》规定"违反本法规定，地方各级人民政府和县级以上人民政府有关部门，有下列行为之一的，由其上级机关或者监察机关责令限期改正；情节严重的，对直接负责的主管人员和其他直接责任人员依法给予处分：（一）侵占、挪用公共文化服务资金的；（二）擅自拆除、侵占、挪用公共文化设施，或者改变其功能、用途，或者妨碍其正常运行的；（三）未依照本法规定重建公共文化设施的；（四）滥用职权、玩忽职守、徇私舞弊的"（第 59 条）。

9.3 侵占公共文化设施的建设用地的责任追究

《保障法》规定"违反本法规定，侵占公共文化设施的建设用地或者擅自改变其用途的，由县级以上地方人民政府土地主管部门、城乡规划主管部门依据各自职责责令限期改正;逾期不改正的,由作出决定的机关依法强制执行,或者依法申请人民法院强制执行"(第60条)。

10 结语

综上所述,《保障法》的立法根本在于规定国家和政府的公共文化服务责任。

从"政府主导"来看,国家和政府公共文化服务责任的关键在于:①"将公共文化服务纳入本级国民经济和社会发展规划……加强公共文化设施建设,完善公共文化服务体系,提高公共文化服务效能"(第4条);②"将公共文化设施建设纳入本级城乡规划……合理确定公共文化设施的种类、数量、规模以及布局,形成场馆服务、流动服务和数字服务相结合的公共文化设施网络"(第15条);③"统筹规划公共数字文化建设,构建标准统一、互联互通的公共数字文化服务网络,建设公共文化信息资源库,实现基层网络服务共建共享"(第33条);④"将公共文化服务经费纳入本级预算,安排公共文化服务所需资金"(第45条);⑤"根据公民基本文化需求和经济社会发展水平,制定并调整国家基本公共文化服务指导标准"(第5条)。这些有关国家和政府制定公共文化服务规划、预算与标准责任的规定是公共文化服务保障的根本,也是《保障法》的精髓所在,其他的规定相对而言是比较次要的国家和政府责任。

从"社会力量参与"来看,国家和政府的公共文化服务责任主要是鼓励与支持社会力量参与,约束力较弱。

《保障法》对公共文化服务设施管理单位的规定仅有10条条款,且基本上是国家和政府公共文化服务责任的延伸。正因为如此,《保障法》与正在制定的《中华人民共和国公共图书馆法》将自然构成上下位法的关系。

《保障法》是我国第一部有关公共文化服务的国家法律,也是我国第一部与公共图书馆有关的国家法律。这部公共文化服务最高法律规定的是国家和政府的公共文化服务责任,其立法的基本精神源于国际公认的公共文化服务责任主体,更是改革开放以来,特别是新世纪以来,党和国家公共文化服务政策不断发展和完善的结晶。因此,《保障法》必将为"丰富人民群众精神文化生活,传承中华优秀传统文化,弘扬社会主义核心价值观,增强文化自信,促进中国特色社会主义文化繁荣发展,提高全民族文明素质"(第1条),对我国实现"两个一百年"的奋斗目标产生重大而深远的影响。

公共图书馆的定义与性质

——关于《中华人民共和国公共图书馆法》的几点思考[*]

  《中华人民共和国公共图书馆法》（以下简称《公共图书馆法》）^①，不仅是我国第一部全国性公共图书馆法，而且是中国公共图书馆事业发展的划时代里程碑，标志着 20 世纪以来我国学习模仿西方公共图书馆和追赶欧美公共图书馆潮流的时代终结，开启了 21 世纪中国公共图书馆昂首阔步迈入高质量可持续发展道路和引领全球公共图书馆潮流的时代序幕。

  自 2018 年 1 月 1 日《公共图书馆法》施行以来，我国公共图书馆国家治理体系与治理能力显著完善和提高，覆盖城乡的公共图书馆服务体系高质量发展，不断涌现的超大型省市公共图书馆新馆惊羡世界，遍及城乡的新型阅读空间成为新的城乡风景和文化地标，网络化、数字化、智慧化的公共图书馆服务引领世界潮流，创新发展的公共图书馆实践案例连续五年荣登国际图书馆协会联合会国际图书馆营销奖和绿色图书馆奖榜首，誉满全球的中国公共图书馆故事已经成为世界各国竞相学习的典型案例。

  任何法律都是一个国家、一个时代的反映。社会在发展，时代在进步，法律自然也需要不断修订完善。在《公共图书馆法》施行五周年之际，进一步研究《公共图书馆法》涉及的相关重大理论问题，不仅对于进一步深刻认识、理解、实施《公共图书馆法》，从而推动公共图书馆的高质量发展与可持续发展具有重要的实践价值，而且对于全面准确地把握公共图书馆的本质和精髓以便

---

  * 程焕文.公共图书馆的定义与性质——关于《中华人民共和国公共图书馆法》的几点思考[J].图书馆建设，2023（6）：22 – 30.

  ① 中华人民共和国公共图书馆法[EB/OL].[2023 – 12 – 01]. https://www.gov.cn/xinwen/2017 – 11/05/content_5237326.htm.

将来进一步修订完善《公共图书馆法》具有重要的理论意义。

公共图书馆定义、性质、价值和使命是公共图书馆的根本问题,关系到公共图书馆立法的顶层思维和底层逻辑。本文谨就《公共图书馆法》第二条有关公共图书馆的定义和性质谈谈个人的不成熟看法,以供同人研究思考。

1 国际图书馆协会联合会的公共图书馆定义

自 1850 年公共图书馆在欧美兴起以来,世界各国产生了无数的公共图书馆定义。一般而言,可以将国际图书馆协会联合会和联合国教科文组织确认的公共图书馆定义视为国际公认的最为权威的公共图书馆定义。

国际图书馆协会联合会 2010 年颁布的《国际图书馆协会联合会公共图书馆服务指南(第二版)》[*IFLA Public Library Service Guideline* (2nd , *completely revised edition*)]①(以下简称《公共图书馆服务指南》)和 2022 年颁布的《国际图书馆协会联合会 - 联合国教科文组织公共图书馆宣言(2022)》(*IFLA-UNESCO Public Library Manifesto 2022*)②(以下简称《公共图书馆宣言》),是迄今为止国际图书馆协会联合会和联合国教科文组织有关公共图书馆的两部最为权威的纲领性文件。这两份纲领性文件对公共图书馆的定义、性质、价值和使命等均做了相应的规定,可以作为我们审视《公共图书馆法》的借鉴。

1.1 《公共图书馆服务指南》的公共图书馆定义

《公共图书馆服务指南》在开篇即对公共图书馆做了明确的规定。为便于准确地理解国际图书馆协会联合会的公共图书馆定义,本文谨将英文原文和笔者的译文列举如下。

---

① lFLA public library service guidelines[EB/OL]. [2023 - 12 - 01]. https://doi. org/10.1515/9783110232271.

② 程焕文. 国际图书馆协会联合会 - 联合国教科文组织公共图书馆宣言(2022)[J]. 图书馆建设,2022(6):7 - 9.

1.1.1　Defining the public library①

Public libraries are a world-wide phenomenon. Libraries occur in a variety of societies, in differing cultures and at different stages of development. Although the varied contexts in which libraries operate inevitably result in differences in the services provided, and the way those services are delivered, libraries normally have characteristics in common, which can be defined as follows.

A public library is an organisation established, supported and funded by the community, either through local, regionalor national government or through some other form of community organisation. It provides access to knowledge, information, lifelong learning, and works of the imagination through a range of resources and services and is equally available to all members of the community regardless of race, nationality, age, gender, religion, language, disability, economic and employment status and educational attainment.

1.1.2　定义公共图书馆

公共图书馆是一个遍及世界的现象。图书馆存在于不同的社会、不同的文化之中且处于不同的发展阶段。虽然这些不同必然会导致在这些不同中运行的图书馆所提供的服务和提供服务的方式各异，但是，图书馆通常具有共同特征，据此可以定义公共图书馆如下：

公共图书馆是由社区，或者通过地方政府、区域政府或国家政府，或者通过其他形式的社区组织而建立、支持和拨款的组织。公共图书馆通过一系列的资源和服务提供知识、信息、终身学习与想象作品的利用，并且不论种族、国籍、年龄、性别、宗教、语言、残疾、经济状况、就业状况和教育程度，向社区的所有人员提供平等的利用。

---

① lFLA public library service guidelines[EB/OL].[2023 - 12 - 01]. https://doi.org/10.1515/9783110232271.

《公共图书馆服务指南》的上述公共图书馆定义,可以视为世界权威的公共图书馆定义。这个定义具有以下基本特点:

①尽最大可能地规避了世界各国公共图书馆的特殊性,即社会的不同、文化的不同和发展阶段的不同,凸显了公共图书馆的共同特征,即世界各国公共图书馆及其定义差异的最大公约数,因此具有普遍适用性。

②定义的主句(核心)是"公共图书馆是一个组织"(A public library is an organisation),而不是其他。在这里,英文的"organisation"一词甚为关键,可以译为"组织"或者"机构"。在中文语境中,"组织"一般是指由若干个人或群体所组成的、有共同目标和一定边界的社会实体"机构"的意义也大同小异。所以,公共图书馆是一个社会实体,这是公共图书馆定义的关键之所在。

③公共图书馆是由"社区(community)""建立、支持和拨款的组织"。在这里,社区(community)一词特别重要。社区(community)是一个与社会(Society)相对应的概念,社区既是社会的最基本内容,也是宏观社会的缩影。英文的"community"一词源于拉丁语,具有公社、团体、社会、公众、共同体、共同性等多种含义。20世纪30年代费孝通将"community"一词译为"社区"以后,"社区"的译法一直沿用至今,其后有关"社区"的中文定义也是五花八门,莫衷一是。尽管如此,在构成社区的基本要素上,学界的看法基本一致:一个社区应该包括一定数量的人口、一定范围的区域、一定规模的设施、一定特征的文化、一定类型的组织等基本构成要素。简而言之,社区是一个聚居在一定地域范围内的人们所组成的社会生活共同体。因此,依照不同的方法可以将社区分为法定社区(地方行政)、自然社区(自然聚落)、专能社区(如大学、矿区、牧区)、城市社区、农村社区、城乡结合体等多种类型。在我国,一般民众比较熟悉的是基层行政社区和网络社区,其实社区的类型和范围远远不仅如此,通俗地说,从街道(乡镇)、区县,到地级市和省(自治区、直辖市),甚至国家,不论层级高低和地域大小,都可以视为一个"社区"。

④社区建立、支持和拨款资助公共图书馆主要通过两种基本方式,或者

"地方政府、区域政府或国家政府",或者"其他形式的社区组织"。

⑤定义同时规定了社区设立公共图书馆的目的,即向社区的所有人员提供知识、信息、终身学习和想象作品的平等利用。

1.2.3 《公共图书馆宣言》的公共图书馆定义

《公共图书馆宣言》与《公共图书馆服务指南》的性质和文体完全不同,没有专门界定公共图书馆的定义,但是,《公共图书馆宣言》是《公共图书馆服务指南》界定公共图书馆定义的依据。因此,《公共图书馆服务指南》在引言(1.1 Introduction)中即开宗明义地说明其公共图书馆定义源自《公共图书馆宣言(1994)》规定的公共图书馆使命和目的①。

《公共图书馆宣言》在序言中宣称"公共图书馆,是各地通向知识的门径,为个人和社会群体的终生学习、独立决策和文化发展提供基本条件"②,并分"公共图书馆""公共图书馆的使命""拨款、立法与网络""运行与管理"几个部分对公共图书馆的定义、性质、价值和使命等做了全面的详细阐述,为我们认识和理解公共图书馆提供了基本的国际准则。因笔者已有专门论述③,故在此不再赘述。

2 《公共图书馆法》的公共图书馆定义

什么是公共图书馆?如何定义公共图书馆?这是公共图书馆立法的首要问题和关键问题,因为公共图书馆的定义不仅是公共图书馆立法的逻辑起点,而且直接决定了公共图书馆立法的法律边界和法律内容。有什么样

---

① lFLA public library service guidelines[EB/OL].[2023 - 12 - 01]. https://doi. org/10. 1515/9783110232271.

② 程焕文.国际图书馆协会联合会 - 联合国教科文组织公共图书馆宣言(2022)[J].图书馆建设,2022(6):7 - 9.

③ 程焕文.关于《公共图书馆宣言(2022)》中译本的若干问题[J].图书馆建设,2022(6):10 - 29.

的定义,必然有什么样的法律边界和法律内容。换言之,公共图书馆的定义是否准确直接决定了公共图书馆法法律边界的清晰度和法律内容的正确性,如果不能准确地定义公共图书馆,那么,差之毫厘,即使不谬之千里,也会错误百出。

2.1 公共图书馆定义的更迭变化

如果从 2001 年 4 月文化部在天津召开《图书馆法》专家座谈会,听取图书馆界专家及政府有关主管部门负责同志对图书馆立法工作的意见和建议。从正式启动《图书馆法》立法工作算起,那么,到 2018 年 1 月 1 日《公共图书馆法》施行,《公共图书馆法》的立法经历了整整 17 年的时间[①]。在这 17 年间,《公共图书馆法》的立法工作经历了五个发展阶段:

①文化部与中国图书馆学会专题研究阶段(2001 年 4 月至 2003 年 6 月)。

②文化部《公共图书馆法(送审稿)》起草阶段(2003 年 6 月至 2012 年 12 月)。

③国务院法制办《公共图书馆法(征求意见稿)》阶段(2013 年 1 月至 2017 年 4 月)[②]。

④全国人大常委会《公共图书馆法(草案)》阶段(2017 年 6 月至 2017 年 7 月)[③]。

⑤第十二届全国人民代表大会常务委员会第三十次会议通过《中华人民

---

① 国家图书馆立法决策部.《中华人民共和国公共图书馆法》立法大事记[J].新阅读,2018(6):22 - 23;申晓娟,李丹.《中华人民共和国公共图书馆法》立法侧记(上)[J].图书馆建设,2018(1):7 - 18,29;2018(2):4 - 16,28.

② 国务院法制办公室关于公布《中华人民共和国公共图书馆法(征求意见稿)》公开征求意见的通知 [EB/OL]. [2023 - 12 - 01]. https://www. pkulaw. com/protocol/3184ff9d791f6467bf7ff14804263d46bdfb. html.

③ 中华人民共和国公共图书馆法(草案)(征求意见时间 2017 - 06 - 28 至 2017 - 07 - 27)[EB/OL]. [2023 - 12 - 01]. 北大法宝数据库. https://www. pkulaw. com/protocol/5a755331e7f6beb1b55763dcb0aafa20bdfb. html.

共和国公共图书馆法》阶段(2017 年 11 月 4 日通过,自 2018 年 1 月 1 日起施行)。

在这 17 年间,《公共图书馆法》的文本内容经历了从送审稿、征求意见稿、草案,到最终法律文本的 4 次重大变化。每个发展阶段文本内容的重大变化都凝聚着各主管部门、文本起草者和广大征求意见参与者的大量心血与集体智慧。可以说,17 年的立法过程不仅是公共图书馆利益相关者不断博弈和相互妥协的艰难过程,而且也是图书馆界乃至全社会对公共图书馆认知不断深化和逐步提高的过程。

在《公共图书馆法》的立法过程中,公共图书馆定义一直存在较大的分歧。从 2013 年 1 月国务院法制办《公共图书馆法(征求意见稿)》(以下简称《征求意见稿》)和 2017 年 4 月全国人大常委会《公共图书馆法(草案)》(以下简称《人大草案》)这两个比较成型的征求意见文本,到 2017 年 11 月第十二届全国人民代表大会常务委员会第三十次会议通过的《中华人民共和国公共图书馆法》法律文本(以下简称《法律文本》),可见公共图书馆定义的不断更迭变化。

《征求意见稿》第二条　本法所称公共图书馆,是指以提供阅读服务为主要目的,收集、整理、保存、研究和传播文献信息,向公众开放,并经依法登记的非营利组织,包括由政府设立的公共图书馆和由公民、法人或者其他组织设立的公共图书馆①。

《人大草案》第二条本法所称公共图书馆,是指经依法登记设立并向社会公众免费开放的图书馆②。

---

① 国务院法制办公室关于公布《中华人民共和国公共图书馆法(征求意见稿)》公开征求意见的通知 [EB/OL]. [2023 – 12 – 01]. https://www. pkulaw. com/protocol/ 3184ff9d791f6467bf7ff14804263d46bdfb. html.

② 中华人民共和国公共图书馆法(草案)(征求意见时间 2017 – 06 – 28 至 2017 – 07 – 27)[EB/OL]. [2023 – 12 – 01]. https://www. pkulaw. com/protocol/5a755331e7 f6beb1b55763dcb0aafa20bdfb. html.

《法律文本》第二条　本法所称公共图书馆,是指向社会公众免费开放,收集、整理、保存文献信息并提供查询、借阅及相关服务,开展社会教育的公共文化设施①。

在上述三个文本中,公共图书馆定义的主句依次分别是:
①"公共图书馆,是指……组织"(《征求意见稿》)。
②"公共图书馆,是指……图书馆"(《人大草案》)。
③"公共图书馆,是指……公共文化设施"(《法律文本》)。

从"组织"到"图书馆",最后确定为"公共文化设施"的定义变化,十分生动地反映了在立法过程中有关公共图书馆定义的激烈博弈。博弈的结果是"公共文化设施"成为最终的法律定论。

2.2　公共图书馆定义的逻辑错误

如前所述,"公共图书馆,是指……组织"(《征求意见稿》)是国际通行的公共图书馆定义方式。"公共图书馆,是指……图书馆"(《人大草案》)属于典型的同语反复逻辑错误,无须赘述。"公共图书馆,是指……公共文化设施"(《法律文本》)则颇值得商榷。

什么是公共文化设施?"设施"在中文中有多重含义,但是,不论有多少含义,《公共图书馆法》中的"公共文化设施"含义必须符合"上位法"《中华人民共和国公共文化服务保障法》的规定。

2016 年 12 月 25 日通过并自 2017 年 3 月 1 日起施行的《中华人民共和国公共文化服务保障法》(以下简称《公共文化服务保障法》)②,虽然与《公共图书馆法》属于同层次的法律,但是《公共文化服务保障法》是综合性的,且先于

---

① 中华人民共和国公共图书馆法[EB/OL].[2023 - 12 - 01]. https://www. gov. cn/xinwen/2017 - 11/05/content_5237326. htm.

② 中华人民共和国公共文化服务保障法[EB/OL].[2023 - 12 - 01]. http://www. npc. gov. cn/zgrdw/npc/xinwen/2016 - 12/25/content_2004880. htm.

《公共图书馆法》颁布施行,《公共图书馆法》则是专门性的。因此,《公共文化服务保障法》可以视作《公共图书馆法》的"上位法",也就是说,《公共图书馆法》的相关内容必须服从和符合《公共文化服务保障法》。

《公共文化服务保障法》第二条对公共文化服务的定义做了明确的规定:"本法所称公共文化服务,是指由政府主导、社会力量参与,以满足公民基本文化需求为主要目的而提供的公共文化设施、文化产品、文化活动以及其他相关服务。"[1]简言之,公共文化服务包括"提供的公共文化设施、文化产品、文化活动以及其他相关服务"四个方面的内容。公共图书馆是公共文化服务体系的重要部分,提供的服务自然同样包括上述四个方面的内容,而不仅仅是"公共文化设施"。

《公共文化服务保障法》第十四条对"公共文化设施"的定义做了十分明确的规定:"本法所称公共文化设施是指用于提供公共文化服务的建筑物、场地和设备,主要包括图书馆、博物馆、文化馆(站)、美术馆、科技馆、纪念馆、体育场馆、工人文化宫、青少年宫、妇女儿童活动中心、老年人活动中心、乡镇(街道)和村(社区)基层综合性文化服务中心、农家(职工)书屋、公共阅报栏(屏)、广播电视播出传输覆盖设施、公共数字文化服务点等。"[2]简言之,"公共文化设施是指用于提供公共文化服务的建筑物、场地和设备",本条所述"主要包括图书馆……"中的"图书馆"则是专指公共图书馆提供公共服务的"建筑物、场地和设备",而非公共图书馆提供服务的全部内容。

《公共文化服务保障法》第二十四条规定"国家推动公共图书馆、博物馆、文化馆等公共文化设施管理单位根据其功能定位建立健全法人治理结构,吸收有关方面代表、专业人士和公众参与管理"[3],简言之,公共图书馆是"公共文化设施管理单位",而不是"公共文化设施"本身。

正因为如此,从《公共文化服务保障法》中根本找不到"公共图书馆,是

[1][2][3] 中华人民共和国公共文化服务保障法[EB/OL].[2023-12-01]. http://www.npc.gov.cn/zgrdw/npc/xinwen/2016-12/25/content_2004880.htm.

指……公共文化设施"①(《法律文本》)的依据。如果认为《公共文化服务保障法》第十四条"公共文化设施是指用于提供公共文化服务的建筑物、场地和设备,主要包括图书馆……"②具有"公共图书馆,是指……公共文化设施"③(《法律文本》)的意义,那么,这显然就是本末倒置和以偏概全的逻辑谬误。

事实上,关于图书馆的构成要素,在图书馆学界早有"图书馆要素说",既有杜定友的"书、人、法"三要素说(1932 年),也有刘国钧的"图书、人员、设备和方法"四要素说(1934 年)和"读者、图书、领导与干部、工作方法、建筑与设备"五要素说(1957 年)④。在这些基本学理中,"建筑与设备"之类的"设施",充其量不过是图书馆的构成要素之一。显然,任何一个单独的要素都不能构成图书馆,图书馆亦不可以只是指其中某一个要素。这是自 20 世纪 30 年代"图书馆要素说"提出以来,图书馆学界的共识和常识。正因为如此,"公共图书馆,是指……公共文化设施"⑤(《法律文本》)乃是一个以偏概全的逻辑谬误。

2.3 公共图书馆定义逻辑错误的根源

《公共图书馆法》经历了长达 17 年的立法过程,如何定义公共图书馆一直是各方博弈的焦点之一,最后"公共图书馆,是指……公共文化设施"⑥(《法律文本》)成为法律定论。为什么会出现这样的逻辑谬误,今天已经难以考证究竟是"谁"的责任。尽管如此,如果要追根溯源的话,亦可找到相关的有力证据。

---

① 中华人民共和国公共图书馆法[EB/OL].[2023 – 12 – 01]. https://www.gov.cn/xinwen/2017 – 11/05/content_5237326. htm.

② 中华人民共和国公共文化服务保障法[EB/OL].[2023 – 12 – 01]. http://www.npc. gov. cn/zgrdw/npc/xinwen/2016 – 12/25/content_2004880. htm.

③⑤⑥ 中华人民共和国公共图书馆法[EB/OL].[2023 – 12 – 01]. https://www.gov.cn/xinwen/2017 – 11/05/content_5237326. htm.

④ 图书馆·情报与文献学名词审定委员会. 图书馆·情报与文献学名词[M]. 北京:科学出版社,2019:10 – 11.

在《公共图书馆法》颁布施行之前,我国第一个规定公共文化服务的国家级标准《公共图书馆服务规范》(GB/T 28220—2011)(2011 年 12 月 30 日颁布,自 2012 年 5 月 1 日起正式实施)中的公共图书馆定义,自然是我国最为权威的定义:

"3.1　公共图书馆(public library):由各级人民政府投资兴办、或由社会力量捐资兴办的向社会公众开放的图书馆,是具有文献信息资源收集、整理、存储、传播、研究和服务等功能的公益性公共文化与社会教育设施。"①

这个定义对公共图书馆做了两种不同的规定:公共图书馆是指"……图书馆"(同语反复逻辑错误)和"……公益性公共文化与社会教育设施"(以偏概全逻辑错误)。这样的规定代表了图书馆界对公共图书馆定义的主流认知。显然,这个定义与《法律文本》中"公共图书馆,是指……公共文化设施"②存在着一定的因果逻辑关系。也就是说,早在《公共图书馆法》颁布之前,有关公共图书馆定义的逻辑谬误就已经存在,并且以国家标准的形式得到了官方认可。

在《公共图书馆法》颁布施行之后,我国又颁布了修订版《公共图书馆服务规范》(GB/T 28220—2023)(2023 年 3 月 17 日发布,自 2023 年 7 月 1 日起正式实施),并对公共图书馆的定义也做了相应的修订:

"3.1　公共图书馆 public library:向社会公众免费开放,收集、整理、保存文献信息并提供查询、借阅及相关服务,开展社会教育的公共文化设施。"③

该修订版国家标准对原国家标准中的公共图书馆定义做了进一步的简化,并较好地保持了与《法律文本》中"公共图书馆,是指……公共文化设施"④的一致性,公共图书馆定义的以偏概全逻辑错误在新的国家标准中再次得到确认。

---

① 《公共图书馆服务规范》(GB/T 28220—2011)[EB/OL]. [2023 – 12 – 01]. https://www. nssi. org. cn/nssi/front/77482376. html.

②④ 中华人民共和国公共图书馆法[EB/OL]. [2023 – 12 – 01]. https://www. gov. cn/xinwen/2017 – 11/05/content_5237326. htm.

③ 《公共图书馆服务规范》(GB/T 28220—2023)[EB/OL]. [2023 – 12 – 01]. https://www. nssi. org. cn/nssi/front/120766680. html.

可以预言,这种以偏概全的逻辑错误,可能要等到若干年后《公共图书馆法》和《公共图书馆服务规范》(GB/T 28220—2023)修订之时,才有可能更正。

3 公共图书馆的性质

公共图书馆具有公共性和公益性的双重性质。这是公共图书馆与生俱来的本质属性,犹如手掌心与掌背,二者共同构成了一个不可分割的整体。更为重要的是,公共性和公益性是公共图书馆产生、存在和发展的根基与公共图书馆的社会公平正义之所在①。

公共性决定了公共图书馆为所有民众所有("民有")。不论是"通过地方政府、区域政府或国家政府",还是"通过其他形式的社区组织"而"建立、支持和拨款"的公共图书馆,均为"社区"所有民众所有,即属于公共财产。

公益性决定了公共图书馆为所有民众所用("民享")。正因为如此,《公共图书馆服务指南》在定义公共图书馆中特别强调"不论种族、国籍、年龄、性别、宗教、语言、残疾、经济状况、就业状况和教育程度,向社区的所有人员提供平等地利用"②。《公共图书馆宣言》亦宣示"公共图书馆按照利用平等的原则,不分年龄、种族、性别、宗教、国籍、语言、社会地位和任何其他特征,为所有人提供服务"③。如何实现为所有人提供平等的服务,其前提有二:一是人格平等,即对所有人一视同仁,毫无歧视;二是免费服务,即对所有人免费。如果不是对所有人免费,那么为所有人所用就根本不成立,因为不论任何社会、任何地方,总有各种各样的贫穷者、低收入者等无力支付有偿费用的弱势群体,充

① 程焕文,马秀文. 大众服务:公共图书馆的永恒使命[J]. 图书馆建设,2022(2):17-24.
② lFLA public library service guidelines[EB/OL]. [2023-12-01]. https://doi.org/10.1515/9783110232271.
③ 程焕文. 国际图书馆协会联合会-联合国教科文组织公共图书馆宣言(2022)[J]. 图书馆建设,2022(6):7-9.

分保障和实现民众,特别是社会底层民众的基本公共图书馆权利正是公共图书馆的社会公平正义之所在。所以,《公共图书馆宣言》规定"利用公共图书馆馆舍和服务原则上应该免费"①。一言以蔽之,人格平等和免费服务是公共图书馆为所有人提供平等服务的基本前提与基本原则。

因为公共图书馆的公共性和公益性体现了民主社会的"民有""民享",而公共图书馆的"民有""民享"则为民众参与民主社会("民治")提供了必要的条件。所以,《公共图书馆宣言》在序言中开宗明义地宣称"社会和个人的自由、繁荣与发展是人类的基本价值。人类基本价值的实现取决于充分知情的公民行使民主权利和在社会中发挥积极作用的能力。公民的建设性参与和民主的发展有赖于令人满意的教育及自由与无限制地利用知识、思想、文化和信息"②。

3.1 《公共图书馆法》的错误定义子遗

在公共图书馆定义中,《人大草案》仅有公益性("向社会公众免费开放的")的规定,没有公共性的规定。《法律文本》则既有公益性("向社会公众免费开放")的规定,也有公共性("公共文化设施")的规定。这一方面体现了立法过程中对公共图书馆性质认知的逐步提升,另一方面也体现了《公共图书馆法》在规定公共图书馆性质上的正确性。

因为公共图书馆的公共性和公益性是一个不可分割的整体,所以,只有公共性而没有公益性的图书馆不是公共图书馆,只有公益性而没有公共性的图书馆同样也不是公共图书馆。

例如,我国的普通学校图书馆、普通高校图书馆、科技专业图书馆等。虽然这些图书馆具有一定的公共性和公益性,但是其公共性和公益性并不完全,因为这些图书馆在制度规定上仅限于向特定范围的特定人员提供服务,并不向社会

①② 程焕文.国际图书馆协会联合会-联合国教科文组织公共图书馆宣言(2022)[J].图书馆建设,2022(6):7-9.

普通民众开放。即使这些图书馆向社会开放，其非公共图书馆性质也没有改变，除非国家或者政府明确规定这些图书馆同时承担公共图书馆的职能。

再如新世纪以来在我国普遍兴起的民间图书馆（包括私人图书馆、民营图书馆等）。虽然许多民间图书馆亦向普通民众免费开放，即具有公益性，但是，民间图书馆完全不具备公共性，即非公共财产，而是私有财产，因此绝对不是公共图书馆。

公就是公，私就是私，二者泾渭分明，绝不可以公私不分。在法律上，公权和私权同样有十分明确的边界，对公权力予以规范的法律是公法，对私权利予以规范的法律是私法，二者不可混淆。这是再简单不过的常识。令人遗憾的是，在《公共图书馆法》的立法过程中，应该将民间图书馆纳入《公共图书馆法》的声音一直不绝于耳[1]，并且对《公共图书馆法》产生了深远的负面影响。

在公共图书馆的定义中，《征求意见稿》第二条有"并经依法登记的非营利组织，包括由政府设立的公共图书馆和由公民、法人或者其他组织设立的公共图书馆"[2]的表述，《人大草案》第二条更是以"本法所称公共图书馆，是指经依法登记设立并向社会公众免费开放的图书馆"[3]直接定义公共图书馆。

如前所述，公民设立的图书馆绝非公共图书馆，而是私人图书馆或者民营图书馆，不论这样的图书馆是否具有公益性，其本质属性都是私有性，而非公共性。法人是具有民事权利能力和民事行为能力，依法独立享有民事权利和承担民事义务的组织。法人设立的图书馆也未必都是公共图书馆，因为法人

---

① 王子舟,陈少珠,毛安娜,等.对一部良法的期待——《公共图书馆法(送审稿)》讨论意见[J].新世纪图书馆,2012(9):3-7;王子舟.民间图书馆应该纳入《公共图书馆法》的理由[J].国家图书馆学刊,2015,24(3):10-13,3-4;王子舟.《公共图书馆法(征求意见稿)》是值得欢迎的一部良法[J].图书馆论坛,2016,36(3):1,69.

② 国务院法制办公室关于公布《中华人民共和国公共图书馆法(征求意见稿)》公开征求意见的通知[EB/OL].[2023-12-01].https://www.pkulaw.com/protocol/3184ff9d791f6467bf7ff14804263d46bdfb.html.

③ 中华人民共和国公共图书馆法(草案)(征求意见时间2017-06-28至2017-07-27)[EB/OL].[2023-12-01].https://www.pkulaw.com/protocol/5a755331e7f6beb1b55763dcb0aafa20bdfb.html.

有三类:营利法人(包括有限责任公司、股份有限公司和其他企业法人等)、非营利法人(包括事业单位、社会团体、基金会、社会服务机构等)和特别法人(包括机关法人、农村集体经济组织法人、城镇农村的合作经济组织法人、基层群众性自治组织法人)。营利法人基本上不具备公共性和公益性。非营利法人虽然大多是为公益目的或者提供公益服务目的成立的组织,但是,并不全部同时具有完全的公共性和公益性。例如,根据公益性的强弱,事业单位法人有公益一类、公益二类、公益三类之分。只有公益一类是承担基本公益服务且不能或不宜由市场配置资源的单位或机构,如公共图书、博物馆、文化馆、美术馆等;公益二类是面向社会提供公益服务,按照政府确定的公益服务价格收取费用,其资源在一定区域或程度上可通过市场配置的单位或机构,如普通中学、普通高校、公园、体育馆等;公益三类则是所提供的服务具有公益属性,可以通过市场完全配置(自收自支)的单位或机构,如广播电视、时政类报刊等。特别法人不言自明。正因为如此,"经依法登记设立……的图书馆"亦并非都是公共图书馆,因为依法登记的法人种类众多。总而言之,《征求意见稿》和《人大草案》在界定公共图书馆的法律边界上极为混乱,极其错误。

因为对公共图书馆公共性和公益性认识的不足,所以,《征求意见稿》将"由政府设立的公共图书馆和由公民、法人或者其他组织设立的公共图书馆"①等同视之。这种等同视之的表述,在其后的征求意见中,曾经历过极为激烈的博弈。

令人欣慰的是,《法律文本》第二条"本法所称公共图书馆,是指向社会公众免费开放,收集、整理、保存文献信息并提供查询、借阅及相关服务,开展社会教育的公共文化设施"②避免了上述常识错误。

---

① 国务院法制办公室关于公布《中华人民共和国公共图书馆法(征求意见稿)》公开征求意见的通知[EB/OL].[2023 - 12 - 01]. https://www.pkulaw.com/protocol/3184ff9d791f6467bf7ff14804263d46bdfb.html.

② 中华人民共和国公共图书馆法[EB/OL].[2023 - 12 - 01]. https://www.gov.cn/xinwen/2017 - 11/05/content_5237326.htm.

令人遗憾的是,《征求意见稿》中"由政府设立的公共图书馆和由公民、法人或者其他组织设立的公共图书馆"①的错误在最终的《法律文本》中并未彻底根除,仍然留有十分显眼的痕迹。

在《法律文本》中共有 3 个条款保留了"公民、法人或者其他组织设立的公共图书馆"的规定②:

第四条第二款　国家鼓励公民、法人和其他组织自筹资金设立公共图书馆。县级以上人民政府应当积极调动社会力量参与公共图书馆建设,并按照国家有关规定给予政策扶持。

第二十条第二款　公民、法人和其他组织设立的公共图书馆,可以以捐赠者的姓名、名称命名公共图书馆、公共图书馆馆舍或者其他设施。

第四十五条　国家采取政府购买服务等措施,对公民、法人和其他组织设立的公共图书馆提供服务给予扶持。

在上述条款中,"公民、法人或者其他组织设立的公共图书馆"显然不对,应该予以修改。

在《法律文本》中共有 10 个条款保留了"政府设立的公共图书馆"的规定③:

第四条　县级以上人民政府应当将公共图书馆事业纳入本级国民经济和社会发展规划,将公共图书馆建设纳入城乡规划和土地利用总体规划,加大对政府设立的公共图书馆的投入,将所需经费列入本级政府预算,并及时、足额

---

① 　国务院法制办公室关于公布《中华人民共和国公共图书馆法(征求意见稿)》公开征求意见的通知[EB/OL]. [2023 - 12 - 01]. https://www. pkulaw. com/protocol/3184ff9d791f6467bf7ff14804263d46bdfb. html.

②③　中华人民共和国公共图书馆法[EB/OL]. [2023 - 12 - 01]. https://www. gov. cn/xinwen/2017 - 11/05/content_5237326. htm.

拨付。

　　国家鼓励公民、法人和其他组织自筹资金设立公共图书馆。县级以上人民政府应当积极调动社会力量参与公共图书馆建设,并按照国家有关规定给予政策扶持。

　　第十九条　第一款　政府设立的公共图书馆馆长应当具备相应的文化水平、专业知识和组织管理能力。

　　第二十四条　公共图书馆应当根据办馆宗旨和服务对象的需求,广泛收集文献信息;政府设立的公共图书馆还应当系统收集地方文献信息,保存和传承地方文化。

　　第三十四条　政府设立的公共图书馆应当设置少年儿童阅览区域,根据少年儿童的特点配备相应的专业人员,开展面向少年儿童的阅读指导和社会教育活动,并为学校开展有关课外活动提供支持。有条件的地区可以单独设立少年儿童图书馆。

　　政府设立的公共图书馆应当考虑老年人、残疾人等群体的特点,积极创造条件,提供适合其需要的文献信息、无障碍设施设备和服务等。

　　第三十五条　政府设立的公共图书馆应当根据自身条件,为国家机关制定法律、法规、政策和开展有关问题研究,提供文献信息和相关咨询服务。

　　第三十九条　政府设立的公共图书馆应当通过流动服务设施、自助服务设施等为社会公众提供便捷服务。

　　第四十条　第二款　政府设立的公共图书馆应当加强数字资源建设、配备相应的设施设备,建立线上线下相结合的文献信息共享平台,为社会公众提供优质服务。

　　第四十一条　政府设立的公共图书馆应当加强馆内古籍的保护,根据自身条件采用数字化、影印或者缩微技术等推进古籍的整理、出版和研究利用,并通过巡回展览、公益性讲座、善本再造、创意产品开发等方式,加强古籍宣传,传承发展中华优秀传统文化。

在上述条款中,应该将"政府设立的公共图书馆"中的"政府设立的"五个字删去。

3.2 《公共文化服务保障法》的正确定义指引

政府主导、社会参与是我国现阶段公共文化服务体系建设的基本原则。社会参与公共图书馆建设亦是自公共图书馆产生以来世界各国公共图书馆建设的基本方式。《公共文化服务保障法》在提供公共文化服务主体的界定上极其明确和正确,即国家和各级人民政府。这与《公共图书馆宣言》所宣示的"公共图书馆是地方和国家政府的责任"[①]高度一致,体现了《公共文化服务保障法》立法的高超水平。

在《公共文化服务保障法》中,"公民、法人和其他组织"始终是参与者的角色,根本没有类似《公共图书馆法》那种与政府相提并论的规定。在《公共文化服务保障法》中涉及"公民、法人和其他组织"的有以下10个条款[②]:

第十三条　国家鼓励和支持公民、法人和其他组织参与公共文化服务。

对在公共文化服务中作出突出贡献的公民、法人和其他组织,依法给予表彰和奖励。

第二十五条　国家鼓励和支持公民、法人和其他组织兴建、捐建或者与政府部门合作建设公共文化设施,鼓励公民、法人和其他组织依法参与公共文化设施的运营和管理。

第四十二条　国家鼓励和支持公民、法人和其他组织通过兴办实体、资助项目、赞助活动、提供设施、捐赠产品等方式,参与提供公共文化服务。

第四十三条　第一款　国家倡导和鼓励公民、法人和其他组织参与文化

---

① 程焕文.国际图书馆协会联合会－联合国教科文组织公共图书馆宣言(2022)[J].图书馆建设,2022(6):7－9.

② 中华人民共和国公共文化服务保障法[EB/OL].[2023－12－01].http://www.npc.gov.cn/zgrdw/npc/xinwen/2016－12/25/content_2004880.htm.

志愿服务。

第四十九条　国家采取政府购买服务等措施,支持公民、法人和其他组织参与提供公共文化服务。

第五十条　公民、法人和其他组织通过公益性社会团体或者县级以上人民政府及其部门,捐赠财产用于公共文化服务的,依法享受税收优惠。

国家鼓励通过捐赠等方式设立公共文化服务基金,专门用于公共文化服务。

第五十三条　国家鼓励和支持公民、法人和其他组织依法成立公共文化服务领域的社会组织,推动公共文化服务社会化、专业化发展。

第六十四条　境外自然人、法人和其他组织在中国境内从事公共文化服务的,应当符合相关法律、行政法规的规定。

上述条款中有关"公民、法人和其他组织"的参与者角色和作用的规定十分明确,值得将来修订《公共图书馆法》时认真研读参考。

4　结语

综上所述,《公共图书馆法》在公共图书馆的定义中存在"公共图书馆,是指……公共文化设施"①的以偏概全的逻辑错误,并且在相关条款中没有全部删除前期征求意见文本中有关公共图书馆定义的相关错误表述。虽然这些瑕疵不会影响《公共图书馆法》的施行,但是充分地理解公共图书馆的定义和性质,对于进一步学习、贯彻和施行,乃至将来修订《公共图书馆法》多少都会有所裨益。

---

① 中华人民共和国公共图书馆法[EB/OL].[2023-12-01].https://www.gov.cn/xinwen/2017-11/05/content_5237326.htm.

时代使命

图书馆的价值与使命[*]

图书馆的价值与使命是图书馆学研究的理论核心主题之一。图书馆价值与使命的认知与认同,决定着一个国家、一个时代图书馆的活动状态与发展方向。不同时代、不同国家,甚至同一时代、同一国家的不同学者,对于图书馆价值与使命的认知和认同都会千差万别。即便如此,在世界范围内,仍然可以找到这种差异的最大公约数,即图书馆的一般社会价值与永恒历史使命。

1 图书馆的价值

长期以来,中国图书馆学界在图书馆学理论研究上一直沉迷于学科体系及其组成结构和概念要素的不断解构与重构。进入 21 世纪以后,中国图书馆学研究的风气为之一变,关乎图书馆生态与命运的一系列顶层理念问题的研究开始受到重视,图书馆精神、图书馆权利、图书馆员职业道德、图书馆价值、图书馆使命等相继成为研究的热点。有关图书馆价值问题的讨论大概是由上海华东师范大学信息系范并思教授在六年前发动起来的^①,他比较推崇美国图书馆协会(ALA)理事会 1999 年通过的《图书馆:美国的价值》(*Libraries : An American Value*)和美国学者戈曼(Michael Gorman)的图书馆核心价值论,并发

---

* 本文原为 2012 年 12 月 12 日在上海市浦东图书馆举行的上海市图书馆学会 2012 年学术年会主旨报告,经作者整理后正式发表。见:程焕文.图书馆的价值与使命[J].图书馆杂志,2013(3):4-8.

① 图书馆核心价值的研究 [EB/OL].[2013-01-05]. http://oldhuai.bokee.com/5749373.html.

表过一系列的博文和论文,罗列了十来个能够构成图书馆核心价值的词汇①,但是,并没有因此使中国图书馆界形成普遍能够认同的图书馆核心价值观念,究其原因是多方面的。

今天,我不探讨图书馆的核心价值,我只说说图书馆的价值。简单地说,图书馆的价值主要包括资源价值和社会价值两个方面。

1.1 资源价值

在范并思教授的图书馆核心价值体系中,资源价值并不在显要位置,这是令人不能够接受的,因为这太忘本了。我一直的观点是:"资源为王,服务为妃,技术为婢。"②这话很不中听,但是,我说的是大实话,而且自始至终坚信不疑。

资源是一个很广泛的概念,从图书馆价值的角度来看,最能够体现图书馆价值的资源大概有以下三类。

1.1.1 信息资源

信息资源是图书馆最重要的资源,没有之一。图书馆,有图书,才有馆;无图书,则不能称之为图书馆;即使是数字图书馆,那个所谓的数字,也不过是电子书刊。这是再简单不过的道理。

我有一个比较另类的观点:"图书馆应该保存一切有文字的纸片。"③我为什么要如此另类?

一是因为中国历朝历代的文献传承从来都不是靠王朝政府或者至理明君的英明决策,而是靠民间人士的文化自觉。就文献的传承而言,从历史上看,

---

① 范并思,倪晓健.图书馆核心价值:理念、历史、现状和愿景——写在中国图书馆界正式启动图书馆核心价值研究之际[J].图书与情报,2007(3):1.

② 资源为王 服务为妃 技术为婢[EB/OL].[2013-01-05].http://blog.sina.com.cn/s/blog_4978019f0100hjob.html.

③ 图书馆界有多少败家子?[EB/OL].[2013-01-05].http://blog.sina.com.cn/s/blog_4978019f0100cep4.html.

历朝历代政府在表面上都有过大兴文化之举,可是实质上一直在做的只有一件事,也就是禁书与毁书。大清帝国给北京图书馆只留下一套文津阁《四库全书》。看看今天各图书馆的古籍,有几本是大清政府遗传下来的?再看看有几本不是从民间私人藏书家那里得来的?

二是因为我们的图书馆从业者动不动就搞藏书剔除,不知道绝大多数书都会静静地躺在书架上长久地等待着知音。我一直坚持认为图书馆从业者没有资格剔除没有损坏到无法保存程度的图书。看看中国人均藏书拥有量就知道中国图书馆的藏书是多么少,远远没有达到需要零增长或者剔除的程度。美国有那么多的贮存图书馆,中国一个也没有!香港高校图书馆的藏书量已经达到了相当多程度,所以现在在新界规划建设贮存图书馆。厦门大学也在筹备一个7万平方米的贮存图书馆,但是,我相信不会是一个完全意义的贮存图书馆,因为厦门大学图书馆的藏书并不多,更没有多到需要建立贮存图书馆的地步。

三是因为我国图书馆界大多误判"拥有与获取"(Ownership & Access)理论,以为获取更加便捷经济,而有意无意地弱化拥有,这将导致图书馆的灭亡。我的观点是:拥有是硬道理,获取是迫不得已;能够拥有,绝不获取。上海图书馆这么多年来,一直在静悄悄地收集家谱、方志和手稿,以致此类藏书独步天下,无处可以匹敌。所以,获取是个烟幕弹,图书馆界的烟幕弹,谷歌的烟幕弹,不要被这种理论蒙蔽了我们的眼睛。

1.1.2 空间资源

空间资源是图书馆不可或缺的重要资源。图书馆,有图书无馆舍,则不能称之为图书馆,即使是数字图书馆,也有虚拟的空间。我国图书馆界对图书馆空间资源的价值一直不重视,近年来因为上海图书馆馆长吴建中博士一直在宣传"为市民打造城市第三空间"的理论,也就是把图书馆打造成市民的第三空间的理论①,图书馆空间资源的价值才开始引起人们的注意。

① 作为第三空间的图书馆[EB/OL].[2013 – 01 – 05]. http://www. wujianzhong. name/? p = 667.

"图书馆第三空间"理论来自海外,具有新颖性和启发作用,但并不是严谨科学。通常,人的日常生活主要分布于三个生活空间:第一空间——居住空间,第二空间——工作空间,第三空间——购物休闲场所。这三个空间是人生活的基本空间,要提高人的生活质量必须从三个生活空间出发同时去考虑,并且把第三生活空间的质量作为人们生活质量的关键点。图书馆不可能成为人的第三空间,因为购物与休闲比阅读要重要得多,那是生存和生活的必需,而阅读并非生存和生活的必需。如果图书馆真的成为人的第三空间,人就不是人了。即使在高度依赖和使用图书馆的大学,对于大学生而言,宿舍(第一空间)、教室(第二空间)、食堂(第三空间)仍然是最为重要的空间,图书馆(实验室)也只能是第四空间。我有一个谬论:没有图书馆,民众照样可以幸福地生活;有了图书馆,民众可以生活得更幸福①。图书馆并不是民众不可须臾离开的场所,很多人一辈子没有进过图书馆,你能说他们生活得不幸福吗?

尽管如此,从图书馆的价值来看,图书馆的空间资源的确非常重要。空间资源是图书馆赖以存在和发展的必不可少的资源。

20 世纪末数字图书馆兴起时,因为业界和学界对数字图书馆的鼓吹,曾经误导过不少政府官员,以为只要建设数字图书馆就可以了,无需建设实体图书馆。如今数字图书馆的建设已经达到了相当的程度,然而,近十年来,我国图书馆的馆舍建设比数字图书馆的建设发展得更快,这是特别值得肯定的,具有拨乱反正意义的进步。但是,我们必须看到,我国的图书馆数量仍然很少,图书馆的馆舍面积仍然严重不足。不要因为有几个省市建立了几个十万平方米的图书馆就说三道四,我的观点是:图书馆建得越多越好,越大越好。党的十八大提出"确保到 2020 年实现全面建成小康社会宏伟目标",要"实现国内生

---

① 没有图书馆,民众照样可以幸福地生活;有了图书馆,民众可以生活得更幸福[EB/OL].[2013-01-05]. http://blog.sina.com.cn/huanwen.

产总值和城乡居民人均收入比 2010 年翻一番"①。如果图书馆的建设不能够翻番的话,那么能叫实现全面建成小康社会宏伟目标吗?

现在的问题不是图书馆建大了,而是数量太少了,中国人均拥有的图书馆数量和面积与中国经济的发展都严重失调。政府不是没有钱,而是不愿意把钱花在不增加 GDP 的图书馆建设之上。所以,我们的任务就是让政府把图书馆做大做强。

1.1.3 文化资源

文化资源是图书馆的重要资源,事关图书馆散播的能量是正能量还是负能量,是否给力。任何东西,只要有文化,就有力量,不可战胜的力量。一个好的图书馆一定是一个有文化的图书馆。

图书馆天生就是一个文化场所。但目前的现实是,许多图书馆没有文化,原因是很多图书馆馆长有知识,没有文化。如今,非图书馆学专业出身的图书馆馆长越来越多,虽然其中不乏有文化的非专业出身的图书馆馆长,但是在整体上其文化层次降低了。我过去说过一句话:是人就可以当馆长,馆长真不是人当的②。前者是嘲讽有些地方随意委任图书馆馆长,后者是吐槽一个有事业心的馆长奋斗的艰辛。现在可以在这句话后面再补充一句:馆长不是任何人都可以当的。虽然图书馆学专业出身的馆长未必都是好馆长,但是,绝大多数都会是好馆长,因为图书馆是他们的事业。而非图书馆学专业出身的图书馆馆长则大不一样,虽然非专业出身的馆长中也有不少好馆长,但是整体上不好的馆长比较多。我说他们不是好馆长,意思是他们不懂专业。所以,我说:馆长不可怕,就怕馆长没文化。

---

① 坚定不移沿着中国特色社会主义道路前进 为全面建成小康社会而奋斗 胡锦涛在中国共产党第十八次全国代表大会上的报告 [EB/OL]. [2013 - 01 - 05]. http://cpc. people. com. cn/n/2012/1118/c64094 - 19612151. html.

② 只要是人就可以当馆长,馆长还真不是人当的! [EB/OL]. [2013 - 01 - 05]. http://blog. sina. com. cn/s/blog_4978019f010005bo. html.

1.2 社会价值

图书馆作为一个社会机构,其社会价值是与生俱来的,因为有了社会价值,不可替代的社会价值,所以,图书馆是不会消亡的,至少在我们在场的所有人的有生之年,大家是没有希望看到图书馆消亡的。

20 世纪 70 年代以来,因为计算机技术的飞速发展,特别是数字化、网络化的发展,图书馆的危机论、末日论、消亡论一直不绝于耳。这些论调看起来很潮、很前卫,但是都是无聊的,甚至是无耻的,因为这些论调过分夸大了信息技术的作用,贬低了图书馆的社会价值。

信息技术界或者信息技术商鼓吹图书馆末日论或者消亡论固然可以理解,因为他们需要推广技术或者产品,而图书馆界鼓吹图书馆末日论或者消亡论则愚不可及。如同玛雅预言的世界末日(2012 年 12 月 21 日),还有人相信世界末日论调吗? 1998 年,我在兰开斯特教授家里过感恩节,大家都知道兰开斯特是信息学界的世界大牛,在 20 世纪 70 年代时就出版过大作《通向无纸的信息社会》,预言进入 21 世纪以后,人类社会将进入无纸的信息社会。我在饭桌上问兰开斯特教授:"再过几十天就是 21 世纪了,你的预言即将破产,你怎么看?"兰开斯特的回答令我捧腹:"我的预言是对的,社会发展错了。"[①]这个真实的故事,我已经讲过多次,并不新鲜。即使是兰开斯特教授这样世界顶尖的信息学家也会被信息技术的发展搞得头脑发热,以至于忘记图书馆的社会价值,何况其他人呢!

如今,我国图书馆学界也有几个大牛,他们十分崇拜信息技术,这并没有什么错,也是值得鼓励的,关键是他们从来就不把图书馆的社会价值当"菜",每次的学术报告都是一堆的新信息技术名词与概念,一会儿云,一会儿大数据,不是说今天的图书馆危机了,就是说明天的图书馆要消亡了,似是而非,搞

---

① 难忘的 1998 年感恩节[EB/OL]. [2013 – 01 – 05]. http://blog. sina. com. cn/s/blog_4978019f010005xe. html.

得听众心潮澎湃,然后胡思乱想,忧郁不堪。我把他们称之为图书馆界的巫师,蛊惑人心的巫师。

图书馆的社会价值是什么? 范并思教授讲过很多,但是总体上欲言而止。我出过一本书,叫做《图书馆权利研究》,那本书中对图书馆权利的定义是这样的:图书馆权利是指民众利用图书馆的自由与平等①。我可以大言不惭地说,胆敢在中国大肆宣言图书馆的社会价值是自由与平等的恐怕只有我一个人。

范并思教授也是图书馆自由和平等价值观的倡导者,但是他是一个小心翼翼的不彻底的倡导者。他和首都图书馆倪晓健教授起草了中国图书馆学会《图书馆服务宣言》,虽然功劳不小,但是,他们只字不提自由,对于平等也有保留,所以我虽然欢迎《图书馆服务宣言》,但是颇有微词。我对中国图书馆学会颁布的《中国图书馆员职业道德准则(试行)》②和《图书馆服务宣言》③的基本评价是,道德无道德,宣言没宣言。

令人鼓舞的是,2012 年 11 月 8 日,党的十八大报告中用了 24 个字,分别从国家、社会、公民三个层面,提出了反映现阶段全国人民"最大公约数"的社会主义核心价值观,"三个倡导"中,提出的社会价值是自由、平等、公正、法治。我来自中山大学,自然会联想到孙中山先生提出的"自由、平等、博爱、法治"。这两者之间只有一个词的差异,这说明了什么? 大家可以去好好地思量一下。民主是个好东西,自由、平等是个更好的东西。

在 2012 年 11 月 22 日召开的 2012 年中国图书馆年会上,我在一个分会场做过一个 20 分钟的演讲,其中特别提到:图书馆因穷人和学人而存在。只要这个世界还有穷人,还有学人,图书馆就永远不会消亡。公共图书馆因穷人而产生、存在和发展,高校图书馆因学人而产生、存在和发展。穷人能够消灭吗?

---

① 程焕文,潘燕桃,张靖.图书馆权利研究[M].北京:学习出版社,2011:4.

② 中国图书馆员职业道德准则(试行)(中国图书馆学会六届四次理事会 2002 年 11 月 15 日通过)[EB/OL].[2013 - 01 - 05]. http://www. lsc. org. cn/CN/News/2006 - 04/EnableSite_ReadNews13633051143993600. html.

③ 中国图书馆学会.图书馆服务宣言[J].中国图书馆学报,2008(6):5.

学人能够没有吗？都不会。如果没有图书馆,如何缩小社会的信息鸿沟,如何构建和谐社会,学生如何学习,学者如何治学？这些都是不可想象的。既然不可想象,大家就不要去想象图书馆的末日,全力办好图书馆就是了。

2 图书馆的使命

与图书馆的价值相对应的是图书馆的使命。今天,我准备从三个方面谈谈图书馆的使命。

2.1 知识中心

自因特网兴起以来,图书馆作为信息中心的历史就已经随之结束,如今如果哪个图书馆还号称自己是信息中心,一定会令人笑得满地找牙。

信息的泛在化弱化了图书馆社会信息服务和社区信息服务的功能,但是,图书馆的使命并没有改变。谷歌的冲击不知道穿透多少图书馆人的心灵,曾几何时,哀鸿遍野,如今谷歌还是谷歌,图书馆还是图书馆,图书馆界的不少人白哭了一场。

很多人只注意到了信息的泛在化,严重忽视了知识的产权化。这个世界的确有免费的午餐,但是不可能天天都有免费的午餐。知识产权的保护是社会进步的必然,也是现代社会必不可少的制度。除非消灭知识产权制度,否则图书馆作为知识中心的地位和使命就不会被替代。

因为知识产权制度的不断健全,知识产权保护的日益加强,图书馆越来越趋向于收集、保存和传播有产权保护的知识,也就是非免费的知识,记录在纸质载体上的知识和记录在电子载体上的知识。这是社会赋予图书馆的历史使命。

2.2 学习中心

20 世纪初,"图书馆是没有围墙的大学"这个说法就已经十分普遍。那时,图书馆是不可替代的民众公共读书场所,如今,由于互联网和移动通信的发展,阅读已经变得无处不在、无时不在。图书馆作为没有围墙的大学这种学习中心的职能与使命是否已经不复存在呢?答案是否定的。图书馆作为学习中心的使命不仅没有减弱,而且越来越强。

无论互联网和移动通信技术如何发达,也不论数字图书馆和模拟现实如何高超,作为学习、阅读主体的人始终是社会的人,社会的人可以远离网络享受生活,却无法远离现实生活只存在网络世界里。既然是社会的人,那么就会有面对面交流或者聚集的需要。网恋很时髦,很刺激,可是网恋的最高形式还是网下的面对面的约会。图书馆不仅能够提供网络的知识共享虚拟空间,而且能够提供公共的知识学习现实空间,这种二者兼备的公共知识空间,具有独特性和不可替代性。

近年来,很多学者喜欢探讨"读书"与"读网"的关系和优劣,其实大多是伪命题和无稽之谈。哪种阅读方式更好?哪种阅读载体更好?专家学者说了也是白说,不能算数。

因为阅读不过是一个行为,坐着读、站着读、走着读、躺着读、读书、读网、白天读、夜晚读、精读、泛读、系统地读、碎片化地读、读经典、读网文,无论怎么读,无论读什么,不过是形式或者方法不同而已,没有本质的差别,在知识的学习与获取上都是一样的。

更为重要的是,阅读是一种习惯,习惯哪种阅读方式,习惯阅读什么,这又有什么关系呢?杜定友先生说过:凡是读书的人都是可爱的,他们不去赌不去嫖,难道不可爱吗?[①]

因为阅读是一种习惯,所以,我们必须高度重视各种阅读方式,在今天要特别重视数字阅读和移动阅读。虽然我是个纸张崇拜者,但是,我从来就不会轻视网络阅读。如今的青少年生活在一个前所未有的数字与网络时代,他们

---

① 程焕文.筚路蓝缕 鞠躬尽瘁——试论图书馆学家、图书馆学教育家杜定友先生对中国近代图书馆事业的卓越贡献[M]//广东省图书馆学会.杜定友学术思想研讨会论文集.广州:中山图书馆,1988:31-43.

从小就适应和习惯了网络阅读,长大以后也会更加习惯网络阅读,这是不可抗拒的趋势,任何反对的论调都是逆天的。现在有点学问上了年纪的人都羡慕和享受"红袖添香夜读书"的意境,根本体会不到玉指划屏乱翻书的乐趣。

图书馆作为学习中心,既要拓展馆内的学习空间,那些传统的纸本学习空间、充满书香的学习空间,也要拓展无处不在、无时不在的网络学习空间,这是全民阅读的需要,终身学习的需要。也正因为如此,图书馆作为学习中心的使命不仅没有减弱,反而越来越强劲。

2.3 文化中心

图书馆还是一个保存文化和传播文化的机构。图书馆不仅具有保存和传承历史文化的使命,还具有展示现代文化的使命,特别是为文化多样性提供自由表达的使命。

图书馆是一个城市、一个国家文化与文明的标志,看一个城市有没有文化,或者文化程度有多高,看看其图书馆就一目了然。我注意到上海市有上海市图书馆地图,深圳市有福田区图书馆地图,很多城市也许想绘制图书馆地图,可是没有星罗棋布的图书馆,巧妇难为无米之炊,想绘也绘不出来的。

图书馆不仅应该是书香文化中心,还应该是城市、社区的多样文化中心,甚至是休闲文化中心。在节假日,民众像逛街一样逛图书馆,像女士逛商场一样逛图书馆,只是为了消磨时光,或者到图书馆去喝杯咖啡,或者到图书馆去与朋友会面聊天,等等。这也许就是吴建中博士所追求的所谓"第三空间"吧。

21 世纪城市公共图书馆的使命[*]

进入 21 世纪以来,随着网络技术、数字技术和移动通信技术的飞速发展,社会政治、经济的变化和人们生活方式的改变,使图书馆正在经历一场前所未有的深刻变革。在这场扑朔迷离的图书馆变革中,城市公共图书馆是存是亡,是日渐式微还是凤凰涅槃,一直是一个令人困扰的全球性问题。面对这样的全球性问题,我们既不能因为各种信息技术的发展所产生的图书馆末日预言而杞人忧天,也不能因为英美经济衰退所引起的公共图书馆危机而垂头丧气,必须冷静客观地审视公共图书馆在社会发展中应该担当的角色和责任——社会赋予公共图书馆的使命,因为只有社会赋予公共图书馆的使命才能决定公共图书馆的兴衰存废和未来走向。

1 英美公共图书馆的危机

20 世纪 70 年代以来,计算机技术、网络技术和数字化技术的飞速发展不断孕育着形形色色的"图书馆消亡论",然而,"图书馆是个老不死的东西"①,不仅没有因为信息技术的发展而消亡,而且越来越有活力,盖因信息技术不是图书馆的天敌,而是图书馆的福星,其功能不是促使图书馆消亡,而是促进图书馆发展。

公共图书馆的存亡与兴废,其要在政府,而不在其他,正如联合国教科文

---

* 本文为 2013 年 10 月 16 日在首都图书馆百年纪念大会暨城市与图书馆学术论坛上的演讲稿。见:程焕文. 21 世纪城市公共图书馆的使命[J]. 图书馆,2013(6):1-5.

① 纸张真是个老不死的东西![EB/OL].[2013-09-01]. http://blog. sina. com. cn/s/blog_4978019f010007qj. html.

组织和国际图书馆协会联合会颁布的《公共图书馆宣言》所言:"公共图书馆是国家和地方当局的责任。"①

进入 21 世纪以来,金融危机、经济衰退迫使英美政府不得不削减公共开支,政府的公共图书馆责任开始迷失,于是,执世界公共图书馆牛耳的英美公共图书馆纷纷关闭,危机四伏,媒体的报道不绝于耳。

(1)2006 年 5 月 24 日,《出版商务周报》发表的《英国图书馆危机四伏》报道:英国公共图书馆由城市、自治市和郡分片分区管理。全国共有 208 家图书馆管理机构以及 4800 家图书馆,平均每 1.275 万个人拥有一家图书馆。大部分图书馆位于城镇,但也有 665 家流动图书馆在乡间活动。这些图书馆存书共 1.1 亿册,看起来数目似乎足够大,但与 10 年前相比,减少了 2100 万册,人均占有量仅 1.9 册。已有 450 家图书馆在 1979—1997 年倒闭,而且之后每年有 10—20 家图书馆相继闭馆。统计得出最令人头疼的趋势,2005 年英国图书借阅率下降了 6%,过去 10 年,借阅率一共下降了 40%。究其原因,主要是由于图书馆资金短缺,购书能力不足。读者越发感到流行畅销书的缺失,等待借阅的时间过长。如此一来……与其苦苦等候,读者宁愿去买一本书。英国的图书馆体系一直是英国人骄傲的资本,但时至今日,这个系统却出现了危机。悲观人士甚至预测,公共图书馆将在 15—20 年内消失②。

(2)2011 年 1 月 4 日,中国新闻网发表的《英国 250 家公共图书馆面临关门》报道:自保守党首相卡梅伦上台以来,多次拿教育文化开刀。除了把英国搅得天昏地暗的大学学费涨价风波,全英国还有至少 250 家图书馆面临关门大吉的窘境。如今英国的这场图书馆危机与卡梅伦政府倡导的"大社会"政策有关。卡梅伦认为,如今英国成为"破败的社会"的原因,是公民个人对国家福利太过依赖,却不愿反过来服务国家;政府只好大量招募公务员,导致组织结构庞杂,造成财政赤字。卡梅伦的解决之道是,中央把权力和义务下放到地

---

① 程焕文,张靖.图书馆权利与道德[M].桂林:广西师范大学出版社,2007:37.

② 英国图书馆危机四伏[EB/OL].[2013 – 09 – 01].http://www.libnet.sh.cn/hwyb/list.asp? id = 2349.

方,地方则让志愿者和社区自治组织更多地参与各种管理中。以图书馆为例,政府不再提供经费,而是将其交给民间社团,昔日的图书馆员由不收取报酬的志愿者取代。当然,一旦该地区找不到这样的社团,或是社团不再有能力继续管理,图书馆就不得不闭门谢客。如此一来,中央政府等于是把图书馆的经费问题踢给地方政府,由于各地方议员对于图书馆存在意义的认识仁者见仁,各地政策自然是南辕北辙,比如牛津郡计划停止为 43 家图书馆中的 20 家提供经费,而剑桥郡只停止提供全郡四分之一的图书馆的经费;利兹郡的图书馆会从 53 家减少到 33 家,被砍的包括一些高失业率地区的图书馆;北约克郡的议会想要关闭 24 家图书馆,而大伦敦地区的图书馆可能会关闭三分之一,其中刘易舍姆区的 12 家图书馆将关闭 5 家,而希灵登区的所有图书馆都能幸免。在格洛斯特郡,居住区相对分散的当地人平时十分依赖于那些小型的公立图书馆查阅资料、借阅书籍,但根据议会的决定,那些生活在农村的纳税人还是会失去全部 7 家流动图书馆,43 家固定图书馆中的 18 家也将被关闭。当地议会之后又宣布,作为补偿,将开设一家"全年无休的虚拟图书馆",尽管当地那些常去图书馆的人对于网络并不十分得心应手①。

(3)2011 年 2 月 12 日,人民网发表的《英国图书馆面临关门危机》报道:英国近 100 名政府官员联名写信给《伦敦时报》,声称他们难以执行政府的财政紧缩政策,因而被迫缩减重要的公共服务。当地政府面临的最艰难的决定是是否关闭当地的公共图书馆。目前,已经有大约 400 家图书馆即将被关闭,这一状况引起了全国上下的不满②。

(4)2012 年 3 月 15 日,英国广播公司发表的《英国公共图书馆"前景黯淡"》报道:英国公共图书馆因长期缺乏政府的支持,已经陷入了"危机",前景

---

① 英国 250 家公共图书馆面临关门(图)[EB/OL].[2013 - 09 - 01]. http://www. chinanews. com/cul/2011/01 - 04/2764284. shtml.
② 英国图书馆面临关门危机 [EB/OL].[2013 - 09 - 01]. http://world. people. com. cn/GB/13905482. html.

黯淡,仅去年一年,已经有 100 多家图书馆被迫关闭或交由志愿者管理①。

(5)2012 年 4 月 9 日,《人民日报》发表的《公共图书馆危中求机》报道:自金融危机爆发以来,美国各地方政府不得不削减公共开支,公共图书馆成了最易受影响的机构之一。最具代表性的就是去年 7 月,得克萨斯州决定在 2012 至 2013 财年将所有州立图书馆的地方财政拨款减少 64%。政府拨款减少,迫使各图书馆减少采购、裁减人员、缩短营业时间甚至关闭部分分馆。根据美国《图书馆杂志》今年初的调查,受访的 388 家公共图书馆每周平均营业时间从 2008 年的 60 小时下降到 2011 年的 49 小时,仅 2011 年,服务 100 万人以上的大型图书馆每家平均就减少了 32.6 个全职工作岗位②。

(6)2013 年 10 月 1 日,中国网发表的《美国联邦政府正式关门:17 年来首次停摆》报道:美国国会两党有关政府支出法案的僵持最终没能在本周二零点之前的最后期限内获得解决。自 10 月 1 日 0 点开始,美国政府正式关停。上一次美国政府停业发生在 1995—1996 年度的克林顿政府时期,起因是共和党反对克林顿总统提出的全民医疗保险计划③。

上述媒体报道给人的感觉是英美公共图书馆的确危机四伏,岌岌可危,但是,我们必须看到,这不是图书馆的问题,也不是民众的问题,而是政府的问题,是政府官员和政府财政的问题,因为这个原因,美国政府尚且可以关门大吉,更遑论公共图书馆? 所以,英美公共图书馆的危机只是暂时的经济现象的一种表现形式,不代表公共图书馆的发展趋势和未来。

---

① 英国公共图书馆"前景黯淡"[EB/OL]. [2013 - 09 - 01]. http://www. bbc. co. uk/ukchina/trad/uk_life/2012/03/120313_life_libraries. shtml.

② 公共图书馆危中求机 [EB/OL]. [2013 - 09 - 01]. http://news. xinhuanet. com/comments/2012 - 04/09/c_111750830. htm.

③ 美国联邦政府正式关门:17 年来首次停摆 [EB/OL]. [2013 - 09 - 01]. http://www. china. com. cn/news/2013 - 10/01/content_30184983. htm.

2 公共图书馆价值的捍卫

面对政府公共图书馆责任的迷失,英美社会各界的民众全力捍卫公共图书馆的价值,采用各种方式与政府关闭公共图书馆的决策进行抗争。

(1)2011 年 1 月 4 日,中国新闻网发表的《英国 250 家公共图书馆面临关门》报道:近日,英国文化界、教育界 1000 多人联名写了一封公开信给文化部,要求政府"停止文化破坏行为"。图书馆的存在,对于减轻整个社会的文盲、无知、孤立、无助、失业、孱弱、无聊、冷漠、贫穷等,都有一定的益处,从文化角度来说,图书馆带给我们的东西是不可替代的。然而,如今面对政府削减图书馆经费的计划,与文化界、教育界人士的群起而攻之不同,普通民众的反应要平淡得多。不过,有来自小地方的人介绍说,自己所在地的图书馆早已成为社区的重要组成部分,老人们、失业者、无所事事的人常会在那里固定出现,消磨一天的时光,学生喜欢在那里搞活动、聚会。如果有朝一日图书馆消失了,恐怕会令那些人无所适从。对城市中的有产者而言,通过书店、网络固然很容易就能获得阅读的书籍,然而对于穷人、不擅长网络的年长者和住在偏远乡村的人而言,图书馆却是他们了解世界、学习文化的重要渠道,不应该剥夺他们这些权利。也许在英国政府看来,这些人仅仅只是作为少数选票而存在,不会对选举结果产生决定性影响,但这些弱势群体恰恰是衡量政府是否能真正赢得民心的试金石①。

(2)2011 年 2 月 7 日,英国广播公司发表的《保护图书馆的呼声》报道:周末,英国各地许多人走上街头,以不同形式抗议地方政府为节省开支而大规模削减公立图书馆的威胁。有人聚集在社区公立图书馆的门外高声表达抗议;在一些地方人们把书架借空,以示对图书的热爱和对关闭图书馆的抗议。还

---

① 英国 250 家公共图书馆面临关门(图) [EB/OL]. [2013 – 09 – 01]. http://www.chinanews.com/cul/2011/01 – 04/2764284. shtml.

有人在图书馆内举办活动,让大人孩子感受地方图书馆在社区生活中的重要性①。

(3)2011年2月12日,人民网发表的《英国图书馆面临关门危机》报道:公共图书馆是一个家外之家。在所有提出的财政缩减措施中,关闭图书馆可能会激起最大的民怨。劳伦·史密斯正在组织一个全国范围的运动——为图书馆发出声音。她说,这个名字的灵感来自民众,"我以前从来没有参与过任何这样的活动,从来没有参加过任何游行。但是,我知道这次的活动非常重要,我们需要站起来反对这个错误的决定,让它永远不会发生。"史密斯说,伦敦的政治家并不认可图书馆发挥的作用——让年轻人能够有地方读书,"让93岁失去老伴的老太太能够在星期二在图书馆找到唯一的可说话之人,那个人就是在图书馆前台工作的人"②。

(4)2011年4月11日,《出版商务周报》发表的《英公共图书馆面临关闭危机》报道:公共图书馆系统的危机由于英国政府开支的削减且仍将持续,民众在英国全国范围内公开提出抗议。许多公民向当地法庭等政府机构提议称,城市、乡镇政府有义务向市民提供充足、便利的公共图书馆服务(这本身就是政府的职责之一)。一些当地社区的百姓也采取了立竿见影的"报复"行为。某日,镇上百姓每人向公共图书馆借取了最多数量的图书,导致该市图书馆在一天内被"洗劫一空",而由于没有足够的图书储藏空间,居民每人借取的10本图书也无法在同一时间归还。图书馆公共职能不可取代。政府和民众就是否"撤销公共图书馆"的分歧与斗争仍在继续。公共图书馆不仅仅是纸类图书的收藏库,同时也是教育、信息、娱乐以及社会交往的中心,应当得到社会和政府的保护。现有的图书馆不仅提供图书借阅、母婴俱乐部、读书俱乐部和本地艺术及手工艺展览等服务,还为社区内20%没有连接互联网的家庭提供上

---

① 保护图书馆的呼声[EB/OL].[2013-09-01]. http://www.bbc.co.uk/ukchina/simp/uk_life/2011/02/110207_life_uk_library.shtml.

② 英国图书馆面临关门危机[EB/OL].[2013-09-01]. http://world.people.com.cn/GB/13905482.html.

网服务。对于老年人和儿童而言,公共图书馆的价值显得尤为重要。无论从经济能力还是体力上来讲,老年人和儿童都经不起长途跋涉去中心城镇的图书馆,他们最需要使用本地的图书馆资源。当然也有一些其他的读者群,公共图书馆也在他们的生活中占据着重要的地位。比如:少数不能在家上网的读者,他们认为公共图书馆不仅能够提供免费的上网服务,提供便宜的复印、打印和扫描等服务,而且也是另一个生活服务资源,特别对于失业人员来说,当地公共图书馆提供的互联网搜索服务能帮助其实现就业①。

(5)2011 年 12 月 3 日,《经济学人》发表的《公共图书馆面临关闭》报道:在所有削减公共服务的提议里面,几乎没有比关闭图书馆的反对呼声还要高的。请愿、静坐示威、咬牙切齿(特别是那些喜欢奇幻小说家菲利普·普尔曼的人),接踵而来的是法律手段。11 月 16 日,伦敦一名法官否决了关闭格洛斯特郡和萨默塞特 21 家图书馆的方案。伦敦西北布伦特区的活动者将闭馆的提案告上了上诉法院。11 月 24 日,从下院议员中选出的一组委员会宣布将对闭馆一事进行调查。当地政客受到了惊吓。牛津郡地方议会曾迫于公众压力而不得不放弃许多闭馆方案,议会主席基思·米切尔诉苦说,对降低社会福利标准和缩小垃圾收集范围的提案,反对者不见得有这么激动。据特许公共财政与会计协会(CIPFA)称,过去 5 年图书馆人流量减少了 6.7%。但这低估了图书馆作为有形公共物品的象征性意义。2010 年益普索·莫里调查机构开展的一项民意调查显示,2009 年有 69% 的人曾去过图书馆,80% 以上的人认为图书馆"必不可少"或者"十分重要"②。

(6)2012 年 3 月 15 日,英国广播公司发表的《英国公共图书馆"前景黯淡"》报道:一个名叫"为图书馆仗言"(Speak up for Libraries)的新的抗议联盟说,公共图书馆因长期缺乏政府的支持,已经陷入了"危机"。英国议会文化、

---

① 英公共图书馆面临关闭危机(2011 – 04 – 11)[EB/OL].[2013 – 09 – 01].http://book.ifeng.com/gundong/detail_2011_04/11/5660303_0.shtml.

② Public libraries:Checked out[EB/OL].[2013 – 09 – 01].http://club.topsage.com/thread – 2688919 – 1 – 1.html.

媒体和体育事务特别委员会将就公共图书馆关闭问题进行特别听证。抗议者联盟将在伦敦举行抗议游行。Unison 的总干事普林提斯（D. Prentis）说，社区从来没有像现在这样需要公共图书馆，但对地方政府的经费削减，意味着图书馆将面临严重威胁。他说，"为图书馆仗言"运动，要向政府发出一个强烈的信息，我们不能接受对关键的社区服务的破坏和对后代的威胁①。

（7）2012 年 4 月 9 日，新华网发表的《公共图书馆危中求机》报道：图书馆在社会文化生活中的作用不言而喻。公共图书馆自诞生之日起，就一直是大众求证事实、探索新知、触摸文明的重要平台。如今的图书馆，不仅是公众借阅各种报刊书籍的窗口，其定期举办的读者交流、研讨讲座等活动，也成为大众文化交流的重要场所。许多社区民众感情上无法割舍公共图书馆。去年 12 月，美国底特律公共图书馆关闭了 4 家分馆，引起了社区居民强烈不满，其中一家于今年 2 月重新开放②。

从上述报道可见：公共图书馆是民众的图书馆，公共图书馆之所以存在，之所以不能关闭废止，其要在公共图书馆具有重要的社会价值，是民众所需。

3 城市公共图书馆的崛起

在金融危机和经济衰退导致英美公共图书馆面临关闭危机，以及信息技术的发展使人低估公共图书馆价值的双重熔炼下，公共图书馆犹如不死火鸟，凤凰涅槃，浴火重生。城市公共图书馆更是异军突起，成为新世纪城市文化和文明的标志。

（1）2009 年 2 月 5 日，《华尔街日报》发表的《金融危机导致大量美国人涌向公共图书馆》报道：几年之前，公共图书馆还被认为是日薄西山。随着互联

---

① 英国公共图书馆"前景黯淡"［EB/OL］.［2013 - 09 - 01］. http://www. bbc. co. uk/ukchina/trad/uk_life/2012/03/120313_life_libraries. shtml.

② 公共图书馆危中求机［EB/OL］.［2013 - 09 - 01］. http://news. xinhuanet. com/comments/2012 - 04/09/c_111750830. htm.

网的普及,人们认为图书馆已经无关紧要,但金融危机导致了大量美国人涌向公共图书馆。过去一年全美图书馆的访问人数暴涨了 65% 之多,主要是因为新近失业者纷纷涌入各个图书馆填写履历,搜寻就业招聘广告。此外,人们也将图书馆视为逃避经济衰退的好去处,来这里寻找廉价的娱乐,他们可以在这里打发时间,使用免费的电脑,租碟片看,当然了,还可以借书看。这并不是图书馆读者人数第一次在经济不景气时期猛增。图书馆员们说,在 1987 年和 2001 年的经济衰退中,也出现了类似的情况。不过在网络带来海量信息之后,很少有人会想到图书馆还会再次如此热门。一个主要的吸引人的因素是:大多数图书馆都提供免费的电脑和无线上网服务,而且还开始提供 DVD 碟片和视频游戏。总部设在芝加哥的美国图书馆协会(American Library Association),其会长雷提格(Jim Rettig)表示,在经济衰退带来的压力下,人们认识到了公共图书馆的重大价值所在①。

(2)2009 年 4 月 7 日,《东方早报》发表的《重新定义图书馆:并不仅仅是读书》报道:经济危机中,英国将启动有史以来最大的公共图书馆建设计划——耗资 1.93 亿英镑建设的英国伯明翰超级图书馆(其中的 1.59 亿英镑将从公共基金支出),这是否意味着英国国家文艺复兴伟大梦想的复苏? 当地政府相信,这个计划中的英国最大公共图书馆将成为伯明翰的一面旗帜,那里并不仅仅是读书之处,还将提供技术和面试技巧培训及语言工作室,以帮助人们重返工作岗位。据悉,这一图书馆规划中的参观人数每年将增长 10%—15%。伯明翰超级图书馆计划建立在新一波资本运作的兴趣之上,新近还有些引人注目的图书馆分别在卡尔蒂夫和斯云顿地区开馆,一个耗资 5000 万英镑的图书馆也将于 6 月在纽卡斯尔开张,利物浦和曼彻斯特的历史中心图书馆正在分别耗资几千万英镑用以翻新。文化专家说:"最近一段时期,英国各大图书馆大兴土木的建设给人以 20 世纪初重视文化的感觉。那些在曼彻斯

---

① 金融危机导致大量美国人涌向公共图书馆 [EB/OL]. [2013 – 09 – 01]. http://news. sinovision. net/portal. php? mod = view&aid =69743.

特、伯明翰、纽卡斯尔兴建的图书馆都有各自不同的功能。"伯明翰的超级图书馆功能多样,将会取代社区图书馆。2013 年,这家新图书馆将开门迎客,届时,图书馆中心区域将会布满触摸式屏幕的计算机和不断变换着的展览,喋喋不休的团体学习替代了原本寂静无声的阅读室。专家说:"当地政府意识到图书馆不可估量的潜力,投资图书馆意味着你将不仅仅取悦世人,更大的目的则是使人们富裕起来。大型公共图书馆的复苏,证明了图书馆正在进行越来越人性化的服务。"①

(3)2011 年 12 月 3 日,《经济学人》发表的《公共图书馆面临关闭》报道:有一种完全不同的观点,认为应该把钱投入一间大馆中,期望它可以对周边产生积极影响。英国最火爆的图书馆是诺福克和诺维奇千年图书馆,它有多个楼层,位于一幢新建的带有餐馆和画廊的建筑物内,2010 年吸引了近 150 万人。该图书馆是这一新建筑物的中心,游人从馆内出来后,往往会在周边逗留、消费。伯明翰正在建造一家投资 1.888 亿英镑的新图书馆,这是市中心新开发地段的标志性建筑,将于 2013 年正式开放。该市其余 39 家图书馆中,许多将面临服务的缩水,比如减少开馆时间,或是裁员。伦敦的希灵登区正计划在未来 6 年内投入 400 万英镑,重建或是翻新该区内所有的 17 家图书馆。通过削减运营成本以及在馆内开设星巴克咖啡馆,地方议会已投入更多的资金用于买书和购置新电脑,人流量也有所增加。图书馆并没有走到末路,只是沾染了些许灰尘而已②。

与英美遭受金融风暴和经济衰退不同的是,中国的经济增长速度虽然有所放缓,但是一直保持着增长。经济的发展促使各地政府的公共图书馆责任意识不断加强,中国公共图书馆的发展体现出方兴未艾的强劲势头。英美那边公共图书馆危机四伏,而中国这边公共图书馆风景独好,城市公共图书馆的

---

① 重新定义图书馆:并不仅仅是读书(图)[EB/OL].[2013-09-01]. http://www. chinanews. com/cul/news/2009/04-07/1633881. shtml.

② Public libraries:Checked out[EB/OL].[2013-09-01]. http://club. topsage. com/ thread-2688919-1-1. html.

发展已经跃居世界图书馆的前列。

（4）2012 年 9 月 28 日，全国公共图书馆中开放度最高、融合度最好、借书量最大的首都图书馆新馆开馆，同时首图"掌上图书馆"也正式开通，150万个持卡读者可以随时随地免费使用馆藏资源，这标志着首图迈入"云服务"时代。作为首都标志性文化设施，新馆位于首图现址东南侧，开放后首图总建筑面积达到 9.4 万平方米，位居全国公共图书馆前列，可容纳文献1000 余万册（件），具有 2 万人次的日接待能力。新馆可为读者提供 100 余万册（件）文献的免费借阅，可借阅图书数量在全国公共图书馆中居首位①。首图新馆成为节日期间百姓文化休闲的好去处，新馆的新环境、新设施、新技术、新服务赢得了众多新老读者的赞誉。2012 年国庆、中秋两节期间，首图共迎来 10 余万名市民，总外借册次近 6 万册。仅 10 月 7 日当天，首图便接待了1.6 万余名读者，比 2011 年同期增长了近 70%，成为两节期间接待读者量最多的一天②。

（5）2012 年 12 月 8 日，湖北省图书馆新馆开馆。湖北省图书馆新馆占地100.5 亩，南临公正路，西处城市绿地，北依沙湖水域。整座图书馆的外形就像一本打开的书，散发浓浓的文化韵味。图书馆的主体建筑地上 8 层，地下 2层，总建筑面积 10 万余平方米，总投资 7.8 亿元，是全国单体建筑面积最大的省级公共图书馆，也是新中国成立以来湖北省最大的文化基础设施建设工程之一③。文献总藏量可达 1000 万册，日接待能力 1 万人次④。

---

① 全国公共图书馆中开放度最高　融合度最好　借书量最大，首都图书馆新馆开馆"掌上图书馆"开通［EB/OL］．［2013－09－01］. http://bjrb. bjd. com. cn/html/2012－09/29/content_144054. htm.

② 首都图书馆新馆正式开放　两节期间迎来 10 余万市民［EB/OL］．［2013－09－01］. http://www. ccnt. gov. cn/xxfbnew2011/xwzx/qgwhxxlb/201210/t20121010_265218. html.

③ 全国省级单体建筑面积最大　无处不是"数字化"湖北省图书馆新馆正式开馆［EB/OL］．［2013－09－01］. http://cjmp. cnhan. com/cjrb/html/2012－12/09/content_5096427. htm.

④ 湖北省图书馆新馆正式对公众开放［EB/OL］［2013－09－01］. http://www. hbwh. gov. cn/Article/HTML/6136. shtm.

（6）2012 年 12 月 28 日，广州图书馆新馆正式向社会开放。广州图书馆新馆是广州市政府着力打造的"城市客厅"。该馆以"美丽书籍"为设计理念，设备设施先进，建筑面积达 10 万平方米，可借阅文献 130 万册，阅览座位 1100 个，是世界上最大的城市公共图书馆之一。截至 2013 年 1 月 2 日，广州图书馆累计接待读者达到 9.7 万人次，日均接待读者 1.6 万人次，日均办证 4679 个、外借文献 1.6 万册次，与位于中山四路的广州图书馆老馆相比较，各项服务都大幅度提高，特别是 2013 年新年第一天，新馆平均每小时接待公众达到 2000 人次，创历史新高①。截至 2013 年 6 月 16 日，总共有 23 万名广州居民注册成为新馆读者，日均注册 1553 人，单日峰值更达到 5491 人；共接待读者 135 万人次，日均接待近万人次，单日峰值达 1.9 万人次。和老馆比较，新馆的注册读者量相当于 2012 年老馆的 5 倍，办证量超过近 7 年同类读者证办证量的总和。外借图书、期刊、音像资料等各类文献 223 万册次②。

（7）2010 年 12 月 30 日，广东省立中山图书馆举行改扩建首期工程竣工暨开馆仪式。广东省立中山图书馆改扩建工程是广东省三大重点文化设施建设项目之一，总投资 5 亿元，占地总面积 6.8 万平方米，建筑总面积 10.3599 万平方米。一期工程项目投资 3.9363 亿元，改扩建规模 7.88 平方米③。目前除了馆藏 600 多万册纸质文献外，还建立了广东数字图书馆、联合参考咨询与文献传递网以及珠江三角洲数字图书馆联盟，拥有海量的电子图书、期刊论文、博硕士论文等，以及规模庞大的地方文献数据库和特色资源库，可提供多种方式服务。建立了全国首个基本覆盖省内公共、教育、科技三大系统主要图书馆馆藏的跨系统文献资源共享平台，并和联合参考咨询与文献传递网实现无缝连

① 新广州图书馆开馆受市民热捧 日接待读者 1 万多人次［EB/OL］.［2013-09-01］. http://www.gdwh.com.cn/whwnews/2013/0106/article_15270.html.
② 广州图书馆新馆半年办证量超旧馆七年总和［EB/OL］.［2013-09-01］. http://m.dayoo.com/129011/129016/201306/24/129016_31276431.htm.
③ 刘馆长在广东省立中山图书馆首期工程竣工暨开馆新闻发布会上的发言［EB/OL］.［2013-09-01］. http://www.gdwh.com.cn/2010zt/library/c2.html.

接,可检索的元数据达 1.47 亿条①。

城市公共图书馆的崛起具有重要的时代意义。一般而言,判断一个城市公共图书馆的发展水平,可以从一个城市公共图书馆的覆盖率、人均馆舍面积、人均藏书量、服务效益等多个方面去度量,但是,在一个城市的公共图书馆体系中,不论该体系分多少层级,作为城市公共图书馆中心的城市图书馆始终是最重要的,是判断一个城市公共图书馆发展水平的最重要指标。在很大程度上,城市图书馆是一个城市公共图书馆发展水平的标志,只有拥有强大的城市图书馆,才可能有完善的城市公共图书馆体系;城市图书馆在城市公共图书馆系统中具有不可替代的示范作用、带头作用、推动作用和辐射作用。

4 公共图书馆使命的演进

1994 年联合国教科文组织和国际图书馆协会联合会颁布的《公共图书馆宣言》从信息、识字、教育和文化四个方面宣示了公共图书馆服务的核心与关键使命:①从小培养和加强儿童的阅读习惯;②支持个人教育和自学教育,以及各级正规教育;③提供个人创造力发展的机会;④激发儿童和青年的想象力与创造力;⑤促进文化遗产意识、艺术欣赏、科学成就和创新;⑥提供利用各种表演艺术的文化表达的机会;⑦促进文化之间的对话,并支持文化的多样性;⑧支持口述传统;⑨确保民众获取各种社区信息;⑩为地方企业、社团和利益团体提供充足的信息服务;⑪促进信息和计算机使用技能的发展;⑫支持和参与各年龄人群的识字活动与计划,并在必要时发起此类活动②。《公共图书馆宣言》提出的公共图书馆在信息、识字、教育和文化四个方面的使命在理论上具有全球普适性,各国公共图书馆在具体实践中虽然因国情不同各有侧重,且

---

① 广东省立中山图书馆改扩建首期工程竣工开馆 [EB/OL]. [2013 – 09 – 01]. https://www.zslib.com.cn/TempletPage/Detail.aspx? dbid = 2&id = 1355.

② 程焕文,张靖.图书馆权利与道德[M].桂林:广西师范大学出版社,2007:38.

灵活多样,但是万变不离其宗。例如:在识字活动和计划方面(国内通常称Literacy为扫盲),在教育相对落后的非洲仍然是公共图书馆的一项重要使命。在教育相对发达的欧美,因为移民而始终存在功能性文盲,同样是公共图书馆的一项重要使命,但是在义务教育比较普及的中国,则并非公共图书馆的一项重要使命。

2013年8月17日,鉴于联合国正在评估千年发展目标(the Millennium Development Goals,MDGs)和信息社会世界高峰论坛(the World Summit on the Information Society,WSIS),并将制定新的联合国发展框架,国际图书馆协会联合会由此发布《国际图书馆协会联合会图书馆与发展声明》(*IFLA Statement on Libraries and Development*)。《国际图书馆协会联合会图书馆与发展声明》开宗明义地指出"获取信息是一项基本人权,可以打破贫穷及恶性循环,并支持可持续发展。在许多社区,图书馆是唯一的地方,人们可以在那里访问信息,以求提高教育水平,培养新技能,寻找就业机会,开创事业和做出健康策略或洞察环境问题。图书馆独特的作用使其成为重要发展伙伴,通过提供各种信息、服务和方案,以满足多元化社会对信息的需求"。国际图联申明:①图书馆为大众提供机会;②图书馆鼓励人们自我发展;③图书馆提供对人类知识的利用;④图书馆提供专家指导;⑤图书馆是利益相关者社会的一部分;⑥图书馆必须纳入发展政策框架。为此,国际图联敦促政策制定者和发展实践者权衡图书馆,并确保图书馆列入2015年之后的发展框架。国际图联宣称:①认清获取信息作为支持发展基本要素的作用;②确认图书馆和图书馆员作为发展代理的作用;③鼓励联合国成员国支持支撑发展的信息架构——提供网络、信息和人力资源——如同图书馆和其他公共利益团体①。《国际图书馆协会联合会图书馆与发展声明》重申了公共图书馆的普遍价值及其在社会发展中的作用,具有全球普适性,是公共图书馆之所以不可替代,并且必须持续发展的社

---

① IFLA Statement on Libraries and Development [EB/OL]. [2013 – 09 – 01]. http://www.ifla.org/node/7982.

会必然。

2013 年 8 月 19 日,国际图书馆协会联合会发布《国际图书馆协会联合会趋势报告》(*IFLA Trend Report*),提出 5 个方面的发展趋势:①新技术将同时扩大和限制人们获取信息;②网络教育将使全球学习大众化和混乱;③隐私和数据保护的边界将被重新定义;④超链接的社会将听从新的声音和群体并使其强大;⑤新技术将转变全球信息经济①。面对这 5 个方面的发展趋势,公共图书馆在履行其使命中需要因应变化与时俱进。

作为城市公共图书馆的中心,城市图书馆在未来应该担当以下三个中心的历史使命。

(1)知识中心。互联网的普及和信息的泛在化,使公共图书馆作为地方信息中心的地位日趋式微,但是,因为知识产权制度的存在和知识产权保护的日益加强,城市图书馆作为知识中心的地位也在日益加强。虽然因为互联网的发展,信息和知识的可获得性不断提升,但是无论在什么地方,始终存在"信息富裕"和"信息贫穷"的差别与鸿沟,要缩小这种差别与鸿沟,保证所有民众都享有公平的信息与知识权利,就必须有制度的保障和平衡。公共图书馆作为收集、保存和免费传播知识的公益机构正是现在和未来社会制度的必需,也是社会赋予公共图书馆的历史使命。因此,城市图书馆的一项重要使命就是成为一个城市的知识中心。

(2)学习中心。学习中心是公共图书馆的天赋使命,且伴随公共图书馆始终。因为公共图书馆始终履行着学习中心的历史使命,才有"图书馆是没有围墙的大学"的百年传奇。随着互联网和移动通信技术的发展,公共图书馆已经从"没有围墙的大学"发展成为"无远弗届的大学",无论公共图书馆这所"民众的大学"发生什么变化,它始终是民众终身学习的最佳公共处所、不可替代的民众公共读书场所。就近现代教育而言,大致可以分为学校教育、专门教育和社会教育三个类型,社会教育的兴起是近现代民主社会发展的重大进步,而

---

① IFLA Trend Report [EB/OL]. [2013 - 09 - 01]. http://www.ifla.org/node/7942.

公共图书馆最能够代表社会教育。在现在和未来,城市图书馆作为民众学习中心的使命不仅不会减弱,而且会越来越强劲。因为城市图书馆不仅能够提供网络的知识学习共享空间,而且能够提供现实的知识学习公共空间,这种两者兼备的公共学习空间,使公共图书馆具有独特性和不可替代性。

(3)文化中心。公共图书馆还是一个保存文化、传播文化的机构。公共图书馆不仅具有保存和传承历史文化的使命,还具有展现现代文化的使命,特别是为文化多样性提供自由表达的使命。图书馆是一个城市、一个国家文化与文明的标志,看一个城市有没有文化,或者文化程度有多高,看看其公共图书馆,特别是城市图书馆,就一目了然。城市图书馆不仅应该是书香文化中心,还应该是城市、社区的多样文化中心,甚至休闲文化中心。这是城市图书馆现在和未来发展的重要使命。

知识中心、学习中心和文化中心是城市图书馆的神圣使命与发展方向,也是衡量一个城市公共图书馆发展水平的标杆。首都图书馆就是这样一个标杆,一个中国城市公共图书馆发展的百年标杆和21世纪中国城市公共图书馆发展的新标杆,值得全国公共图书馆界学习和借鉴。

绘本阅读:公共图书馆的活力与使命

——《阅读 创意 互动——绘本阅读推广多元化策略》序*

20 世纪 90 年代以来,我国公共图书馆事业的发展面临着三重重大挑战。

一是信息技术革命的挑战。互联网的飞速发展、数字资源的急剧增长和移动通信的迅速普及,不断地改变着人们工作、学习和生活的方式。信息的泛在化和无处不在、无时不在的信息服务,不断地削弱公共图书馆作为社区信息中心的历史地位与社会作用。面对着信息技术革命的挑战,公共图书馆正在经历一场前所未有的网络化、数字化、移动化的变革。

二是公共图书馆价值观的挑战。20 世纪 80 年代以后,市场经济的发展、社会制度的变革和社会价值观的迷失,不断地改变着我国公共图书馆事业的性质。政府公共图书馆责任的迷失和公共图书馆有偿服务的盛行,毁坏了公共图书馆的普世价值观,公共图书馆保障民众基本文化权利的社会作用不断弱化,致使公共图书馆陷入背离"公共"的整体非理性发展之中。新世纪之初,民众的图书馆权利意识普遍觉醒,"新图书馆运动"再次兴起,免费、开放、平等、自由等公共图书馆价值观再次在中国广泛传播,公共图书馆正在经历一场从实践层面到制度层面的价值观重建与复兴①。

三是国民阅读变化的挑战。根据 1999 年以来的全国国民阅读调查显示:我国国民综合阅读率在经历了多年的持续走低后,自 2008 年以后开始持续增长,国民的图书阅读率止跌回升,网络阅读率大幅攀升;0—17 岁未成年人的阅读率一直高于 18—70 岁成人的阅读率,而 0—8 岁儿童的阅读率则始终位居

---

* 程焕文.绘本阅读:公共图书馆的活力与使命——《阅读 创意 互动——绘本阅读推广多元化策略》序[J].图书馆研究与工作,2013(1):2-4.

① 程焕文,潘燕桃,张靖.图书馆权利研究[M].北京:学习出版社,2011:前言1.

367

国民阅读率之首;纸本阅读仍然是国民阅读方式的主要倾向,其中报纸位居第一、期刊位居第二、图书位居最后,网络在线阅读、手机阅读已成为国民阅读方式的主要发展趋向。然而,国民阅读的变化与公共图书馆的发展并没有直接的关联,个人订购仍然是国民获得图书、报纸、期刊的首选和最主要渠道,家庭阅读仍然是国民最主要的阅读场所,网络阅读和手机阅读一直是国民最时髦的阅读方式①,公共图书馆阅读正在不断地边缘化。面对着阅读变化的挑战,公共图书馆正在经历一场阅读推广的重大变化。

不紧跟信息技术的发展,公共图书馆就会被时代淘汰;不坚持公共图书馆的普世价值观,公共图书馆就会自我毁灭;不适应国民阅读的变化,公共图书馆就会被国民抛弃。

为了迎接这些重大挑战,我国公共图书馆界的一批有识之士一直在进行艰辛的探索,取得了一系列提振人心的成就。自2009年6月起,广州图书馆异军突起,启动"由绘本爱上阅读——公共图书馆少年儿童阅读推广实践研究"项目,开展"爱绘本 爱阅读"系列儿童阅读推广活动,开辟了公共图书馆阅读推广的新途径和新天地。如今,项目负责人吴翠红副馆长和她的团队悉心梳理广州图书馆近3年来有关绘本阅读推广的研究成果与实践案例,编撰出版《阅读 创意 互动——绘本阅读推广多元化策略》,令人羡慕,令人振奋!

"绘本"一词来自日本对英文"Picture Book"的翻译,而"Picture Book"原本是美国公共图书馆儿童馆藏的分类用词②,这就注定"Picture Book"与公共图书馆和儿童阅读有着不可分割的关系。就"Picture Book"一词的翻译而言,我国有两种不同的翻译,一种是沿袭日文的翻译,称之为绘本,或者绘本书;另一种是中文直译,称之为图画书。因为我国没有"Picture Book"一词的规范翻译,国人各有所好,各取所用,因此,这两种译名也就交替使用,并行不悖。但是,

---

① 全国国民阅读调查专题[EB/OL][2013-02-01]. http://www.chuban.cc/ztjj/yddc/.

② 赖素秋.台湾图画书研究[D].台东:台东师范学院,2003.

比较而言,"绘本"一词比"图画书"一词更为流行,这可能是词汇学上效率优先原则的缘故,因为双音节词往往会比三音节词更容易流行①。

图画书最初是指专供儿童阅读的图画书籍,17世纪时起源于欧洲,20世纪以后开始在欧美广泛流行,20世纪30年代以后图画书在美国成为主流,20世纪50年代后日本绘本蓬勃兴起,其后开始在中国台湾流行,20世纪90年代后中国大陆的图画书出版和研究迅猛增长,出现方兴未艾的图画书热潮,绘本变得十分新潮,进入21世纪后,绘本与动漫比翼齐飞,已经成为全世界儿童阅读的时尚。

图画书在不断的发展和演变中,形成了儿童图画书和成人图画书两大类型,儿童图画书又演化出许多不同的种类,例如婴儿书(Baby Books)、字母书(Alphabet Books)、数数书(Counting Books)、概念书(Concept Books)、玩具书(Toy Books)等。如今,图画书不再像当初美国公共图书馆儿童馆藏的分类用词那样单纯明了,有了广义与狭义之分:广义的图画书包括成人图画书、儿童图画书,甚至玩具书等,狭义的图画书则专指儿童图画书②。

目前,世界上对于图画书的概念并没有一个统一的权威界定,学界主要是从图画书的基本构成要素——"图"和"文"之间的关系去界定图画书,比较普遍的看法是,图画书是透过图画与文字这两种媒介在两个不同的层面上交织、互动来叙述故事的儿童文学书籍。在这样的概念体系中,图画不是文字的附庸,不再可有可无,而是主体,是具有讲述故事功能的图画语言;而一般故事书中的插图只是使故事更形象直观的辅助手段。所以,图画书既非以文字为主、图画为辅的插图书籍,也不是以图画为主、文字为辅的连环画、卡通漫画,而是图画语言与文字语言彼此交织互动的书籍③。

---

① 沈利娜. 论中国图画书的前身后世[J]. 新观察,2012(8):22-25.

② 沈敏江. 图画书种类的基本划分[D]. 上海:上海师范大学,2011.

③ Perry Nodelman. Words About Pictures: the Narrative Art of Children Picture Books [M]. Georgia: The University of Georgia, 1988:20-23;松居直. 我的图画书论[M]. 郭雯霞,徐小洁,译. 上海:上海人民美术出版社,2009:216-217;彭懿. 图画书:阅读与经典[M]. 南昌:21世纪出版社,2006:26-27.

　　吴翠红主编的《阅读　创意　互动——绘本阅读推广多元化策略》,没有采用"Picture Book"的中译词"图画书",而是采用了日译词"绘本"。这并非"亲日",而是吴翠红和广州图书馆的特别创意,也是这本著作最令人称道的学术价值与实践价值之所在。吴翠红主导的广州图书馆绘本阅读推广实践,不仅重视图画书的"书本"阅读,而且特别强调通过"绘"来手工制作"绘本"。这就是广州图书馆的"让阅读动起来——绘本DIY",一项了不起的公共图书馆阅读推广创新活动。

　　广州图书馆的"让阅读动起来——绘本DIY"包括三个有机结合的层面。

　　第一个层面是"让阅读动起来——绘本DIY"。"绘本DIY"也就是儿童自行创作、设计、制作完成一本图画书,从文字、图画到封面、封底、内页,自行构思、设计、编排和装帧。这种"绘本DIY"十分符合儿童的天性,在手工制作绘本的过程中,儿童可以自由思考和天真想象,综合运用听、说、读、写、画等能力,用图画和文字描绘与记录自己对生活的认知,从而激发无限创意,提高审美能力、创造能力和表现能力。这种从"做一本书"到"认识书、爱上书"的"绘本DIY"是公共图书馆儿童阅读推广形式的创新。

　　第二个层面是"你创作我收藏"。全国各地组织儿童参加"绘本DIY"比赛的活动并不鲜见,但是基本上是以评比颁奖而告终;广州图书馆则更进一步,在策划和组织绘本制作大赛的基础上,采用获取制作者授权的方式,收藏优秀的原创手工绘本,建立手工绘本专藏和主题绘本馆。这不仅在颁发奖状奖品的基础上进一步归誉,激励儿童的绘本创作热情和阅读兴趣,而且拉近了公共图书馆与儿童的关系,进一步增加了图书馆的绘本馆藏。这同样是公共图书馆儿童阅读推广和儿童馆藏建设的创新。

　　第三个层面是从纸质绘本到数字绘本。在推广纸质绘本阅读的同时,广州图书馆计划开展数字绘本DIY活动,儿童既可以利用自己家里的电脑设备在家创作数字绘本,也可以利用公共图书馆提供的电脑设备现场创作数字绘本。广州图书馆还将利用网络3D技术建立网上3D绘本馆,让读者足不出户就能有亲临绘本馆的体验。这种充分利用现代信息技术,集"图、文、声、像"于一体的数字绘本阅读与推广同样是一项创新,将多维度促进公共图书馆的阅读推广。

"让阅读动起来——绘本DIY"不是孤立的,而是系统的,其三个层面的阅读推广策略建立在亲子阅读的基础之上,踏踏实实,根基稳固,从亲子阅读、到绘本制作、再到社会合作与培训,构成了广州图书馆绘本阅读推广的完善策略。

亲子阅读是儿童阅读推广最常见和最有效的方式,《阅读　创意　互动——绘本阅读推广多元化策略》一书并没有专门去阐述亲子阅读的理论,而是从爱的教育、学会与人相处、观察力和想象力发掘、学会换位思考问题、培养阅读习惯、品格培养、科普类绘本共七个方面,详细地阐述、分析、总结广州图书馆近年来开展绘本亲子阅读的一系列典型案例,与"绘本DIY"互为表里,相辅相成,翔实生动,可资借鉴,便于复制。

《阅读　创意　互动——绘本阅读推广多元化策略》全书分为三个部分:上篇为绘本书与绘本阅读多元推广策略,中篇为亲子读书活动案例,下篇为手工绘本的制作。全书没有拘泥于绘本和绘本阅读的理论研究与阐发,而是用实践说话,用案例说话,充分体现了图书馆学作为一门致用学科的科学意义与价值。

儿童是公共图书馆的未来和命根子。公共图书馆的发展和未来不在于今天拥有多少馆藏与多么雄伟的建筑,而在于现在和未来能够吸引多少民众。在信息与信息服务无处不在、无时不在的今天,谁将决定公共图书馆的未来和命运? 毫无疑问,是今天和明天的儿童。阅读首先是一种习惯,一种必须从小养成的习惯,然后又是一种生活,一种伴随终生的生活。一个不重视阅读的民族是没有希望的民族,一个不读书的人同样是没有前途的人,"三代不读书,不如一窝猪"正是这个道理的形象比喻。正因为如此,公共图书馆必须从娃娃抓起,从儿童阅读抓起。忽视了今天的儿童,忽视了今天的儿童阅读,明天的民众就会抛弃公共图书馆。

联合国教科文组织和国际图书馆协会联合会颁布的《公共图书馆宣言》宣

称公共图书馆肩负有 12 项使命,其中第 1 项使命即是"从小培养和加强儿童的阅读习惯",由此可见儿童阅读对于公共图书馆至关重要。此外,公共图书馆的第 4 项使命"激发儿童和青年的想象力与创造力"和第 12 项使命"支持并参与各年龄群体的识字活动和计划,在必要时,组织发起此类活动"亦均与儿童阅读直接相关①。国内外的公共图书馆实践证明:亲子阅读和绘本阅读最能够"从小培养和加强儿童的阅读习惯"并"激发儿童和青年的想象力与创造力",不仅是公共图书馆现在和将来的首要使命,而且也是公共图书馆赖以生长的活力。

广州图书馆的绘本阅读推广活动牢牢地抓住了今天的儿童,是从小培养儿童的阅读兴趣与能力,使儿童爱上阅读、爱上图书馆的一个法宝,是践行《公共图书馆宣言》的一个典型优秀范例。因此,广州图书馆的绘本阅读推广先后荣获中国图书馆学会、广东图书馆学会最佳阅读推广案例奖,以及广州市职工发明创新大赛三等奖,项目负责人吴翠红副馆长亦荣获"三八"红旗手的光荣称号。

总之,《阅读 创意 互动——绘本阅读推广多元化策略》是一部优秀的公共图书馆理论与实践著作,值得全国图书馆界同人学习借鉴。

---

① 公共图书馆宣言[M]//程焕文,张靖.图书馆权利与道德.桂林:广西师范大学出版社,2007:38.

图画书故事衣:公共图书馆儿童阅读推广的新潮流
——《把故事精灵穿上身——图画书"故事衣"创作与阅读推广应用》序[*]

讲故事(Storytelling)是一百多年来公共图书馆儿童阅读推广服务最为普遍、最有吸引力、最行之有效的方式,花样繁多,长盛不衰,且与时俱进,日新月异。

讲故事更是人类文明的标志。人类从原始社会进入文明社会有三个显著的标志:一是工具的使用,二是语言的产生,三是文字的产生。

工具的使用可以通过考古发现客观地勾勒人类从石器、陶器使用,到铁器、铜器使用的演变过程。文字的产生亦可通过考古发现科学地推测从岩石壁画、陶器刻画,到甲骨文字、泥板文书、纸草文书的演变过程。唯独语言的产生没有实物可考,不知起源的具体时间,产生的过程也仅限于主观想象。然而,语言是人类社会的文明基因,既与生俱来,又始终相伴,且不断演进。

在文字产生之前,语言是人类相互沟通和传播思想的唯一媒介。因为人类的社会活动日益复杂,需要记忆和传承的事物越来越多,人类不得不编一些口诀、歌谣以帮助记忆和唤醒记忆,并一代又一代地传颂,于是,传说成了世界文明起源的普遍现象,讲故事由是兴焉。又因为人类面对大自然往往无能为力,充满了对大自然的迷惑、惊奇和恐慌,并因此自然而然地产生了许多幻觉和幻想,进而企图求助于不可知的力量去征服自然、支配自然,于是,编造各种各样无所不能的神灵和救世主亦成为各个民族的普遍现象,神话故事由是

* 程焕文.图画书故事衣:公共图书馆儿童阅读推广的新潮流[J].图书馆建设,2020 (2):78－82.

兴焉。

在文字产生以后，上古的传说、远古的神话自然成了文字最初的记载，故事也就以书面语言的方式，随着文字载体的进化而不断流传演变，为今人了解各个民族的历史文化提供了扑朔迷离的想象空间。然而，讲故事并没有因为文字的产生而止步，反而因为文字的发展而更加盛行，以致成为人们的一种日常生活方式。

千百年来，人们编造了有关无数神仙怪异、快意恩仇、悲欢离合、忠孝节义、英雄豪杰、奸臣贼子、风流才子、绝代佳人，乃至心灵鸡汤的故事，读者津津有味，讲者引人入胜，不问真假，只图娱乐。因为民众喜闻乐见，编故事、讲故事逐渐演化成一种谋生的职业，历朝历代，全国各地的说书和说唱形式各种各样，说书（唱）人绘声绘色、妙语连珠，再辅之以琵琶、三弦、快板、打鼓，栩栩如生、生动活泼，于是，讲故事和听故事成了长盛不衰的中国民间文化。

儿童故事起源于何时，现在已经难以考证。一般而言，儿童来到世上对于一切都感到新鲜，具有天生的好奇心。自咿呀学语以后，父母家人能够让儿童安静下来或者顺利入眠的方法之一就是讲故事，哪怕是"从前山里有个洞，洞里有两个和尚，一个大和尚，一个小和尚，小和尚要大和尚讲故事，大和尚说，从前山里有个洞……"这样死循环式的没有情节的故事也能糊弄儿童入睡。即使父母只会讲有限的几个故事，翻来覆去地反复讲，儿童也同样不会失去兴趣。所以，父母既是儿童故事的"始作俑者"，也是最大众的儿童故事讲者。

中国的传统文化讲究蒙童养正，《易经·序卦传》曰：蒙者，蒙也，物之稚也；《易经·蒙卦》曰：蒙以养正，圣功也。所以，古代中国特别强调蒙童的"正"面教育。秦代的《仓颉篇》《爰历篇》，汉代的《凡将篇》《劝学篇》《急就章》等即曾专门用作儿童启蒙的课本，虽然其中也有些许故事，但是因为太一本"正"经，也就缺乏趣味。唐宋以后，各种儿童通俗读物陆续产生，出现了以《千字文》《三字经》《百家姓》为代表的三大蒙童读物，千年不衰，教育了一代又一代人，其中尤以《三字经》影响最大。《三字经》取材十分广泛，文化历史、道德哲学、天文地理，无所不包，突出的是仁、义、诚、敬、孝之类高大上的养正要义。虽然三字一句,通俗押韵,既朗朗上口,又易记易背,但是要读懂文义亦非易事。如遇冬烘先生,蒙童大概也就只会摇头晃脑地背诵而已,只有像样点的教书先生能够讲解其中的故事,蒙童才能略知文义。因为蒙童读物多为启蒙课本,死记硬背是首要,背诵不流利还要遭受戒尺击掌之惩,实在难有快乐可言。元代以后出现的《全相二十四孝诗选集》汇集历代 24 个孝子各种各样行孝的故事,以宣传孝道,其后的印本又大都配以图画,于是,《二十四孝图》成为流传极为广泛的图画故事书,老少皆宜,且不断演绎。

民国初期,平民教育运动兴起,通俗教育逐渐普及。连环画,这种直观形象、通俗易懂、寓教于乐的小人书、公仔书,迅速获得少年儿童乃至成人的喜爱,并因此广泛流行。从《西游记》《水浒传》《三国演义》《封神榜》《岳飞传》等传统故事连环画,到《王先生》《三毛流浪记》等现代故事连环画,其中的故事情节和人物形象深入人心,家喻户晓。20 世纪 50 年代以后,为广大工农兵服务成为时代的要求,北京人民美术出版社、上海人民美术出版社等连环画出版机构应运而生,《铁道游击队》《林海雪原》《敌后武工队》《新儿女英雄传》,以及《毛主席的好战士——雷锋》《红色娘子军》《白毛女》《沙家浜》《红灯记》《智取威虎山》《奇袭白虎团》《龙江颂》等连环画行销全国各地。20 世纪 80 年代以后,连环画风光不再,日趋式微,半个世纪的辉煌也就渐失光泽,剩下的只有收藏家的爱好。

在连环画兴起时,西方的童话亦在民国初年渐次传入中国。童话(Fairy Tale),作为一种专门的儿童文学体裁,以丰富的想象、幻想、夸张、拟人的手法和通俗生动的语言,离奇曲折的情节,快乐幸福的结局,讲述适合儿童欣赏的故事,虽源自西方,然因为符合儿童的天性亦深受中国儿童的喜爱。特别是 20 世纪 80 年代以后,《安徒生童话》《格林童话》《木偶奇遇记》等西方童话迅速超然于中国连环画之上,成为儿童和父母普遍喜欢的儿童故事书。

历史进入 21 世纪后,因为网络技术和数字技术的兴起,集动画和漫画于一体,融电影技术与数字媒体技术于一炉的动漫(Animation & Comic)飞速发展,风靡全球,令无数少年儿童沉迷,乃至不能自拔。于是,新兴的动漫产业迅速崛起,成为文化产业的支柱,且朝阳似火、方兴未艾。动漫产业的衍生产品电影、电视连续剧、游戏、漫画、小说等亦五花八门,千姿百态,对儿童充满了诱惑,令儿童爱不释手、废寝忘食。有趣的是,动漫衍生的漫画基本上只有儿童能够欣赏,成人大多丧失了往日那种手持连环画给儿童讲故事的能力。动漫的发展使儿童逐渐摆脱了对成人讲故事的依赖,儿童可以开启媒体独自观看故事,或者沉浸其中的游戏故事,乃至上瘾成癖。这种现状是好是坏、是喜是忧,仁者见仁、智者见智,现在还难以判断。

与此同时,一种以绘画为主、文字为辅的图画书(Picture Book,又称绘本)在日本、韩国风靡以后,在新世纪初亦开始在中国广为流行。手工绘本、数字绘本、有声绘本,像雨后春笋一样层出不穷,像万花筒一样千变万化,迅速成为出版社的新宠和公共图书馆的偏爱。

绘本是以画叙事的图书,与连环画的明显区别在于字在画中,儿童可以看图画讲故事,与动漫的显著不同在于亲自参与,儿童可以自我创作。从创作的角度来看,绘本可分为两类:一类是出版社出版的绘本,基本上是儿童文学创作者的作品,间或有少量儿童创作的优秀作品;另一类是儿童制作的绘本,大都是儿童在各地公共图书馆以及绘本馆的馆员指导下,通过学习而创作并制作的绘本。出版社出版的绘本,相对连环画而言,其图画更加适合儿童的视觉偏好,故事更加亲近儿童的幻想天性,因而广受儿童和家长喜爱。儿童制作的绘本,则把儿童从被动听故事、看故事、讲故事的老套路提升到了主动编故事、画故事、讲故事的新模式,有力地激发了儿童的视觉感知、形象思维、空间想象和天真幻想,因而更受儿童和家长的喜爱。

因为绘本充满了不可言状的魅力,所以近十年来,各地的公共图书馆、少儿图书馆纷纷设立绘本馆或者绘本空间,为儿童提供绘本借阅服务,进而为儿童提供绘本创作的专业指导、制作场景和演示空间,令儿童趋之若鹜、唯恐不及。于是,绘本阅读推广使公共图书馆的儿童阅读,特别是亲子阅读得以深度嵌入民众的生活之中,不断升华,以至成为当今公共图书馆儿童阅读推广服务的潮流。

在绘本阅读推广的滚滚潮流中,涌现了许许多多的先进公共图书馆和优秀绘本阅读推广人,吴翠红就是其中的一个典型代表。她十年如一日,矢志不渝地从事绘本阅读的理论研究和推广实践,使广州图书馆和广州少年儿童图书馆的绘本阅读推广服务成为全国公共图书馆的典范。

十年前,在绘本阅读刚刚起步时,时任广州图书馆副馆长的吴翠红即于2009 年申请和主持了广州市社会科学规划项目"由绘本爱上阅读——公共图书馆少年儿童阅读推广服务研究"。通过该科研项目,吴翠红组建了以少儿借阅部主任王蓉,业务辅导部付跃安,中文借阅部副主任黄新慧、陈思航,中文报刊部主任袁兴薇等为骨干的广州图书馆绘本阅读推广队伍,并通过建设亲子绘本阅读馆,构建了一套集理论研究、案例推广、制作实践、专题培训、视频教学、网络推广和主题活动于一体的全方位立体式的绘本阅读推广服务新模式。于是,广州图书馆迅速成为全国公共图书馆绘本阅读推广服务的标杆。

吴翠红并不满足于一馆一地的成就,而是致力将广州图书馆的经验与成果推向全市、全省,乃至全国。2010 年,吴翠红在第四届"在阅读中成长——广州市青少年十年阅读系列活动"中特别增加"青少年绘本制作大赛"项目,开启了我国图书馆界开展大型绘本制作大赛的先例。这项大赛很快引起了广东省文化厅的重视,2011 年 3 月至 8 月,广州图书馆承办了广东省文化厅主办的"广东省幸福成长图书绘本制作大赛",参赛者甚为踊跃,绘本制作迅速成为全省少年儿童追逐的时尚。在此基础上,2015 年 3 月至 9 月,广州图书馆又承办了中国图书馆学会阅读推广委员会主办的"全国少年儿童绘本创作大赛",于是,绘本制作大赛从广州图书馆迈向了全国,影响十分广泛。

与此同时,吴翠红及时总结广州图书馆绘本阅读推广服务的经验,2013 年主编出版《阅读 创意 互动——绘本阅读推广多元化策略》①,从"让阅读动起来——绘本 DIY""你创作我收藏"和"数字绘本制作"三个层面,全面阐述

---

① 吴翠红.阅读 创意 互动——绘本阅读推广多元化策略［M］.广州:广州出版社,2013.

以亲子阅读为基础的绘本阅读推广策略①。2014 年,吴翠红又与王蓉共同主编出版《让阅读动起来——手工绘本制作宝典》②,以纸本著作、随书光盘和网络课件三者结合的全媒体方式,多维度地讲解和演示绘本制作的方法与技巧,深入浅出,循循善诱,形象生动,引人入胜,成为少年儿童和图书馆必备的绘本制作宝典③。

2015 年,广州少年儿童图书馆迁至广州市中山四路新馆以后,吴翠红由广州图书馆副馆长转任广州少年儿童图书馆副馆长。在广州少年儿童图书馆,吴翠红可谓如鱼得水,其绘本阅读推广服务的智慧不断升华,将广州少年儿童图书馆的阅读推广服务提升到了全国领先水平。

2017 年 3 月至 9 月,吴翠红以广州少年儿童图书馆为基地,发起由中国图书馆学会未成年人图书馆分会图画书阅读服务专业委员会、广州市图书馆学会未成年人服务专业委员会主办,广州少年儿童图书馆、广州图书馆承办的"全国少年儿童'图画书故事衣'创作大赛"。其时,图画书故事衣在图书馆界尚属新生事物,许多图书馆还不知道故事衣是怎么回事,于是,吴翠红于 5 月聘请台湾著名儿童文学作家、儿童阅读推广人、图画书故事衣的倡导者方素珍担任广州少年儿童图书馆儿童阅读推广专家;同时与方素珍和广州美术学院教师戴秀珍一起在广州少年儿童图书馆举办"全国图书馆'图画书故事衣'创作研修班",为图书馆、中小学、幼儿园,以及各儿童阅读培育机构培训了一批故事衣创作和推广人员④。6 月,"全国少年儿童'图画书故事衣'创作大赛"在全国各赛区开赛,比赛分幼儿亲子组(学前儿童亲子家庭)、少年儿童组(未满 18 周岁的中小学生)和成人组(18 周岁以上成人,含图书馆员、教师及相关

① 程焕文.绘本阅读:公共图书馆的活力与使命——《阅读 创意 互动——绘本阅读推广多元化策略》序[J].图书馆研究与工作,2013(1):2-4.
② 吴翠红,王蓉.让阅读动起来——手工绘本制作宝典[M].广州:南方日版出版社,2014.
③ 程焕文.变静为动 乐在其中——《让阅读动起来——手工绘本制作宝典》序言[J].图书馆论坛,2015(2):120-121.
④ 全国图书馆"图画书故事衣"创作研修班在穗举办[EB/OL].[2020-02-12].http://www.gzlib.gov.cn/societyyjdt/148113.jhtml.

行业从业人员)三个组别,共征集到 68 个单位的 8931 件故事衣作品,此外还有与图画书相关的故事盒、纸质小剧场、手偶、场景拼贴画、皮影、服装等道具,作品形式丰富多样,设计精美。经评委严格筛选,最后评定了 395 个奖项,包括 58 个组织奖、122 个指导奖、152 个最佳设计奖和 63 个优秀奖①。

2017 年 11 月 21—24 日,广东图书馆学会学术年会在河源市图书馆召开。在刘洪辉理事长的大力支持下,吴翠红于年会期间在河源市图书馆举办了"全国故事衣创作大赛优秀作品展"和"把故事精灵穿上身——广州少年儿童图书馆'图画书故事衣'创作大赛作品展",并邀请少年儿童和家长现场表演"故事衣时尚秀"和"故事衣亲子秀"节目,观众大开眼界,以此创新了学会学术年会的形式,也把首次全国图画书故事衣创作大赛推向了高潮。

故事衣,吴翠红表示是台湾儿童文学作家方素珍的创意,方素珍提出和使用了"故事衣"这个名称,并在台湾的儿童阅读推广中积极倡导,同时在大陆的儿童阅读机构推广。吴翠红团队的推广,使"故事衣"一词近年在大陆流行起来。

故事衣,在欧美称作故事围裙(Story Apron),大多类似吊带工服,亦有类似连衣裙的,或者比较另类的,大概源自欧美的幼儿教育,具体时间尚待考证,其目的是方便幼儿复述课程中的故事。因此,故事围裙与普通的白色或者蓝色吊带工服有明显的差异:一是选料色彩通常比较艳丽,在制作故事围裙大样时,要根据讲述故事的需要,在围裙底布上粘贴或者缝补重要故事角色的纸偶或者布偶以及相关场景,五彩斑斓,有点像过去的百衲衣;二是故事围裙上通常会缝制一、两个口袋,用于存放手指偶、玩具之类的道具。所有这一切都是为了增强故事讲述者的表现力和吸引力,从而提高儿童参与的兴趣和乐趣。因此,在概念的界定上,故事衣(故事围裙)是讲故事时用于突出故事角色、故事场景和附带演示道具以吸引儿童的一种专用情景辅助服装。

不管怎么说,吴翠红的确是图画书故事衣在中国大陆图书馆界的积极倡导

---

① 在"图画书故事衣"创作大赛中走进童趣世界 [EB/OL]. [2020 – 02 – 12]. http://www.sohu.com/a/208091743_100020262.

者和竭力实践者。正因为如此,广州少年儿童图书馆的绘本阅读推广服务如虎添翼,实现了从绘本阅读、绘本制作到故事衣制作、故事衣讲解的飞跃。绘本制作激发了儿童的故事创作能力,故事衣制作则促进了儿童的故事讲述能力,二者的完美结合,使公共图书馆一百多年来的讲故事服务焕发出新的时代光彩。

经过三年的实践探索,现在,吴翠红和她的团队成员编辑完成了我国图书馆界第一本有关故事衣的著作——《把故事精灵穿上身——图画书"故事衣"创作与阅读推广应用》,的确可喜可贺。该著作分故事衣概述、故事衣制作方法、故事衣阅读推广应用案例、故事衣阅读推广大型活动案例、原创故事衣作品展示共计五章十六节,以图文并茂的方式,全面系统地讲述了故事衣的制作意义、制作方法和具体应用;又以精益求精的态度,珠玉纷呈地展示了优秀的故事衣作品和典型的故事衣推广案例,为图书馆界开展图画书故事衣阅读推广服务提供了难得的实践指南。

如前所述,讲故事在中国民间文化中是一种职业,说书人和说唱者同样会借助服饰、道具和乐器讲故事,从这种意义上讲,图画书故事衣似乎也不是什么新的创造发明。然而,因为图画书故事衣是随故事的变化而变化的,一个故事一种故事衣,而且儿童、家长、馆员,谁都可以根据自己对故事的理解和个人的表达趣向自行制作,同一个故事不同的人可以制作不同的故事衣,这也就与说书人和说唱者的"制服"有着显著的不同。更为重要的是,故事衣与图画书是一个有机结合体,儿童或者亲子在亲手制作绘本以后,再进一步制作故事衣和手指偶等道具,然后将二者有机结合,亲自讲故事,甚至演故事,实现了从故事创作、图画书制作,到故事演讲、故事欣赏的儿童全过程参与,完美地激发和释放了儿童的想象力与创造力。因此,图画书故事衣的出现也就进一步增强了图书馆对少年儿童的吸引力及其与广大少年儿童的黏合度,把绘本阅读和讲故事推向了极致,成为公共图书馆儿童阅读推广服务的新潮流。

我相信《把故事精灵穿上身——图画书"故事衣"创作与阅读推广应用》这本著作在新时代公共图书馆儿童阅读推广服务的新潮流中将会起到进一步推波助澜的作用。

阅读推广创意设计的时代新篇章
——《灵动·悦读——阅读推广创意设计作品荟萃》序*

王惠君和李东来主编的《灵动·悦读——阅读推广创意设计作品荟萃》即将付梓,执行主编陈卫东邀我写篇序言,我虽然没有学过创意设计,但是对阅读推广创意设计兴致盎然,对于这本书更是期盼已久,所以乐意效劳。

《灵动·悦读——阅读推广创意设计作品荟萃》是 2017 年广东省首届图书馆杯"4·23 世界读书日"主题海报创意设计大赛、2018 年全国首届图书馆杯主题海报创意设计大赛和 2020 年第二届全国图书馆杯主题图像创意设计大赛的作品精华荟萃,观之赏心悦目,品之心旷神怡,开启了中国图书馆界阅读推广创意设计的时代新篇章。

这三届图书馆杯创意设计大赛的核心是主题海报,由此主题海报开始登上中国图书馆界宣传推广的时代舞台,成为闪亮的角色。

海报,又称招贴、广告,或者招贴画、宣传画。学界通常认为,海报一词源于英文的"Poster"的翻译。《牛津英语字典》对"海报"(Poster)的解释是"在公共场所展示的招贴;大幅印刷画"[2],"招贴"(Placard)是"用于公开展示的书写或者印刷的布告"[3]。由此可知,海报的目的是广而告之的大众宣传。为了广而告之,海报通常张贴或者装框置于街道、商铺、车站、码头、公园、影剧院、展

---

* 程焕文.序[M]//广东省立中山图书馆,东莞图书馆编.灵动·悦读——阅读推广创意设计作品荟萃.广州:广东人民出版社,2022:1-8.

② HORNBY A S. Oxford Advanced Learner's Dictionary of Current English [M]. Oxford: Oxford University Press,1974:650.

③ HORNBY A S. Oxford Advanced Learner's Dictionary of Current English [M]. Oxford: Oxford University Press,1974:636.

览会等公共场所;而公共场所人流匆匆,为迎合大众兴趣、吸引公众眼球,海报通常以精美图像、独特符号和简练文字的形式呈现,以达到最佳的宣传效果。正因为如此,海报是浓缩的创意设计精华,既是社会发展的文化亮点,也是社会文化的记忆色彩。

海报的历史甚为悠久。一般认为,世界上最早的海报是在埃及古城底比斯遗址发现的一张纸莎草纸招贴,距今有 3000 多年,面积 20×25 厘米大小,内容是悬赏一个金币捉拿逃跑的奴隶。我国海报的历史亦甚为悠久,类似古埃及这类的通缉布告或者悬赏布告,大概在造纸术普遍应用的魏晋南北朝以后应该就有了,宋代以后印刷术广泛使用,印刷的商业招贴日益普遍,张榜布告更是司空见惯,科举考试的流行更使金榜题名成为荣耀和美谈。

尽管如此,近现代意义的海报还是源于 15 世纪的欧洲。15 世纪德国人古腾堡发明机械活字印刷术后,印刷形式的海报开始在欧洲流行,到 16 世纪时已成为欧洲最为重要的广告形式。17 世纪,随着欧洲工业革命的发展,印刷的成本大大降低,海报成为各类商品的促销广告,海报设计开始成为一个独特的创意专业。18 世纪,随着许多适合海报的新印刷字体的产生,海报字体的比例、分量和美感日趋完善。19 世纪,机械印刷技术和造纸技术的飞速发展使海报的印刷成本大大降低,印刷效率大大提高,特别是摄影技术和石印技术的应用,许多美术家开始参与海报的广告设计,海报迅速成为主要的大众传媒,这个时期出现了享有“现代招贴之父”之称的朱尔斯·谢雷特(Jules Cheret,1836—1932)以及亨利·德·图卢兹·罗特列克(Henri de Toulouse-Lautrec,1864—1901)等海报设计艺术大师,并逐渐出现了不同风格的海报流派,形成了席卷欧洲的新艺术运动。到 20 世纪,因为社会宣传的需要,海报开始从以商业广告为主逐渐渗透到社会的许多领域,成为在各个领域广泛应用的宣传工具,宣传画大为流行。

鸦片战争以后,随着西方列强的入侵、西方近代机械印刷术和机械造纸术的传入,西学东渐,西式的招贴从中国沿海通商口岸逐渐传入内地,从以美女画像为主的月历牌广告,到五花八门的商品广告,应有尽有,尤以上海最为流行。正因为如此,"海报"这个中文词就有了起源于上海之说:上海人通常把职业性的戏剧演出称为"海",而把从事职业性戏剧的表演称为"下海",于是上海人就把用于宣传戏剧、电影等演出信息而招徕顾客的招贴叫作"海报"。这种说法是否可信并不重要,重要的是,上海是近代中国海报最为兴盛之地,海报因上海而在全国流行,这是毋庸置疑的历史事实。

与此同时,以宣传鼓动、制造社会舆论和气氛为目的的宣传画、招贴画亦由欧美传入中国,并逐渐形成独特的中国宣传画风景线。

辛亥革命、五四运动和北伐战争时期,宣传画创作十分活跃,形式以报刊登载、传单或墙壁画为多,内容以揭露帝国主义侵略、鞭挞清政府和军阀的腐败、歌颂北伐战士为主;新民主主义革命初期,苏区出现许多质朴生动的宣传画;抗日战争时期,抗日宣传画遍及全国;解放战争时期,以木刻版画为主的宣传画成为解放区的重要宣传媒介。

中华人民共和国成立后,大批画家投入宣传画的创作之中,北京、上海、天津成为宣传画的出版中心。随着群众运动的发展,宣传画逐渐繁荣兴盛,在 20世纪 60 年代到 70 年代发展到极致。80 年代以后,宣传画的发展渐趋平缓,但仍然是重要的宣传手段。

20 世纪 90 年代以来,随着互联网和数字技术的飞速发展,海报从静态平面走向动态立体和数字空间,类型层出不穷,形式千变万化,传播无孔不入,而万变不离其宗,其目的无非是广而告之,以达最佳的宣传效果。

海报是欧美图书馆的重要宣传推广手段,尤以宣传画最为亮丽。很多图书馆都以其建筑的外观或者内景来制作宣传画,或在其售卖店出售,或分发寄赠各处,供人张贴或者收藏。从欧陆的法国国家图书馆、德国国家图书馆,到英伦的英国国家图书馆,再到美国的国会图书馆,大凡著名的图书馆都有不少的宣传画。我个人就收藏有美国国会图书馆圆形阅览室的宣传画,装框后置于办公室内,别有图书馆情趣。1993 年,前美国图书馆协会主席、洛杉矶加州大学(UCLA)图书馆学信息学研究生院院长林奇(Beverly Lynch)教授曾赠送给我一幅美国图书馆协会特制的对开本(Folio)图书馆宣传画仿制品,画面是卡内基早期捐赠的一个社区公共图书馆的双色轮廓图像,看上去平淡无奇,但是,因为该宣传画是采用美国早期的手工造纸技术和彩色印刷技术制作的,且限量毁版,只用作美国图书馆协会的奖品,所以弥足珍贵。

在图书馆宣传和阅读推广上,美国图书馆一直执世界图书馆之牛耳,其宣传手段五花八门,宣传方式五彩缤纷,深入人心,以致普通民众对图书馆充满了向往,对阅读充满了热爱。

美国国会图书馆的图书中心(Book Center)专门负责图书馆宣传和阅读推广工作,主任科尔(John Y. Cole)编辑出版了大量有关国会图书馆的精美图册和著作。在他赠送给我的著作中,有一本名为《为图书馆之爱:一本明信片的书》(*For the Love of Library*:*A Book of Postcards*)①,收集了 19 世纪至 20 世纪初美国发行的 36 张明信片,明信片的正面是各种人物在图书馆阅读的黑白照片,生动地记录和展示了美国公共图书馆的早期阅读推广历史。

我的学生何韵博士亦曾赠送给我一本《书以作画》(*Books Do Furnish A Painting*)②。该书的第一部分详细阐述了自古腾堡发明机械活字印刷术以后,书籍如何成为艺术家的至爱,以致欧美的艺术家在过去的 500 年间创作了大量以阅读为主题的油画;第二部分则从数千幅以阅读为主题的油画中精选 165 幅名作,逐一予以详细的著录描述和简洁的艺术评论,赏心悦目,令人大开眼界,颇长见识。这些著名的阅读油画曾大多以各种各样的形式出现在欧美图书馆的阅读推广作品之中,给人以众里寻他千百度、似曾相识燕归来之感。

人们常说,书籍是人类的朋友,阅读是门槛最低的高贵。在美国到处都在展现这种高贵,哈佛大学校园中心的哈佛铜像,展现的是哈佛牧师端坐阅读的形象;钢铁大王卡内基一生捐建公共图书馆 2000 多座,他的多幅油画肖像都是站立持本阅读的形象;美国总统的许多照片背景都是琳琅满目的书架。这

---

① GRILICHES D. For the love of library:a book of postcards [M]. Portland:Pomegranate,1998.

② CAMPLIN J, RANAURO M. Books do furnish a painting [M]. London:Thames & Hudson,2018.

类画面和场景在美国司空见惯,习以为常,自然到处弥漫着书香。

美国图书馆协会、各州图书馆协会和各地图书馆一直非常重视图书馆的文化创意设计,产品门类齐全,有以图书馆和珍贵图书为主题的各种宣传画、明信片、台历、挂历等印刷品;铅笔、钢笔、圆珠笔、纸贴、文件夹、笔记本、书签、书立、鼠标垫等文具;水杯、茶杯、咖啡杯、餐盘、饭碗、汤匙、咖啡匙、杯垫、餐桌垫、餐桌布等餐饮用具;太阳帽、T恤、夹克、领带、围巾、手套、手提包、挎包、背包、雨伞、雨衣等日用品;徽章、胸针、发卡、戒指、手镯、项链等饰品;木质的、玻璃的、陶瓷的、金属的各种摆件;风铃、汽车胶贴、冰箱贴等物件;还有积木、拼图、魔方、玩偶等儿童玩具,诸此种种,琳琅满目,应有尽有,总免不了令人破费,购买一二。

美国图书馆界在图书馆宣传和阅读推广方面还颇为幽默风趣,最为典型的是以美国图书馆学之父杜威和各图书馆普遍使用的《杜威十进分类法》为主题进行的创意设计,有供儿童玩耍的身着黑色西装的杜威布玩偶,有《杜威十进分类法》积木,有各种用杜威漫画和《杜威十进分类法》类号印制的T恤及文创产品。俄亥俄州哥伦布市公共图书馆在电梯入口处的墙壁上绘有杜威等身人像和身高标尺,时常令过往的大人和小孩情不自禁地与杜威比试身高与合影。于是,杜威也就自然而然地成了公众亲近的人物,图书馆学知识和图书馆形象得以大众传播。

这种幽默的宣传方式在欧洲亦不少见。在人们的印象中,德国人严谨智慧,既不像法国人那样优雅浪漫,也不像意大利人那样悠闲艺术,但是德国人同样很幽默。2008年我去德国访问,汉堡市公共图书馆就给我留下了终生难忘的印象。汉堡市公共图书馆的建筑外观中规中矩,其貌不扬,可是,在图书馆前面空旷的广场中间立有两个男女巨人塑像,男士身着白色衬衣,女士身着红色连衣裙,看上去像是普通的民众,也有点像迎宾的馆员,目测身高约有8米,可是,细长的双腿竟然约有6米,极为夸张,颇为吸引眼球。一入眼帘,我就脱口而出:中国的"长脚干"怎么跑到德国来了?!并情不自禁地与德国朋友讲述了"长脚干"和"千里眼""顺风耳"的中国民间故事。如同哥伦布市公共图书馆墙壁上的杜威等身人像一样,这两个"长脚干"时常吸引过往的人们站立其间合影留念,只不过即使是中国男篮中锋姚明去合影,其身高也不及这两位"长脚干"膝盖高度的三分之一,再高的合影者都显得十分矮小,滑稽可笑。于是,汉堡市公共图书馆也就给人们留下了过目不忘的印象和挥之不去的记忆,其独特的夸张幽默方式堪称招徕和宣传之经典。

新世纪以后,书车舞(Book Cart Drill)在美国图书馆界骤然兴起,美国图书馆协会和各州图书馆协会每年分别举行全美和全州的图书馆员书车舞团体比赛。图书馆员以书车为道具编排各式各样的团体舞,除了参加全美和全州的书车舞团体比赛,有时甚至像花车游行一样在大街和社区表演,寓阅读推广于娱乐,乐在其中,乐得其所,别开生面。我担任广东图书馆学会理事长时曾在2009—2010年连续举办过两届书车舞艺术表演比赛,吸引了泛珠江三角洲区域的众多图书馆参与,馆员甚喜,效果颇佳。

说到主题海报,我印象最为深刻的是十多年前我在美国得州一个公共图书馆学术报告厅的所见:报告厅的四周墙壁上悬挂着装框的美国图书馆协会自20世纪70年代以后每年印刷发行的全民阅读主题海报,有三四十张之多,依年份排列,每张的图像和文字各不相同,简直就是一部美国图书馆协会的阅读推广主题海报史,令人肃然起敬,赞叹不已。因为印象太深,观感太美,所以我曾多次口头向中国图书馆学会提议模仿美国图书馆协会的做法,每年印刷发行中国图书馆学会的阅读推广主题海报,可是总是得不到附和,孤掌难鸣,自然不了了之。正因为如此,我也就对主题海报创意设计大赛特别青睐,总有一种知音难觅、惺惺相惜的感觉。

2017年,广东图书馆学会、广东省高校图工委高职高专分委会、深圳图书情报学会、广东省立中山图书馆、广州图书馆、广东粤图之星科技有限公司联合全省100余个图书馆成功举办主题为"创意之魅,阅读之美"的广东省首届图书馆杯"4·23世界读书日"主题海报创意设计大赛,大赛历时40天,征集主题海报作品2672件。这是我国图书馆界举办的第一个阅读推广主题海报创意设计大赛,给我留下最为深刻的印象是,主题海报真精彩,创意设计在民间。数千名图书馆员和创意设计爱好者参与其中,这本身就是很好的全民阅读推广,社会效益不言而喻。许多主题海报创意设计来源于日常生活中的所见所闻,生动活泼,很接地气,充分展现了阅读之美、图书馆之美。

广东首届"图书馆杯"主题海报创意设计大赛的成功使大家看到了阅读推广主题海报创意设计的广泛民众基础、极大发展潜力和光明发展前景,因此,在王惠君和李东来的推动下,大赛从广东省级层面提升到了全国层面。2018年,中国图书馆学会阅读推广委员会主办了以"新时代、新阅读、新未来"为主题的全国首届"图书馆杯"主题海报创意设计大赛。协办单位广东粤图之星科技有限公司通过"设计师之家资源库"平台面向全国的设计爱好者征集阅读推广主题海报创意设计作品,在 6 月 1 日至 9 月 20 日期间,共有来自全国 32 个省级行政区的 1168 个图书馆报名作为组织单位参与大赛,17796 名读者报名参赛,最后通过审核作品 13925 件,盛况空前,影响巨大。

2020 年,中国图书馆学会阅读推广委员会再接再厉,以"图书馆,让生活更美好!"和"战'疫',读书人的力量!"为主题,开展第二届全国"图书馆杯"主题图像创意设计大赛,将作品的类型由单一的主题海报拓展为与主题相关的海报、插画、漫画、表情包、卡通形象等五类图像作品,将作品的内容拓展到图书馆历史、建筑、文献、服务等多个方面,将奖项设置拓展到馆员组、读者组、其他奖项三个类别。在 4 月 1 日至 9 月 20 日的作品征集期间,共有 1125 个图书馆参赛,28801 名读者提交参赛作品,通过审核的作品达 28352 件。最后评出馆员组组委会特别作品、金星、银星、铜星、星级、新锐设计作品以及人气之星 7个奖项 506 个奖,读者组组委会特别作品、金星、银星、铜星、星级、新锐设计作品以及人气之星、星级指导教师 8 个奖项 1156 个奖,其他奖项贡献之星、传播之星、星级组织社团、星级组织单位、创意设计示范基地 5 个奖项 255 个奖,最高奖金高达 8000 元。大赛结束后,广东粤图之星科技有限公司还在各地开展获奖作品巡展,并以主题海报等优秀作品开发了拉杆行李箱等系列文创产品,把主题海报推向了更加广阔和深入的领域。

如今,王惠君和李东来从三届"图书馆杯"创意设计大赛的优秀作品中精选出 150 幅主题海报和图像代表作,予以结集出版,这是馆员的心血凝聚,读者的智慧结晶,更是全民阅读推广的时代风采,可喜可贺,值得称赞!

我坚信全国"图书馆杯"主题图像创意设计大赛会越办越好,越办越有影响,最终成为中国图书馆界最有影响力的全民阅读推广活动品牌。我衷心地希望围绕全民阅读推广主题图像创意设计优秀作品开发的文创产品,特别是全民阅读推广主题海报,能够遍及大街小巷,进入千家万户,成为建设书香社会的亮丽风景。

阅读文化创意设计之美
——《中国阅读文化创意设计精品年鉴(第一辑)》序*

世界之美,千姿百态,包罗万象。有日月星辰、蓝天白云、山川河流、湖泊海洋的自然之美,有花草树木、鸟兽虫鱼的生物之美,有相貌形体、言行举止、人格心灵的人物之美,有劳动工作、创造发明的发展之美,有衣食住行、柴米油盐酱醋茶的生活之美,有亲情爱情、友情乡情的情感之美,有书法绘画、音乐舞蹈、雕塑建筑的艺术之美;有民主法治、公平正义、文明和谐的社会之美,而终身学习、思想智慧的阅读之美,盖为美中至美。

阅读之美,美在独立思考、探索真理的求知;唯书是药,可医人之愚、家之愚、国之愚。

阅读之美,美在青灯黄卷、红袖添香的诗意;饥读之可以当肉,寒读之可以当裘,孤寂而读之可以当友朋,幽愤而读之可以当金石琴瑟。

阅读之美,美在装帧设计、宣传推广的创意;五彩缤纷的海报、闲情逸致的藏书章藏书票、美轮美奂的绘图插画、典雅闲适的阅读空间,无处不在,无时不有。

于是,阅读成为一种个人高雅的时尚、一种社会发展的需求、一种民族振兴的国策。

因美而生情感,因情感而生爱意;又因爱意而益发情深,因情深而更加美好。美的魅力,美的力量,如是循环往复不断产生、辐射、传播。于是,人生变得越来越美好,社会变得越来越美好,世界变得越来越美好。

---

* 程焕文.序[M]//刘佳亲,明相利.中国阅读文化创意设计精品年鉴(第一辑).广州:岭南美术出版社,2024:1-8.

美,一种赏心悦目的情感,因而总是令人期待。去年,北京大学信息管理系刘佳亲博士和阅途文化集团明相利总经理决定编辑出版中国阅读推广创意设计年鉴,令人赞赏,更令人充满期待。如今《中国阅读文化创意设计精品年鉴(第一辑)》(以下简称《精品年鉴》)已经"杀青",清新典雅,美轮美奂,令人目不暇接,美不胜收。

《精品年鉴》开篇第一章"阅读盛会",聚焦中国规格最高、规模最大的全民阅读大会,以精选的图片和简练的文字记录其空前盛况,然后以长焦记录全国图书交易博览会和北京国际图书博览会的闪光亮点,以广角囊括全国最著名的 40 个书香品牌及其独特的 Logo,充分展现了国民"爱读书、读好书、善读书"的浓厚氛围。

以阅读为主题的平面设计向来是阅读推广创意的重点,历史悠久,五彩缤纷,且与时俱进,常盛不衰。《精品年鉴》以三分之一的篇幅,从主题海报、活动海报、插画、IP 形象、藏书票五个方面收录"阅读平面"精品百余件,既有"书香满中国"公益广告征集活动的佳作,也有"图书馆杯"主题图像创意设计征集活动的获奖作品,还有曹雪、金城、李小光、崔文川四位艺术设计大家提供的作品,全民阅读,大众创意,万紫千红,珠玉纷呈。

邵妍菲,浙江的一位普通阅读推广爱好者,从城市生活中司空见惯的地铁路线图发现灵感创作的《读万卷书 行万里路》海报,以不同颜色的线条和白色的节点构成一幅繁体"书"字模样的地铁路线图,每个站点用不同的中国朝代名称、汉字字体名称、书籍形制名称等标注,宛如一部中国图书文化简史,巧妙地诠释了艺术源于生活、又高于生活的创意真谛。

李小光,南京艺术学院副教授,设计的小版画藏书票屡获大奖,令人爱不释手。他提供的《补书》《租》《摊》《载》四方以书为主题的小版画藏书票,同样源自民间百姓的日常生活,妙趣横生,意味深长。《补书》刻写的是一个斜挎书包的幼稚孩童走近修鞋摊,将手持的一本破损图书递给一位正坐在小板凳上劳作的老修鞋匠,请求修补的画面。那孩童走近修鞋匠的天真表情,与那老修鞋匠右手持钉锤、左手抬起微微拉下眼镜框端详这孩童的疑惑表情浑然一体,让人忍俊不禁的生动场景跃然纸上,似动非动,动在静中,仿佛画中有声,画外有音,恰是此处无声胜有声,读书之趣妙不可言,读书之妙美不胜收。

"让书写在古籍里的文字活起来",一句话激发了全国各界开展阅读创意设计的无限热情,阅读文创产品犹如雨后春笋层出不穷。从手账套装、典藏套装等经典藏品,到阅读灯、摆件、台历、文件夹、书签、鼠标垫、笔记本、明信片等书房用品,乃至团扇、托盘、杯垫、冰箱贴、手提袋、行李箱等生活用品,《精品年鉴》收录的阅读文创产品,琳琅满目,书香飘逸。

阅读是神圣高贵的,中国有敬惜字纸的传统和万般皆下品唯有读书高的家训,士人有沐浴更衣、焚香正冠、端坐静心的阅读庄严。阅读又是愉悦享乐的,古人有四时读书之乐和雪夜闭门读禁书的人生之乐,今人则享有免费阅读的平等权利和无处不在的阅读空间。迈入新世纪以后,中国图书馆事业异军突起,突飞猛进,新建图书馆鳞次栉比,新型阅读空间遍及城乡,呈现引领全球图书馆发展潮流之势。《精品年鉴》以近 200 张精美的照片展现了我国各类图书馆新馆、新兴城市书房乃至个人书房的阅读空间创意设计之美。有上海图书馆东馆阅读空间的恢宏气势之美,有天津滨海新区图书馆阅读空间的书山海浪之美,有深圳盐田区图书馆海书房阅读空间的旖旎风光之美,有浙江越秀外国语学院图书馆阅读空间的天圆地方之美……书香社会之美,应有尽有。

书籍装帧艺术源远流长,繁花似锦,映射着人类的文明发展史。《精品年鉴》第五章"书籍封面",以千页艺术创始人、龙鳞装非物质文化遗产传承人张晓栋创作的龙鳞装和经龙装手工作品为起首,展现中国古代书籍装帧艺术的古树发新枝之美,然后以第十届全国书籍设计艺术展的获奖作品呈现新时代书籍装帧与封面设计的时代潮流之美,传统之美与现代之美交相辉映。

阅读关乎个人和社会的繁荣与发展。坐着读、躺着读、站着读、走着读;读书、读网、读图;个人阅读、集体阅读;无论怎么读,只要是阅读,都是美丽的。《精品年鉴》第六章"阅读摄影",以独到的眼光从各个角度展现了全民阅读的美好瞬间。亲子阅读、图书馆的阅读、校园的阅读、乡村田野的阅读、火车上的阅读,各种场景应有尽有。徐鹏的作品《求学之路》抓拍的是:冬日的清晨,天还没亮,一位老奶奶骑着三轮车载着孙女去上学、小姑娘反向坐在车斗内借着路灯的光线全神贯注地看书。付善善的作品《心中的远方》抓拍的是:一个普通的星期六,一位普通的环卫工老者在夕阳斜辉下,坐在垃圾车把手上,左手撑头、右手持本、埋头阅读的片刻歇息。诸此种种阅读场景,给人以心灵的震撼,让人深刻地感受到全民阅读的美好和民族振兴的希望。

《精品年鉴》的最后一章为"融合设计",从阅读＋名著品读、阅读＋服装设计、阅读＋美术设计三个方面,记录了新时代阅读创意设计的载体多样性、形式多样化和发展多元化。

一部《精品年鉴》,从阅读盛会、阅读平面、阅读文创、阅读空间、书籍封面、阅读摄影、融合设计七个方面全方位地展现了我国阅读创意设计的精华,不仅为读者奉献了一场品味阅读创意之美的盛宴,而且开启了我国编辑出版阅读创意设计年鉴的先河,值得赞美,值得颂扬!

中国迈向数字文明社会

——《提升全民数字素养与技能行动纲要》的
时代价值与图书馆的时代使命*

在人类社会的发展中,文字是人类社会告别愚昧时代进入文明社会的重要标志,以文字读写能力为主的全民素养则是衡量文明社会进步的基本尺度;互联网是人类社会从文字文明社会迈入数字文明社会的重要标志,以数字素养与技能为主的全民素养则是衡量文明社会进步的高级尺度。

"素养"一词源自英文"Literacy"的翻译,其本意为读写能力,即熟练使用文字的能力。因为找不到对应的汉语词汇,所以在 20 世纪,我国通常把"Literacy"译为"扫盲""识字",十分生动形象,但是其意义并不完整准确。21世纪前后,"Information Literacy"和"Digital Literacy"渐次由欧美传入中国,图书馆界同样难以找到对应的汉语词汇,于是"素养"成为"Literacy"的通行翻译,"信息素养"与"数字素养"成了流行的翻译术语。虽然中文"素养"的含义远比英文"Literacy"的词义更加宽泛,且学界一直在努力做各种各样的界定,但是不管如何定义,"素养"的本质和核心仍然是指文字的读写能力、数字的读写能力,或者二者兼而有之。正因为如此,"素养"所指即"Literacy"也就不约而同地成了约定俗成。

人类社会的素养(Literacy)发展与学校教育、社会教育、书籍传播密切相关。以全民素养(National Literacy)的发展水平为依据,中华文明大致经历了士人文明社会、大众文明社会和全民文明社会阶段,正在迈向数字文明社会阶段。

---

* 程焕文. 中国迈向数字文明社会——《提升全民数字素养与技能行动纲要》的时代价值与图书馆的时代使命[J]. 图书馆论坛,2021(12):2-5.

1 士人文明社会

在 20 世纪初废科举兴学堂之前,中国的教育主要是私塾和书院之类的学校教育,普通民众大多没有接受学校教育的机会,文盲始终居于社会的大多数。虽然由于造纸术和印刷术的发明,书籍的传播范围和可获得性从简帛到纸写本再到手工印本经历了几次几何级数的增长,但是从全社会来看,文盲一直占绝大多数,具有文字读写能力的民众主要是占全民少数的士人。士人,作为读书人,是中华文明所独有的一个精英社会阶层与群体。他们学习知识,传播文化,既是国家政治的参与者,又是中国传统文化的创造者、传承者,且占据中国古代具有文字读写能力的民众的绝大多数。所以,中国古代社会可以称之为士人文明社会。

2 大众文明社会

20 世纪初,现代教育迅速兴起,公立学校的普遍设立使普通大众有更多接受学校教育的机会;以公共图书馆的普遍设立为标志的社会教育的兴起,使没有机会接受学校教育的普通民众也有了接受教育的机会。与此同时,现代机械印刷术的传入又使得书籍的传播范围和可获得性进一步扩大。于是,"扫盲""识字"开始登上中国的历史舞台,成为平民教育的重要内容和公共图书馆的重要使命。正因为如此,由于世界各国教育发展的不平衡,联合国教科文组织和国际图书馆协会联合会一直把"信息、读写能力、教育和文化"作为公共图书馆的主要使命①。

---

① IFLA/UNESCO Public Library Manifesto 1994 [EB/OL]. [2021 - 11 - 19]. https://repository. ifla. org/bitstream/123456789/168/1/pl - manifesto - en. pdf.

1949 年,中国人口的文盲率为 80% ,农村的文盲率更是高达 95% 以上①。中华人民共和国成立后,国家宪法明确规定公民拥有受教育的权利和义务,普及小学教育成为基本国策,"扫盲"成为全社会的任务和运动,民众的文字读写能力逐步提升。经过 30 余年的发展,到 1982 年时,中国的文盲率下降到 34.49% 。1985 年,《中共中央关于教育体制改革的决定》确立普及九年义务教育,标志着中国迈入现代文明社会②。

改革开放以后,中国民众的文字读写能力迅速提高,文盲率迅速下降,至 1990 年下降到 22.21% ,2000 年下降到 9.08%③。社会文明程度已经达到世界先进水平。

在此过程中,公共图书馆的民众"素养"教育职能亦经历了从新中国初期的"扫盲""识字"到改革开放后的阅读推广的根本性转变。

与此同时,"素养"的内涵开始发生重大变化。1984 年 2 月,教育部发布《印发〈关于在高等学校开设"文献检索与利用"课的意见〉的通知》,指出"这是一门很有意义的课,凡有条件的学校可作为必修课,不具备条件的学校可作为选修课或先开设专题讲座,然后逐步发展、完善"④。从此,文献检索能力开始成为大学生"素养"教育的基本内容,并且经历了从文献检索到信息检索的发展。

总的来看,在新世纪以前,这种"素养"教育不论名称如何,基本上都囿于高校学生的素质培养。

---

① 高书国. 从文盲大国迈向教育强国的道路自信:中国教育 70 年的初心与担当[J]. 人民教育,2019(18):25 – 29.

②③ 黄荣清. 中国各民族文盲人口和文盲率的变动[J]. 中国人口科学,2009(4):2 – 13,111.

④ 王友富. 普及大学生信息素养教育,提振图书馆学学科地位[J]. 大学图书馆学报,2014(2):68 – 71.

3　全民文明社会

进入新世纪以后,中国迅速进入全民文明社会。从"素养"的角度来看,至少有以下几个显著标志。

3.1　基本实现了全民具备文字读写能力

2021年第七次全国人口普查数据显示,我国文盲率从2010年的4.08%下降为2.67%[①]。

3.2　推广全民阅读成为国策

自2014年"倡导全民阅读"第一次写入政府工作报告起,到2021年政府工作报告指出推进城乡公共文化服务体系一体建设、创新实施文化惠民工程、倡导全民阅读,"全民阅读"已经连续八次写入政府工作报告。2018年1月1日实施的《中华人民共和国公共图书馆法》规定:推动、引导、服务全民阅读是公共图书馆重要任务。建设学习型社会、书香社会,既是中国的国策,也是全社会发展的共同奋斗目标,全民阅读率逐年攀升。

3.3　互联网普及程度达到国际先进水平

1997年,中国上网计算机数为29.9万台,上网用户数为62万人[②]。

2000年,中国上网计算机数为650万台,上网用户数为1690万人[③]。

---

① 第七次全国人口普查主要数据结果新闻发布会答记者问＝［EB/OL］.［2021－11－19］. http://www. stats. gov. cn/tjsj/zxfb/202105/t20210511_1817274. html.

② 第1次中国互联网发展状况统计报告［EB/OL］.［2021－11－19］. http://www. cnnic. net. cn/hlwfzyj/hlwxzbg/200905/P020120709345374625930. pdf.

③ 第6次中国互联网发展状况统计报告［EB/OL］.［2021－11－19］. http://www. cnnic. net. cn/hlwfzyj/hlwxzbg/200905/P020120709345370656662. pdf.

2010 年,中国网民规模达到 4.2 亿人,互联网普及率升至 31.8% ,手机网民用户 2.77 亿人①。

2020 年,中国网民规模达到 9.40 亿人,互联网普及率升至 67.0% ,手机网民用户 9.32 亿人②。

互联网的迅速普及促使图书馆界和图书馆学界迅速从对高校学生的信息素养教育转向对大众的信息素养教育。以"爱课程"网的开放课程为例,图书馆学界和业界提供的信息检索课程有 12 门,信息素养课程有 8 门,其中影响广泛的有中国大学 MOOC 学习平台上武汉大学黄如花主讲的《信息检索》、中山大学潘燕桃主讲的《信息素养通识教程:数字化生存的必修课》等课程。此外,其他学界提供的与数字素养相关的课程也有数十门之多。

4　数字文明社会

2021 年 6 月,我国总体网民规模达到 10.11 亿人,互联网普及率升至 71.6% ,手机网民用户 10.07 亿人③。在 10 亿网民开启"十四五"数字经济发展新篇章的时刻,2021 年 11 月 5 日,中央网络安全和信息化委员会印发《提升全民数字素养与技能行动纲要》(以下简称《行动纲要》)④,标志着中国开始从以文字读写能力为主的全民文明社会迈入文字读写能力和数字读写能力并重的全民文明社会的高级阶段——数字文明社会。

---

① 第 26 次中国互联网发展状况统计报告［EB/OL］.［2021 - 11 - 19］. http://www. cnnic. net. cn/hlwfzyj/hlwxzbg/201007/P020120709345290787849. pdf.

② 第 46 次中国互联网发展状况统计报告［EB/OL］.［2021 - 11 - 19］. http://www. cnnic. net. cn/hlwfzyj/hlwxzbg/hlwtjbg/202009/P020210205509651950014. pdf.

③ 第 48 次中国互联网发展状况统计报告［EB/OL］.［2021 - 11 - 19］. http://202. 116. 81. 74/cache/14/03/www. cnnic. net. cn/1528ccb5177ac482bd1ad50d0fb3a113/P0202109 15523670981527. pdf.

④ 中央网络安全和信息化委员会印发《提升全民数字素养与技能行动纲要》［EB/OL］.［2021 - 11 - 19］. http://www. cac. gov. cn/2021 - 11/05/c_1637708867754305. htm.

4.1　提升全民数字素养与技能成为国家发展战略

《行动纲要》指出,"提升全民数字素养与技能,是顺应数字时代要求,提升国民素质、促进人的全面发展的战略任务,是实现从网络大国迈向网络强国的必由之路,也是弥合数字鸿沟、促进共同富裕的关键举措""立足新时代世情国情民情,要把提升全民数字素养与技能作为建设网络强国、数字中国的一项基础性、战略性、先导性工作,切实加强顶层设计、统筹协调和系统推进,注重构建知识更新、创新驱动的数字素养与技能培育体系,注重建设普惠共享、公平可及的数字基础设施体系,注重培养具有数字意识、计算思维、终身学习能力和社会责任感的数字公民,促进全民共建共享数字化发展成果,推动经济高质量发展、社会高效能治理、人民高品质生活、对外高水平开放,为我国开启全面建设社会主义现代化国家新征程和向第二个百年奋斗目标进军注入强大动力"[①]。

4.2　提升全民数字素养与技能成为国家发展目标

《行动纲要》提出的发展目标是,"到 2025 年,全民数字化适应力、胜任力、创造力显著提升,全民数字素养与技能达到发达国家水平""2035 年,基本建成数字人才强国,全民数字素养与技能等能力达到更高水平,高端数字人才引领作用凸显,数字创新创业繁荣活跃,为建成网络强国、数字中国、智慧社会提供有力支撑"[②]。

4.3　提升全民数字素养与技能的关键是"三个着力"

《行动纲要》指出,提升全民数字素养与技能在行动上一是"着力发展数字基础设施、优化数字资源供给、完善数字环境保障",二是"着力构建覆盖全民、城乡融合、公平一致、可持续、有韧性的数字素养与技能发展培育体系",三

---

①②　中央网络安全和信息化委员会印发《提升全民数字素养与技能行动纲要》[EB/OL]. [2021 - 11 - 19]. http://www.cac.gov.cn/2021 - 11/05/c_1637708867754305.htm.

是"着力拓展全民数字生活、数字学习、数字工作、数字创新四大场景,从而激发全民建设网络强国和数字中国的积极性、主动性、创造性,提升全民数字化适应力、胜任力、创造力,增强人力资本积累,拓展人口质量红利,厚植创新发展新优势,为全面建设社会主义现代化国家提供强大的数字动力支撑和坚实的人力资源基础"①。

4.4 提升全民数字素养与技能的根本是"三种能力"

从指导思想到发展目标,《行动纲要》反复强调"提升全民数字化适应力、胜任力、创造力"。这"三种能力"是全民数字化能力的最新全面概括,适应力是生活能力,胜任力是工作能力,创造力是竞争能力,三者层层递进,步步高升,不可或缺,共同构成了有机的全民数字化能力整体。为此,《行动纲要》围绕丰富优质数字资源供给、提升高品质数字生活水平、提升高效率数字工作能力、构建终身数字学习体系、激发数字创新活力、提高数字安全保护能力、强化数字社会法治道德规范7个方面部署了23项主要任务和12项重点工程。

5 新概念新使命新任务

《行动纲要》对数字素养与技能做了最新的国家界定,"数字素养与技能是数字社会公民学习工作生活应具备的数字获取、制作、使用、评价、交互、分享、创新、安全保障、伦理道德等一系列素质与能力的集合"②。

毫无疑问,这个定义无论是在内涵上,还是在外延上,都极大地丰富并拓展了图书馆学界和业界有关数字素养与技能的认知及界定,为图书馆学界和业界开展数字素养与技能教育开辟了广阔的发展空间及灿烂的发展前景,意义重大,影响深远。

---

①② 提升全民数字素养与技能行动纲要[EB/OL].[2021-11-19].http://www.cac.gov.cn/2021-11/05/c_1637708867754305.htm.

《行动纲要》的发布昭示了提升全民数字素养与技能高潮的到来。在这个时代浪潮中，《行动纲要》就是图书馆学界和业界开展数字素养与技能教育的行动指南。图书馆学界和业界应以长期开展信息素养与数字素养教育的先发优势及雄厚实力，以提升全民数字素养与技能为新时代的新使命和新任务，积极开展与社会各界各阶层的多种形式的合作，全力开展和参与提升全民数字素养与技能的以下各项具体行动。

在丰富优质数字资源供给方面，充分发挥自身优势，"开发设立数字素养与技能培训网站、移动应用程序和公众账号等，为数字资源提供多样化获取渠道"；"围绕数字生活、工作、学习、创新等需求，运用视频、动画、虚拟现实、直播等载体形式，做优做强数字素养与技能教育培训资源……向社会提供优质免费的数字教育资源和线上学习服务"；"积极开放教育培训资源，共享优质数字技能教学案例，推动数字技能教育资源均衡配置"，共同"实施互联网平台数字培训开放共享行动，推动平台向社会开放培训资源"；"丰富体验学习、尝试应用、经验交流、互助帮扶等老年人、残疾人数字技能培训形式和内容"，"探索线上线下融合的老年人、残疾人数字技能培训模式……建设适老化全媒体课程资源"①。

在提升高品质数字生活水平方面，共同培育智慧家庭生活新方式，提高智慧社区建设应用水平，丰富新型数字生活场景，开展数字助老助残行动。

在提升高效率数字工作能力方面，共同提高产业工人、农民、新兴职业群体、妇女的数字技能，领导干部和公务员的数字治理能力。

在构建终身数字学习体系方面，共同提升学校数字教育水平，完善数字技能职业教育培训体系，建设数字技能认证体系与终身教育服务平台。

在激发数字创新活力方面，共同打造企业数字化竞争力，探索数据驱动科研新范式。

---

① 提升全民数字素养与技能行动纲要［EB/OL］.［2021 - 11 - 19］. http://www.cac. gov.cn/2021 - 11/05/c_1637708867754305.htm.

　　在提高数字安全保护能力方面,共同提高全民网络安全防护能力,强化个人信息和隐私保护。

　　在强化数字社会法治道德规范方面,共同引导全民依法规范上网用网,提高全民网络文明素养,强化全民数字道德伦理规范。

创新发展

改变 21 世纪中国公共图书馆进程的十大创新 *

自 19 世纪 50 年代公共图书馆在英国和美国产生以来,世界公共图书馆已经经历了近 170 年的发展。当历史进入 21 世纪以后,世界公共图书馆的发展明显地呈现出两种不同的发展态势。

一种态势是一直引领世界公共图书馆发展潮流的英美公共图书馆徘徊不前、萎靡不振,呈现出令人担忧的衰退趋势。据不完全统计:在 2009 至 2014 年间,英国共关闭 324 家公共图书馆①。2017 年美国公共图书馆协会发布的报告显示:在 2012 至 2016 年间,美国公共图书馆的注册读者数、书刊流通量、到馆访问量、馆内阅览量、参考咨询量等指标的数据均呈现下滑趋势②。

另一种态势是一直追赶世界公共图书馆潮流的中国公共图书馆高歌猛进、方兴未艾,呈现出前所未有的繁荣趋势。在 2012 至 2017 年间,中国出现了湖北省图书馆、广州图书馆和辽宁省图书馆等多个单体馆舍面积超过 10 万平方米的世界超级大型公共图书馆。据不完全统计:截至 2017 年底,全国(不含港澳台地区)共有县级及以上公共图书馆 3166 个,比 1999 年增加 497 个;从业者达 57567 人,比 1999 年增加 8775 人;公共图书馆建筑面积达 1515.27

* 本文原为程焕文于 2018 年 10 月 18 日在由上海图书馆举办的"第九届上海国际图书馆论坛"上所作的主旨报告,后经整理发表。见:程焕文,彭嗣禹,高雅,等. 改变 21 世纪中国公共图书馆进程的十大创新[J]. 图书馆杂志,2018(11):26 – 34.

① Government closes hundreds of libraries as number of visitors falls by millions [EB/OL]. [2018 – 09 – 21]. https://www. mirror. co. uk/news/uk-news/government-closes-hundreds-libraries-number-5119849.

② The 2017 public library data service report:characteristics and trends [EB/OL]. [2018 – 09 – 21]. http://publiclibrariesonline. org/2017/12/the-2017-public-library-data-service-report-characteristics-and-trends/.

万平方米,是1999年的3倍;图书总藏量96953万册,比1999年增长145%;人均图书藏量0.70册,比2000年翻了一番;发放借书证6736万个,是1999年的11倍;总流通人次74450万,是1999年的4倍;书刊文献外借55091万册次,是1999年的3.38倍;人均购书经费1.70元,是2000年的5.8倍[①];2016年,全国公共图书馆财政拨款1415668万元,是1999年的12.22倍;新增藏量购置费216020万元,是1999年的7倍[②]。

这种世界公共图书馆此消彼长、中国风景独好的态势,给我们留下了两点重要的启示:其一经济是公共图书馆发展的基础,经济的兴衰决定着公共图书馆的兴衰。英美公共图书馆的萎靡和衰退是2008年自美国爆发的环球金融危机的直接结果,而中国公共图书馆的高速发展则是中国经济持续发展的必然结果。其二信息技术既是经济发展的动力,也是公共图书馆发展的推进器,绝非公共图书馆的终结者。金融危机导致英美公共图书馆萎靡下滑,而信息技术正在促进其转型升级;经济发展推动中国公共图书馆持续攀升,而信息技术正在促进其融合发展。

经济发展和信息技术始终存在着不确定性。这种不确定性对于公共图书馆既是挑战也是机遇,而把握机遇迎接挑战的关键在于创新。新世纪以来,中国公共图书馆之所以能够与中国经济保持同步持续发展,其关键在于公共图书馆制度、理念、技术和服务的不断创新,而每一次制度、理念、技术和服务的重大创新都会改变并加速中国公共图书馆的发展进程,成为中国公共图书馆发展的转折点和里程碑。归结起来,新世纪以来,影响和改变中国公共图书馆进程的重大创新主要有以下十个方面。

---

① 中华人民共和国文化和旅游部2017年文化发展统计公报[EB/OL].[2018 - 09 - 13]. http://202.116.81.74/cache/2/03/zwgk. mct. gov. cn/3cf1f46efca235c02f22e286300e066a/W020180531619385990505. pdf.

② 中国图书馆学会,国家图书馆. 中国图书馆年鉴2017[M]. 北京:国家图书馆出版社,2018:420 - 431.

1 通借通还一卡通(One-card-through Library System), 2000 年

城区一卡通或城乡一卡通,是全球公共图书馆的普遍发展模式①。迈入新世纪以后,中国公共图书馆迅速开展通借通还一卡通服务,开启了以互联网为依托的技术创新和服务创新。

2000 年 12 月,上海在开始建设中心图书馆的同时启动"中心图书馆一卡通"项目②。2001 年 6 月一卡通服务正式开通,由此开启了中国公共图书馆一卡通建设的序幕。2007 年,上海市中心图书馆一卡通信息系统暨向社区基层服务点延伸项目获得第二届文化部创新奖。2011 年,上海开通少儿一卡通服务。2014 年,上海开通外文图书一卡通借通还服务。截至 2016 年底,上海市中心图书馆一卡通服务体系实现了市、区(县)、街道三级图书馆网络全覆盖,一卡通有效读者证达到 390 万张,文献流通量达 6600 万余册次(借还)③。

2002 年 12 月,以首都图书馆为中心的北京市公共图书馆计算机信息网络开通,2004 年北京市公共图书馆一卡通服务正式启动④。2016 年,北京市公共图书馆一卡通成员馆发展到 181 个,通借通还成员馆达到 129 个,一卡通办理读者卡 14.7 万个,还书 696.2 万册次,借书 753.3 万册次,借书量占北京市全部公共图书馆外借总量的一半之多⑤。

---

① 公共图书馆研究院. 中国公共图书馆发展蓝皮书 2010[M]. 深圳:海天出版社, 2010:299.

② 王世伟. 国际大都市图书馆服务体系述略[M]. 上海:上海人民出版社,2013:34.

③ 中国图书馆学会,国家图书馆. 中国图书馆年鉴 2017[M]. 北京:国家图书馆出版社,2018:68.

④ 郑明光. 市公共图书馆启动"一卡通"[M]//《北京文化艺术年鉴》编辑部. 北京文化艺术年鉴 2005. 北京:方志出版社,2006:169 - 170.

⑤ 中国图书馆学会,国家图书馆. 中国图书馆年鉴 2017[M]. 北京:国家图书馆出版社,2018:71.

继上海、北京之后，一卡通模式如雨后春笋般在全国广泛推广应用，深圳、杭州、东莞、佛山、苏州、广州、重庆、天津、昆明、济南等地区相继启动本地区图书馆一卡通服务。

一卡通在不改变各参与馆行政隶属、人事和财政关系的情况下，以市级图书馆为中心，利用互联网整合区域间各级图书馆的管理系统、编目系统、检索系统、服务系统，实现图书馆资源与服务的网络化、自动化和一体化，使市民可以异地办卡、查询馆藏和通借通还图书，享受就近、便捷、高效的图书馆服务，拓展和延伸了城市中心图书馆的服务范围，提升了区域间图书馆的整体服务效能和资源共享水平，有效缓解了城市公共图书馆区域内资源布局和服务分布不平衡的矛盾，是新世纪中国公共图书馆依托互联网开展技术创新和服务创新的起点。

2 全国文化信息资源共享工程(National Cultural Information Resources Sharing Project),2002 年

全国文化信息资源共享工程是中国政府充分利用互联网技术和数字化技术、实现公共文化服务均等化、独具中国特色的重大技术创新与服务创新。

为了解决我国东西部之间、中心城市和偏远农村之间、经济发达和欠发达地区之间文化发展不平衡的问题，文化部、财政部自 2002 年 4 月起共同组织实施国家重大文化惠民工程——全国文化信息资源共享工程（以下简称"文化共享工程"）。该工程受到了党和国家领导人的高度重视，曾三次（2006—2008 年）在政府工作报告中被提及，连续六年（2005—2010 年）被写入中央一号文件，先后被纳入《国民经济和社会发展第十一个五年规划纲要》《国民经济和社会发展第十二个五年规划纲要》《2006—2020 年国家信息化发展战略》《中共中央关于深化文化体制改革　推动社会主义文化大发展大繁荣若干重大问题的决定》等党和国家重大发展战略与规划当中。

该工程利用现代信息技术,将中华优秀文化信息资源进行数字化加工整合,通过互联网、卫星、电视、手机等新型传播载体,依托各级图书馆和文化站(含城镇社区)、文化室等公共文化基础设施,结合全国农村党员干部现代远程教育工作、农村中小学现代远程教育工程、广播电视村村通工程等,实现优秀数字文化在全国范围内的共建共享①,建立国家、省、市、县(区)、乡镇(街道)、村(社区)六级服务网络体系。截至 2015 年底,文化共享工程已建成 1 个国家中心,33 个省级分中心(覆盖率达 99%),2843 个市县支中心(覆盖率达99%),35719 个乡镇(街道)基层服务点(覆盖率达89%),70 万个村(社区)基层服务点(覆盖率达99%)②,服务惠及人次超过 12 亿③,数字资源建设总量达到 530TB,公共电子阅览室基本覆盖全国所有乡镇和街道、社区④。

"文化共享工程是公共文化服务体系的基础工程,是政府提供公共文化服务的重要手段,是实现广大人民群众基本文化权益的主要途径,是改善城乡基层群众文化服务的创新工程"⑤。作为国家重点文化惠民工程,文化共享工程免费向所有公民提供丰富的数字文化资源与服务,不仅有利于丰富人民群众尤其是基层群众的文化生活,保障人民群众的基本文化权益,同时也有利于优秀中华文化的传播与发扬,坚定文化自信,提升国民素质。作为国家重要数字化基础工程,文化共享工程通过建设数字化的公共文化服务内容与技术平台,推动了覆盖城乡的公共数字文化服务体系的构建,有利于缩小城乡数字鸿沟,推进公共文化服务数字化和均等化。作为国家重大文化创新工程,文化共享

---

① 周和平.全国文化信息资源共享工程发展回顾[M]//周和平.周和平文集.广州:中山大学出版社,2016:605.

② 《发展权:中国的理念、实践与贡献》白皮书[EB/OL].[2018 - 09 - 11]. http://www.scio.gov.cn/zfbps/32832/Document/1532315/1532315_1.htm.

③ 湛强.文化共享工程十年服务逾 12 亿人次[N].光明日报,2012 - 12 - 18(1).

④ 中国图书馆学会,国家图书馆.中国图书馆年鉴 2016[M].北京:国家图书馆出版社,2017:61.

⑤ 周和平.全国文化信息资源共享工程发展回顾[M]//周和平.周和平文集.广州:中山大学出版社,2016:609.

工程通过互联网、数字电视、手机等新型传播载体,依托各级公共文化基础设施开展信息化服务,开辟了现代信息技术广泛应用于公共文化服务的先河,创新了公共文化服务的传播渠道和服务方式①。文化共享工程以农村和中西部地区为重点,各级公共图书馆是文化共享工程推进的主阵地,因此,文化共享工程的实施很大程度上改善了 21 世纪初我国公共图书馆事业尤其是基层图书馆事业建设落后的状况。

3　图书馆之城(City of Library),2003 年

联合国教科文组织(UNESCO)于 1995 年正式批准设立"世界图书日"(the World Book and Copyright Day),在此基础上又于 2001 年 11 月启动"世界图书之都"(the World Book Capital City)项目,与国际出版者协会(the International Publishers Association, IPA)和国际图联(International Federation of Library Associations and Institutions, IFLA)共同组织专家委员会,每年评选一座城市为"世界图书之都",以表彰该城市在图书出版和公众阅读方面做出的贡献,迄今已有 19 座城市获得该项荣誉。2004 年 10 月,联合国教科文组织又启动"创意城市网络"项目,评选世界文学之都、电影之都、音乐之都、手工艺与民间艺术之都、设计之都、媒体艺术之都和美食之都。

虽然中国尚无城市入选"世界图书之都",但是,"图书馆之城"(City of Library)的提出与建设则是 21 世纪中国公共图书馆界的一项创举,或将成为中国对世界图书馆事业发展的一项贡献。

2003 年 9 月 11 日,深圳市文化局颁布《深圳市建设"图书馆之城"(2003—2005)三年实施方案》,正式启动图书馆之城建设。深圳图书馆之城以实现"全城一个图书馆"为目标,以深圳图书馆为中心,建立遍布深圳各个社区

---

① 文化部全国公共文化发展中心.十年共享(2002—2012):全国文化信息资源共享工程概览·第一卷·国家中心[M].北京:中国文史出版社,2014:2-3.

的公共图书馆服务体系和网络,使全体市民共享图书馆资源与统一服务,从而把深圳建设成为一个公共图书馆服务网络全覆盖、无边界、无缝隙的图书馆城市。

2012年4月,深圳市图书馆之城统一服务平台正式启动,通过统一全市公共图书馆的条形码、RFID标签,建立统一的书目数据库和读者数据库,实现对馆藏数据、读者数据、流通数据的集中运作、管理和维护,再通过图书馆之城门户网站统一导航、统一检索、统一使用,为读者提供便捷、高效、无差别的一站式图书馆服务。截至2017年底,深圳共建有公共图书馆638个,其中市级公共图书馆3个、区级公共图书馆8个、街道及以下基层图书馆627个,遍布全市的"城市街区24小时自助图书馆"达到249台①。深圳图书馆之城采用以市馆为龙头、以区馆为骨干、与街道和社区共建的方式,共同建设市、区、街道和社区四级公共图书馆体系,突破了市、区(县)两级财政分灶吃饭的制度限制,打造新世纪中国公共图书馆建设和发展的先进模式②。继深圳之后,2004年,东莞市将图书馆之城建设确立为文化新城建设的重要目标,开始启动东莞市集群图书馆建设。2005年7月,东莞市政府发布《东莞市建设图书馆之城实施方案》,提出"图书馆之城是指作为知识信息集散地和市民终身教育学校的图书馆以有形和无形的网络覆盖和服务全市,通过丰富的活动、完善的机制构筑城市学习空间,营造城市学习氛围"③。截至2015年底,东莞图书馆通过总馆、分馆、服务站、图书流动车、图书馆ATM等三级网络、五种形态的合理布局,在全市范围内建立起1个总馆、52个分馆、102个服务站,实现全市32个镇(街)

---

① 深圳市"图书馆之城"介绍[EB/OL].[2018-09-21].https://www.szlib.org.cn/libraryNetwork/view/id-1.html.

② 程焕文.岭南模式:崛起的广东公共图书馆事业[J].中国图书馆学报,2007(3):15-25.

③ 关于印发《东莞市建设图书馆之城实施方案》的通知[EB/OL].[2018-09-21].http://www.dg.gov.cn/cndg/zfbgs/201611/c04adf0b67994ed0bdac1479fe9d3020.shtml.

24 小时自助借阅服务全覆盖的服务体系①。

2015 年 12 月,广州市政府发布《广州市"图书馆之城"建设规划(2015—2020)》,广州市图书馆之城建设正式启动②。

虽然各地的图书馆之城建设方案各有千秋,但它们具有一致的共性:①以政府为主导,以总分馆制为基础,加强图书馆设施和网点建设,从而构建起多层次、全覆盖的城市公共图书馆网络体系。②以技术为支撑,建立统一的资源管理平台和标准,实现各级公共图书馆之间文献信息资源整合和共享,从而构建起全整合、易共享的城市公共图书馆资源体系。③以服务为根本,建立城域内通借通还服务网络和统一服务平台、规范,开展联合书目检索、合作参考咨询、数字图书馆、流动图书等服务,从而构建起高质量、可持续的城市公共图书馆服务体系。

图书馆之城既是技术创新和服务创新,更是制度创新,突破了公共图书馆在财政上分灶吃饭体制的制约,并解决了在行政上各自为政的弊端,构建起覆盖全城域的图书馆服务网络,实现了市、区(县)、乡镇(街道)、社区(村)四级图书馆的一体化,从而能够规范公共图书馆管理,有效整合全市信息资源,提高信息资源利用率,实现信息资源共享。

图书馆之城建设极大地提升了公共图书馆对城市发展的作用与影响,为城市赋予了公共图书馆的意义,为我国经济发达城市建立现代城市公共图书馆体系树立了典范,已经成为中国城市文化发展水平的标志。

4　全民阅读活动(National Reading Activity),2006 年

2006 年 4 月 6 日,中央宣传部、中央文明办、新闻出版总署、文化部、教育

---

① 图书馆之城介绍[EB/OL].[2018 – 09 – 21]. http://www. dglib. cn/dglib/tsgjs/201511/c2507d77143a45399abf835afd0450c1. shtml.

② 广州市"图书馆之城"建设规划(2015—2020)[EB/OL].[2018 – 09 – 21]. http://www. gzlib. gov. cn/policiesRegulations/148307. jhtml.

部等 11 部委联合印发《关于开展全民阅读活动的倡议书》,全民阅读开始成为建设学习型社会的一项重要举措。2011 年 10 月,《中共中央关于深化文化体制改革　推动社会主义文化大发展大繁荣若干重大问题的决定》提出要"深入开展全民阅读活动"①。2012 年 11 月,党的十八大报告历史性地写入"开展全民阅读活动",将之列为建设社会主义文化强国的一项重要举措②。2014 至 2018 年,国务院总理李克强连续五年在政府工作报告中提出"倡导全民阅读"。2014 至 2017 年,江苏、湖北、深圳、辽宁、四川、吉林等地先后出台地方性全民阅读促进办法和法规。2016 年 3 月,全民阅读成为国家"十三五"规划纲要中八项"文化重大工程"之一③。2016 年 12 月,首个国家级全民阅读规划——《全民阅读"十三五"时期发展规划》正式发布,全民阅读逐步落实为国家行动。其后,全民阅读相继被写入《中华人民共和国公共文化服务保障法》和《中华人民共和国公共图书馆法》,"推动、引导、服务全民阅读"成为国家法律规定的公共图书馆重要任务④。2017 年 3 月底,《全民阅读促进条例(征求意见稿)》在全社会公开征求意见⑤,并被列入国务院 2018 年立法工作计划,我国首个全民阅读法规呼之欲出,这将赋予全民阅读以国家法律地位。

　　近十多年来,全民阅读活动在全国各地蓬勃发展,目前全国已有 400 多个

　　①　中共中央关于深化文化体制改革　推动社会主义文化大发展大繁荣若干重大问题的决定[EB/OL]. [2018 – 09 – 21]. http://www. gov. cn/jrzg/2011 – 10/25/content_1978202. htm.

　　②　胡锦涛在中国共产党第十八次全国代表大会上的报告[EB/OL]. [2018 – 09 – 21]. http://cpc. people. com. cn/n/2012/1118/c64094 – 19612151. html.

　　③　中华人民共和国国民经济和社会发展第十三个五年规划纲要[EB/OL]. [2018 – 09 – 21]. http://www. npc. gov. cn/wxzl/gongbao/2016 – 07/08/content_1993756. htm.

　　④　中华人民共和国公共图书馆法[EB/OL]. [2018 – 09 – 21]. http://www. npc. gov. cn/npc/xinwen/2017 – 11/04/content_2031427. htm.

　　⑤　《全民阅读促进条例(征求意见稿)》公开征求意见[EB/OL]. [2018 – 09 – 21]. http://www. gov. cn/xinwen/2017 – 04/03/content_5183139. htm.

城市常设读书节、读书月①,例如,南国书香节、深圳读书月、广州读书月、东莞读书节、江苏读书节、上海读书节、北京阅读季等。作为全民阅读活动的主力军和主阵地,公共图书馆开展了前所未有、丰富多彩的阅读活动。据统计,2016 年,北京市公共图书馆共举办全民阅读活动 6712 次,240.5 万人次参加;上海市公共图书馆全年举办各类阅读活动 2.6 万场次,595.0 万人次参与②。2017 年,全国公共图书馆共举办读者活动 155590 次,吸引 8857.0 万人次参加③,公共图书馆为推动全民阅读做出了积极而巨大的贡献。

全民阅读活动成为中国建设学习型社会的国家战略,是新世纪实现中华民族伟大复兴的一项重大国家创新,既彰显和提升了公共图书馆的社会作用与价值,也为公共图书馆的繁荣兴盛提供了前所未有的社会环境和民众基础。

5 城市街区 24 小时自助图书馆(Self-service Library), 2008 年

1967 年 6 月 27 日,英国人约翰·谢泼德·巴伦(John Shepherd-Barron)发明了自动取款机(Automatic Teller Machine,ATM),代替银行柜面人员的工作,实现了金融交易的自助服务。20 世纪 70 年代,美国人在 20 世纪初发明的自动售货机(Vending Machine,VEM)开始在欧美普遍流行,成为一种全新的商业零售形式,因为不受时间、地点的限制且能节省人力、方便交易,而被称为 24 小时营业的微型超市。

---

① 共享阅读的快乐——全民阅读活动走过十年[EB/OL]. [2018 - 09 - 17]. http://epaper. gmw. cn/gmrb/html/2016 - 03/24/nw. D110000gmrb_20160324_1 - 05. htm? div = - 1.

② 中国图书馆年鉴 2017[M]. 北京:国家图书馆出版社,2018:69.

③ 中华人民共和国文化和旅游部 2017 年文化发展统计公报[EB/OL]. [2018 - 09 - 13]. http://202. 116. 81. 74/cache/2/03/zwgk. mct. gov. cn/3cf1f46efca235c02f22e286300e066a/W020180531619385990505. pdf.

2008 年 7 月 21 日,深圳图书馆与相关企业合作研发的"城市街区 24 小时自助图书馆"(Self-service Library, SSL,简称"自助图书馆")系统正式开通运行。该系统集成了计算机技术、自动控制技术、RFID 技术、机械传输技术、视频监控技术和网络通信技术,在结构上,由 24 小时自助图书馆机、读者服务系统、监控与管理系统、物流系统、资源系统等构成;在功能上,集自助借还、申办新证、预借服务、查询服务、图书馆宣传等为一体①;在空间上,可安置在城市各个社区和人流集中的公共场所,实行 24 小时全天候、自助式服务,使公共图书馆服务在空间和时间上得到广泛延伸,是信息技术在公共图书馆延伸服务应用上的重大突破和理念与模式的创新。

截至 2017 年底,深圳设置"城市街区 24 小时自助图书馆"达到 249 台,覆盖全市 98% 以上的街道。从 2008 年到 2016 年 6 月,深圳自助图书馆系统各项服务数据连年攀升,借还图书总量累计 1490.82 万册,为读者提供预借图书 86.65 万册,办证 16.73 万张,社会认可度和服务效益较高②。2009 年,深圳自助图书馆系统被列入"国家文化创新工程"项目,成为公共文化服务体系的创新模式之一并开始在全国范围内推广。目前,北京、上海、广州、佛山、武汉、厦门、沈阳、郑州、鄂尔多斯、西安、杭州、合肥、贵阳、福州、昆明、台州、三亚等多个城市已经引进自助图书馆。同时,深圳自助图书馆亦开始走出去,推广到美国、澳大利亚、韩国、欧洲等地③。

自助图书馆系统集数字化、智能化、人性化为一体,是新世纪中国公共图书馆发展模式的创新。其一,它突破了四级公共图书馆服务体系建设中的财政体制束缚,使得中心图书馆的服务和功能广泛延伸至基层,实现了图书馆管理与服务的扁平化。其二,通过自助图书馆的合理布局,扫除了图书馆服务网络的盲点,在较大程度上解决了公共图书馆布局不合理、覆盖率较

---

① 图书馆 3.0:城市街区 24 小时自助图书馆系统 [EB/OL]. [2018 - 09 - 14]. http://blog. sina. com. cn/s/blog_4978019f01008w3t. html.

② 张岩. 深圳图书馆志(1986—2016)[M]. 深圳:海天出版社,2016:221 - 222.

③ 张岩. 深圳图书馆志(1986—2016)[M]. 深圳:海天出版社,2016:225.

低的问题,使得公共图书馆的资源与服务在时间和空间上得到延伸,实现了公共图书馆服务全覆盖。其三,实现了传统图书馆与数字图书馆的完美结合,勾勒出了未来图书馆的美好前景,具有"第三代图书馆"或者"图书馆3.0"的意义①。

6 公共图书馆免费服务(Free Public Library Service),2011 年

免费服务是公共图书馆服务的基本原则②。20 世纪 80 年代以后,在从计划经济向市场经济的转变中,有偿服务曾经在中国公共图书馆界大行其道。进入新世纪以后,学界不断呼吁公共图书馆回归本源,开展免费服务和平等服务③,平等、免费、开放、共享的公共图书馆理念和实践开始在广东兴起,并逐渐由南向北推进,延伸至浙江等地,成为不可阻挡的趋势。

2010 年 3 月,温家宝总理在政府工作报告中提出要"推进美术馆、图书馆、文化馆、博物馆免费开放"④。2011 年 1 月 26 日,文化部、财政部联合下发《关于推进全国美术馆、公共图书馆、文化馆(站)免费开放工作的意见》(文财务发〔2011〕5 号),明确指出"公共图书馆是政府举办的公益性文化事业单位",确立了公共图书馆免费开放的基本原则、基本内容、实施步骤、具体措施和保

① 图书馆 3.0:城市街区 24 小时自助图书馆系统[EB/OL].[2018-09-14].http://blog.sina.com.cn/s/blog_4978019f01008w3t.html.

② 程焕文,潘燕桃.信息资源共享[M].第二版.北京:高等教育出版社,2016:337.

③ 范并思.公共图书馆精神的时代辩护[J].中国图书馆学报,2004(2):7-13;程焕文,周旭毓.权利与道德——关于公共图书馆精神的阐释[J].图书馆建设,2005(4):1-4,42;蒋永福.公共图书馆:请放弃有偿服务[J].图书馆,2005(1):28-30.

④ 温家宝所作政府工作报告(十一届人大三次会议)[EB/OL].[2018-09-14].http://www.gov.cn/2010lh/content_1555767.htm.

障机制①。是我国中央政府第一次颁布实施的全国公共图书馆免费服务的国家政策。随后,各地相继制定一系列公共图书馆免费开放服务政策,免费服务成为中国公共图书馆的基本原则,并通过《公共图书馆法》予以确认②。

虽然免费服务是全球公共图书馆的普遍服务原则,但是我国中央政府在制定全国公共图书馆免费服务政策的过程中创造性地提出了"建立免费开放经费保障机制,保证免费开放后正常运转并提供基本公共文化服务。中央财政安排专项资金,重点对中西部地区美术馆、公共图书馆、文化馆(站)开展基本公共文化服务项目所需经费予以补助,对东部地区予以适当奖励"的具体措施③,因此公共图书馆免费服务也是一项具有中国特色的机制创新。

免费服务是公共图书馆的基本精神,是民众平等与自由利用图书馆权利的基本保障④。全国公共图书馆免费服务的实行使中国的公共图书馆重新回到了公共图书馆发展的正确道路上,恢复和实现了公共图书馆的社会价值。

7 图书馆 +（Library +）,2011 年

当今全球公共图书馆的发展正面临着来自社会、经济和信息技术等各个方面的挑战,更加广泛、深入的社会合作已经成为全球公共图书馆的发展趋势。

2011 年 3 月,佛山市图书馆与佛山书城合作在馆内设立"新书借阅处",由馆员从书城挑选新书,陈列于"新书借阅处",每周更新,采取"你购书,我买单"的合作模式,读者可直接从中借出图书,且一律视为图书馆选购,待读者还

---

① ③ 关于推进全国美术馆公共图书馆文化馆(站)免费开放工作的意见(文财务发〔2011〕5 号)［EB/OL］.［2020 – 07 – 24］. http://www. gov. cn/zwgk/2011 – 02/14/content_1803021. htm.

② 中华人民共和国公共图书馆法［EB/OL］.［2018 – 09 – 21］. http://www. npc. gov. cn/npc/xinwen/2017 – 11/04/content_2031427. htm

④ 程焕文,潘燕桃.信息资源共享［M］.2 版.北京:高等教育出版社,2016:35.

回后再集中进行分编加工,三个月内一直无人借出的图书则退还书城①。由此开启了我国公共图书馆的"图书馆＋书店"新型合作模式和图书馆与社会合作的创新。其后,佛山市图书馆又进一步将"新书借阅处"拓展至书城之内,将图书馆服务延伸至书店。截至 2018 年 4 月,广东 136 个省、市、县级公共图书馆中有 57.7% 的公共图书馆与书店合作提供"你购书,我买单"服务。

"图书馆＋书店"的合作模式在广东兴起以后迅速在全国各地推广。2014年,内蒙古自治区图书馆与内蒙古新华书店合作开展"彩云服务"项目,在合作书店中开展"你购书,我买单"服务,使图书馆的一般新购图书流通率达到100%,使公共图书馆目标人群的覆盖率、持证率、到馆率、点击率等服务指标获得了跨越式提升②。2016 年,因为"建立了图书馆与书店及读者社区的战略合作关系,创建多方共赢,彰显读者决策采购的采访流程,彻底改变公共图书馆服务模式,从而推动阅读及图书馆馆藏的使用"③,"彩云服务"获得"美国图书馆协会主席国际图书馆创新奖(ALA Presidential Citation for Innovative International Library Projects)"④。

在"图书馆＋书店"模式普遍流行的同时,中国公共图书馆界还涌现了"图书馆＋咖啡馆""图书馆＋企业""图书馆＋学校""图书馆＋酒店""图书馆＋银行""图书馆＋武馆""图书馆＋商场"等多种"图书馆＋"合作形态。"图书馆＋"已成为中国公共图书馆服务跨界融合发展的新模式⑤,顺应了图

---

① 佛山市图书馆新书借阅处——向春天出发[EB/OL].[2018 - 09 - 20]. http://blog. sina. com. cn/s/blog_4d21459d0100s5dt. html.

② 彩云服务——我阅读、你买单,我的图书馆、我做主[EB/OL].[2018 - 09 - 13]. http://www. nmgwh. gov. cn/ggfw/gg/201605/t20160526_144429. html.

③ 内蒙古图书馆学会. 内蒙古图书馆"彩云服务"荣获"2016 年美国图书馆协会国际图书馆创新项目主席大奖"[J]. 内蒙古图书馆工作,2016(3):49.

④ ALA presidential citation for innovative international library projects [EB/OL]. [2018 - 09 - 13]. http://www. ala. org/rt/irrt/alapresintlibraryaward.

⑤ 李国新,张勇. 推动公共图书馆事业"中部崛起"[J]. 中国图书馆学报,2016(6): 4 - 12

书馆与社会发展相融合的国际趋势①。

8 公共图书馆服务体系建设(Construction of Public Library Service System),2013 年

公共图书馆服务体系建设是实现和保障民众基本图书馆权利的前提,也是中国公共图书馆发展的关键和问题之所在。新世纪初期,平等、免费、开放、共享的公共图书馆理念在经济发达的珠江三角洲迅速兴起,一向以"先行一步"为传统的广东开始在各地陆续开展公共图书馆服务体系建设的先行先试,涌现出深圳图书馆之城模式、东莞集群图书馆模式、佛山联合图书馆模式、广东流动图书馆模式和广州中心馆—总分馆制模式,构成了各有创意、各具特色,且可借鉴可复制的公共图书馆服务体系建设的岭南模式②。随着现代公共图书馆理念由南向北的逐步推进和岭南模式的广泛传播,东部沿海地区亦相继开展公共图书馆服务体系建设的探索,出现了杭州模式、苏州模式、嘉兴模式等模式,其共同特点是以政府为主导,以普遍均等化服务为目标,以基层图书馆与流动图书馆建设、总分馆体系建设和区域性图书馆服务网络建设等为主要方式,构建覆盖城乡的公共图书馆服务体系③。

2013 年 1 月,文化部印发首个全国性公共图书馆事业发展中长期规划——《全国公共图书馆事业发展"十二五"规划》,明确提出"以构建覆盖全社会的公共图书馆服务体系为目标"④,使新世纪以来党中央关于"加快建立

① 吴建中.再议图书馆发展的十个热门话题[J].中国图书馆学报,2017(4):4-17.
② 程焕文.岭南模式:崛起的广东公共图书馆事业[J].中国图书馆学报,2007(3):15-25.
③ 邱冠华,于良芝,许晓霞.覆盖全社会的公共图书馆服务体系:模式、技术支撑与方案[M].北京:北京图书馆出版社,2008:49-50.
④ 文化部关于印发《全国公共图书馆事业发展"十二五"规划》的通知[EB/OL].[2018-09-20].http://www.gov.cn/gongbao/content/2013/content_2404725.htm.

覆盖全社会的公共文化服务体系"①的决定在公共图书馆建设上得以更加具体的落实,并为其后贯彻落实党中央关于"构建现代公共文化服务体系"②的决定奠定了基础。

《全国公共图书馆事业发展"十二五"规划》的颁布与实施,使公共图书馆服务体系建设成为一项重要的国家文化发展战略,是加速中国公共图书馆全面发展的重大政策创新。作为国家文化发展战略,公共图书馆服务体系建设已经成为中国公共图书馆发展的长期任务。2017 年,文化部制定的《"十三五"时期全国公共图书馆事业发展规划》中继续强调"统筹推进区域之间和城乡之间公共图书馆均衡发展,建立覆盖全社会的公共图书馆服务体系"③;2018 年 1 月 1 日开始实施的《公共图书馆法》则将"国家建立覆盖城乡、便捷实用的公共图书馆服务网络"以立法的形式予以规定④。

9 《中华人民共和国公共文化服务保障法》(Public Cultural Service Guarantee Law of the People's Republic of China),2016 年

公共图书馆是政府的责任⑤。全面履行政府的公共图书馆责任是实现和

---

① 中共中央关于构建社会主义和谐社会若干重大问题的决定[EB/OL].[2018 - 09 - 20]. http://www.gov.cn/gongbao/content/2006/content_453176.htm.

② 中共中央关于全面深化改革若干重大问题的决定[EB/OL].[2018 - 09 - 20]. http://www.gov.cn/jrzg/2013 - 11/15/content_2528179.htm;中共中央办公厅、国务院办公厅印发《关于加快构建现代公共文化服务体系的意见》(全文)[EB/OL].[2018 - 09 - 20]. http://www.gov.cn/xinwen/2015 - 01/14/content_2804250.htm.

③ 文化部关于印发《"十三五"时期全国公共图书馆事业发展规划》的通知[EB/OL].[2018 - 09 - 20]. http://www.gov.cn/xinwen/2017 - 07/07/content_5230578.htm.

④ 中华人民共和国公共图书馆法[EB/OL].[2018 - 09 - 21]. http://www.npc.gov.cn/npc/xinwen/2017 - 11/04/content_2031427.htm.

⑤ 程焕文,潘燕桃.信息资源共享[M].2 版.北京:高等教育出版社,2016:337.

保障民众基本文化权利的前提与公共图书馆发展的保障①。

2016 年 12 月 25 日,第十二届全国人民代表大会常务委员会第二十五次会议通过《中华人民共和国公共文化服务保障法》(以下简称《公共文化服务保障法》),并自 2017 年 3 月 1 日起施行。该法分总则、公共文化设施建设与管理、公共文化服务提供、保障措施、法律责任、附则 6 章,共计 65 条②,是文化领域一部具有"四梁八柱"性质的基础性法律,是全国人大牵头的首部文化立法,是全面推进依法治国、提高文化治理能力的重要法律③。

《公共文化服务保障法》从制定国民经济和社会发展规划、各级政府城乡规划、各级政府财政预算,到公共文化设施建设与管理、公共文化服务提供、保障措施等方面,全面规定了国家和政府的公共文化主体责任,是一部完全的公共文化政府责任法。《公共文化服务保障法》将公共图书馆列为公共文化的首要构成要素,彰显了公共图书馆在公共文化中的引领作用,因此,《公共文化服务保障法》也是我国首次全面规定国家和政府的公共图书馆主体责任的立法,是一项具有重大里程碑意义的立法创新,将为我国公共文化,特别是公共图书馆的发展提供长久的法律保障④。

10 《中华人民共和国公共图书馆法》(Public Library Law of the People's Republic of China),2017 年

2017 年 11 月 4 日,第十二届全国人民代表大会常务委员会第三十次会议

---

① 程焕文. 全面履行政府的图书馆责任　充分保障市民的图书馆权利[J]. 图书馆论坛,2015(8):6 - 8,5.

② 中华人民共和国公共文化服务保障法[EB/OL]. [2018 - 09 - 13]. http://www. npc. gov. cn/npc/xinwen/2016 - 12/25/content_2004880. htm.

③ 雒树刚. 学习贯彻公共文化服务保障法　加快推动现代公共文化服务体系建设[N]. 人民日报,2017 - 02 - 27(11).

④ 程焕文. 论《公共文化服务保障法》立法精神——国家和政府的公共文化服务责任解析[J]. 图书馆论坛,2017(6):1 - 9.

通过我国第一部《公共图书馆法》，并自 2018 年 1 月 1 日起施行。该法分总则、设立、运行、服务、法律责任、附则 6 章，共计 55 条①，在《公共文化服务保障法》的基础上，对公共图书馆性质、职能、任务、设立、运行、服务和法律责任等做了全面规定，是迄今为止我国公共图书馆发展历程中最为重要的立法创新。

作为我国第一部图书馆法，《公共图书馆法》是我国公共图书馆迈入新时代的重大标志和里程碑②，将为我国公共图书馆的繁荣兴盛提供长久的法律保障。

11　结束语

创新是社会发展的动力，是公共图书馆在变幻莫测且充满挑战和机遇的 21 世纪赖以生存、发展与繁荣的保障。上述改变 21 世纪中国公共图书馆进程的十大创新，构成了新世纪公共图书馆发展的"中国模式"和"中国道路"。这是一条适合中国国情且独具中国特色的公共图书馆发展道路。世界各国公共图书馆的发展千差万别而殊途同归，公共图书馆发展的"中国模式"和"中国道路"也许难以复制，但是却足以成为世界各国学习借鉴的典范。

以 2018 年 1 月 1 日《公共图书馆法》的实施为标志，中国公共图书馆的发展已经进入前所未有的黄金时代，在不久的将来，中国公共图书馆或将成为世界公共图书馆发展的引领者。

---

① 中华人民共和国公共图书馆法［EB/OL］.［2018 - 09 - 21］. http://www. npc. gov. cn/npc/xinwen/2017 - 11/04/content_2031427. htm.

② 程焕文.《公共图书馆法》与全民阅读［M］//柯平.《公共图书馆法》专家解读. 北京：国家图书馆出版社,2018:103 - 108.

新时代公共图书馆服务与建设创新的重点和难点[*]

新世纪以来,公共图书馆服务与建设的创新一直是图书馆界关注的焦点和研究的热点,尤其是《中华人民共和国公共图书馆法》(以下简称《公共图书馆法》)颁布与实施的近两年来,学界通过发表论文和召开会议展开了诸多理论探讨,业界也涌现了诸多精彩的实践案例。从制度、理念、技术和服务等多个层面来看,21世纪以来中国公共图书馆的十大创新正在改变和加速公共图书馆的繁荣发展①,成为中国公共图书馆迈入黄金时代的重要特征②。如今中国已经迈入新时代,具有百年历史的中国公共图书馆事业进入了前所未有的大好发展时期,令人鼓舞,令人振奋。

然而,新时代也意味着新起点、新环境、新机遇、新挑战。在这个新时代,我们需要冷静思考公共图书馆的一系列发展问题:公共图书馆的根本任务是什么? 公共图书馆发展的方向是什么? 公共图书馆发展的重点在哪里? 公共图书馆发展的难点又在哪里? 这些问题是每一个公共图书馆在规划、服务、建设和创新的过程中应该首先思考的问题。如果不能把握公共图书馆未来发展的方向和重点,那么所谓的创新只会局限在学术研讨的会场、发表论文的期刊和开展服务的馆内,不会为公共图书馆事业带来根本性变革,无法影响社会各

---

* 本文根据程焕文于2019年1月16日在由中国图书馆学会公共图书馆分会主办、广州图书馆承办的"新时代公共图书馆服务与建设创新研讨会"上的主旨报告演讲大纲撰写。见:程焕文,刘佳亲. 新时代公共图书馆服务与建设创新的重点和难点[J]. 图书情报知识,2020(1):9-14,31.

① 程焕文,彭嗣禹,高雅,等. 改变21世纪中国公共图书馆进程的十大创新[J]. 图书馆杂志,2018(11):26-34

② 程焕文,高雅,刘佳亲. 理念的力量:中国公共图书馆迈入黄金时代——纪念《公共图书馆宣言》颁布25周年[J]. 图书馆建设,2019(3):14-19。

界对图书馆的认识,更不能从根本上提升公共图书馆的社会影响力。

那么,公共图书馆究竟应该如何创新?从何处创新?要回答这些问题,其要在回归对公共图书馆定位的基本认识,明确公共图书馆的核心职能和时代使命。《公共图书馆法》第三条规定"公共图书馆是社会主义公共文化服务体系的重要组成部分,应当将推动、引导、服务全民阅读作为重要任务"①,清晰地确立了新时代公共图书馆的重要任务——推动、引导、服务全民阅读。这是国家法定的公共图书馆发展重点和发展方向,也是新时代公共图书馆必须首先履行的社会职责和重点完成的时代使命。任何偏离全民阅读或者与此不相关的公共图书馆服务与建设创新大抵都不入流。

《公共图书馆法》的上述法律规定有力地提升了行业的集体意识。2019年4月23日,中国图书馆学会和国家图书馆联合13家地方公共图书馆共同开展2019年全民阅读活动,发布《服务全民阅读 共创美好生活——中国图书馆界4·23全民阅读活动倡议书》②,倡导全国公共图书馆界将全民阅读推广作为服务的发展方向,以全民阅读为中心的公共图书馆服务与建设创新局面正在形成。在此时刻,分析公共图书馆服务与建设创新的重点和难点,明确公共图书馆服务与建设创新的方向,对于促进覆盖全社会公共图书馆服务体系的建设自然具有非同一般的重要理论意义和实践价值。

1 重点与难点之一:持证率

持证率是指公共图书馆持证读者数量与服务区域人口的比率,是衡量公

---

① 中华人民共和国公共图书馆法[EB/OL].[2019 - 08 - 09].http://www.npc.gov.cn/npc/xinwen/2018 - 11/05/content_2065662.htm.

② 服务全民阅读 共创美好生活——中国图书馆界4·23全民阅读活动倡议书[EB/OL].[2019 - 08 - 09].https://mp.weixin.qq.com/s/669rm5mSeYTj-0hmW NIY5A.

共图书馆服务与建设的最重要指标。《公共图书馆服务规范》(GB/T 28220 –
2011)①和《"十三五"时期全国公共图书馆事业发展规划》②列有"区域服务人
口数""有效持证读者数""有效读者总人数"等有关公共图书馆持证率的指标
要素。持证率的高低直接和直观地反映一个城市、一个地区、一个国家公共图
书馆服务与建设的水平。新世纪以来,公共图书馆新馆建设高潮迭起,受行业
宣传和媒体报道的影响,人们的关注点更多集中在馆舍数量、建筑面积、藏书
总量增长的可喜数据上,时常有意无意地忽视了新馆究竟吸引了多少新读者。
事实上,真正能够反映新馆建设成效的不是新馆的馆舍、资源、功能、服务增加
了多少,而是持证率增加了多少,因为持证率才是衡量新馆服务水平的根本和
核心指标。

国家图书馆研究院 2018 年 9 月发布的《2017 中国公共图书馆事业发展基
础数据概览》显示:2016 年,全国县级以上图书馆 3153 个,持证读者数量 5593
万人,全国人口数量 138271 万人;2017 年,全国县级以上图书馆 3166 个,持证
读者数量 6736 万人,全国人口数量 139008 万人。对比这两年的数据,虽然持
证读者数量有明显增加,但是相对于全国人口而言,持证读者的占比仍然没有
较大突破。2017 年底,持证读者数量仅占全国人口的 4.85% ,馆均持证读者
数量仅约 2 万人③。此外,根据国家统计局发布的《中国统计年鉴 2018》,截至
2017 年,全国地级、县级区划数共 3185 个,乡镇级区划数共 39888 个④。也就
是说,公共图书馆还未实现全国市县的全面覆盖。公共图书馆持证读者数量

① 中华人民共和国文化部. 公共图书馆服务规范:GB/T 28220—2011[S]. 北京:中国
标准出版社,2012:1 – 6.

② 文化部关于印发《"十三五"时期全国公共图书馆事业发展规划》的通知[EB/
OL]. [2019 – 08 – 09]. http://zwgk. mct. gov. cn/auto255/201707/t20170726_685747. html?
keywords = .

③ 国家图书馆研究院. 2017 中国公共图书馆事业发展基础数据概览[R]. 北京:国家
图书馆,2018:1 – 6.

④ 中国统计年鉴 2018[EB/OL]. [2019 – 08 – 09]. http://www. stats. gov. cn/tjsj/ndsj/
2018/indexch. htm.

在全国人口的占比如此低下，其社会知晓度、社会影响力可想而知。1991年，我国在制定"八五"计划时提出到2000年实现"县县有图书馆、文化馆，乡乡有文化站"的目标①，如今"十三五"规划的实施期限即将届满，这个目标仍然没有达成，看来要实现这一目标还需要相当长的时间。

因为公共图书馆持证率低，有效读者少，因此公共图书馆的影响力非常有限。从4.85%的全国人口公共图书馆持证读者数量占比可知：大概20个国民中只有一个持证读者，公共图书馆对国民生活的影响力非常有限。以广州、上海为例：广州图书馆是世界上单体面积最大的城市图书馆，中国最活跃的公共图书馆，堪称中国公共图书馆的领头羊，一直发挥着引领和榜样的作用。《广州图书馆2017年年报》显示：馆内累计注册读者数量143.3万人，相较于广州市统计局发布的同年常住人口数量1449.84万人，仅占9.88%。2017年，广州图书馆日均接待公众访问量21622人次，居全国公共图书馆之首，同时推出"办证零门槛"服务，吸引读者办证。但是，是年持证读者的数量仍然不到常住人口总数的十分之一②。上海市公共图书馆为提高持证率也推出了诸多创新举措：2013年，上海市中心图书馆将读者证的有效期延长至无限期；2014年，通过与市教委签署合作协议，将上海全市中小学生电子学生证直接作为读者证③。据上海市公共图书馆发布的《2018阅读报告》统计，全市公共图书馆累计注册读者量483.1万人④，相较于上海统计局发布的年鉴数据中常住人口

---

① 中共中央党校教材审定委员会.中华人民共和国国民经济和社会发展十年规划和第八个五年计划纲要（一九九一年四月九日第七届全国人民代表大会第四次会议通过）[M]//中共中央文件选编.北京：中国中央党校出版社，1992：694.

② 广州图书馆2017年年报[EB/OL].[2019-08-09].http://www.gzlib.gov.cn/gzlibYearReport/159803.jhtml.

③ 上图发布2016年度阅读报告，小学生借书最多[EB/OL].[2019-08-09].https://www.thepaper.cn/newsDetail_forward_1659871.

④ 上海市公共图书馆2018阅读报告[EB/OL].[2019-08-09].https://library.sh.cn/zt/ydbg/doc/%E9%98%85%E8%AF%BB%E6%8A%A5%E5%91%8A2018.pdf.

2418.33 万人①,占比为 19.9%。广州图书馆和上海市公共图书馆系统的持证率反映并代表着中国公共图书馆服务与建设的最高水平。

然而,中国公共图书馆的持证率仍然处在发展中国家水平,与发达国家相比差距甚大。据不完全统计,国际排名前 50 的大都市,公共图书馆持证率基本上都在 50% 以上。2016 年,据美国加利福尼亚州州立图书馆官方网站发布的统计数据,美国加利福尼亚州公共图书馆有效持证读者人数约 2245.59 万人,占服务人口比例为 59.11%②。尽管世界公共图书馆的发展呈现英美萎靡、中国繁荣的两种不同态势,我国公共图书馆已经探索出一条独特的且值得各国借鉴学习的"中国模式"和"中国道路",但是,面对中美公共图书馆持证率如此悬殊的差异,我们不得不冷静地思考公共图书馆最根本的问题——如何最大限度地吸引读者。

可以说,目前我国公共图书馆持证率的发展已经迈入上不去下不来的瓶颈阶段。如何突破这个发展瓶颈无疑是新时代公共图书馆服务与建设创新的首要重点和难点,而要解决这个难点,公共图书馆尚需要更多的创新智慧。杭州图书馆的创新举措给了我们一个有益的启示。2017 年,各大媒体争相报道杭州图书馆的"支付宝借书业务":用户无须亲自到馆办证,只要满足支付宝芝麻信用分 600 分以上,就可以成为图书馆的读者,不仅可以免费借书,还可以通过物流送书到家③。这样的推广方式打破了我们原有的管理思维,在很长的一段时间内,图书馆规定读者办证必须收取押金,从管理的角度就是出于对用户的不信任,而用户也会因为要交纳押金而对图书馆产生不信任,失去办证的

---

① 2018 上海统计年鉴(表 2.1 户数、人口、人口密度和户籍人口期望寿命)[EB/OL].[2019 – 08 – 09]. http://www. stats-sh. gov. cn/tjnj/nj18. htm? d1 = 2018tjnj/C0201. htm.

② California Public Library Statistics [EB/OL]. [2019 – 08 – 09]. http://www. countingopinions. com/pireports/report. php? 62e00fc41658e23e71414fbcb65 be2fe.

③ 只要芝麻信用分 600 分以上 就能在家里借还杭州图书馆图书[EB/OL].[2019 – 08 – 09]. http://hznews. hangzhou. com. cn/jingji/content/2017 – 04/25/content_6533707. htm.

兴趣。诚然,读者不遵守图书馆管理规定的现象普遍存在,读者借阅失信的事情也经常发生,但是,公共图书馆不可以因噎废食,不可以不明白读者借阅失信乃是公共图书馆服务的必然成本和必须付出的代价。因此,杭州图书馆引入第三方信誉平台来解决一直困扰公共图书馆读者诚信的尴尬问题,值得我们思考和借鉴。尽管图书馆和用户之间是否相互信任是影响持证率的重要因素,但是,诚信问题并非影响持证率的决定因素,如何解决持证率低下的问题还有巨大的创新空间值得我们去探索。

无论是电子读者证,还是实体读者证,持证者多多益善。如果公共图书馆的持证率不能突破现有的发展瓶颈,那么无论公共图书馆有多么丰富的空间资源和知识资源,有多么精彩的线上线下读者活动,有多少层出不穷的创新服务,都会始终囿于人口占比低下且相对固定的小圈子,难以提高公共图书馆的社会黏度、社会融入度和文化影响力。所以,用什么办法让更多的民众拥有一张图书馆读者证,让他们真正地成为图书馆的用户,毫无疑问是公共图书馆服务与建设创新的第一重点和难点。

2 重点与难点之二:覆盖率

覆盖率是一个地区乃至一个国家一定人口的公共图书馆拥有量和一定区域公共图书馆的分布量,是衡量公共图书馆服务与建设水平的重要指标。覆盖率与持证率彼此相互关联,具有密切的相互关系:覆盖率体现的是公共图书馆服务与建设的保障水平,持证率反映的是公共图书馆服务与建设的实现水平。覆盖率低,保障水平自然低,而保障水平低则亦使得持证率低,反之亦然。持证率低,民众的需求自然低,而民众的需求低则覆盖率亦低,反之亦然。这在理论上似乎是一个先有鸡还是先有蛋的悖论,但是,在实践上并不相悖。因为覆盖率的主体责任在各级政府,而持证率的主体责任则在各级公共图书馆,两者的责任主体不一样,政府的主体责任在前,公共图书馆的主体责任在后,只有各尽其职,各显所能,才能彼此促进,相得益彰,否则就会恶性循环。

持证率的高低直接体现公共图书馆的民众黏度和社会影响力,持证率过低往往会成为政府责任人不履行公共图书馆责任、不乐意建设图书馆及服务网点的借口,以至于本末倒置。覆盖率决定着公共图书馆服务均等化的程度,在低覆盖率的情况下要提高持证率是一件十分困难的事情。一般来说,不论一个图书馆有多大的日均接待访问量,来的人还会来,不来的人也难来,除了服务吸引力的原因以外,更重要的是距离因素,也就是覆盖面的问题。例如,广州图书馆地处于广州 CBD 核心地段,拥有极其便利的交通条件,但是,广州的辖区范围太广,很难想象 30 公里、40 公里以外的市民会前来办证,更不可能每天到馆。

为解决公共图书馆覆盖率的问题,文化部、财政部自 2002 年 4 月开始实施"全国文化信息资源共享工程",以公共图书馆等公共文化设施为依托,打造国家、省级、市县、乡镇(街道)/村(社区)基层服务点为主体的四级网络①。四级公共文化服务网络建设受到了党和国家的高度重视,被列入《中华人民共和国国民经济和社会发展第十一个五年规划纲要》和《国家"十一五"时期文化发展规划纲要》。在四级网络的基础上,各级地方公共图书馆也在探索总分馆的建设。但是,经过多年的实践,我们不难发现公共图书馆四级网络和总分馆建设的难点还是区县以下的乡镇街道基层图书馆。我国"八五"计划提出"县县有图书馆"到现在还没有实现,那么乡镇街道基层图书馆的建设难度也就可想而知。乡镇街道基层图书馆的建设可能是未来 10 年、20 年,甚至是半个世纪中国公共图书馆建设的最大难题。在提高覆盖率的方式上,广州、深圳、温州、佛山等地都有各自的模式和特点,可供业界参考借鉴。

广州市政府于 2015 年 12 月发布《广州市"图书馆之城"建设规划(2015—2020)》,提出了常住人口十万以上的镇设立不少于 1000 平方米的公共图书馆

---

① 全国文化信息资源共享工程介绍[EB/OL].[2019 - 08 - 09]. http://www.ndcnc. gov. cn/gongcheng/jieshao/201212/t20121212_495375. htm.

分馆,常住人口少于十万人的镇设立面积不少于 500 平方米的分馆。到 2020
年,区、镇(街道)图书馆馆藏纸质信息资源应当达到人均 2 册/件以上,年人均
新增入藏纸质信息资源不得少于 0.14 册/件①。

2017 年,我国公共图书馆人均拥有藏书量仅 0.697 册②。与全国平均水
平相比,广州在规划中提出了一个很高的目标,经过几年的发展也取得了阶段
性成绩。2019 年 4 月 21 日,《广州市"图书馆之城"建设 2018 年年报》发布,
截至 2018 年底,广州市总共拥有 12 个国家一级公共图书馆,全市公共图书馆
(分馆)共有 191 个,基本实现了每 8 万人一座公共图书馆;公共图书馆读者注
册数量合计 317.47 万人,占广州市常住人口 21.30%③。在"图书馆之城"建
设的后期,广州图书馆乘粤港澳大湾区、广佛同城建设政策之东风,进一步扩
大了服务范围。2019 年 4 月 23 日,广州、佛山两地推出联合服务,实施"公共
图书馆广佛通"项目,包括人通、证通、资源通。广州图书馆和佛山市图书馆的
读者只要激活此服务权限,即可平等地享受同样的资源服务,该项目使图书馆
馆际互借服务从同城馆际互借升级到跨城馆际互借④。

为提高覆盖率,深圳图书馆自 2008 年起开始实施"城市街区 24 小时自助
图书馆"项目,已将图书馆的服务覆盖到全市 98% 以上的街道⑤。2009 年,该
项目被列入"国家文化创新工程"项目,并在全国广泛推广,已经有多个城市引
进和效仿,甚至推广到美国、澳大利亚、韩国、欧洲等地。"城市街区 24 小时自
助图书馆"系统最具优势的特点是自助设备应用、全面布点和物流配送。自助

---

① 广州市"图书馆之城"建设规划(2015—2020)[EB/OL].[2019 - 08 - 09].http://
www.gzlib.gov.cn/policiesRegulations/148307.jhtml.

② 国家图书馆研究院.2017 中国公共图书馆事业发展基础数据概览[R].北京:国家
图书馆,2018:1 - 6.

③ 广州图书馆.广州市"图书馆之城"建设年度报告[R].广州:广州出版社,2019:
1 - 16,49.

④ 广佛图书馆明起"三通"互借——广州坐拥 191 个公共图书馆,注册读者突破 300
万人[EB/OL].[2019 - 08 - 09].http://ep.ycwb.com/ipaper/ycwb/html/2019 - 04/22/
content_45107.htm? from = groupmessage&isappinstalled = 0.

⑤ 张岩.深圳图书馆志(1986—2016)[M].深圳:海天出版社,2016:215.

设备的应用使得中心图书馆的服务和功能延伸到基层,突破了四级公共图书馆服务建设中的财政体制束缚,实现图书馆管理与服务的扁平化。全面布点则打破了图书馆服务的时间和空间限制,扫除了图书馆服务网络的盲区,实现全覆盖,解决了覆盖率低的问题。成熟的物流配送网络成为该系统运转和升级的基本条件。尽管经过十多年的发展,目前该系统已经出现设备老化、系统亟待升级等问题,但是它的布点和物流配送依然从根本上解决了公共图书馆资源覆盖的问题,使得图书馆的服务和功能延伸到基层,依然有独具优势的基础条件。

温州市提供的公共图书馆 24 小时自助服务采取了另一种创新模式。由政府和社会力量合办,推出 24 小时城市书房项目,为市民提供场馆性自助公共图书馆。在选址上,把城市最繁华、最漂亮、离老百姓最近的地方拿出来建设城市书房,采取连锁运营模式,图书馆与社区、企业、公共场馆联合,促成都市"15 分钟文化圈"建设。在管理上,充分利用信息化技术,设置自助借还机,实现无人值守免费开放,市民凭身份证、市民卡、读者证皆可入内阅览和借还图书①。截至 2019 年 4 月底,温州城市书房的数量已经达到 75 家,全面覆盖温州各区市,累计接待读者 704 万人次,流通图书 480 万册次,办理读者证 6 万张②。

佛山市南海区街镇图书馆的建设是将多种元素融合到一起,将农家书屋与城市街区 24 小时图书馆、公共图书馆、社会力量融合创新,转型升级为"读书驿站"。为使"读书驿站"功能多元,配备纸质图书和电子读书,实现网络覆盖、远程监控、自助借还。通过对原有的 200 多个农家书屋的改造,降低了传统图书室的建设成本、人工维护和运营成本。通过文化奖励政策,撬动社会资源,实现区、镇、业主单位对读书驿站建设的三级共同投入,也解决了原有农家

---

① 胡海荣.点一盏灯 暖一座城——温州城市书房创新公共图书馆服务模式的探索实践[J].图书馆研究与工作,2018(12):5 – 8.
② 全国推广公共图书馆现代服务"温州模式"［EB/OL］.［2019 – 08 – 09］.http://www.wenzhou.gov.cn/art/2019/5/8/art_1217832_33992926.html.

书屋本身经费和人员短缺的问题。该项目被评为"2016 广东省公共文化研讨会优秀案例",成为"第二批创建省级公共文化服务体系示范项目"①。2018 年"读书驿站"被佛山市文化广电新闻出版局评为"佛山最美阅读空间"②。

广州、深圳、温州、佛山四地在提高公共图书馆覆盖率上的创新有一个共同的特点,那就是因地制宜,充分结合本地的实际情况,开创独具特色的发展道路,其结果是殊途同归。无论是依托政府财政支持,还是通过改造现有条件,采取机制创新撬动社会资源联动合作,公共图书馆在提高覆盖率的方式方法上都有巨大的创新空间。

3 重点与难点之三:阅读率

阅读率是一定区域内人均年阅读图书的数量。阅读率固然是一个社会问题,但是与图书馆界密切相关,政府是推广全民阅读的主体,而公共图书馆则是推广全民阅读的主力。如前所述,推动、引导、服务全民阅读是国家法定的公共图书馆重要任务和时代使命,因此,阅读率自然是公共图书馆服务与建设创新的重点与难点。

一般而言,公共图书馆更乐意宣传图书馆的持证量和外借量,而不太愿意揭示持证率和借阅率,更不愿意提及阅读率,因为一旦涉及阅读率,公共图书馆的数据便会令人十分尴尬和惭愧。

2018 年 4 月 18 日,中国新闻出版研究院发布的《第十五次全国国民阅读调查报告》显示:2017 年,我国成年国民人均纸质图书阅读量为 4.66 本,10.2% 的成年国民年均阅读 10 本及以上纸质图书。此外,还有 5.4% 的国民年

---

① 读书驿站:嵌于生活中的文化阅读空间[EB/OL].[2019 - 08 - 09]. http://www. foshan. gov. cn/gzjg/fswenhua/zt/ggwhfw/cxld/201711/t20171114_6753316. html.

② 工作简报第 76 期:全民阅读迈进新时代 助力示范区创建冲刺(上)[EB/OL].[2019 - 08 - 09]. http://www. foshan. gov. cn/gzjg/fswenhua/zt/ggwhfw/gzjb/201805/t20180529_7120799. html.

均阅读 10 本及以上电子书,有 20% 以上的国民有听书习惯,近 40% 的成年国民认为自己的阅读数量较少①。国民的阅读量逐年攀升,说明公共图书馆开展阅读推广服务具有重要的现实价值,而纸本阅读的推广仍然十分重要,因为仍然有 45% 以上的人倾向于纸本阅读,纸本阅读的受欢迎程度依然优于数字阅读。

2019 年 1 月 8 日,阿里巴巴发布的《2018 中国人读书报告》显示:2018 年,中国新增的阅读人口接近 3000 万人,在淘宝、天猫、闲鱼、阿里文学等平台上买书和读书的人,人均购买纸质书达 5.5 本②,高于我国《第十五次全国国民阅读调查报告》的调查结果。这意味着中国人在 2018 年平均每人比 2017 年多读了 1 本书。

从上述 2 个报告的调查数据来看,我国成年人 2017—2018 年年平均纸质图书阅读量在 5 本左右。那么,公共图书馆持证读者的年平均借阅量是多少呢?2017 年,县级以上公共图书馆 3166 个,持证读者 6736 万人,书刊文献外借 55091 万册次,持证读者平均借阅 8 册次。然而,相对于全国人口而言,公共图书馆的全国人均书刊文献外借量仅有 0.39 册次③。这个结果跟全国人均年阅读量大约 5 本相比,公共图书馆的借阅率的确没有丝毫优势。造成这个结果的原因是非常复杂的,其中一个原因是图书馆持证读者当中存在相当比例的"休眠读者",即办证之后从来没有借阅图书的读者。这种悬殊的比较可能并没有专业性和科学性,但是,一旦大众和媒体以此质疑公共图书馆的社会价值,将不会给公共图书馆任何辩解和申诉的机会。

在很大程度上,一个地区乃至一个国家阅读率的高低最终一定反映一个

---

① 中国新闻出版研究院全国国民阅读调查课题组.第十五次全国国民阅读调查主要发现[J].出版发行研究,2018(5):5 - 8;第十五次全国国民调查成果发布[EB/OL].[2019 - 08 - 09].https://mp.weixin.qq.com/s/kjql0kBRX8hzojTKAmcGYg.

② 阿里巴巴发布《2018 中国人读书报告》[EB/OL].[2019 - 08 - 09].http://m.gmw.cn/2019 - 01/08/content_1300123549.htm.

③ 国家图书馆研究院.2017 中国公共图书馆事业发展基础数据概览[R].北京:国家图书馆,2018:1 - 6.

地区乃至一个国家公共图书馆服务与建设的整体水平。现在的问题是,全国公共图书馆的书刊文献外借总量在全国国民阅读总量中的占比究竟有多大,即贡献率有多大? 阅读是个人行为,全民阅读是社会责任,而全民阅读推广则是公共图书馆的重要任务和时代使命。既然大家认同公共图书馆是全民阅读推广的主力,那么作为主力就应该做出更大的贡献。

令人费解的是,在国民阅读率逐年持续攀升的今天,公共图书馆的书刊外借量的增长速度却低于国民阅读率的增长,不少地区公共图书馆的书刊外借量还有不升反降的现象。这的确令人担忧。

一言以蔽之,全民阅读推广是公共图书馆的命根子。如果在全民阅读中国民觉得公共图书馆可有可无,那么公共图书馆的发展也就差不多走到了尽头。因此,阅读率乃是公共图书馆服务与建设创新的重中之重和难中之难,必须高度重视,全力以赴。

4   结语

第六次全国公共图书馆评估定级工作已经结束,评估指标体系异常繁复,但是评估结果基本上是皆大欢喜,普天同庆。在大家还沉浸在莫名喜悦之中的时候,切不可忘记公共图书馆的持证率、覆盖率和阅读率仍然十分低下,与发达国家相比仍然存在着巨大差距,与国民对美好阅读生活的向往仍然存在着较大差距。在今后较长的时间内,公共图书馆服务与建设的重心必须转向持证率、覆盖率和阅读率的全面推进,否则,公共图书馆的创新充其量不过是瞎折腾或者自娱自乐。

三不政策:新时代公共图书馆"零门槛"服务的制度创新方向*

"零门槛"是最能够代表新世纪中国公共图书馆理性复归和惠及全民的词语。

2011 年 1 月,文化部、财政部发布《关于推进美术馆、公共图书馆、文化馆(站)免费开放工作的意见》,指出"到 2011 年底,全国所有公共图书馆、文化馆(站)实现无障碍、零门槛进入,公共空间设施场地全部免费开放,所提供的基本服务项目全部免费"①。"零门槛"迅速成为中国公共图书馆实践的热词,经久不衰。

2021 年 4 月,文化和旅游部发布《"十四五"文化和旅游发展规划》②,6 月发布《"十四五"公共文化服务体系建设规划》③,开启了中国公共图书馆向 2035 年远景目标迈进的征程。

十年间,随着《公共文化服务保障法》《公共图书馆法》和一系列有关公共图书馆标准规范的颁布实施,我国现代公共图书馆服务体系的"四梁八柱"制

* 程焕文,刘佳亲. 三不政策:新时代公共图书馆"零门槛"服务的制度创新方向[J]. 图书馆建设,2022(1):4 – 13.

① 文化部、财政部《关于推进美术馆公共图书馆文化馆(站)免费开放工作的意见》(文财务发〔2011〕5 号)[EB/OL]. [2021 – 10 – 11]. http://www. gov. cn/zwgk/2011 – 02/14/content_1803021. htm.

② 文化和旅游部关于印发《"十四五"文化和旅游发展规划》的通知(文旅政法发〔2021〕40 号)[EB/OL]. [2021 – 10 – 11]. http://www. gov. cn/zhengce/zhengceku/2021 – 06/03/content_5615106. htm.

③ 文化和旅游部关于印发《"十四五"公共文化服务体系建设规划》的通知(文旅公共发〔2021〕64 号)[EB/OL]. [2021 – 10 – 11]. http://www. gov. cn/zhengce/zhengceku/2021 – 06/23/content_5620456. htm.

度框架基本建立,公共图书馆服务法治建设取得突破性进展,体制机制改革不断深化,基本公共图书馆服务标准化均等化建设全面推进,覆盖城乡的公共图书馆设施网络更加健全,优质公共图书馆产品和服务日趋丰富,服务能力和水平明显提高,公共图书馆事业经费保障能力稳步提升,高素质专业化人才队伍不断壮大,公共图书馆服务在推动文化治理体系和治理能力现代化,保障人民基本文化权益,满足人民日益增长的美好生活需要,促进城乡经济社会协调发展等方面发挥了重要作用。

然而,我国公共图书馆服务体系建设中存在的覆盖率低、持证率低、阅读率低的难点和痛点不仅没有得到根本性解决,而且一直是中国公共图书馆服务体系建设面临但不敢面对,且讳莫如深、有意无意回避的严峻挑战和重大障碍①。

在中国公共图书馆服务体系建设迈入新时代的今天,立足新发展阶段、贯彻新发展理念、构建新发展格局,以推动高质量发展为主题,以深化供给侧结构性改革为主线,进一步完善制度建设,提升治理能力,激发创新活力,努力提供更高质量、更有效率、更加公平、更可持续的公共文化服务,切实保障人民群众基本文化权益,提升文化获得感、幸福感,为建设社会主义文化强国奠定基础,是我们当前和今后的努力方向与奋斗目标。

要实现这个奋斗目标,就必须进一步深化供给侧结构性改革,在我国现代公共图书馆服务体系的"四梁八柱"制度框架下,进一步完善制度建设,提升治理能力,激发创新活力。

回顾过去十年公共图书馆的发展历程,我们不难发现,"实现无障碍、零门槛进入"一直是我国公共图书馆服务体系制度建设的立足点、焦点、亮点和难点。十年间,我国公共图书馆服务体系制度建设在"实现无障碍、零门槛进入"上迈出了免费开放的可喜步伐,但是,我们必须看到,办证、限量、罚款的三道门槛仍然横亘在民众面前,障碍民众进入公共图书馆,阻碍民众平等获得公共

---

① 程焕文,刘佳亲. 新时代公共图书馆服务与建设创新的重点和难点[J]. 图书情报知识,2020(1):9-14,31.

图书馆服务,妨碍公共图书馆服务体系更高质量、更有效率、更加公平、更可持续地发展。如何破解这三个难题,清除这三道障碍,值得我们思考和探索。

1 办证不要证

构建覆盖城乡的公共图书馆服务体系,其首要任务是深化供给侧结构性改革,提高公共图书馆服务的保障水平。十年过去了,我国公共图书馆服务体系的覆盖率有了极大提高,但是仍然处在较低水平,与民众的需求和发达国家的发展水平存在较大差距。公共图书馆服务体系的低覆盖率必然导致低持证率,而持证率低又必然导致服务面窄、服务质量低。截至 2017 年底,我国公共图书馆的持证读者数量仅占全国人口的 4.85%[①],迄今没有根本性改变。如此低的持证率,谈何更高质量、更有效率、更加公平、更可持续的公共图书馆服务,谈何切实保障人民群众基本公共图书馆文化权益,谈何提升公共图书馆服务获得感、幸福感? 因此,在政府逐步提高公共图书馆服务体系覆盖率的同时,公共图书馆必须把提高公共图书馆的民众持证率作为首要任务,破除一切思想障碍,革除一切陈规陋习,实现公共图书馆办证制度的创新。

证者,信也。证件不过是个人信息和信用的凭证。一张小小的公共图书馆证,看起来似乎没有什么了不起,可是,它犹如网之纲牵涉到公共图书馆服务制度的方方面面,其中蕴含着公共图书馆制度的大学问。美国著名作家多克托罗(E. L. Doctorow,1931—2015)说:"自由社会给予公民最重要的三份文件分别是出生证明、护照和图书馆读者卡。"[②]可见图书馆证的社会意义何等重要。

从专业的角度来看,图书馆证是图书馆与用户之间的信用契约凭证,是图书馆服务制度的集中体现。近百年来,我国公共图书馆经历了从领取或者购买"观书券"到交押金办证,再从凭介绍信交押金办证到凭身份证交押金

---

① 程焕文,刘佳亲. 新时代公共图书馆服务与建设创新的重点和难点[J]. 图书情报知识,2020(1):9 – 14,31.
② 威甘德. 美国公共图书馆史[M]. 谢欢,谢天,译. 北京:国家图书馆出版社,2021:1.

办证①,最后进入仅凭身份证免费办证的"零门槛"过程。这个过程表面上是收费制度的变化,实质上是信用的变化。押金不过是一种保证信用的方式,虽然在实践上存在图书馆滥用押金为图书馆谋求蝇头小利的问题,但是,在理论上不会给图书馆带来明显的经济效益,只会带来收取、保管和退还的麻烦,乃至廉政风险。尽管如此,在 2011 年三馆免费开放政策实施之前,公共图书馆收押金和办证费办证是惯例,其根本原因就在于对民众信用的不信任。如今不少公共图书馆取消了押金和办证费,民众的信用并没有因此而降低。这充分说明公共图书馆一直过度低估了民众的信用。

当然,公共图书馆的这种不信任制度安排并非公共图书馆所特有,而是一个全社会征信制度的问题。可喜的是,自 2009 年 10 月国务院法制办公布《征信管理条例(征求意见稿)》到 2012 年 12 月国务院常务会议审议通过《征信业管理条例》,并自 2013 年 3 月 15 日实施以来,我国已经逐步建立了企业和个人征信系统。这些征信系统依法采集、整理、保存、加工自然人、法人及其他组织的信用信息,并对外提供信用报告、信用评估、信用信息咨询等服务,可以有效地帮助用户判断、控制信用风险,进行信用管理。全国征信系统的建立为消除公共图书馆对民众信用的不信任,进一步"实现无障碍、零门槛进入"提供了制度和机制保障。如何利用现有的征信系统,实现办理公共图书馆证而不需要出示身份证和交纳押金,从而进一步扩大公共图书馆的持证率,将是今后公共图书馆服务制度创新的重要方向。

近年来,一些公共图书馆已利用相关征信系统开展办证制度创新的探索,为公共图书馆"实现无障碍、零门槛进入"提供了有益的尝试。

1.1　上海图书馆模式——电子学生证

2014 年,上海图书馆与上海市教育委员会签署合作协议,将上海市基础教

---

①　张琦. 从图书馆证看我国公共图书馆服务发展[J]. 图书馆建设,2010(5):32 - 35;张琦. 我国省市自治区公共图书馆借阅证现状调查研究[J]. 图书馆,2010(1):70 - 73.

育阶段学生学籍身份的唯一辨识凭证——电子学生证直接与上海市各个公共图书馆的借阅服务联通。上海市的小学生、初中生只要拥有电子学生证,就可以在全市 237 个各级公共图书馆刷卡借阅图书,一次可以借阅 10 册。经过几年的发展,随着电子学生证在上海市各类学生群体中的普及,服务人群从 14 周岁以下的青少年扩大到全市高中生群体,公共图书馆内学生读者群体也越来越多。2021 年 10 月 13 日,上海市教育委员会发布最新通知[1],为全市全日制普通中等职业学校开通电子学生证应用,可以预见,相应的图书借阅服务也将随之配套激活。

1.2 杭州图书馆模式——支付宝芝麻信用

2017 年 4 月 23 日世界读书日当天,杭州图书馆与支付宝蚂蚁金服公司签署战略合作,开通支付宝借书业务,用户无需到馆办证,只要支付宝芝麻信用分达到 600 分以上,就可以成为杭州图书馆的读者,而且还可以通过支付邮寄费实现送书到家。经过几年的发展,支付宝借书业务的门槛也降低了,只要芝麻信用分达到 550 分以上,就可以享有信用借阅服务。2021 年 5 月 7 日,杭州图书馆"信用 + 阅读"项目入选杭州市十大信用典型案例[2]。随着杭州模式的推广,浙江省已有 25 个市县开通该服务。此后"图书馆 + 信用"的模式不断被其他省份复制,广东省、福建省、吉林省、辽宁省、江苏省、河北省、山西省、山东省、安徽省、湖南省、四川省、陕西省、海南省的公共图书馆也相继引进了芝麻信用借阅服务[3]。

---

① 上海市教育委员会关于做好全日制普通中等职业学校电子学生证应用的通知 [EB/OL]. [2021 - 10 - 11]. http://edu. sh. gov. cn/xxgk2 _ zdgz _ zyjy _ 03/20211025/ e155c726ec324664a49d8df09c3cd44b. html.

② 杭州图书馆"信用 + 阅读"项目入选杭州市十大信用典型案例(2021 - 05 - 10) [EB/OL]. [2021 - 10 - 11]. https://www. hzlib. net/hdbd/5394. htm.

③ 傅宝珍. 公共图书馆芝麻信用借阅服务研究[J]. 国家图书馆学刊,2020(4):48 - 56.

1.3　川渝图书馆模式——社保卡

社保卡(中华人民共和国社会保障卡)是中华人民共和国城乡居民的"第二张身份证",联通了居民身份信息、人力资源和社会保障等各项重要民生信息,尤其是医疗保险和养老保险。截至 2020 年 10 月底,全国社保卡持卡人数已达到 13.29 亿人,覆盖全国 94.9% 人口[①]。

成都市是全国第三代社保卡技术验证工作首批试点城市。2018 年,成都市文化广电旅游局、成都市人力资源和社会保障局、成都图书馆为开放第三代社保卡作为读者证的方案进行了前期共同调研,并在当年 6 月在邛崃市进行试点运行,读者一次可以借阅 8 本图书、4 本期刊,并可以享受全市公共图书馆统一服务和免费的数字资源。成都市文化广电旅游局相关负责人表示,随着社保卡天然拥有公共图书馆借阅功能的实现,成都的公共图书馆服务读者占比将跃居全国首位[②]。

成都的"社保卡＝读者证"模式已在四川省全面推广。2021 年 4 月,在四川省"4·23 世界读书日"系列活动启动仪式上,四川省文旅厅和人社厅共同启动了全省社保卡与公共图书馆阅读服务有机融合工作,正式开启该模式在全省范围内的推广探索[③]。

2021 年 6 月 1 日,重庆市与四川省打破行政区划限制,携手策划"川渝阅读'一卡通'",两地市民仅凭电子社保卡或实体社保卡就可以享受重庆图书馆、四川省图书馆、成都图书馆的服务。据报道,该项目计划到 2023 年,分 3

---

① 全国电子社保卡突破 3 亿[EB/OL].[2021 - 10 - 11]. https://www. mohrss. gov. cn/SYrlzyhshbzb/zhuanti/jinbaogongcheng/jbgcgongzuodongtai/202012/t20201221 _ 406355. html.

② 成都:社保卡"化身"读者证[EB/OL].[2021 - 10 - 11]. http://www. gov. cn/xinwen/2019 - 05/15/content_5391618. htm.

③ 利好消息!四川社保卡"变"读者证啦[EB/OL].[2021 - 10 - 11]. http://www. mohrss. gov. cn/SYrlzyhshbzb/zhuanti/jinbaogongch eng/jbgcshehuibaozhangka/jbgcshbzkdifang dongtai/202104/t20210430_414043. html.

年打通川渝地区 86 个公共图书馆的服务资源,实现通借通还,让公共图书馆成为川渝人民的城市书房,让社保卡成为川渝地区公共图书馆打破一切服务门槛的通行证①。

1.4　广东省立中山图书馆模式——粤读通

2020 年 12 月,广东省立中山图书馆牵头成立广东省公共图书馆联盟,开展省域公共图书馆信息资源共享和总分馆体系建设,同时启动"粤读通"工程建设。"粤读通",一个独立的微信小程序,依托广东省便民数字政府服务平台"粤省事",联通广东省身份统一认证平台"粤信签",使读者可以通过手机号码实现身份认证,享受"一次办证,多馆通用"的便利,这是全国首个打通全省各地市公共图书馆联系的互联网程序产品。在全省 22 个省市级公共图书馆范围内,读者无需办理实体读者证,就可以免费使用全省公共图书馆的电子资源,仅凭电子二维码就可以登录馆内自助借还机,实现自助服务。2021 年 4 月 23 日世界读书日当天,"粤读通"正式上线投入使用,当月注册用户 2588 人,经历半年的发展,11 月用户数量达到 93658 人②。这个数量与广东省常住居民人口数量相比不足挂齿,但对于公共图书馆服务制度创新来说,却是莫大的鼓舞,因为"粤读通"是一项完全由公共图书馆行业主导,由公共图书馆专业馆员主导开发的服务平台,为全国公共图书馆行业实现协同共享、互联互通提供了宝贵的开拓性经验。

电子学生证联通读者证突破了公共图书馆对本地学生身份识别的信用门槛,芝麻信用借阅服务突破了公共图书馆对本地居民履约守信行为识别的信用门槛,社保卡作为读者证和粤读通"电子一证通"则突破了用户身份与信用判别的制度门槛。这四种模式的共同特点是充分利用现有的信用系统平台,

---

① 阅读"一卡通"构建成渝两地市民的城市书房[EB/OL].[2021-10-11]. http://www.gov.cn/xinwen/2021-06/01/content_5614723. htm#1.

② 2021 年 12 月 8 日,2021 广东公共文化研讨会现场优秀案例汇报环节,广东省立中山图书馆技术部主任、副研究馆员钱海钢作题为《广东省"粤读通"数字服务项目建设》的优秀案例汇报时发布的数据。

通过合约的方式,以用户的社会信用为图书馆信用,以社会通用的电子证为图书馆证,替代现有的公共图书馆证。

在中国网民和手机用户双双突破 10 亿人大关的今天,这种"办证不要证"的制度创新最大限度地减少了公共图书馆和民众在办证中的身份识别与信用管理成本,充分地排除了民众的办证障碍,有利于极大地提高民众公共图书馆持证率,堪称公共图书馆办证的"中国方案"。毫无疑问,"办证不要证"必将成为新时代公共图书馆服务制度创新的亮点和重点发展方向①。

2 借阅不限量

持证率是服务人口持证量与服务人口总量的比率,借阅率则是持证用户借阅量与馆藏总量的比率,二者是衡量公共图书馆服务质量最为直接和最为重要的指标。持证率低必然导致借阅量低,借阅量低则必然进一步导致借阅率低。这是一个正相关的关系,要促进公共图书馆服务体系更高质量、更有效率、更加公平、更可持续地发展,就必须进行公共文化服务供给侧的借阅制度改革和创新。

长期以来,我国公共图书馆的图书外借量一直处在较低水平。《全民国民阅读调查报告》数据显示,我国成年人人均纸质图书阅读量约 4—5 本。国家图书馆研究院发布的《2019 中国公共图书馆事业发展基础数据概览》显示,2019 年全国公共图书馆持证读者数量 8627 万人,书刊文献外借数量 61373 万册次,持证读者平均借阅 7.1 册次(比 2017 年少 1 册次②)。以全国人口总量来计算,2019 年全国人均公共图书馆文献外借量只有 0.43 册次,大约相当于我国成年人人均纸质图书阅读量约 4—5 本的 10%。

公共图书馆外借量低的原因十分复杂,归结起来,主要有两个方面:一是

---

① 程焕文,刘佳亲. 新时代公共图书馆服务与建设创新的重点和难点[J]. 图书情报知识,2020(1):9 - 14,31.

② 国家图书馆研究院. 2017 中国公共图书馆事业发展基础数据概览[R]. 北京:国家图书馆,2018:1 - 6.

政府保障方面的问题,二是公共图书馆方面的问题。从公共图书馆方面来看,毫无疑问,长期奉行的低外借量限制制度一直是横亘在民众面前的一道无形的门槛,阻碍了公共图书馆借阅量的提升。

从国家图书馆到各级公共图书馆,严格限制用户的外借文献数量,是我国公共图书馆的惯例。国家图书馆的借阅制度规定,每个持证读者,每次限借中文图书 3 册,借期为 31 天,可续借 1 次;每次限借外文图书 3 册,借期为 31 天,不提供续借服务。各地公共图书馆的情形亦大抵如此[①]。第六次全国县级以上公共图书馆评估定级共评出 953 个一级馆[②],笔者从 30 个省级区域随机抽取自然顺序排在第一位的 1 个一级馆为样本进行网络调查(如果第 1 个网站无法打开,则取第 2 个),发现其收取办证押金的现象仍然十分普遍,外借数量的限制普遍偏低(见表 1)。

表 1 全国一级公共图书馆普通中文图书借阅规则抽样调查表

地 区	图书馆	普通中文图书借阅规则
北京	首都图书馆	读者证按押金和读者群体分级。免工本费,普通卡最低押金 50 元,外借中文图书 5 册,期刊 5 册,随书资料 5 张,视听光盘 2 张。借期 42 天,不可续借
天津	天津图书馆	中文、少儿书刊借阅无押金。外借中文图书限 5 册,外借中文少儿书刊限 5 册。外借期限为 30 天(疫情防控期间 60 天),期满前中外文书刊可续借 30 天
河北	河北省图书馆	读者证按押金分级。普通卡最低押金 100 元,可外借中文图书和音像资料 6 册(件)、中文期刊 2 册。借期限为 30 天,可续借一次;中文现刊外借期限为 15 天,不可续借

① 中国国家图书馆外借须知[EB/OL].[2021 – 10 – 11].http://www.nlc.cn/dsb_zyyfw/wdtsg/dzzn/ds_bjyxz/#.

② 文化和旅游部办公厅关于公示第六次全国县级以上公共图书馆评估定级结果的公告[EB/OL].[2021 – 10 – 11].http://zwgk.mct.gov.cn/zfxxgkml/ggfw/202012/t20201205_916606.html.

续表

地　区	图书馆	普通中文图书借阅规则
山西	山西省图书馆	读者证按押金分级。普通卡最低押金100元(芝麻信用600分以上免押金),外借图书4册,借期30天,可以续借
内蒙	内蒙古自治区图书馆	读者证按押金分级。普通卡最低押金100元,可外借图书2册,借期30天,丢失补办工本费10元
辽宁	辽宁省图书馆	读者证按押金分级。普通卡最低押金50元,可外借中文文献6册
吉林	吉林省图书馆	读者证按押金分级。普通读者证最低押金100元,可外借普通图书3册
黑龙江	齐齐哈尔市图书馆	读者证按押金分级。普通读者证最低押金100元,可外借图书2册,借期45天
上海	上海图书馆	读者证按押金分级。普通读者证最低押金100元,每证最多可借图书或期刊共10册,借期28天,可续借一次
江苏	南京图书馆	读者证按押金分级。普通读者证最低押金100元,在二、三层借阅服务区内可外借南图自采中文书刊4册、"陶风采"荐购图书2册、附书光盘5张、多媒体光盘2张(借期30天,可续借一次,续借期为30天)
浙江	浙江图书馆	芝麻信用分达到550分以上,可免押金借阅。不使用芝麻信用分,缴纳100元押金后可免费借阅。个人读者每次可借20册中外文图书、期刊或视听文献;每30天可在"信阅"平台选借1次新书,每次不超过3册(书商直供,册数本馆可根据情况调整)。个人读者图书、期刊、视听文献借期30天,在借期内可续借1次,续借期30天。团体读者(法人)每次可借240册中外文图书,图书借期180天,在借期内可续借1次,续借期60天

续表

地 区	图书馆	普通中文图书借阅规则
安徽	合肥市图书馆	芝麻信用分 600 分以上免押金办证,可以借阅图书 5 册,借期 30 天,可续期 1 次,续期 30 天
福建	福建省少年儿童图书馆	读者证按押金分级。普通读者证最低押金 100 元,最多 500 元,首次免工本费,丢失补办须缴纳 5 元工本费,图书、过刊合订本外借,与押金等值,不限册数。借期为 21 天,到期前可续借 3 次。音像资料借期为 15 天,不可续借
江西	江西省图书馆	芝麻信用分≥550 分,免费办理借阅证,1 张借阅证可借 4 册书刊,外借期限为外借当日起 30 天。外借期内可续借一次,续期为续借当日起 30 天
山东	山东省图书馆	读者证按押金分级。普通读者证最低押金 100 元,可借中文书刊 4 册,借书期限为 30 天。到期前可续借一次,续期为到期之日起 30 天(即最多可借 60 天)
河南	郑州图书馆	读者证按押金分级。普通读者证最低押金 100 元,可借书 5 册。实体卡工本费 5 元,初次办理不收工本费。芝麻信用分 550 分以上,可以免押金注册电子读者证,每次可借 2 册图书。借期 30 天
湖北	湖北省图书馆	押金 100 元,可借阅图书 8 册,借期 30 天
湖南	湖南图书馆	读者证按押金分级。普通读者证最低押金 100 元,可借书 5 册,可续期,续借时限为 30 天
广东	广东省立中山图书馆	读者证按押金分级,普通中文图书借阅证免押金,可外借中文书刊或光盘 15 册(件),借期 1 个月,可续借 1 次
广西	广西壮族自治区图书馆	普通读者证押金 100 元,外借总册数 10 册,借期 30 天,可续借 1 次,续期 10 天

续表

地 区	图书馆	普通中文图书借阅规则
海南	保亭黎族苗族自治县图书馆	读者证按押金分级,免费办证,办理普通借阅读者卡时最低缴纳押金 100 元(A 卡),读者可外借中文流通书刊或过刊合订本共 4 册,借阅期限为 30 天
重庆	重庆图书馆	读者证按押金分级。普通读者证最低押金 100 元,可外借中文图书、期刊、视听资料共 4 册。图书借期 30 天,可续借一次;期刊借期 14 天,不可续借;视听资料借期 7 天,不可续借
四川	四川省图书馆	免押金借阅,每证限借中文图书(含幼儿及青少年图书)8 册,借期为 30 天,借期内可续借 1 次,续借期为 30 天(从续借操作算起)
贵州	贵阳市图书馆	读者证按押金分级。普通读者证最低押金 30 元,可外借图书 1 册(借期 20 天)或期刊 2 册(借期 7 天),不可使用 24 小时自助借还机。所借书刊总价不超过所交押金
云南	云南省图书馆	读者证按押金分级。普通读者证最低押金 100 元,可借阅中外文现代图书 3 册,借期 30 天,可续借一次。同时可借中文现刊 6 册,借期 7 天,不可续借
陕西	陕西省图书馆	读者证按押金分级。普通读者证最低押金 100 元,可借阅中文图书 4 册,借期 30 天,可续借一次 30 天
甘肃	甘肃省图书馆	首次办证免工本费,交纳借阅保证金 100 元,每证可借中文图书 3 册,借期 30 天;期满可续借一次,续期 30 天
宁夏	宁夏图书馆	读者证按押金分级。普通读者证最低押金 160 元,可借阅普通图书 3 本,借期 15 天,每本书可以续借 1 次,续期 15 天

续表

地 区	图书馆	普通中文图书借阅规则
新疆	克拉玛依市图书馆	借书证 100 元,可一次借阅 5 册,借期 30 天,可续期一次
新疆生产建设兵团	第八师石河子市图书馆	首次办证免工本费,交纳借阅保证金 100 元,可借图书 2 册,总金额不超过 100 元,借期 21 天,可续借一次,续期 10 天

从表 1 可知一级公共图书馆的中文图书外借量限定情况如下:1 册的 1 个,2 册的 3 个,3 册的 4 个,4 册的 7 个,5 册的 6 个,6 册的 2 个,8 册的 2 个,10 册的 2 个,15 册的 1 个,20 册的 1 个,与押金等值的 1 个。也就是说,5 册及以下的占 70%(21 个),6—10 册的占 20%(6 个),15—20 册的占 6.7%(2 个),与押金等值的占 3.3%(1 个)。由此可见,借阅量限制在 5 册及以下是我国公共图书馆的普遍规定。

特别值得注意的是,在 30 个图书馆中仅有 3 个办证不需要押金(占 10%),也就是说,90% 的公共图书馆均收取办证押金。更有甚者,还有两个图书馆采用所借书刊总价不超过所交押金或者等值的外借量规定,一个最低押金 30 元,上不封顶,另一个押金 100—500 元。

从上述调查可知:借阅量的限制并非完全取决于持证量和馆藏量的多少,而是押金的多少,即民众信用保证程度的高低。广东省立中山图书馆普通中文图书借阅证免押金,可外借 15 册;浙江图书馆芝麻信用 550 分以上免押金,可外借 20 册。这两个图书馆的外借限量之所以高出全国平均水平的 3—4 倍,其根本原因就是在一定程度上确信民众的信用。因此,可以判定:信用是限制外借量的关键因素。

正因为如此,消除公共图书馆对用户信用的不确定性,是解除限制外借量羁绊的根本。当然,对于放开外借量限制,图书馆界至少还存在两个普遍的担忧:一是用户会把图书馆借空,二是馆员的工作量会大幅度增加。其实这些担忧都是想当然或者杞人忧天,即使如此,这也是图书馆的追求和价值所在。

2.1 中山大学图书馆模式——借阅不限量

中山大学图书馆自 1999 年起取消按照用户身份确定外借册数的规定,所有用户一律可外借 10 册;自 2014 年 4 月 23 日世界读书日起在全国率先实施"阅读无止境,借阅不限量"政策,全面解除全校师生借阅图书的数量限制,并且对每次借阅超过 10 册的用户提供专门定制的环保手提袋以资鼓励。事实证明,在高校图书馆纸本图书外借量普遍连年大幅度下降的同时,中山大学图书馆的纸本外借量不仅没有下降,反而一直稳中有升,可谓一枝独秀。7 年的实践还证明,即使是高校师生,大多数的全年借阅量不过在 50—100 册之间,超过 200 册的很少,只有个别极端的达到 700 册。书是借去看的,每个人想借的书是有限的,每天看书的量是有限的,每次外借的负重量是有限的,借去后的存放空间同样是有限的。如果依照每天读 100 页书计算,一个人一年可读 120 册平均 300 页的书,这应该是绝大多数读者的极限阅读量和外借量。这种理论判断在中山大学图书馆已经获得了 7 年的验证,所以图书馆对于实施借阅不限量政策不应存在任何不必要的担忧。

可喜的是,中山大学图书馆借阅不限量的模式已经被其他高校学习、借鉴和复制。2021 年 1 月 4 日,湖北商贸学院图书馆利用寒假面向全校师生开展"阅读无止境 借书不限量"活动[①],读者在寒假期间到馆借书数量、种类不设限,寒假结束之前还可以办理续期,并且对参与活动的本科生、专科生、专升本学生给予积分奖励。

公共图书馆与高校图书馆存在较大差异,但是,无论什么差异都不应该成为限制借阅量的理由。图书馆的根本目的是最大限度地吸引读者和满足读者,因此,即使不能实现借阅不限量,也要做到借阅量尽可能最大化。美国纽

---

① "阅读无止境 借书不限量"——寒假借书大行动[EB/OL]. [2021 – 10 – 11]. http://www.hbc.edu.cn/info/1036/2284.htm.

约公共图书馆就是最好的榜样:任何在纽约生活、工作、求学和纳税的人都可以免费获得纽约公共图书馆的读者证,免费借阅图书。纽约公共图书馆自2010 年 9 月 1 日起生效的借阅制度规定①,读者每次最多可以外借 50 件资料,教育工作者每次最多可以外借 100 件资料,每件次借阅周期最多不超过 3 周,超期可以续借。这种规定基本上等同于借阅不限量,因为读者每次外借的最大负重量也就在 50—100 斤之间,况且按照普遍的阅读速度,21 天很难读完50—100 本书。如果我国公共图书馆能够像纽约公共图书馆一样,将外借限量从 5 册提高到 50—100 册,那么一定会极大地提高公共图书馆的服务效能。

3 超期不罚款

借阅超期罚款是全球图书馆的传统和惯例,即使有用户质疑其合法性和合理性,图书馆仍然是一如既往,不思悔改。

从根本上讲,借阅超期罚款也是一个信用问题,是对用户违反图书馆借阅规则的一种信用追责和警示,看上去似乎合法合理,但是,在法理上至少在中国找不到依据,在情理上不过是以罚款的方式警示用户遵守借阅道德而已。归根结底,超期罚款不过是手段,遵守借阅规定和恪守借阅道德才是目的。既然如此,超期罚款也就不是达成此目的的唯一手段,而是简单粗暴的极端手段。

依照上述调查方法,笔者对第六次全国县级以上公共图书馆评估定级的一级馆进行网络抽样调查,从中可见我国公共图书馆借阅超期罚款的大致情况(见表 2)。

---

① New York Public Library. Borrowing Materials[EB/OL]. [2021 – 10 – 11]. https://www. nypl. org/help/borrowingmaterials.

表2　全国一级图书馆借阅逾期处罚规则抽样调查表

地区	图书馆名称	借阅逾期处罚规则
北京	首都图书馆	滞还费以公历日计算,0.2元/册/日,最高上限为30元/册。滞还费可在自助借还设备上使用读者证透支功能缴纳,透支上限为10元,也可持读者证在服务台缴纳现金
天津	天津图书馆	如果所借书刊已经逾期,则按0.2元/天的标准收取逾期服务费,外文图书逾期,则按0.5元/天的标准收取逾期服务费
河北	河北省图书馆	提醒读者按期归还,无逾期罚款规定
山西	山西省图书馆	图书借期30天,借期内可续借一次,续借期30天。期刊借期15天,借期内可续借一次,续借期限15天。逾期归还,每天每册收取0.1元超期款,单册最高20元
内蒙古	内蒙古自治区图书馆	图书借期为30天,图书到期前可续借1次,续借借期从续借当天算起为20天,无逾期罚款规定
辽宁	辽宁省图书馆	文献借期为30天,超期使用的文献每天每册交纳0.2元超期使用费
吉林	吉林省图书馆	可续借一次,续期30天,续借日期从借阅期满时算起,须在借阅期满前10天内执行续借操作。逾期归还须缴付0.10元/册/天的逾期费用。逾期前3天免收逾期费用,单册图书逾期费用最高30元
黑龙江	齐齐哈尔市图书馆	逾期仍未还书者,暂停借阅服务,直至归还全部文献
上海	上海图书馆	逾期归还者须支付逾期费每天0.2元/册。持有逾期图书或逾期费未缴清的读者均不能继续借书,读者需要把已经逾期的书刊归还,并交清逾期费,才能继续借书

续表

地区	图书馆名称	借阅逾期处罚规则
江苏	南京图书馆	无逾期罚款,若遗失或污损书籍应按规定赔付
浙江	浙江图书馆	有文献借阅到期未归还的,停止借阅服务,待归还后恢复
安徽	合肥市图书馆	超过借阅时间未归还会产生滞纳金,逾期归还每册每天收取 0.1 元滞纳金
福建	福建省少年儿童图书馆	借阅时间 21 天。到期之前可以续借。过期暂时没有罚款,但是逾期图书没归还则不能再借新书
江西	江西省图书馆	有逾期图书的借阅证不可借书或续借,逾期不收取费用
山东	山东省图书馆	逾期未还,每册每天需交纳 0.1 元逾期费
河南	郑州图书馆	无逾期罚款规定
湖北	湖北省图书馆	超期滞纳金每天 0.2 元
湖南	湖南图书馆	书刊每次每册收取延误费最多 5 元,碟最多 2 元,每人每次最多 20 元
广东	广东省立中山图书馆	逾期归还者须缴纳逾期使用费,每册(件)每天 0.10 元,最高限额为每册(件)15 元
广西	广西壮族自治区图书馆	读者如果未在规定到期日之前归还书刊,从逾期的第一天起,每册书(刊)每天按 0.1 元累计,每册书(刊)逾期费最高收费限额 20 元。同时系统锁住读者借出书刊权限,待读者归还逾期书刊并缴清逾期费后,系统自动恢复读者借出书刊权限
海南	保亭黎族苗族自治县图书馆	读者借阅后应按时归还书刊,逾期不归还,需按每册每天 0.1 元的额度缴纳超期罚金(不足一天按一天计算);对于恶意逾期,且超过一年仍不归还所借书刊的读者,本馆保留处罚并强制要求该读者注销其读者卡的权利

续表

地区	图书馆名称	借阅逾期处罚规则
重庆	重庆图书馆	图书、期刊逾期使用费每册每天 0.2 元,视听资料逾期使用费每册每天 0.5 元。每册每次的逾期使用费不超过 50 元
四川	四川省图书馆	若图书逾期归还,每册每天收取 0.2 元的逾期使用费,最高限额为 30 元/册。逾期费超过 5 元的读者不能继续借书,读者需要把已经逾期的图书归还,并交清逾期费,才能继续借书
贵州	贵阳市图书馆	如超期归还书刊,需要缴纳每天每册 0.1 元超期费
云南	云南省图书馆	如超期归还书刊,缴纳每天每册 0.1 元超期费。在"图书超期免交罚金"活动期间,逾期还书不用缴纳罚金
陕西	陕西省图书馆	逾期中文文献收取 0.1 元/天滞纳金;逾期外文文献收取 0.2 元/天滞纳金
甘肃	甘肃省图书馆	图书资料超期每天每册收取 0.1 元资料费
宁夏	宁夏图书馆	超期补偿费:读者在规定期限内借书免费,超期每本书收 0.5 元/天超期补偿费,单张读者卡最高 50 元封顶
新疆	克拉玛依市图书馆	实行读者积分管理制度,未按时归还图书,每册每天扣除 1—3 分,读者基本账户为 0 时,读者证将被冻结,冻结周期为 1 个月。冻结期内,读者证不能用于借书,但可参与活动获得积分,积分大于 0 时自行解除冻结。冻结期后自行解除冻结,积分初始化为 20 分
新疆生产建设兵团	第八师石河子市图书馆	超期停借

从表 2 可知,超期罚款的有 20 个(占 66.7%),罚款额度为每册每天 0.1—0.5 元,一般每册最高罚款累计上限为 5—50 元,还有多个没有罚款累计

上限;超期暂停借阅权限的有 10 个(占 33.3%)。由此可见,借阅超期罚款是我国公共图书馆的普遍做法。可喜的是,有 33.3% 的公共图书馆取消了借阅超期罚款而采用暂停借阅权限的做法,这是新世纪公共图书馆理念在全国广泛传播的优良结果。

借阅超期罚款作为一种简单粗暴的制度设计,弊多利少。每册每天 0.1— 0.5 元的超期罚款,虽然金额很少,目的是警示用户遵守借阅规则和道德,但是,即使是 1 毛钱的罚款,也会伤害图书馆用户的情感,造成用户与图书馆的公共关系间隙,甚至敌意。更为重要的是,借阅超期罚款是阻碍民众利用公共图书馆的一道门槛。

2017 年,美国《图书馆杂志》在一项关于超期罚款和收费的调查中发现,92% 的图书馆实行了超期罚款制度,但是受到处罚的读者大多来自最需要使用图书馆提供服务的社区,80% 因超期罚款被冻结读者证的青少年群体来自低收入社区。也就是说,超期罚款实际上只是公共图书馆对穷人设置的门槛。

2021 年 10 月 5 日,纽约市的布鲁克林公共图书馆(Brooklyn Public Library, BPL)、纽约公共图书馆(New York Public Library,NYPL)和皇后区公共图书馆(Queens Public Library,QPL)宣布,将不再对逾期归还的图书和其他资料收取罚款[1]。为了推行该政策,三大公共图书馆系统解除了 40 万张因滞纳金超过 15 美元而冻结的读者证,这 40 万张读者证的持有者超过半数来自低收入社区。

2021 年 11 月,美国《图书馆杂志》发表对事件的专题报道,指出超期罚款是"一个陈旧落后的观念"(an antiquated notion)[2]。

3.1 中山大学图书馆模式——超期不罚款

2015 年,中山大学图书馆在实行"阅读无止境,借阅不限量"政策的基础

---

① One Fine Day:New York City's Three Public Library Systems Eliminate Late Fines [EB/ OL].[2021 – 10 – 11]. https://www.nypl.org/press/press-release/october-5-2021/one-fine-day-new-york-citys-three-public-library-systems.

② Lisa Peet. NYC libraries go fine-free[J]. Library Journal. 2021(11):9 – 10.

上进一步实行"超期不罚款"政策：一般超期只口头温馨提示，超期 1 个月以上的需在图书馆系统上做 50 道读者规则的是非判断题，几分钟即可完成，全部答题正确即恢复外借权限；如果三次答题仍然超期，则需升级到做 100 道答题，答题的目的就是让读者熟悉借阅规则，提醒其遵守借阅道德。不仅如此，中山大学图书馆还在每年设立了 4 个"超期赦免日"：4 月 23 日世界读书日、9 月 10 日教师节、9 月 28 日孔子诞辰纪念日和 11 月 12 日中山大学校庆日，凡在这 4 日当天归还外借图书者，免除答题等一切超期责任。中山大学图书馆 6 年来实施超期不罚款政策的实践证明，师生的借阅规则意识、道德水平和对图书馆的友好度普遍提高。这也是中山大学图书馆纸本外借量一直稳中有升的原因之一。

中山大学图书馆的模式亦被其他高校图书馆学习、借鉴和模仿。2021 年 9 月，福建农林大学图书馆将 4 月 23 日设定为超期豁免日，将图书超期费豁免 50%①。2021 年 10 月，四川轻化工大学图书馆将每月 15 日设置为超期豁免日，在当日还书将不计算超期使用费②。

事实上，公共图书馆实行超期不罚款的意义和效果比高校图书馆更加重大。2007 年 8 月 27 日，云南省图书馆曾开展过为期一周的"图书超期免交罚金"活动，第一天就有 200 多名读者归还 244 册逾期图书，其中 1 册图书竟然已经逾期 20 年之久③。一周之内，共有 980 位读者归还逾期图书 1521 册，逾期时间最长的有 24 年，逾期 20 年以上的图书 4 册，逾期 10 年以上的有 10 册，整场活动免收罚金共计 17103 元④。由此可见，在我国实行超期不罚款对于公

---

① 关于设立图书借阅"超期豁免日"的通知［EB/OL］.［2021 - 10 - 11］. https://lib. fafu. edu. cn/9d/98/c3507a302488/page. htm.

② 图书馆关于设置超期豁免日的通知［EB/OL］.［2021 - 10 - 11］. http://lib. suse. edu. cn/news/show - 879. html.

③ 我馆开展"图书超期免交罚金"活动［EB/OL］.［2021 - 10 - 11］. http://www. ynlib. cn/Item. aspx？ id = 689.

④ "图书超期免交罚金活动"成效显著［EB/OL］.［2021 - 10 - 11］. http://www. ynlib. cn/Item/697. aspx.

共图书馆意义重大。

借阅超期罚款是图书馆的陈规陋习,是阻碍民众利用图书馆的一道门槛,在"实现无障碍,零门槛进入"公共图书馆的今天理当废除。

4　结　语

办证收费、借阅限量、超期罚款是图书馆界的陈规陋习,构成了阻碍大众进入公共图书馆的三道门槛,其本质是对用户信用的不信任。国内外图书馆的实践证明,"办证不要证""借阅不限量""超期不罚款"实现了图书馆对用户信用的充分信任,有百利而无一弊。随着我国社会征信制度和征信系统的逐步完善,"三不政策"理当且必将成为新时代中国公共图书馆服务制度创新的重点和发展方向。

智慧图书馆的三维解析[*]

进入 21 世纪以后,因为人机交互技术的发展,智慧图书馆(Smart Library)一词就此出现[①],近年随着人工智能技术的飞速发展,智慧图书馆成为图书馆界的热门议题,乃至发展方向。什么是智慧图书馆? 学界业界众说纷纭[②],国内国外莫衷一是[③],尽管如此,这并没有妨碍智慧图书馆的兴起。为了因应"十四五"发展规划的需要,自 2020 年起,从国家图书馆到各地公共图书馆,从双一流高校图书馆到一般高校图书馆,纷纷制定智慧图书馆发展规划[④],有的图书馆甚至已经开始实践探索[⑤],自然也有关于智慧图书馆建设存在的问题[⑥]、

---

* 程焕文,钟远薪. 智慧图书馆的三维解析[J]. 图书馆论坛,2021(3):43 – 55.

① AITTOLA M, RYHÄNEN T, OJALA T. Smart Library-Location-aware Mobile Library Service[C]// Human Computer Interaction with Mobile Devices and Services, International Symposium, Mobile Hci, Udine, Italy, September. DBLP,203.

② 孙利芳,乌恩,刘伊敏. 再论智慧图书馆定义[J]. 图书馆工作与研究,2015(8):17 – 19,68.

③ 段美珍,初景利. 国内外智慧图书馆研究述评[J]. 图书馆论坛,2019(11):104 – 112.

④ 中国图书馆学会. 中国图书馆学会理事长、国家图书馆馆长饶权应邀出席第二届中国高校智慧图书馆(馆长)论坛并致辞[EB/OL]. [2020 – 12 – 19]. http://www. lsc. org. cn/contents/1342/15038. html;王冰. 深圳图书馆"十四五"规划编制实践与思考[J]. 图书馆论坛,2021(1):34 – 38;杨新涯. 学术图书馆"十四五"规划的思考[J]. 高校图书馆工作,2020(5):12 – 15,33.

⑤ Wei (Keven) Liu. Strive for Revival:Meet the New Frontier in A New Horizon [EB/OL]. [2020 – 12 – 19]. https://wiki. folio. org/pages/viewpage. action? pageId = 36571872&preview=/36571872/36571873/WolfCon2020Keven. pdf;邵波,单轸,王怡. 新一代服务平台环境下的智慧图书馆建设:业务重组与数据管理[J]. 中国图书馆学报,2020(2):27 – 37.

⑥ 李玉海,金喆,李佳会,等. 我国智慧图书馆建设面临的五大问题[J]. 中国图书馆学报,2020(2):17 – 26.

误区①和缺失②的凭空臆想。因此,在这个时间节点上,全面、客观、正确地认识智慧图书馆,对于促进我国智慧图书馆的建设和发展,无疑具有理论和实践的双重价值。

1 历史维度:智慧图书馆是图书馆的一个发展阶段

从图书馆的发展历史来看,智慧图书馆是信息技术在图书馆普遍应用,进而促使图书馆从传统迈向现代化的必然结果。回顾 20 世纪 70 年代以来信息技术在图书馆应用的历史,不难发现,信息技术的每一次重大进步都会把图书馆推向一个更高的发展阶段,计算机技术、网络技术、数字技术、移动通信技术和人工智能技术在图书馆的应用相继催生了计算机图书馆、网络图书馆、数字图书馆、移动图书馆和智慧图书馆。然而,无论是计算机图书馆、网络图书馆、数字图书馆、移动图书馆还是智慧图书馆,都不过是图书馆的一个发展阶段,一个更为先进的高级发展阶段。因此,虽然智慧图书馆是当今图书馆的最高发展阶段,但是绝不会是终极发展阶段,在智慧图书馆之后还会有更高级的发展阶段。唯其如是,图书馆就是图书馆,所谓计算机图书馆、网络图书馆、数字图书馆、移动图书馆和智慧图书馆不过是图书馆在不同发展阶段的一个形象描述而已,当然也不是信息技术与图书馆的嫁接或者杂交[如"复合图书馆"(Hybrid Library)之类的胡诌]。如同一个人的成长过程一样,从小学生、初中生、高中生,到本科生、硕士生、博士生,每个阶段都可以有相应的身份描述,也可以在不同成长阶段另取字号、别号、笔名和网名等,但是,其人还是其人,并不会因此而改变。

智慧图书馆之所以是图书馆的一个发展阶段,是因为无论是计算机技术、网络技术、数字技术、移动通信技术,还是人工智能技术,或者区块链技术,都

---

① 常青,杨武健,龚景兴.智慧图书馆建设误区与建设策略[J].图书情报工作,2018(19):13 – 18.

② 翟羽佳.智慧图书馆的哲学审视[J].图书馆建设,2020(3):91 – 98.

不过是新技术在图书馆的应用而已,图书馆赖以生存和发展的社会价值与社会职能不仅没有改变,而且一直在不断强化。

1.1 计算机图书馆(Computer Library)

20 世纪 60 年代,图书馆开始尝试应用计算机技术①,以美国为首的西方各国纷纷开展图书馆计算机化的研究和实践②。20 世纪 70 年代初,美国国会图书馆机读目录 MARC Ⅱ 的成功面世,标志着全球图书馆从传统手工操作阶段迈入计算机自动化阶段③。其后,世界各国图书馆纷纷开展各自 MARC 的研制,为便于各国通过相互交换 MARC 以共享书目数据,国际图书馆协会联合会于 1972 年成立工作组开始研制国际通用机读目录格式。国际图联UNIMARC④ 的发布不仅使全球的书目控制与书目数据共享成为可能,而且使亨利·拉方丹(Henri La Fontaine, 1854—1943)与保罗·奥特勒(Paul-Marie-Ghislain Otlet, 1868—1944)在 19 世纪末提出的编撰《世界图书总目》(Bibiographia Universilis)的乌托邦理想成为现实。20 世纪 80 年代,我国奋起直追,完成了 CNMARC⑤ 的研制,开始步入应用计算机的图书馆自动化时代。

严格地说,20 世纪计算机技术在图书馆的成功应用,是以编目为中心的图书馆业务自动化,或者说是馆员的自动化,其发展变化主要有四个方面。

---

① KARVONEN M J. Medlars: library service with the aid of a computer system [J]. Suomen laakarilehti Finlands Lakartidning, 1963(18):1319 – 1320.

② BENNETT M. A Survey of Computer Application and Usage Problems in Library Processes of Large University Libraries in the United States [D]. Ames: Iowa state University. 1979:7191; KIMBER R T. Progress in computer applications in some British university libraries [C]//Aslib Proceedings. MCB UP Ltd,1966(9):254 – 260; ANDREWS J S. The german library pattern: A survey of recent publications in English on the Federal Republic [J]. International Library Review,1973(4):387 – 399.

③ AVRAM H D. MARC: Its History and Implications [M]. Washington, D. C.: Library of Congress,1975:22.

④ MCCALLUM S. 40 Years of Technology in Libraries: A Brief History of the IFLA Section on Information Technology, 1963/64 – 2003[J]. Information Technology, 2003:64.

⑤ 祁思妍. CN-MARC 的问世及社会效应[J]. 图书馆理论与实践, 1997(4):29 – 30.

1.1.1 联机编目(Online Cataloging)

最早也是在世界上最有影响力的联机编目公用公司是 1967 年成立的俄亥俄州大学图书馆中心(Ohio College Library Center,OCLC)。OCLC 最初只是一个计算机化地区性协作编目网络,主要功能是以俄亥俄州的大学图书馆为主,吸收部分公共图书馆参与,利用电子计算机和书目管理系统建立联机联合目录[①]。其后,随着成员馆不断增加,联机编目业务逐渐从俄亥俄州拓展到全美乃至全世界,于是 OCLC 公司的全称也相继更名为俄亥俄计算机图书馆中心(Ohio Computer Library Center)和现在的世界计算机图书馆中心(Online Computer Library Center)。这种协作模式亦被世界各国图书馆普遍采用。

1.1.2 馆际互借(Interlibrary Loan)

联机编目有两项基本功能:一是实现了编目的标准化和自动化;二是通过加载馆藏信息构建了联合书目中心数据库,使馆际互借发生了质的飞跃,让计算机在图书馆的应用从书目数据共享发展到了信息资源共享。直到今天,这种利用联机编目系统开展纸本馆藏互借的服务仍然十分普遍。

1.1.3 图书馆自动化集成系统(Integrated Library Automation System)

在联机编目系统和馆际互借系统不断发展的基础上,又陆续出现了外借系统和其他业务管理系统,于是,将这些子系统整合在一起的图书馆自动化集成系统在 20 世纪 80 年代应运而生,并成为图书馆自动化的标志。如今图书馆自动化集成系统已经走过了从小型机到 PC 服务器再到云计算部署的不断升级换代和优胜劣汰,其标志性作用也不复存在。我国的图书馆自动化集成系统研制和应用亦大抵如此,全面推动了图书馆的发展和进步[②]。

---

① KILGOUR F G. Computer-based systems, a new dimension to library cooperation[J]. College & Research Libraries,1973(2):137 – 143.

② 陈源蒸. 我国图书馆自动化系统软件的发展[J]. 大学图书馆学报,1993(4):4 – 10,41.

1.1.4 国际联机检索(Online Information Retrieval)

在计算机图书馆阶段,国际联机检索已经出现,最有名的大概要数DIALOG,其主要服务方式是通过国际长途电话拨号的方式访问其二次文献数据库和事实数据库。因为国际长途费用昂贵,使用不便,因此特别强调检索策略和技巧。互联网出现以后,这种国际联机检索迅速退出了历史舞台。

1.2 网络图书馆(Network Library)

20世纪90年代中期以后,席卷全球的信息高速公路建设热潮促使互联网在全世界迅速普及,而网络技术的应用促使图书馆亦迅速地从计算机图书馆阶段迈入网络图书馆阶段。在第一代互联网发展中,网络技术在图书馆的应用是以计算机图书馆网络化为中心的,其有5个最显著的特征。

1.2.1 图书馆自动化系统的互联

庞大的互联网使过去通过电话拨号连线的图书馆自动化系统迅速通过光纤通信网自动互联,完成了图书馆从线下向线上、从现实到虚拟的转变,图书馆网络在全世界普遍兴起。例如,建立在中国教育和科研计算机网(CERNET)基础上的中国高等教育文献保障系统(CALIS)[①]。

1.2.2 图书馆信息资源的数字化

互联网的发展,一方面产生了大量的网络信息资源,另一方面又促使传统的纸质信息资源迅速向数字信息资源转化,电子图书(eBook)、电子期刊(eJournal)、电子印刷(ePrint)的迅速发展开启了线下纸质信息资源向线上数字信息资源的转化。

1.2.3 图书馆传统技术的革命

网络信息资源的迅速发展使建立在纸质信息资源整理基础上的图书馆传统分类编目技术和MARC开始发生革命性的变化,以OCLC都柏林核心集

---

① 李晓明.“中国高等教育文献保障体系”项目正式启动[J].大学图书馆学报,1999(1):2.

（Dublin Core）的出现为标志，元数据（Metadata）迅速成为图书馆信息资源整理的规范，MARC 日渐式微，进而凝固不再发展，甚至被元数据取而代之。

1.2.4　数据商的出现

在图书馆纸质信息资源数字化的过程中，数据库也实现了从书目数据库（Bibliographical Database）向全文数据库（Fulltext Database）的转化，进而催生了以电子期刊或者电子图书为主的各种各样的数据商。于是，网络参考咨询、电子文献传递（Electronic Document Delivery，EDD）迅速成为图书馆服务的潮流。

1.2.5　电子阅读器的流行

电子图书的大量出现使大众化的电子阅读器（eReader）曾风靡一时。国家图书馆、上海图书馆、广州图书馆等国内顶尖图书馆率先提供 iPad、Kindle 等电子阅读器借阅服务[①]。但是，电子阅读器并没有带来许多人想象的那种颠覆图书馆传统借阅服务的情况，相反只是昙花一现，现已成为明日黄花。

在第二代互联网出现以后，网络技术在图书馆的应用并没有出现革命性的变化，不过是增添了一些零零碎碎无关紧要的用户驱动应用而已。

1.3　数字图书馆（Digital Library）

一般来说，数字图书馆与网络图书馆是同义词，是互联网兴起后同一事物的不同称谓，只不过越往后数字图书馆这个术语越来越通行。尽管如此，因为互联网在经历了第一代到第二代的发展以后，第三代的语义网一直只闻其声不见其人，没有产生革命性的突破，而数字技术应用相对来说更为丰富，特别是当数字信息资源的发展超过纸质信息资源时，数字图书馆也就有了超越网络图书馆的特别意义。

如果将 1994 美国国会图书馆的"数字图书馆创始计划"（Digital Library Initiative）视为数字图书馆开端的话，那么 2000 年开始实施的中国数字图书馆

---

① 黄雪婷，李永先，薛伟莲.电子阅读器在图书馆借阅服务中的应用研究[J].图书馆研究与工作,2011(1):22 - 24.

工程则标志着我国迈入数字图书馆行列。经过20年的发展,数字图书馆深入人心,已成为图书馆的基本业态,并给图书馆带来了深远的变化。

1.3.1 图书馆信息资源结构的重构

随着数字信息资源的急剧膨胀,图书馆特别是高校图书馆的信息资源结构发生了深刻的改变,数字信息资源在数量上迅速超过纸质信息资源,一个显著的标志就是数字信息资源的购置经费逐渐超过了纸质信息资源的购置经费①,有的图书馆甚至80%的预算都用于购置数字信息资源。

1.3.2 图书馆数字信息资源整理主导权的丧失

虽然数字信息资源的急剧增长实现了图书馆无时不在的服务理想,但是这个巨大的变化并没有给图书馆带来那种预期的美好,相反,又使图书馆陷入了比19世纪末亨利·拉方丹与保罗·奥特勒编撰《世界图书总目》时更为艰难的资源整理困境:一方面,数字信息资源的巨大增长使图书馆的资源结构发生了根本性改变,为图书馆开展服务提供了极大的便利;另一方面,又使图书馆丧失了过去引以为豪的完整资源所有权,而数字信息资源所有权的丧失则直接导致图书馆失去了数字信息资源整理的主导权,沦为数字信息资源技术与方法的应用者。曾经令我们引以为豪的获得国家科技进步奖的《中国图书馆分类法》《汉语主题词表》等图书馆主导的信息管理技术和方法迅速被人淡忘,成为昨日的辉煌和美好的追忆。

1.3.3 图书馆信息资源建设的三重困境

在信息资源建设上,因为数字信息资源会取代纸质信息资源的预言一直主导图书馆资源建设的方向,图书馆界普遍罔顾新世纪以来纸质信息资源的出版和数字信息资源的增长比翼齐飞的现实,也不愿意相信近年来建立在纸质信息资源基础之上的数字信息资源的增长已日显颓势,且呈现出因接近极限而萎缩的事实,以至于图书馆的资源建设失去或者正在失去纸质与数字的

---

① 吴汉华,王波,古永洁.2019年中国高校图书馆基本统计数据分析[J].大学图书馆学报,2020(6):49-54,70.

结构平衡。

在信息资源整理上,因为知识产权保护和商业利益保护,大量数据库成为星罗棋布的信息孤岛,丧失数字信息资源所有权的图书馆再次陷入如同 19 世纪末亨利·拉方丹与保罗·奥特勒编撰《世界图书总目》时无力整理世界文献一样的困境。这个困境比以往更为严峻,图书馆面对大量的数字信息资源束手无策,而试图实现纸质资源与数字资源关联也只能寄希望于数据商或者系统商的恩典。

在信息资源保存上,数字资源的长期保存一直是一个世界难题,现有的各种方法都经不起时间的考验。作为保存人类文化遗产和知识资产的社会机构,图书馆在履行这项社会职能的过程中更加艰难。

1.3.4　数字资源技术的发展

面对海量分散的数字信息资源,数据商和系统商相继开发了一系列技术和方法。在信息资源的检索上,从联邦检索(Federal Search)到知识发现(Knowledge Discovery),实现了跨库检索的飞跃,然而元数据的收割(Harvest)和元数据仓库的建设始终是不完全的,因此,知识发现也是受限的。在信息资源的揭示上,数据关联技术的应用拓展了揭示的深度和广度,而可视化技术则提高了揭示的显示度。在此基础上,近年来整合各种资源管理的新一代图书馆服务系统正在兴起,图书馆服务系统正在由以馆员为中心走向以用户为中心,从封闭的系统走向开放的平台。

1.3.5　数字人文成为时尚

数字人文由来已久,新世纪以后图书馆逐渐开始重视数字人文。近十年来,因为数字技术的日益丰富和普遍可用,图书馆界纷纷以馆藏特色资源为基础开展数字人文建设,并从中找回了过去掌握信息资源整理主导权的感觉。只不过数字人文仍然是一个比较狭小的领域,影响面有限,尚不能改变图书馆的现实困境。

1.4　移动图书馆(Mobile Library)

近十年来,移动通信技术的飞速发展,智能手机、二维码和全球定位系统

(GPS)的普遍应用,使网络图书馆和数字图书馆的功能得到了巨大的提升和拓展。虽然移动图书馆在本质上仍然属于网络图书馆和数字图书馆的范畴,但是,移动图书馆实现了网络图书馆和数字图书馆从有线到无线、从 PC 到手机的转变,这种转变给图书馆带来了前所未有的变化。

1.4.1　图书馆服务无时不在、无处不有

iPhone 和 Android 智能手机的迅速普及,使个人计算机以及 iPad 黯然失色,从 3G 网络到 4G 网络,再到 5G 网络,移动通信网络的每一次升级换代,都为移动图书馆服务提供了新的发展和想象空间,无时不在、无处不有的图书馆服务理想已经成为现实。

1.4.2　图书馆成为一个移动的开放服务平台

智能手机和无线通信网络的发展使移动图书馆拥有了许多只要想到就能做到的可能。庞大的手机用户数量、简捷的接入方式、人性化的交互操作、触手可及的体验,增强了图书馆服务的普遍可用性;从微信、抖音等社交网络,到二维码、移动支付和实时定位等功能延伸,各种手机 APP 服务层出不穷,移动图书馆迅速成为一个开放的图书馆服务平台。

1.4.3　移动阅读成为数字阅读的主流

移动技术的发展使以个人计算机和手持阅读器为终端的网络阅读风光不再,手机阅读成为数字阅读的时尚和主流,阅读更加碎片化和大众化。随着大量免费、廉价、新颖的手机版数字图书的涌现,大众几乎丧失了阅读图书馆数字图书的兴趣,图书馆的数字信息资源重新回到了专供学术研究的"贵族"式服务老路。

1.5　智慧图书馆(Smart Library)

伴随人工智能技术的进步,智慧图书馆开始从概念构建[①]走向实践探索。

----

① CAO G,LIANG M,LI X. How to make the library smart? The conceptualization of the smart library[J]. The Electronic Library,2018(5):811 – 825;王世伟. 论智慧图书馆的三大特点[J]. 中国图书馆学报,2012(6):22 – 28.

智慧图书馆一词发端于美国,普遍使用的英文名称为 Smart Library,近年也有不少人使用 Intelligent Library,国人将二者均译为智慧图书馆。其实,Smart 的意思是聪明,Intelligent 是智能,二者虽然都有智慧的意思,但是并没有达到智慧的程度。对应人工智能的弱人工智能、强人工智能和超人工智能三个阶段,二者最多只分别相当于前两个阶段。因此,具有超人工智能的智慧图书馆离我们仍然十分遥远。

有学者认为"图书馆行业能否抓住智慧图书馆的建设机遇,将成为图书馆是否有未来的分水岭"[①],甚至提出了智慧图书馆将颠覆图书馆的论断。这种认识对于唤起图书馆界对智慧图书馆的重视具有积极的意义,但是,正如机器人将控制人类一样,颠覆图书馆的论断至少在现在和不远的将来最多只能成为科幻片的脚本。因为图书馆是否有未来,是否有存在和发展的必要,并不取决于技术,而是取决于图书馆的社会价值和社会职能。只要图书馆的社会价值和社会职能存在,不论图书馆发展到什么程度什么形态,图书馆都会依然存在,并且不断生长。

2 管理维度:智慧图书馆是图书馆的一个生长过程

图书馆是一个生长着的有机体,智慧图书馆并非横空出世,而是图书馆管理不断进化的一个生长过程。21 世纪以来,因为信息技术的普遍应用,图书馆管理的智慧元素也在不断生成和进化,因为这些智慧元素的存在,智慧图书馆的建设才成为可能。今天看来,这些图书馆管理的智慧元素基本上囿于简单、重复、繁重的图书馆体力工作领域,其生长点源于电子磁条技术和 RFID 技术的普遍应用。

2.1 流通:自助借还

20 世纪 90 年代,3M 公司在利用电子磁条技术开发图书馆防盗门禁系统

---

① 刘炜,陈晨,张磊. 5G 与智慧图书馆建设[J]. 中国图书馆学报,2019(5):42 – 50.

的基础上进一步开发了以电子磁条为基础的自动借还系统（Self-check Library System）与设备,并在新加坡国家图书馆和美国拉斯韦加斯图书馆全面应用[①],其后自助借还系统便为图书馆普遍应用。

新世纪以后,RFID 技术迅速发展,RFID 芯片在图书馆的应用迅速扩大,兼具电子磁条防盗功能和 RFID 书目数据存取功能的第二代磁条开始流行。于是,在自助借还终端的基础上,涌现了可直接利用书架立板镶嵌设备就近办理图书外借的智能新书架（Self-check Bookshelf）,以及用户可以凭借短信密码自助收取预约图书的智能预约书柜（Self-check Reserve Book Cabinet）。智能预约书柜既可以放置在馆内,也可以放置在图书馆服务社区内其他方便用户取书的场所,如教学楼、体育馆、食堂、宿舍,使图书馆的无人值守服务从馆内延伸到了馆外。

此外,利用 GPS 等技术研发的无人驾驶智能书车（Driverless Intelligent Book Car）也已经出现,实现无人服务的状态下送书上门。

2.2 分拣:自动传送

在自助借还系统发展的同时,以 RFID 技术为主的自动分拣系统与装置亦随之兴盛。新的自动化图书分拣系统（Automated Book Sorting System）、自动化图书传送系统（Automated Book Conveying System）,乃至图书分拣机器人（Book Sorting Robot）,既节省了人力,又提高了效率,深受图书馆欢迎。这类系统设备以欧洲的产品最为先进,近年来我国发达城市的新建图书馆已有采用,国内的相关公司亦在引进或者研发。

2014 年起广州图书馆由于应用了自动分拣系统,每天流通的 3 万册图书上架时间由原来的2—3 天缩短到1—3 个小时[②];2020 年上海交通大学的学者

---

① BOSS R W. RFID Technology for Libraries[J]. Library Technology Reports,2003(6):1.

② 王永东.图书自动分拣系统在图书馆的应用——以广州图书馆为例[J].图书馆论坛,2015(5):84－88.

利用计算机视觉对传送带上的图书封面进行精准地识别和分拣①;2020 年底,广东省立中山图书馆主导建设的图书采分编智能作业系统正式安装使用,可自动完成图书加工与验收、智能化分类编目、图书典藏与分拣等功能②。这种智能作业系统如果能够成功推广应用,将实现图书从加工、典藏到流通全过程的自动化,作为传统图书馆业务核心的采编工作的确会被颠覆。

与此同时,衔接自动分拣系统的自动传送系统也成为现实,有的欧洲图书馆新馆已经全面采用密布全馆的自动传送导轨,可使新书和读者归还的图书送达到每个楼层指定的上架地点。

早在新世纪初,德国洪堡大学图书馆就已经研发和应用了利用电磁标签感应引导的自动传送机器人,将自动分拣后的图书送达各个楼层的指定位置③。最近几年,利用 RFID 和新的定位技术研发的智能传送机器人已有多种产品出现,可在图书馆各楼层自由穿行,自动回避行人和障碍物,将新书和读者归还的图书送达图书馆的各个指定位置,极大地节省了人力。

2.3 排架:自动清点

新世纪以后,以 RFID 为基础的智能书架和智能书车已经出现,国内以深圳图书馆为最早应用。馆员既可以利用智能书车的自动感应提示,将推送的图书准确上架,又可以利用智能书车的扫描设备整理书架④,从而减少人工失误,提高排架效率。

近些年,各种各样的自动盘点机器人纷至沓来,开始应用于图书馆的辅助

① SHI X,TANG K,LU H. Smart library book sorting application with intelligence computer vision technology[J]. Library Hi Tech,2021(1):220 – 232.
② 王惠君,吴昊,潘咏怡,等.图书采分编智能作业系统的研究与应用[J].图书馆论坛 2021(1):58 – 63.
③ Eckart Schulz. The Eternal Race Between Hare and Hedgehog[J]. In:BuB:Forum Bibliothek und Information,2018(2/3):114 – 115.
④ 林晓玲,杨明华.RFID 图书管理系统中图书定位排架方式探析[J].图书馆论坛,2012(3):102 – 104,131.

排架和资产清查。南京大学图书馆的智能盘点机器人实现了激光导航定位、逐排逐层逐本定位图书、突破盘点时间限制等功能,取得了比较好的实践效果。与传统图书盘点方式相比,机器人盘点在成本、效率和准确率、盘点工作的常态化以及创新服务等方面都具有一定的优势①。

宾夕法尼亚州立大学介绍了一种利用深度学习和文字识别技术来识别书架照片上每本图书,再与馆藏信息进行比对,从而为馆员提示错误排架图书的方法,在试验中取得了较好的效果②。

2.4　典藏:智能书库

随着 RFID 技术的普遍应用和工业机器人技术的逐步成熟,最近十余年自动存取系统(Automated Storage and Retrieval System,ASRS)成为智能图书馆中发展最成熟的应用之一。智能书库采用堆垛式或多穿式书库设计,利用 RFID、自动堆垛机、智能穿梭车、全自动分拣机和传送系统等完成图书的出库入库,并通过与图书馆自动化集成系统及自助终端的对接,实现图书的自助存取。

2011 年,芝加哥大学图书馆新馆(the Joe and Rika Mansueto Library)落成开放,其地下高密度自动存储书库、自动检索系统和自动传送机器人起重机(robotic cranes)的成功应用③,开启了智能书库的新时代。其后,类似的智能书库开始在美国的多个新建储存图书馆中采用。

2019 年,苏州第二图书馆开馆,启用了国内首个大型智能化书库,通过智

---

① 樊慧丽,邵波. 智能机器人图书盘点创新实践与思考——以南京大学图书馆为例[J].图书馆,2018(9):96 - 100.

② YANB X,HE D,HUANG W,et al. Smart library:Identifying books on library shelves using supervised deep learning for scene text reading[C]//2017 ACM/IEEE Joint Conference on Digital Libraries (JCDL). IEEE,2017:1 - 4.

③ The University of Chicago Library. Automated Storage and Retrieval System-The Joe and Rika Mansueto Library[EB/OL]. [2020 - 12 - 21]. https://www. lib. uchicago. edu/mansueto/tech/asrs/.

能机械手臂、全自动运送轨道等技术实现了文献存取的自动化①。

2.5 服务:无人值守

无人值守是智慧图书馆的一项重要特征,其中最为显著的应用是自助图书馆,它是改变 21 世纪中国公共图书馆进程的十大创新之一②,目前主要有两种类型。

2.5.1 24 小时自助图书馆

24 小时自助图书馆(24h Self-service Library)主要是利用 RFID 自助借还系统、电子办证系统、出入门禁系统和电子监控系统,在图书馆主楼外附属建筑或者其他场所,设立 24 小时开放的独立空间,供用户自助借还图书。此类无人值守 24 小时自助图书馆始于 2005 年东莞图书馆新馆落成开放之际,迄今已有十多年的历史。其后,各地图书馆在此基础上建立了多种方式的无人值守 24 小时自助图书馆。

2.5.2 城市街区 24 小时自助图书馆

城市街区 24 小时自助图书馆(24h Self-service Library Station)是一种新型图书馆发展模式,由深圳图书馆创造发明。深圳图书馆新馆落成开放时已经全面采用 RFID 自助借还系统和定位排架系统,并研发了智能书车等产品。在此基础上,深圳图书馆于 2008 年研发了类似 ATM 的集数字化、人性化、智能化为一体,具备自助借书、自助还书、申办新证、预借服务、查询服务等功能的城市街区 24 小时自助图书馆。每套城市街区 24 小时自助图书馆设备占地不足 10 平方米,可容纳约 2000 本图书,辅之以物流配送系统,可根据需要布置在商场、地铁站、社区、景区等室内室外各类场所,是构建覆盖城乡公共图书馆服务体系和服务网点的中国公共图书馆重大创新。这一模式被国内许多大中

---

① 金德政.苏州第二图书馆:一座来自未来的图书馆[J].文化月刊,2020(8):94 - 96.

② 程焕文,彭嗣禹,高雅,等.改变 21 世纪中国公共图书馆进程的十大创新[J].图书馆杂志,2018(11):26 - 34.

城市采用,成为中国公共图书馆建设的一道靓丽风景线,令世界图书馆瞩目。如今,城市街区 24 小时自助图书馆已经发展到第三代,更具智慧的第四代产品亦在酝酿之中。

总而言之,从自助借还、自动分拣、智能传送到智能书库、自助图书馆,图书馆的整个图书流通过程都已经实现了不同程度的智能化。从电子磁条、RFID 到 OCR、人脸识别,每一次新技术的应用都在不断推进图书馆的智能进化。这个进化过程是一个从点到面、从小到大的生长过程。因此,智慧图书馆不过是计算机技术、网络技术、数字技术、人工智能技术等现代技术在图书馆应用自然而然、水到渠成产生的必然结果。

3 技术维度:智慧图书馆是图书馆的一种生态体系

智慧图书馆是图书馆的一个发展阶段和生长过程,虽然现在已有多个智慧元素存在,但是,智慧图书馆将来究竟会长成什么模样仍然处于探索之中。Folio、超星智慧图书馆、维普智图等产品描绘了各自的蓝图,中国国家图书馆也制定了发展规划。从目前可以利用的技术和可以预见的未来来看,智慧图书馆应该是图书馆的一个生态体系,一个由智慧平台、智慧空间和智慧服务三部分有机结合构成的智能化图书馆生态体系(见图 1)。

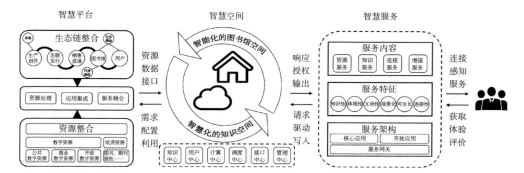

图 1 智慧图书馆生态体系结构图

3.1 智慧平台

智慧平台是智慧图书馆的体系结构。无论是计算机图书馆,还是网络图书馆、数字图书馆、移动图书馆,图书馆自动化系统和服务平台始终囿于图书馆,基本上是自循环的封闭系统与服务平台。智慧平台应该是一个整合从作者→出版商→发行商→馆配商、数据商→图书馆→读者全知识生态链中的各种系统,整合纸质资源与数字资源、公共资源与商业资源,整合公共服务与增值服务,可根据需要装配各种应用的开放平台。这样的智慧平台具有浓厚的大一统乌托邦色彩,虽然不能一蹴而就,但是新开发的智慧图书馆平台已经朝着这个方向迈进,贯通知识生产、资源采购、知识服务、知识利用上下游的系统平台已经初现端倪。智慧平台是智慧图书馆的核心和关键,其主要功能应该包括生态链整合、资源整合和资源处理三个方面。

3.1.1 生态链整合

从计算机图书馆到智慧图书馆的发展过程中,技术催生了众多的图书馆系统和应用,分别连接了知识服务生态链的不同实体,解决了一些具体的应用问题。这些系统和应用彼此相关,但处于分散、孤立,甚至被刻意割裂的状态。智慧图书馆的首要目标就是要通过智慧平台的设计,将图书馆服务生态上下游的所有资源、所有应用和所有服务整合到一起,形成一个有机的整体,连接知识的创造者和知识的利用者,从而实现知识资源全生命周期的跟踪、管理和服务。

生态链的整合并不是一件简单的事情,也不是单纯依靠智能技术的应用就可以解决的,在制度层面、利益层面和技术层面都有着非常多的问题与限制。

(1)版权问题。版权既是图书馆得以产生和发展的一个原因,也是图书馆深入发展、拓展服务的巨大障碍。在数字图书馆的建设过程中,绝大部分数据库商、系统集成商、服务供应商为了版权利益,都不愿意开放数据,制造了许多壁垒。在智慧图书馆时代,图书馆界一方面要深入研究、联合行动、推动相关法制建设,另一方面也要充分利用智能技术的倒逼效应促使数据的合理开放。

(2)数据融合问题。多源异构的开放数据,需要清洗、加工和融合,才能真正地发挥作用。如何协调全行业共同制定数据标准、规范体系和应用模式,需要从一开始就跳出单个图书馆、单个智能应用的狭隘视野,从公共利益的角度出发,才能走出一条长远之路。

(3)服务方式问题。如何利用先进的技术手段和商业模式去设计并实现一个智慧平台,让生态链的利益相关者主动参与进来,提供服务、获取服务并实现价值追求,需要创新。Folio 的社区驱动模式、维普智图的联盟模式、超星智慧图书馆的开放应用市场模式都在尝试走出一条新路。

3.1.2 资源整合

联邦检索、知识发现、数据开放、纸电合一等归根结底是资源整合的问题。智慧图书馆的主要任务就是资源整合,资源整合到什么程度,代表了智慧图书馆建设到了什么程度。智慧图书馆要整合的资源主要包括馆藏纸质资源、数字资源,数字资源中主要有公共数字资源、商业数字资源和开放数字资源。这些资源如何才能整合到一起,迄今仍无良策。从技术的角度而言,目前已经具备了相应的条件,但资源整合真正的困难还是在制度安排和服务设计层面。

(1)资源所有权问题。新世纪以来,网络化、数字化给图书馆带来的一个革命性变化就是图书馆知识资源主权的异化[1],图书馆不拥有资源,甚至不拥有元数据。智慧图书馆的研究和建设,必须挑战这个残酷的现实,不管是联合起来推动变革、还是花大力气去购买,或者是一点一滴地积累,都应使图书馆重新拥有资源。图书馆只有拥有资源、拥有数据,才拥有未来。

(2)资源开放问题。如何确保第三方资源的长期开放、稳定开放和最大限度地开放,需要深入的思考和实际的行动;如何落实已整合资源的合理开放、免费开放和有效开放,以实现最大化的利用,同样需要对开放制度、产权保护、

---

[1] 程焕文,刘佳亲.图书馆学研究的使命、问题与方向[J].图书情报工作,2020(1):20-24.

权限控制、质量管理等方面的问题进行深入的研究。

（3）开放技术问题。智慧平台将不再是封闭的系统，而是开放的、不断增长的；资源和数据应该是完整的、准确的；接口应该是标准的、规范的。

3.1.3　资源处理

智慧图书馆的关键环节是从资源组织到资源发现，再到资源获取到资源处理。智慧平台要应用大数据、自然语言处理、语义网、知识图谱及其他智能技术的最新成果，提高资源处理的能力和水平，以实现资源的深度关联、内容的挖掘分析和知识的有效表达。

（1）资源关联。当前知识资源的组织在理论研究和实践探索上主要聚焦于怎样找到资源之间的关联性、怎样采用合适的技术将其关联起来，从而实现更好的检索，以便用户进一步地分析、发现和利用。例如建立知识本体，抽取人物、地点、时间、事件等命名实体，建立关联数据或知识图谱。这是智慧图书馆目前能够开展并且可以完成的任务，也是智慧图书馆建设中寸辖制轮的一环。

（2）内容挖掘。图书馆界对内容的挖掘在特定的领域已经有一些浅层次的探索和应用，但就整体应用情况而言，仍然严重依赖人的作用。机器自动内容分析与挖掘是智慧图书馆的发展方向，且有很长的路要走。

（3）知识发现与表达。一方面当前资源发现仍以分类浏览、关键词匹配为主，缺乏关联发现、自动发现的机制，需要加强新一代知识组织技术的应用，推动知识库的建设。另一方面，如何通过可视化、图谱化、场景化等方式，将发现结果进行更具表达力的呈现，仍需寻找突破口。

3.2　智慧空间

智慧空间是智慧图书馆的形态标志，是智慧图书馆的重要元素，具有承担物理平台、业务中台、数据中台、技术中台的作用。

3.2.1　智慧服务空间

如前所述，自助借还、自动传送、智能书库、自助图书馆等已经使图书馆的空间具有了初步的智能化,在智慧图书馆的建设中,智慧服务空间的建设将是重点。

智慧服务空间是充分应用智能设备与感知技术,具备灵活重组能力、高速接入能力和快速响应能力的,支持用户无障碍利用的,能满足用户多样化空间需求的物理实体空间。智慧服务空间应该具备以下特点。

(1)以用户需求为中心。在关注"增强用户体验"[①]的同时,把满足用户需求放在第一位,通过环境感知和用户感知技术,实现图书馆空间的公平、合理利用。

(2)以智能技术为主导。智能化的空间应该具备包括网络接入能力、知识资源接入能力、设施设备接入能力、服务接入能力在内的高速接入能力,使之具有灵活性和可变性,从而满足用户多样化、个性化的需求。

(3)以人性化服务为目标。智慧服务空间可以是无人值守的服务空间,但是这种空间需要高度的智能化,从而消除普通民众的信息技术障碍,以确保民众平等利用图书馆的权利。智慧服务空间不可以只是无人值守的服务空间,无人服务只是一种便利并不高级,馆员是最具智慧的服务者,做到静默服务和更及时精准的馆员响应服务,才是智慧服务的高级状态。

3.2.2 智慧知识空间

智慧知识空间是实现知识资源存储、配置和调度,进行用户信息管理、画像和认证,执行数据处理和智能计算,并连接智慧平台和实体空间,为智慧服务提供接口的在线虚拟空间。智慧知识空间应具备以下功能。

(1)知识中心。智慧知识空间首先是一个知识中心,采用主流资源描述框架将智慧平台整合、处理的知识资源融合在一起,并利用大数据技术、知识关联技术、数据库技术等进行组织和存储,形成中央知识库。

(2)用户中心。实现用户基本信息、个性化数据、行为数据、用户画像数据、用户日志等用户数据的组织与存储,提供用户管理、认证等功能。

---

① 单轸,邵波.图书馆智慧空间:内涵、要素、价值[J].图书馆研究,2018(11):2-8.

（3）计算中心。以分布式的架构融合大数据清洗和查询、自然语言处理、神经网络、深度学习等多种技术,针对不同的数据处理要求不间断地提供计算与分析服务,包括数据检索、实体抽取与连接、用户画像、数据统计等。

（4）应用中心。用开放框架实现各类服务应用的注册、管理和发布;通过版本控制、资源权限定义和消息处理功能,实现资源和服务的全局调度。

3.3　智慧服务

智慧服务是智慧图书馆的终极目标。怎么样实现图书馆服务的智慧化,从而创造价值、提升效能,依赖于智慧服务体系的良好设计和运行。智慧服务既是智慧图书馆的服务方式和手段,也是智慧图书馆的服务目标,其关键在于服务设计,对外表现为一系列智能软件应用。

3.3.1　服务内容

智慧图书馆可以提供哪些智慧服务?无论是美国高校图书馆提供的智慧检索、学科服务、智慧推荐、智慧参考咨询、空间服务、移动图书馆、资源获取智慧化和隐私保护等智慧服务[①],还是国内高校图书馆提供的微信公众号、移动图书馆、智能机器人、自助式服务系统、慕课课程收集开发、一站式学术搜索、个性化定制、信息共享空间等新型智慧服务内容[②],都是数字图书馆发展现状的描述,并非智慧图书馆未来的智慧服务发展方向。智慧图书馆的智慧服务应该包括四个方面的内容。

（1）资源服务。资源服务依旧是智慧服务的根本,智慧图书馆的建设应该更好地整合资源、组织资源和发现资源,以帮助用户更容易、更快速、更高效地利用图书馆的资源。

（2）知识服务。知识服务不等同于知识资源服务,而是在资源服务的基础

---

①　曾光,明均仁,邓梅霜.美国高校图书馆智慧服务发展现状调查及启示[J].图书馆学研究,2018(13):83 - 96.

②　雷红刚."互联网 + "下国内高校图书馆智慧服务对比研究[J].新世纪图书馆,2018(12):53 - 55,81.

上,进一步实现知识提取、组织和发现,为用户提供精准的知识内容。

（3）连接服务。连接服务是一种技术服务,可以使智慧图书馆支持多平台、多终端,降低用户利用图书馆的门槛,并增强体验性。通过连接服务,可以让用户便捷地连接和利用图书馆的智能设施设备,如 RFID、智能书架、智能门禁与人脸识别、智能展示、智能监控、智能机器人等,实现入馆预约、座位预约、空间利用、语音参考咨询等功能;也可以让用户连接到社交网络等第三方平台,实现智慧服务场景的嵌入与融合。

（4）增值服务。增值服务是智慧图书馆实现基本职能之外,为了更好地服务用户,而基于资源优势、数据优势和平台优势为用户以及第三方机构提供的增值服务,包括用户个人活动管理、用户评价、信用积分、数据报告、阅读报告、学科分析、自动查新与科技报告等。

3.3.2　服务特征

智慧服务采用灵活的软件架构支撑多变的应用需求,满足用户获取资源和服务、体验和评价智慧图书馆的需求。智慧服务应具有以下特征。

（1）知识性。以知识服务为核心,为用户提供精准资源获取、资源管理工具及其利用场景、知识关联与分析、个性化服务等不同层次的知识服务。

（2）体验性。面向多平台、多终端,支持移动化、虚拟化、扩展现实、智能交互等技术的接入,强调服务的易用性、体验性和友好性,为用户提供与外部环境一致的体验。

（3）互动性。融合社交网络和第三方服务,为用户提供功能完备、体验良好的虚拟交流空间,通过智能问答机器人、线上馆员提供互动和知识支持服务。

（4）场景化。根据用户不同的工作、学习场景,设计不同的服务模式和内容供用户选择,更好地满足不同场景下不同用户的需求。

（5）可生长。采用灵活的软件架构,实现智慧应用的敏捷开发、多元开发和快速部署,支持智慧应用的可定制、可拓展和可卸载,形成可持续生长的智慧服务应用体系。

（6）连接性。实现与智能设备、虚拟空间的连接，满足用户利用智能化的图书馆空间设施设备和个人智能设备、连接社交媒体及第三方互联网应用的需求，并提供线上和线下、智慧图书馆网内和网外的融合功能。

3.3.3　服务架构

为了快速响应变化、满足用户的多样化需求、吸引行业内外不同组织和个人参与到智慧应用的开发之中，智慧服务软件支撑体系必须支持共享数据、多源开发、快速交付、可扩展性和高度自治等特性。目前采用分布式服务治理框架，如以微服务（Micro Service）、服务网格（Service Mesh）或无服务器（Serverless）等来作为智慧服务的支撑架构是构建智慧图书馆服务架构的基本方式，例如，Folio 采用了 Vert.x，超星智慧图书馆采用了 Spring Cloud。简单而言，智慧图书馆的服务架构包括三个部分内容。

（1）服务网关。在系统中，用户的一个服务请求可能涉及多个应用，例如，查询一篇论文，可能要获取论文的基本信息、原文调度、相关推荐、利用统计、用户评论信息等，这些信息往往来自多个不同的服务接口，这些服务接口之间就需要相互调用来完成用户的请求，这时就产生了逻辑复杂、认证重复、跨域障碍、效率低下等问题，所以需要设立一个服务网关，接收所有请求并进行服务接口的调用，从而实现统一接入和安全调度等功能。

（2）核心应用。核心应用是针对智慧图书馆基本功能和核心业务而开发的一系列应用，满足用户利用智慧图书馆的基本需求，包括面向馆员的核心应用，如采访、编目、电子资源管理、流通、机构典藏、用户管理、空间管理、知识库管理、统计分析等，也包括面向用户的核心应用，如预约续借、发现系统、数字资源访问、新闻资讯、服务信息、个人图书馆等。需要说明的是，核心应用由于功能明确、模式成熟、升级不频繁，所以并不一定要采用微服务架构来实现，例如，有些智慧图书馆产品会采用传统模式来开发核心应用功能，并将其集成到知识空间中去，仅在智慧服务层面提供一个用户界面。

（3）开放应用。开放应用是智慧图书馆的一大创新，是以用户为中心服务理念的实际转化。这些应用放置在开放的应用市场之中，除了厂商开发的应用之外,任何第三方组织和个人均可以按照开发规范、使用配套开发工具来定制和上传自己的应用。不同的用户可以选择加载不同的应用,也可以随时卸载应用。据不完全统计,超星智慧图书馆和维普智图上线的应用已经超过100个,如学科分馆、学术头条、智能采选、活动管理、预约服务、读者咨询、积分服务等。

因技术的变化和应用场景的千差万别,智慧图书馆还可以有很多想象,给人百馆百样、千人千面的不同体验。但千变万化不离其宗,智慧图书馆要实现的就是通过一个智慧平台,连接图书馆的实体空间和虚拟知识空间,为读者提供智慧服务。

4 结 语

"人工智能的发展还处于早期阶段,但最终它将改变图书馆员的工作,或使之变得无关紧要"①类似的论调自20世纪70年代以来就不绝于耳,人工智能技术的确终将改变图书馆员的工作,但是,绝不是使图书馆员的工作变得无关紧要,而是使图书馆员的工作变得更加重要,因为智慧图书馆不是颠覆图书馆,而是助力图书馆,使图书馆能够更加充分地实现其社会价值,发挥其社会职能。

智慧图书馆,说起来很神,听起来很玄,做起来很难,其实不过是图书馆的一个发展阶段,一个生长过程,一种生态体系。简而言之,智慧图书馆就是图书馆的智能化。人工智能技术将给世界和图书馆带来的深刻变化,是挑战,更是机遇。拥抱新技术,把握新机遇,积极参与智慧图书馆建设,图书馆才会有美好的明天。

---

① BELL S. Promise and peril of AI for academic librarians [J/OL]. Library Journal, From the Bell Tower, available at: https://www. libraryjournal. com/? detailStory = promise-and-peril-of-ai-for-academic-librarians-from-the-bell-tower, 2016.

全球宣言

关于《公共图书馆宣言（2022）》中译本的若干问题[*]

　　公共图书馆自 19 世纪 50 年代在英美兴起后迅速风靡欧陆,进而传遍全球,成为社会教育的核心力量,成为实现和保障民众的教育、文化与信息平等权利和自由权利的基本力量。1948 年,联合国大会通过并颁布《世界人权宣言》,为了促进和平和社会与精神福祉,联合国教科文组织于 1949 年 5 月 16 日颁布《公共图书馆:民众教育的有生力量》(*The Public Library:A Living Force for Popular Education*)[①],宣示公共图书馆在民主社会中的价值和作用,以推动全球公共图书馆的发展。《公共图书馆:民众教育的有生力量》是为《公共图书馆宣言》的肇始,亦即人们所称的 1949 年版《公共图书馆宣言》。20 年后,鉴于社会的发展变化,特别是全球平等权利和自由权利运动的发展,联合国教科文组织对《公共图书馆:民众教育的有生力量》进行了修订和更名,于 1972 年正式颁布《联合国教科文组织公共图书馆宣言》(*UNESCO Public Library Manifesto*)。因为历史原因,1949 年版和 1972 年版《公共图书馆宣言》对我国图书馆界几乎没有任何影响。

　　鉴于社会和公共图书馆的发展变化,国际图书馆协会联合会(International Federation of Library Associations and Institutions,简称 IFLA,以下简称"国际图联")在 1991 年的莫斯科年会上提出修订《联合国教科文组织公共图书馆宣

　　[*]　程焕文.关于《公共图书馆宣言（2022）》中译本的若干问题[J].图书馆建设,2022(6):10 − 29.

　　[①]　The public library:A Living Force for Popular Education [EB/OL].[2022 − 11 − 06]. https://unesdoc. unesco. org/ark:/48223/pf0000147487? posInSet = 1&queryId = e21e70c3-b01b-4dbb-b2a4-be9e5d9d6ea9.

言》。在联合国教科文组织的认可和支持下,国际图联于1994年正式发布修订版《国际图联－联合国教科文组织公共图书馆宣言(1994)》(*IFLA-UNESCO Public Library Manifesto 1994*①,以下简称《公共图书馆宣言(1994)》)。从此,《公共图书馆宣言》成为国际图联与联合国教科文组织共同的公共图书馆纲领和国际图联公共图书馆政策的基石,国际图联亦成为推动《公共图书馆宣言》实施的全球倡导者和引领者,极大地促进了全球公共图书馆的繁荣发展。《公共图书馆宣言(1994)》发布时正值我国公共图书馆有偿服务迅速兴起并开始席卷全国之际,我国公共图书馆的非理性发展与《公共图书馆宣言(1994)》宣示的全球公共图书馆价值发生了剧烈的冲突,并因此在新世纪中国公共图书馆迈入第二个一百年之际点燃了我国再次掀起新图书馆运动的导火索。毫无疑问,新世纪的新图书馆运动是一场倡导和推广《公共图书馆宣言(1994)》思想和公共图书馆理念的运动,极大地宣传了人类共同的公共图书馆价值,有力地促进了我国公共图书馆的健康发展②。

2000年9月,在联合国首脑会议上,189个国家签署了《联合国千年宣言》(*The United Nations Millennium Declaration*)并一致通过旨在2015年前共同实现8项目标的《千年发展目标》(*Millennium Development Goals*,简称MDGs)计划。在千年发展目标即将达成时,国际图联积极参与联合国新发展目标计划的制定,将图书馆的发展融入全球可持续发展目标之中。2015年,联合国正式发布《改变我们的世界——2030年可持续发展议程》(*Transforming Our World: the 2030 Agenda for Sustainable Development*,以下简称"联合国2030年议程"),提出17项可持续发展目标(Sustainable Development Goals,简称SDGs)。2016年,国际图联开始实施《国际图联国际宣传计划》(*The International Advocacy*

---

① IFLA-UNESCO Public Library Manifesto 1994[EB/OL].[2022-11-06]. https://repository.ifla.org/handle/123456789/168.

② 程焕文.权利的觉醒与庶民的胜利——图书馆权利思潮十年回顾与展望[J].图书馆建设,2015(1):26-38;程焕文,高雅,刘佳亲.理念的力量:中国公共图书馆迈入黄金时代——纪念《公共图书馆宣言》颁布25周年[J].图书馆建设,2019(3):14-19.

Programme，简称 IAP）（2016—2018），以促进和支持图书馆在规划与实施联合国可持续发展目标中发挥作用①。与此同时，鉴于社会和信息技术的发展变化，为了更好地推动公共图书馆为实现联合国可持续发展目标做出贡献，国际图联开始启动《公共图书馆宣言（1994）》的修订工作。在联合国教科文组织全民信息计划（UNESCO Information for All Programme，简称 IFAP）②的支持下，国际图联公共图书馆专业组（Public Library Section）通过开展全球调查研究和广泛征求意见，完成了宣言的修订。2022 年 7 月 18 日，经联合国教科文组织批准③，国际图联正式发布英文版《国际图联 – 联合国教科文组织公共图书馆宣言（2022）》（*IFLA-UNESCO Public Library Manifesto 2022*）④，并相继发布法文、阿拉伯文、中文、德文、西班牙文等 11 种语言的译本，同时，鼓励更多国家提供其他语种的译本，以促进宣言的广泛宣传推广⑤。

国际图联正式发布的中文版《国际图联 – 联合国教科文组织公共图书馆宣言（2022）》⑥（以下简称"图联本"），既是 2022 年版的第一个中译本，也是最为权威的中译本。尽管如此，图联本的译文并不理想，因此，《中国图书馆学报》编辑部于 2022 年 8 月 8 日在其官方微信公众号平台上发布《中国图书馆学报》编辑部译、吴建中审校的《国际图联 – 联合国教科文组织公共图书馆宣言 2022》中译本（以下简称"审校本"），8 月 12 日又以"中国知网"论文首发的方式再次网络发

① 程焕文.图书馆之社会与社会之图书馆——国际图联与《联合国 2030 议程》[J].中国图书馆学报,2021(2):21 – 28.

② UNESCO Information for All Programme [EB/OL]. [2022 – 11 – 06]. https://en.unesco. org/programme/ifap.

③ IFLA-UNESCO Public Library Manifesto presented at the Transforming Education Summit [EB/OL]. [2022 – 11 – 06]. https://www. unesco. org/en/articles/ifla-unesco-public-library-manifesto-presented-transforming-education-summit.

④ IFLA-UNESCO Public Library Manifesto 2022 [EB/OL]. [2022 – 11 – 06]. https://repository. ifla. org/handle/123456789/2006.

⑤ The IFLA-UNESCO Public Library Manifesto 2022 [EB/OL]. [2022 – 11 – 06]. https://www. ifla. org/g/public-libraries/public-library-manifesto/.

⑥ 国际图联 – 联合国教科文组织公共图书馆宣言 2022 [EB/OL]. [2022 – 11 – 06]. https://repository. ifla. org/handle/123456789/2081.

表该中译本①。在图联本发布仅仅 20 天时,审校本便接踵而至,并在社交媒体和网络上迅速传播,其知晓度和影响力在某种程度上已超过图联本。

《公共图书馆宣言(2022)》是国际图联和联合国教科文组织颁布的最为重要的公共图书馆纲领性文件,对全球公共图书馆的发展具有极其重要的作用和极为深远的影响。利益相关者和图书馆界同人应该准确地理解其文义,全面地掌握其精神,并认真贯彻落实。正因为如此,对于不熟悉英文者而言,中译本就显得格外重要。对照国际图联英文本可知,图联本最早,审校本略好,但是不论是图联本,还是审校本,都存在值得商榷或者不准确、漏译,乃至错译之处。如果不及时讨论分辨,并提醒必要时参阅英文本,那么就有可能会以讹传讹,误导利益相关者,特别是决策者和图书馆界同人,乃至影响《公共图书馆宣言(2022)》在中国的正确贯彻落实。因此,笔者胆敢冒天下之大不韪,发表个人的《公共图书馆宣言(2022)》中译本(以下简称"焕文本"),并以图联本为主,以审校本为次,按照《公共图书馆宣言(2022)》的章节顺序,就中译本中的若干问题进行辨析商榷,以求教各位同人。

1 序言

1.1 第一段

【英文本】Freedom, prosperity and the development of society and of individuals are fundamental human values. They will only be attained through the ability of well-informed citizens to exercise their democratic rights and to play an active role in society. Constructive participation and the development of democracy depend on satisfactory education as well as on free and unlimited access to knowledge, thought, culture and information.

---

① 《中国图书馆学报》编辑部,吴建中.国际图联/联合国教科文组织公共图书馆宣言2022[J].中国图书馆学报,2022(6):126 – 128.

【图联本】社会和个人的自由、繁荣与发展是人类的基本价值。只有当有文化的公民能够行使其民主权利并能在社会上积极发挥作用时,这些价值才能实现。富有成效的参与和民主的发展有赖于良好的教育和对知识、思想、文化及信息的自由和不受限制的获取。

【审校本】社会和个人的自由、繁荣与发展是人类的基本价值。只有当充分知情的公民有能力行使其民主权利并在社会中发挥积极作用时,这些价值才得以实现。有效参与和民主发展有赖于良好的教育及对知识、思想、文化和信息自由且不受限制地获取。

【焕文本】社会和个人的自由、繁荣与发展是人类的基本价值。人类基本价值的实现取决于充分知情的公民行使民主权利和在社会中发挥积极作用的能力。公民的建设性参与和民主的发展有赖于令人满意的教育和自由与无限制地利用知识、思想、文化和信息。

【辨析商榷】

(1)在第二句中,"They"代指上文的"fundamental human values"(人类的基本价值),译为"这些价值"(图联本、审校本)没有歧义,但是,译为"人类基本价值"(焕文本)则文句更加清晰流畅。"the ability of…"应译为"……的能力",不宜译为"能够"(图联本)或者"有能力"(审校本)。"will only be attained…"为"只有……才能取得(实现)……"的条件句式,没有"当……时"(图联本、审校本)之意。从上下文来看,意译为"取决于",既不失英文原意,也符合政策文本的表述方式,同时也与下句"有赖于"呼应,简练有力。"play an active role"应译为"发挥积极作用",而非"积极发挥作用"(图联本)。

(2)在第三句中,"Constructive participation"应译为"建设性参与",而非"富有成效的参与"(图联本)或"有效参与"(审校本)。此处省略了前句中的公民"citizens",应予以添加,才会使文句更加明确顺畅。"satisfactory education"应译为"令人满意的教育",而非"良好的教育"(图联本)。"令人满意的教育"侧重公民感受,"良好的教育"则侧重社会评价,二者的意义不同。"unlimited"意为无限的、无限制的、任意多的,与"不受限制的"(图联本、审校本）有明显的区别,直译为"无限制的"简单明了。

（3）"access"是宣言中使用频率最高的词语之一,共出现13次;与"access"相关的"accessible"也出现了3次。图联本有关"access"的翻译情况如下:"获取"6次,"访问"2次,"获得"1次,"途径"1次,"进入"1次,忽略不译2次。有关"accessible"的翻译,则"获取""可利用""访问"各1次。"access"是计算机技术兴起后的一个常用词,具有访问、查阅、使用、存取、取得、接近、进入等多重意义,在汉语中找不到完全对应的词语,需根据其"后缀"确定其具体意义。由于新世纪以来"Open Access"运动的广泛影响,"开放获取"一词甚为流行,因此,学界习惯把"access"译为"获取",其实这个译词并不准确,应该是"开放利用"。因为"利用"含有访问、浏览、下载、扫描、拍照、复制、链接、存储、传递等各种行为,而"获取"只含有其中的部分意义。正因为如此,"access to culture"也就不能翻译为"文化的获取"(图联本),而应该翻译为"利用文化"。下文将对各处的"access"翻译问题做进一步的辨析说明。

1.2　第二段

【英文本】The public library, the local gateway to knowledge, provides a basic condition for lifelong learning, independent decision-making and cultural development of the individual and social groups. It underpins healthy knowledge societies through providing access to and enabling the creation and sharing of knowledge of all sorts, including scientific and local knowledge without commercial, technological or legal barriers.

【图联本】公共图书馆是各地通向知识之门,为个人和社会群体的终生学习、独立决策和文化发展提供了基本的条件。它在不受商业、技术和法律障碍限制的条件下,为包括科学知识及地方知识在内各类知识的创造和分享提供途径并使其成为可能,借此来支撑知识社会的健康发展。

【审校本】公共图书馆作为各地获取知识的窗口,为个人和社会群体的终身学习、独立决策和文化发展提供了基本的条件。通过提供获取信息、促进知识（包括没有商业、技术或者法律壁垒的科学的和本地的知识）创造与共享的机会，助力健康的知识社会发展。

【焕文本】公共图书馆，是各地通向知识的门径，为个人和社会群体的终生学习、独立决策和文化发展提供基本条件。公共图书馆无商业、技术与法律障碍地提供各种知识利用，包括科学知识和地方知识，并促使知识创造和知识共享，从而巩固健康的知识社会。

【辨析商榷】

（1）"gateway"意为门户、门径、途径、网关，而非"大门"（gate）或者"门"（door）之意。因此，"gateway to knowledge"应译为"通向知识的门径"，而非"通向知识之门"（图联本）。译为"获取知识的窗口"（审校本），显然是错误。此外，"the local gateway"本意为"本地的门径"，在此处将"local"（地方的、当地的、本地的）译为"各地的"是比较好的意译。需要特别说明的是，"local"的使用非常频繁，应尽可能地统一译为"地方的"，将"地方的""当地的""本地的"三者交替使用（图联本、审校本）既未尝不可，也未必就妥。

（2）第一句中的"provides…"是一般陈述句，应为"提供……"，而非"提供了……"（图联本），因为这不符合政策文本的行文方式。"providing access to…"，如前所述，应译为"提供利用……"，而不是"提供途径"（图联本）或者"提供获取"（审校本）。

（3）第二句"It underpins…"为新增加的内容，文句繁复，不易翻译。图联本和审校本均做了一些"技术处理"，如使用括号（审校本）等，但是错误太多，无从说起，在此不予赘述。

1.3 第三段

【英文本】In every nation, but especially in the developing world, libraries help ensure that the rights to education and participation in knowledge societies and in the cultural life of the community are accessible to as many people as possible.

【图联本】在每个国家,尤其是在发展中国家,图书馆帮助确保尽可能多的人获取教育和参与知识社会及社区文化生活的权利。

【审校本】在每个国家,尤其在发展中国家,图书馆有助于确保尽可能多的人享有受教育、参与知识社会和社区文化生活的权利。

【焕文本】在每个国家,尤其在发展中国家,图书馆都有助于确保尽可能多的人能够实现教育权利和知识社会与社区文化生活的参与权利。

【辨析商榷】

(1)教育权利(rights to education)和参与权利(rights to participation)是两项基本人权,不应分割,图联本和审校本均做了分割处理,显然不对。

(2)此段文字中"accessible"一词的翻译至关重要。图联本译为"获取……权利",审校本译为"享有……权利"。人权是联合国规定和各国宪法赋予公民的权利,人人享有宪法赋予的自由权利、平等权利、文化权利等人权。公民是否主张宪法赋予的权利,则完全取决于公民的个人意愿;即使终生不利用图书馆,仍然享有利用图书馆的文化权利。这是常识。所以,文化权利不是公民"获取"(图联本)的,也不是公共图书馆能让公民"享有"(审校本)的。公共图书馆只能保障和实现公民的文化权利。正因为如此,此处的"accessible"一词应该译为"能够实现",也就是说,当公民主张自己享有的宪法赋予的公共图书馆权利时,公共图书馆才有可能实现(兑现)其权利。

1.4 第四段

【英文本】This Manifesto proclaims UNESCO's belief in the public library as a living force for education, culture, inclusion and information, as an essential agent for sustainable development, and for individual fulfilment of peace and spiritual welfare through the minds of all individuals.

【图联本】本宣言表明教科文组织深信公共图书馆是开展教育、传播文化、开放包容和提供信息的有力工具,也是可持续发展以及在个体思想中树立和平观念和丰富所有个体精神生活的重要工具。

【审校本】本宣言表明联合国教科文组织深信公共图书馆是开展教育、传播文化、提倡包容和提供信息的有生力量，也是发挥所有人的才智实现社会可持续发展、个人和平与精神充实的重要机构。

【焕文本】本宣言声明，联合国教科文组织相信公共图书馆是教育、文化、包容和信息的有生力量，是可持续发展的重要因素，是每个人通过人们的思想实现和平与精神福祉的重要因素。

【辨析商榷】

这段文字阐述的是联合国教科文组织有关公共图书馆的信念，其基本内容与联合国的宗旨、成立联合国教科文组织的目的高度一致，具有很强的持久性。例如，1949 年版宣言名称中的"The public library：A living force for…"（公共图书馆是……的有生力量）就从未改变。

（1）"This Manifesto proclaims UNESCO's belief in…"应译为"本宣言声明，联合国教科文组织相信……"。其中，"proclaim"具有宣告、宣布、声明、表明等意义，此处译为"声明"更符合宣言的语言表达方式，译为"表明"（图联本、审校本）不符合宣言的语气。"belief"（相信、信念等），没有"深信"（图联本、审校本）的意思。

（2）如前所述，"a living force"（有生力量）是自 1949 年以来各版《公共图书馆宣言》一直最为强调的公共图书馆社会作用，从未更改，不可译为"有力工具"（图联本）。与此相应的是，"an essential agent for"究竟应该如何翻译？图联本译为"重要工具"，显然不对。审校本译为"重要机构"，则值得商榷。1949 年版宣言正文的第一个标题即是"The Public Library：A Democratic Agency for Education"（公共图书馆是民主的教育机构）。"agency"是"机构"的意思，这不会有歧义。后来的修订本把"agency"改成了"agent"，这种改变显然是有意义的。"agent"具有代理人、经纪人、原动力、动因、动力、工具、作用剂等多重意义，没有"机构"（审校本）的意思。因此，译为"重要因素"比较合适。

（3）"individual fulfilment of peace and spiritual welfare through the minds of all individuals"这句话源自 1949 年版宣言序言中关于联合国教科文组织目的

的阐述:"Its aim is to promote peace and social and spirit welfare by working though the minds of men"(联合国教科文组织的目的是通过人们的思想来促进和平、社会和精神福祉)。这句话在后来的宣言中做过几次修改。这次也不例外,一是将"the fostering"(促进)改为"individual fulfilment"(个人实现),二是将"men and women"(人们)改为"all individuals"(所有的个人)。正因为如此,鉴于最初文本中的表述是"by working though the minds of men",因此"through the minds of all individuals"应译为"通过所有个人的思想",而不是"在个体思想中"(图联本),也不是"发挥所有人的才智"(审校本)。此外,"spiritual welfare"中的"welfare"具有福利、享福、幸福等意义,从现有的有关联合国文件的中译本来看,基本上都将"welfare"译为"福祉",而不是"幸福",因为"福祉"包含了幸福、福利、利益等更加广泛的意义。因此,"spiritual welfare"应译为"精神福祉",译为"精神生活"(图联本)和"精神充实"(审校本)则完全不对。

1.5 第五段

【英文本】UNESCO therefore encourages national and local governments to support and actively engage in the development of public libraries.

【图联本】因此,教科文组织鼓励各国政府及地方政府支持并积极参与公共图书馆的发展。

【审校本】为此,联合国教科文组织鼓励各国政府及地方政府支持并积极参与公共图书馆的发展。

【焕文本】因此,联合国教科文组织鼓励各国政府和地方政府支持并积极从事公共图书馆的发展。

【辨析商榷】

"engage in"有参加、从事等多种意义,图联本和审校本均译为"参与",这与宣言所宣示的"公共图书馆是政府的责任"的精神不相符。因为政府是公共图书馆的责任主体,而不是参与者,所以,应该译为"从事",而不是"参与"。

2 公共图书馆

2.1 第一段

【英文本】The public library is the local centre of information, making all kinds of knowledge and information readily available to its users. It is an essential component of knowledge societies, continuously adapting to new means of communication to fulfil their mandate of providing universal access to and enabling meaningful use of information for all people. It provides publicly accessible space for the production of knowledge, sharing and exchange of information and culture, and promotion of civic engagement.

【图联本】公共图书馆是各地的信息中心，用户可以随时得到各种知识与信息。它是知识社会的一个基本组成部分，它随着通信新方法的变化而持续改变，为所有人提供信息的公共获取手段 并使其能够有效予以利用，以此来完成其使命。它为知识的生产、信息的共享和交流以及推动公众参与提供了公开的可利用空间。

【审校本】公共图书馆是各地的信息中心，为用户提供各种所需的知识和信息。公共图书馆是知识社会必不可少的组成部分，它要不断适应新的交流方式以履行其帮助所有人普遍获取信息和有效利用信息的使命，它还为知识生产、信息和文化的分享与交流、促进公民参与等提供开放的空间。

【焕文本】公共图书馆是各地的信息中心，随时可为用户提供各种知识和信息。公共图书馆是知识社会的重要组成部分，公共图书馆不断适应新的交流方式以履行为所有人提供信息普遍利用和有效利用的职责。公共图书馆为知识的生产，信息和文化的共享与交流，以及公民参与的推广，提供公开的可利用空间。

【辨析商榷】

此段第二句、第三句均为新增加的内容，应高度重视。

（1）"making … readily available to …"意为"使 …… 随时可供 …… 使用……"，因此，此句应译为"随时可为用户提供各种知识和信息"，不应将主语"图书馆"改为"用户"（图联本、审校本），更不能省去"随时"（审校本）。

（2）"universal service"（普遍服务）是平等权利发展的产物和专用名词，"universal access"与"universal service"基本同义，应译为"普遍利用"，不可译为"公共获取"（图联本）或者"普遍获取"（审校本）。

（3）"mandate"具有（政府或组织等经选举而获得的）授权、（政府的）任期、委托书、授权令等意义。此处可译为"职责"，译为"使命"（图联本、审校本）可能值得商榷。

（4）"civic engagement"（公民参与）是公民社会领域的专用名词，译为"公众参与"（图联本）不确切。

（5）"publicly accessible space"应为"公开的可利用空间"（图联本），译为"开放的空间"（审校本）与英文原意有明显差异。此处新增的"space"与"拨款、立法与网络"部分新增的"building"有很强的前后呼应逻辑关系，切不可忽略其重要性。

（6）此段第二句"adapting to…"是对"It is…"的说明，也就是进一步说明为什么"公共图书馆是知识社会的重要组成部分"所以，不应翻译为"它要……"（审校本）。审校本在多处一般陈述句中添加了"应……"和"要……"等字样，改变了原文的本意，下文不再赘述。

2.2 第二段

【英文本】Libraries are creators of community, proactively reaching out to new audiences and using effective listening to support the design of services that meet local needs and contribute to improving quality of life. The public has trust in their library, and in return, it is the ambition of the public library to proactively keep their community informed and aware.

【图联本】图书馆是社区的创造者，它积极接触新的受众，同时通过有效的倾听来协助设计符合当地需求且能有效提高生活质量的服务。公众信任图书馆，作为回报，公共图书馆追求的目标是主动帮助所在的社区获取知识和信息，增强参与意识。

【审校本】公共图书馆是社区的创造者，要积极主动地接触新的用户，通过有效倾听去支持能满足本地需求并有助于提高生活质量的服务设计。公众信任他们的图书馆，作为回报，公共图书馆应把确保社区成员知情明理作为自己努力的目标。

【焕文本】公共图书馆是社区的创造者，积极主动地联系新用户，听取其意见，以此设计满足地方需求和促进提高生活质量的服务。公众信任图书馆，而公共图书馆则把积极主动地保持社区了解情况作为追求的目标。

【辨析商榷】

（1）"reaching out to new audiences and using effective listening to"是此段文字翻译的难点。因为要与"listening"（听……）保持逻辑上的一致，英文本中使用了"audiences"（听众、受众）一词。"effective listening"的字面意思是"有效的听"。"有效的倾听"（图联本）或者"有效倾听"（审校本），表达了其中的意义，但是，必须注意"听"（中性词）、"倾听"（上对下的听）和"聆听"（下对上的听）三者之间的差别。应该采用意译的方式，将"new audiences"和"effective listening to"意译为"新用户"和"听取其意见"，而不使用"倾听"这种非中性词。

（2）"keep their community informed and aware"字面意思为"保持社区知情和了解"，在中文语境中不顺畅，可以译为"保持社区了解情况"。"帮助所在的社区获取知识和信息，增强参与意识"（图联本）和"确保社区成员知情明理"（审校本）均不符合文意。例如，公共图书馆根本就做不到确保社区成员"明理"，任何国家、政府和组织也都难以完成这项不可能完成的"政治思想"工作任务。

2.3 第三段

【英文本】The services of the public library are provided on the basis of equality of access for all, regardless of age, ethnicity, gender, religion, nationality, language, social status, and any other characteristic. Specific services and materials must be provided for those users who cannot, for whatever reason, use the regular services and materials, for example linguistic minorities, people with disabilities, poor digital or computer skills, poor literacy abilities or people in hospital or prison.

【图联本】公共图书馆应不分年龄、种族、性别、宗教、国籍、语言、社会地位或其他任何特性,向所有的人提供平等的服务。还必须向由于种种原因不能利用其正常的服务和资料的人,如语言上处于少数的人、残疾人、数字或计算机技能困难者、读写困难者或住院病人及在押犯人等提供特殊的服务和资料。

【审校本】公共图书馆应不分年龄、种族、性别、宗教、国籍、语言、社会地位和任何其他特征,向所有人提供平等的服务。必须向由于各种原因不能利用其常规服务和资料的人,如少数语言群体、残疾人、缺乏数字或计算机技能的人、读写能力较差的人、医院病人及服刑人员等,提供特别服务和资料。

【焕文本】公共图书馆按照利用平等的原则,不分年龄、种族、性别、宗教、国籍、语言、社会地位和任何其他特征,为所有人提供服务。必须为由于各种原因不能利用普通服务和资料的用户,例如语言少数群体、有障碍的人、缺乏数字或计算机技能的人、缺乏读写能力的人或在医院里的人与在监狱里的人,提供特殊服务和特殊资料。

【辨析商榷】

自1994年版宣言发布以来,我国一直将"The services of the public library are provided on the basis of equality of access for all, regardless of age…"译为"公共图书馆应不分年龄……向所有的人提供平等的服务",且已深入人心,图联本和审校本自不例外,笔者亦曾如此。现在看来,这种翻译并不准确。

（1）"on the basis of equality of access"本意为"在利用平等的基础上"。这里的"equality of access"是"利用平等",不是"平等利用"（equal access）。利用平等是指平等权利,属于人权的范畴,而平等利用（equal access）则是指实现平等权利的行为,二者有根本区别。同理,"freedom of access"（利用自由）和

"free access"(自由利用)的意义也是不一样的。所以,在这里译为"按照利用平等的原则",才能体现序言中所说的"democratic rights"(民主权利)。此外,此句为一般陈述句,没有"应"(图联本、审校本)的意义,因此不宜添加"应"以改变文意。

(2)平等权利的前提是人格平等,公民没有人格平等就没有任何平等权利可言。人格平等要求尊重所有人的人格,在称谓上必须采用没有歧视意义的中性词。因此,宣言在"for example linguistic minorities, people with disabilities, poor digital or computer skills, poor literacy abilities or people in hospital or prison"中使用的都是中性词"people"(人,民,人民)。必须说明的是,"人民"在中国不仅是一个特定的政治名词,不同时期有不同的意义,而且还是个褒义词,不是中性词,与英文的"people"并不完全对应。所以,英文的"people"不宜译为"人民",应译为"人"或"民"。例如,将林肯的名言"of the people, by the people, for the people"译为"民有、民治、民享"即为经典。正因为如此,"people with disabilities"应译为"有障碍的人",而不是"残疾人"(图联本、审校本)。虽然"残疾人"这个词在中文中比较通用,且为官方正式用词,如"残联""残奥"等,但是,因为历史的原因,这个词并没有消除其中的人格歧视意味,如同"农民工""外来工"都存在歧视农民和外地人的情况一样。同样,"people with poor digital or computer skills"应译为"缺乏数字或计算机技能的人",而不是"数字或计算机技能困难者"(图联本),因为缺乏技能只是技能不足,而技能困难则是"问题""毛病"。同理,"people with poor literacy abilities"应译为"缺乏读写能力的人",而不是"读写困难者"(图联本)或者"读写能力较差的人"(审校本)。"people in hospital"应译为"在医院里的人",而不是"住院病人"(图联本)或者"医院病人"(审校本)。"people in prison"应译为"在监狱里的人",而不是"在押犯人"(图联本)或者"服刑人员"(审校本)。此外,"linguistic minorities"是"语言上处于少数的人"(图联本)的意思,不是"少数语言群体"(审校本)的意思,因为"少数语言群体"含有"小语种"的意思,在以某种语言文字为主的社区,不论其语种的大小,其他语言文字的使用者即可能成为少数。例如,在法语社区,英语、德语、汉语、俄语、西班牙语等大语种的使用者,就可能成为少数。因此,"linguistic minorities"应采用更加简练的词语译为"语言少数群体"。

2.4 第四段

【英文本】All age groups must find material relevant to their needs. Collections and services have to include all types of appropriate media and modern technologies as well as traditional materials. High quality, relevance to local needs and conditions, and reflective of the language and cultural diversity of the community are fundamental. Material must reflect current trends and the evolution of society, as well as the memory of human endeavour and imagination.

【图联本】不同年龄的人都应该在图书馆中找到适合其需要的资料。藏书及各种服务必须包含各类必要的媒体形式和现代技术以及传统的资料。最主要的是保证质量,适合当地的需要及情况,以及反映社区语言和文化的多样性。馆藏资料必须反映当前的各种潮流和社会的演变情况以及有关人类的成就和幻想的记录。

【审校本】所有年龄的群体都能在公共图书馆找到适合其需要的资料。馆藏和服务必须包括所有合适的载体类型、现代技术和传统资料,要以高质量、与地方需求和环境相适应并反映社区语言和文化的多样性为基本原则。资料必须反映当前趋势、社会演变以及人类成就和想象的记忆。

【焕文本】馆藏资料必须适合所有年龄群体的需要。馆藏和服务必须包括所有类型的适当媒体、现代技术和传统资料。高质量、切合本地需求和地方情况、反映社区的语言多样性和文化多样性,是馆藏和服务的基础。馆藏资料必须反映当前的趋势和社会的演变,以及人类的努力与想象的记忆。

【辨析商榷】

(1)"All age groups must find material relevant to their needs"直译的字面意思是"所有年龄的群体都必须找到适合其需要的资料"。这里的"must"(必

须)不宜译为"应该"(图联本)或者"应"(审校本)。显然,这种直译在整段文字中显得比较突兀。这段文字是专门阐述馆藏资料和服务的,并非针对用户,"find"(找到)当然是指在图书馆找到馆藏资料,因此,可以回避对"find"的直译(找到),将其意译为"馆藏资料必须适合所有年龄群体的需求",才符合上下文的逻辑和意义。

(2)"…are fundamental"意为是基础的、基本的、根本的、十分重大的,不是"最主要的"(图联本),更不是"基本原则"(审校本)。因为此句前面的主语很长,从上下文来看,是指馆藏和服务,因此应该译为"是馆藏和服务的基础",才意思明了,也能较好地保持主语与宾语的平衡。

(3)"the memory of human endeavour and imagination"应译为"人类的努力与想象的记忆",而不是"人类的成就和幻想的记录"(图联本),因为"endeavour"只有努力、尝试的意思,并不涉及努力、尝试的成败结果。这里的"imagination"(想象),是指"文化表达"(cultural expressions)的想象,例如舞蹈、绘画等,不是"幻想"(图联本)。

2.5. 第五段

【英文本】Collections and services should not be subject to any form of ideological, political or religious censorship, nor commercial pressures.

【图联本】藏书与服务均不应受任何形式的思想、政治或宗教审查,也不应受商业的压力。

【审校本】馆藏和服务不受任何形式的思想、政治或宗教审查,也不屈从于商业压力。

【焕文本】馆藏和服务不应受制于任何形式的思想、政治或宗教审查制度,也不应受制于任何形式的商业压力。

【辨析商榷】

"be subject to"的意思是服从于、臣服于、受制于、受……管制、受……支配。"censorship"是这段文字翻译的关键,虽然"censorship"可译为审查制度、审查,但是,这里的"审查"是名词,不是动词"censor"。简单地说,"审查制度"

和因审查制度而导致的"审查"（censor）行为，都是不以公共图书馆的意志为转移的客观存在，公共图书馆既不是审查制度的建立者，也不是审查制度的执法者，而是审查制度的审查对象或者审查制度的遵循者。所以，公共图书馆无法"不受审查"（图联本、审校本），即无法获得豁免，只能自己不审查，即不执行审查制度，或者采用各种方式抵抗来自外部的审查行为。因此，应该将"should not be subject to…censorship"译为"不受制于……审查制度"。审校本在"商业压力"之前改用"不应屈从于"，与"不应受制于"亦有差别，因为"屈从"有屈服、屈意顺从、违心顺从等意义。

3　公共图书馆的使命

3.1　标题

【英文本】Missions of the Public Library
【图联本】公共图书馆的任务
【审校本】公共图书馆的任务
【焕文本】公共图书馆的使命
【辨析商榷】

虽然"mission"有使命、任务等多种意义，但是，在汉语中"使命"与"任务"具有明显的差别。一般而言，使命多用于书面语和国家社会所赋予的重大任务；任务则多用于口语化和上级分配给下级的一般性工作。因此，在宣言中应译为"使命"，译为"任务"（图联本、审校本）不理想。

3.2　导言

【英文本】The following key missions which relate to information, literacy, education, inclusivity, civic participation and culture should be at the core of public library services. Through these key missions, public libraries contribute to the Sustainable Development Goals and the construction of more equitable, humane, and sustainable societies.

【图联本】以下在信息、扫盲、教育、包容、公众参与和文化方面的主要任务应当成为公共图书馆服务的核心内容。通过这些核心内容，公共图书馆为"可持续发展目标"以及更加公平、人道和可持续社会的建设作出贡献。

【审校本】下列关于信息、素养、教育、包容、公民参与和文化的主要任务应当是公共图书馆服务的核心。通过这些主要任务，公共图书馆为实现联合国可持续发展目标及构建更加公平、人道和可持续的社会作出贡献。

【焕文本】下列有关信息、素养、教育、包容、公民参与和文化的主要使命应该是公共图书馆服务的核心。公共图书馆履行这些主要使命有助于实现联合国可持续发展目标和建设更加公平、人道与可持续的社会。

【辨析商榷】

（1）"literacy"本意为"读写能力"，在中文中难以找到对应的词语，现在比较流行的翻译是"素养"，使用"读写能力"的也不少。20世纪的中国因为平民识字教育的兴起，出现过"扫盲"运动，因此，不少人还习惯将"literacy"译为"扫盲"。但是，"literacy"的本意远远超出了"扫盲"（识字）的范围，而且"扫盲"运动是中国历史上特有的事情，现在九年义务教育早已普及，"扫盲"在中国已成为历史记忆，因此，不宜译为"扫盲"。鉴于宣言在阐述公共图书馆的第四项使命中对"literacy"做了进一步的补充说明，新增了"build reading and writing skills"（培养读写技能）和"media and information literacy and digital literacy skills"（媒体与信息素养和数字素养技能），此处应将"literacy"译为"素养"，才比较容易被人理解。

（2）"the Sustainable Development Goals"的单词首字母均为大写，专指2015年9月25日联合国193个成员国在联合国可持续发展峰会上通过的2015—2030年17个可持续发展目标，即联合国可持续发展目标（SDGs）。其后，许多国家也相应地制定了可持续发展目标。虽然图联本采用"可持续发展目标"的方式予以特别标注，但是，其专指度仍然不够，应该省去引号，直接译为"联合国可持续发展目标"。

（3）"contribute to…"可译为"为……做出贡献"（图联本、审校本），但是，译为"有助于"，文句更流畅。

3.3 第1项使命

【英文本】Providing access to a broad range of information and ideas free from censorship, supporting formal and informal education at all levels as well as lifelong learning enabling the ongoing, voluntary and selfconducted pursuit of knowledge for people at all stages of life;

【图联本】提供广泛且免于审查的信息与思想获取途径，在各种层级上支持正式及非正式的教 育和终生学习，这一学习使得人民在生命的各个阶段都能够持续不断且独立自主地 追求知识。

【审校本】提供更广范围的不受审查的信息和思想，支持各种正式和非正式的教育及终身学习，使处于人生各个阶段的人都能够持续、自愿和自主地追求知识。

【焕文本】提供广泛的不受审查制度限制的信息和思想利用，支持各级正式教育和非正式教育，以及终生学习，使在人生各个阶段的人都能够持续、自愿和自主地追求知识。

【辨析商榷】

（1）"providing access to a broad range of information and ideas"应译为"提供广泛的信息与思想利用"。如前所述，"providing access to"意为"提供……利用"，不是"提供……获取途径"（图联本）。"提供……信息和思想"（审校本）省去了"access to"（利用），改变了文意。"a broad range of…"意为"广泛范围的……"，没有"更广泛范围的"（审校本）的意义。

（2）"free from censorship"是状语，说明如何提供信息和思想利用。"free from…"的意思是"不受……限制""使……免除""使……摆脱""不含……如前所述"，因为公共图书馆不能"免予审查"（图联本），也无法"不受审查"（审校本），因此，此处应该译为"不受审查制度限制"。"提供更广范围的不受审查的信息和思想"（审校本）含有还有一定范围的信息和思想仍受审查之意，因此不准确。

（3）"people at all stages of life"本意为"在人生各个阶段的人"，如求学阶段、工作阶段、失业阶段、退休阶段等各个阶段的人，译为"人民在生命的各个阶段"（图联本）显然不妥，而"处于人生各个阶段的人"（审校本）不够简洁。

3.4 第 3 项使命

【英文本】Creating and strengthening reading habits in children from birth to adulthood；

【图联本】从小培养和加强儿童的阅读习惯。

【审校本】培养并加强儿童从出生到成年时期的阅读习惯。

【焕文本】培养和加强儿童从出生到成年的阅读习惯。

【辨析商榷】

（1）第 3 项使命在 1994 年版宣言中被列为第 1 项使命，原文为"creating and strengthening reading habits in children from an early age"。新版将原文中的"from an early age"（从小）改为"from birth to adulthood"（从出生到成年），进一步明确和扩大了培养与加强儿童阅读习惯的前后时限。国际图联在说明此次宣言的修改变化中，特别把这项修改列为第二个亮点，可见其重要性。图联本将此句译为"从小培养和加强儿童的阅读习惯"，只是因袭了 1994 年版的译文，完全忽视了新版的这个亮点。

（2）"adulthood"的意思是成年、成年期，而不是"成年时期"，因为成年时期是指已经成年的时期，也就是告别了儿童时期以后的时期。"from birth to adulthood"的意思是"从出生到成年期间"，不是"从出生到成年时期"（审校本），因此应译为"从出生到成年"。

3.5 第 4 项使命

【英文本】initiating, supporting and participating in literacy activities and programmes to build reading and writing skills, and facilitating the development of media and information literacy and digital literacy skills for all people at all ages, in the spirit of equipping an informed, democratic society;

【图联本】发起、支持和参与扫盲活动和计划，以培养阅读和写作技能，并本着建设一个知情的民主社会的精神，提高各年龄段人民的媒体、信息和数字素养。

【审校本】本着建设知情、民主社会的精神，发起、支持并参与素养活动和项目，使各年龄段的人能提升阅读和写作能力，促进媒介与信息素养、数字素养技能的发展。

【焕文本】本着建设知情民主社会的精神，发起、支持和参与素养活动与项目以培养读写技能，促进各年龄段人的媒体与信息素养和数字素养技能的发展。

【辨析商榷】

（1）"literacy"应译为"素养"，而不是"扫盲"（图联本），"media and information literacy and digital literacy skills"应译为"媒体与信息素养和数字素养技能"，而不是"媒体、信息和数字素养"（图联本），参见2021年11月中央网络安全和信息化委员会印发的《提升全民数字素养与技能行动纲要》。"all people at all ages"本意是"所有年龄段的所有人"，与前述"people at all stages of life"（在人生各个阶段的人）在意义上有区别，译为"各年龄段的人"（审校本）比较好，译为"各年龄段人民"（图联本）并不合适。需要指出的是"各年龄段的人"是第二句中的，不应移到第一句之中（审校本）。

（2）从全段的上下文来看，"in the spirit of equipping an informed, democratic society"（本着建设知情民主社会的精神）应该置于全段之首（审校本），而不是段落中间（图联本），因为"reading and writing skills"（读写能力）和"media and information literacy and digital literacy skills"（媒体与信息素养和数字素养技能）都是建设知情社会的要素。

（3）"facilitating the development of..."是"促进……发展"之意，而非"提高

……"（图联本）。

3.6 第6项使命

【英文本】ensuring access for all people to all sorts of community information and opportunities for community organising, in recognition of the library's role at the core of the social fabric;

【图联本】确保所有人都能获得各种社区信息、参与社区组织的机会，确立图书馆在社会结构中的核心作用。

【审校本】确保所有人都有获取各种社区信息和参与组织社区活动的机会，以彰显图书馆在社会结构中的核心作用。

【焕文本】确保所有人利用各种社区信息和各种组织社区的机会，从而认识图书馆在社会结构核心的作用。

【辨析商榷】

（1）"community organising"意为"社区组织"，此处的"组织"（organising）是动名词，不是名词"organisation"。为了避免产生中文歧义，此处应译为"组织社区"。在公民社会的理论中，公民组织社区非常重要。新版宣言中特别强调公民社会，不仅使用了不少的公民社会术语，而且在"公共图书馆"部分还专门增加了阐述"公共图书馆是社区的创造者"的段落，在翻译的过程中需要特别注意。因此，"access… to all sorts of…opportunities for community organising"应译为"利用……各种组织社区的机会"，译为"参与社区组织的机会"（图联本）或者"参与组织社区活动的机会"（审校本），都不准确。

（2）"in recognition of"具有"认识""承认""认可""褒奖""酬谢"等多重意义，没有"确立"（图联本）和"彰显"（审校本）的意思。同时，"library's role at the core of the social fabric"中使用的是"at"（在），而不是"in"（在……里面），因此，不应译为"在社会结构中的核心作用"（图联本、审校本），应该是"在社会结构核心的作用"。因为，结合上下文，这句话可以译为"从而认识图书馆在社会结构核心的作用"。

3.7 第 7 项使命

【英文本】providing their communities with access to scientific knowledge, such as research results and health information that can impact the lives of their users, as well as enabling participation in scientific progress;

【图联本】向所在的社区提供科学知识,例如可能影响其用户生活的研究结果和健康信息,通过赋能使其参与推动科学发展进程。

【审校本】为所在社区提供科学知识,如能够影响用户生活的研究成果和健康信息,同时能使社区参与到科学进步中。

【焕文本】为社区提供科学知识的利用,例如能够影响用户生活的研究成果和健康信息,并使社区能够参与科学进步。

【辨析商榷】

在"as well as enabling participation in scientific progress"中,"enabling"后面省略了前句中的"their communities"(他们的社区)。这句话并不复杂,可直译为"并使社区能够参与科学进步"。"同时能使社区参与到科学进步中"(审校本)不完全准确,因为"as well as"没有"同时"(审校本)的意义。此外,"enabling"是"使能够"的意思,不是"赋能"(图联本),现在时髦的"赋能"源自"empower"的翻译。因此"通过赋能使其参与推动科学发展进程"(图联本)不妥。

3.8 第 9 项使命

【英文本】preservation of, and access to, local and Indigenous data, knowledge, and heritage (including oral tradition), providing an environment in which the local community can take an active role in identifying materials to be captured, preserved and shared, in accordance with the community's wishes;

【图联本】保存当地和土著人民的数据、知识和遗产(包括口头传统)并提供对于这些资料的访问;根据所在社区的意愿,提供一个环境,当地社区可以

504

在确定要采集、保存和共享的材料方面发挥积极作用。

【审校本】营造本地社区可根据自己的意愿采选、保存和共享的环境,以保存和获取本地及原住民的数据、知识和遗产(包括口述传统)。

【焕文本】保存和利用地方与原住民的数据、知识和遗产(包括口述传统),根据地方社区的意愿,提供地方社区能在确认需要采集、保存和共享的资料中发挥积极作用的环境。

【辨析商榷】

1994 年版宣言的第 8 项使命仅有"supporting the oral traditions"(支持口述传统)如此简短的几个字。2022 年版宣言对这项使命做了十分详尽细致的阐述,仅以"(including oral tradition)"(包括口述传统)的说明方式保留了 1994 年版的一点痕迹,由此可见宣言对此项使命的重视。

(1)此段话的语句颇为繁复,必须充分理解前后句的关系,即,前句"preservation of,and access to,…"(保存和利用……)与后句"providing…"(提供……)的逻辑关系。从上下文来看,应该是递进关系(图联本),而不是条件关系(审校本)。审校本将后句作为前句的条件,采用"以……"的方式表述,显然不符合逻辑。

(2)"preservation of, and access to,…"的意思是"保存和利用……",图联本将此句译为"保存……并提供对于这些资料的访问",十分烦琐,其原因显而易见,"access to"不可以译为"访问",只有译为"利用",才言简意赅。

(3)"local and Indigenous data"中的"Indigenous"的首字母"I"为大写字母,是指"原住民的"(审校本),不可译为"土著人民"(图联本),因为"土著"带有人格歧视的意义。

(4)审校本漏译了"take an active role in"(在……发挥积极作用)。

(5)"营造本地社区可根据自己的意愿采选、保存和共享的环境"(审校本)还有诸多值得商榷之处。其一,"in accordance with the community's wishes"(根据社区的意愿),应该是指公共图书馆根据社区的意愿,而不是"本地社区可根据自己的意愿";其二,漏译了关键的"identifying materials"(确认资料);

其三,"identifying materials to be captured, preserved and shared,"(确认需要采集、保存和共享的资料)不是"本地社区……采选、保存和共享"资料。

3.9 第11项使命

【英文本】promoting preservation of and meaningful access to cultural expressions and heritage, appreciation of the arts, open access to scientific knowledge, research and innovations, as expressed in traditional media, as well as digitised and born-digital material.

【图联本】促进对于各类文化呈现载体、遗产、艺术鉴赏资料的保护,并提供访问;提供对于科学知识、研究和创新成果的开放获取(包括传统媒体上的资料、数字化的资料以及原生数字资源)。

【审校本】促进对传统载体、数字化及原生数字资源中的文化表达与遗产、艺术欣赏的保存和有效获取,以及科学知识、研究和创新的开放获取。

【焕文本】促进文化表达与文化遗产、艺术欣赏的保存和有效利用,科学知识、研究与创新资料的开放利用,包括传统媒体,以及数字化资料与原生数字资料。

【辨析商榷】

第11项使命在整合1994年版宣言第5项使命"promoting awareness of cultural heritage, appreciation of the arts, scientific achievements and innovations"(促进文化遗产、艺术欣赏、科学成就和科技创新意识)和第6项使命"providing access to cultural expressions of all performing arts"(提供所有表演艺术文化表达的利用)的基础上,又进一步做了补充说明,语句繁复,颇难翻译。

(1)一难是最后一句"as expressed in…"的修饰指向。这句话究竟是用于说明前句"meaningful access to…"(审校本),还是后句"open access to…"(图联本),两个译本各不相同。仔细分析上下文的关系,应该是对前两句的共同补充说明,也就是说,图联本和审校本所放的位置都不对。

(2)二难是"as expressed in traditional media, as well as digitised and born-

506

digital material"的翻译。参阅 1994 年版宣言第 5 项和第 6 项使命可知："cultural expressions and heritage, appreciation of the arts"（文化表达与文化遗产，艺术欣赏）和"scientific knowledge, research and innovations"（科学知识、研究与创新）是指非物质文化（intangible culture），如表演艺术、传统工艺、科技发明等等，"traditional media, as well as digitised and born-digital material"（传统媒体，以及数字化与原生数字资料）则是指非物质文化的物质载体。因此，虽然"as expressed in…"的字面意思是"如……中所表述的"，但是，不是"对传统载体、数字化及原生数字资源中的……"（审校本）的意思，因为这排除了宣言重点强调的非物质文化。"（包括传统媒体上的资料、数字化的资料以及原生数字资源）"（图联本）理解了文意，但是采用括号的方式也不正确，文句也过于烦琐。简单明了的译法应该是"包括传统媒体，以及数字化资料与原生数字资料"。

4 拨款、立法与网络

4.1 标题

【英文本】Funding, legislation and networks

【图联本】资助、法规与网络

【审校本】资助、法规与网络

【焕文本】拨款、立法与网络

【辨析商榷】

宣言的第四部分专门阐述国家和政府的公共图书馆责任，与《中华人民共和国公共文化服务保障法》的性质和意义一样，极其重要，翻译必须做到尽一切可能的准确。

（1）"Funding"的本意是（政府或机构提供的）资金、基金、提供资金、提供基金，根本没有"资助"（图联本、审校本）的意义。"资助"是客体对主体提供资金帮助，没有体现主体的自身责任。公共图书馆是国家和各地政府的责任，国家和各级政府为公共图书馆提供资金是天经地义的,我国一般称为"财政拨款"。因此,此处应译为"拨款",才不至于产生歧义。

（2）"legislation"具有立法、制定法律、法规、法律的意思。在本宣言中,只能译为"立法""制定法律",不宜译为"法规"（图联本、审校本）,因为国际图联和联合国教科文组织不会也不可能干预各国法律法规,只会也只能建议各国立法。

4.2　第一段

【英文本】Access to the public library building and services shall in principle be free of charge. The public library is the responsibility of local and national authorities. It must be supported by specific and updated legislation aligned to international treaties and agreements. It must be financed by national and local governments. It has to be an essential component of any long-term strategy for culture, information provision, literacies and education.

【图联本】进入公共图书馆或获取其服务原则上应该免费。开办和管理公共图书馆是国家及地方当局的责任。必须有具体及最新且与国际条约和协议一致的法规予以支持。必须得到国家及地方政府的资助。它必须成为文化、信息、扫盲与教育的长期战略的重要组成部分

【审校本】进入公共图书馆建筑和获取公共图书馆服务原则上应当是免费的。设立公共图书馆是国家和地方政府的责任,必须有与国际条约和协定一致的专门及最新的立法保障,由国家和地方政府提供财政支持,而且应成为任何有关文化、信息、素养和教育长期战略的重要组成部分。

【焕文本】利用公共图书馆馆舍和服务原则上应该免费。公共图书馆是地方和国家政府的责任。公共图书馆必须得到与国际条约和协议一致的专门立法和新的立法支持。公共图书馆必须由国家和地方政府提供资金。公共图书馆必须成为所有文化、信息提供、素养和教育长期战略的重要组成部分。

【辨析商榷】

(1)"Access to the public library building and services shall in principle be free of charge"是对 1994 年版宣言"The public library shall in principle be free of charge"(公共图书馆原则上应该免费)的进一步具体说明。"Access to the public library building...shall in principle be free of charge"绝不能译为"进入公共图书馆……原则上应该免费"(图联本)或者"进入公共图书馆建筑……原则上应当是免费的"(审校本)。入馆免费是自公共图书馆产生以来全球公共图书馆的普遍做法,在公共图书馆发展了 170 多年后的今天,如果国际图联和联合国教科文组织还在修订版中特别强调"入馆免费",那么就简直不可思议,不可理喻。说到底,还是"Access to"惹的祸,两个译本都没有弄清楚"Access to"(利用)的真正意义。"library building"直译是图书馆建筑、图书馆大楼,但是在这里译为"图书馆馆舍"更为贴切。悉心的同人也许会注意到,欧美,特别是美国图书馆协会,颁布了一系列关于公共图书馆空间利用的政策,其中特别强调利用空间的平等自由,当然前提是利用空间免费。换句话说,"Access to the public library building...shall in principle be free of charge"不仅是指入馆免费,而且更为重要的是指使用馆内的用户空间,例如展览厅、报告厅、演播厅、视听室、电子阅览室、信息空间、创客空间、研讨室、自修室等,原则上都应该免费。这才是 2022 年版宣言修改这句话的意义之所在,也正是此版宣言在"公共图书馆"部分第一段新增"publicly accessible space"(公开的可利用空间)的原因之所在。因此,这段话的准确译文应该是"利用公共图书馆馆舍和服务原则上应该免费"。

(2)"The public library is the responsibility of local and national authorities"是一个比较简单的语句,只是其中的"authorities"需要仔细分辨,其复数的本意是当局、官方、行政管理机构、当权者,译为"当局"(图联本)未尝不可,但是,在中文语境中"当局"带有贬义,并不理想。译为"政府"(审校本)比较恰当。此外,在这句话中,既不存在任何"开办和管理"(图联本)的字样与意义,也不存在"设立"(审校本)的字样与意义,不应随意添加,改变文意。

（3）此段文字连续使用"It must be supported by…""It must be financed by
…""It has to be…"这种简洁的排比句式,强调公共图书馆必须如何,具有排山
倒海的气势和雷霆万钧的力量,极其壮美。在翻译时必须予以充分体现,不能
软绵拖沓(审校本),应该以反复使用"公共图书馆必须……"的排比句式去翻
译,才符合宣言的本意和语言的力量美感。

5　运行与管理

5.1　标题

【英文本】Operation and management

【图联本】工作与管理

【审校本】运行与管理

【焕文本】运行与管理

【辨析商榷】

如果是公司企业,"Operation and management"的意思就是"经营管理"。
对属于公共服务机构的公共图书馆而言,一般不如此翻译。从第四部分的内
容来看,"Operation"显然不涉及公共图书馆的具体"工作"(图联本),而是"运
行"(审校本)。所以,此标题应译为"运行与管理"。

5.2　第一段

【英文本】A clear policy must be formulated, defining objectives, priorities and
services in relation to the local community needs. The importance of local knowledge
and community participation is valuable to this process, and local communities
should be included in decision-making.

【图联本】必须根据各地的社会需要拟订一项明确的政策,定出目标、优先
事项和服务项目。重视地方知识与社区合作对该过程意义重大,而且在决策
时也应考虑当地社区的需要。

【审校本】必须制定清晰的政策,明确与地方社区需求相关的目标、重点事项和服务。地区知识和社区参与对政策制定过程有重要价值,应让地方社区参与决策。

【焕文本】必须制定明确的政策,确定符合地方社区需要的目标、优先事项和服务。地方知识和社区参与对政策制定过程具有重要价值,应让地方社区参与决策。

【辨析商榷】

(1)第一句中的后半句"defining…in relation to…needs"是前半句的进一步说明,不应将其中的"in relation to…needs"置于前半句之中(图联本)。此处的"in relation to…needs"译为"与……需求相关"(审校本)或者"根据……需要"(图联本)没有偏离文意,但是,译为"符合……需要"更为顺畅。

(2)"local communities should be included in decision-making"本意是"在决策中应包括本地社区",可意译为"应让本地社区参与决策"。译为"在决策时也应考虑当地社区的需要"(图联本)显然不对。

5.3 第二段

【英文本】The public library has to be organized effectively and professional standards of operation must be maintained.

【图联本】公共图书馆必须管理有效,具有专业水平。

【审校本】公共图书馆必须有效组织起来,按照专业标准运行。

【焕文本】必须有效地组织公共图书馆,必须保持运行的专业标准。

【辨析商榷】

这段文字简单明了,其中有两个"必须"(has to 和 must),应该译为两句话,而不是一句(图联本、审校本)。在这两句话中,没有"必须管理有效"(图联本)和"具有专业水平"(图联本)的意义,"按照专业标准运行"(审校本)也不对。

5.4 第三段

【英文本】Services have to be physically or digitally accessible to all members of the community. This requires well situated and equipped library buildings, good reading and study facilities, as well as relevant technologies and sufficient opening hours convenient to the users. It equally implies outreach services for those unable to visit the library.

【图联本】社区的所有成员都必须能够以物理或数字方式访问服务。这需要位置优越、设备齐全的图书馆建筑、良好的阅读和学习设施,以及相关的技术和足够的开放时间,从而方便用户使用。它同样意味着为那些无法访问图书馆的人提供外延服务。

【审校本】确保社区所有成员都能够以实体或数字的形式获取公共图书馆服务。为此需要有选址良好、设备齐全的图书馆建筑、优良的阅读和学习设施,以及方便用户的相关技术和充足的开馆时间,同时要为那些不能到馆的用户提供外展服务。

【焕文本】必须使社区的所有人都能够以现实或数字的方式利用服务。这要求位置优越、设备齐全的图书馆建筑,良好的阅读与学习设施,以及方便用户的相关技术和充足的开放时间。这同样要求为不能到馆的用户提供延伸服务。

【辨析商榷】

(1)"Services have to be…accessible to all members"的直接意思是"服务必须使所有人都能够利用"。"访问服务"(图联本)比较怪异,显然不对,还是没有理解"accessible"的意义。

(2)"physically"具有多种意义,将"physically or digitally"译为"以物理或数字的方式"(图联本),虽然也不为错,但是并不通俗易懂。"以实体或数字的形式"(审校本)也不好,应译为"以现实或数字的方式"。

(3)"outreach services"即"延伸服务"(专业词汇),不是"外延服务"(图联本），也不是"外展服务"（审校本）。

5.5　第五段

【英文本】The librarian is an active intermediary between users and resources, both digital and traditional. Sufficient human and material resources, as well as professional and continuing education of the librarian, to meet the challenges for now and in the future, are indispensable to ensure adequate services. Consultation by leadership with library professionals as to the quantitative and qualitative definition of sufficient resources should be undertaken.

【图联本】图书馆员是用户和资源（包括数字资源和传统资源）之间的联系人。为图书馆提供充足的人力和物力资源，为图书馆员提供专业和继续教育以应对现在和未来的挑战，对于确保图书馆提供充足的服务来说非常重要。领导层应就充足资源的定量和定性定义与图书馆专业人员进行磋商。

【审校本】图书馆员在用户和资源（包括数字资源和传统资源）之间具有积极的中介作用。为应对当下和未来的挑战，充足的人力和物力资源以及图书馆员的专业和继续教育对于确保充分的服务都是必不可少的。领导层应就如何定义"充足资源"的数量和质量与图书馆专业人士进行协商。

【焕文本】图书馆员是用户与资源（数字资源和传统资源）之间的积极中介。为了应对现在和将来的挑战，充足的人力资源和物力资源，以及图书馆员专业教育和继续教育，对于确保充分服务都必不可少。关于充足资源的数量与质量规定，领导应与图书馆专业人士协商。

【辨析商榷】

（1）"to meet the challenges for now and in the future."应译为"为了应对现在和将来的挑战"。"indispensable"本意不可缺少的、绝对必要的，译为"非常重要"（图联本）削弱了原意。此句中没有与"为图书馆"（图联本）对应的英文，不应随意添加。

（2）"as to...definition of..."具有"关于……的定义"（图联本、审校本）的

意思,但是,不能忽视"definition"还有规定、界定、明确的意思,译为"关于……的规定",才符合逻辑,因为"定义"(图联本)和"如何定义"(审校本)都是"学术"问题,"规定"则是"决策"问题,才是领导应该与图书馆专业人士协商的问题。因此,"the quantitative and qualitative definition"应译为"数量与质量的规定"。图联本译为"定量和定性定义",令人费解。此外,虽然"leadership"具有领导、领导班子、领导层的意思,但是,"领导层"(图联本、审校本)还是比较口语化,使用"领导"更为正式和简单明了。

5.6　第六段

【英文本】Outreach and user education programmes have to be provided to help users benefit from all the resources.

【图联本】为了帮助用户使用图书馆的各种资料,必须办一些馆外服务和用户学习班。

【审校本】应提供外展服务和用户培训活动,帮助用户从所有资源中受益。

【焕文本】必须提供延伸服务和用户教育计划,帮助用户从所有资源中受益。

【辨析商榷】

这段话比较简单,"Outreach"即为"延伸服务",不必赘述。"user education programmes"应译为"用户教育计划",不是"用户培训活动"(审校本),更不是"用户学习班"(图联本)。

5.7　第七段

【英文本】Ongoing research should focus on evaluating library impact and collecting data, in order to demonstrate the societal benefit of libraries to policy makers. Statistical data should be collected long-term, as the benefits of libraries within society are often seen in subsequent generations.

【图联本】为了向政策制定者展示图书馆的社会效益,现行研究应聚焦于评估图书馆的影响力及收集数据。由于图书馆对于社会的益处经常在之后的几代人中显现，应当进行长期数据的收集。

【审校本】应持续开展关注图书馆影响评估的研究，并收集数据，向政策制定者展示图书馆的社会效益。图书馆的社会效益往往需要经历一段时期才能显现出来，因此需要长期收集统计数据。

【焕文本】为了向政策制定者展示图书馆的社会效益，正在进行的研究应聚焦于评估图书馆的影响和收集数据。因为图书馆在社会中的益处经常在后代中显现，所以应长期收集统计数据。

【辨析商榷】

（1）"Ongoing research should focus on evaluating library impact and collecting data"应译为"正在进行的研究应聚焦于评估图书馆的影响和收集数据"，而不是"应持续开展关注图书馆影响评估的研究"（审校本），因为此句为一般现在时，不是被动语态。"ongoing"（正在进行的）与下句的"long-term"（长期的）是一种递进关系，所以，把"ongoing"译为"现行"（图联本）也不贴切。

（2）"Statistical data should be collected long-term"应译为"应长期收集统计数据"。"should"（应该）没有"需要"的意思，所以"需要长期收集统计数据"（审校本）的翻译不对。"应当进行长期数据的收集"（图联本），不仅漏译"statistical"（统计的），而且混淆了英文原意。

（3）"in subsequent generations"意为"在后代中"，译为"在之后的几代人中"（图联本）比较啰唆，译为"经历一段时期"（审校本）则不正确。同时，"the benefits of libraries within society"只能直译为"图书馆在社会中的益处"，不能意译为"图书馆的社会效益"（审校本），因为图书馆的社会效益是随时可见的，例如访问量多少、借阅量多少等；但是，图书馆的益处，例如民众素质的提高、阅读传统的形成等，则远非一日之功。公共图书馆是社会教育机构，十年树木，百年树人，这个道理众所周知。如果"图书馆的社会效益往往"在后代人中"才能显现"，那么，图书馆也就没有开办的价值和意义。

6　其他问题

6.1　第五部分标题

【英文本】Partnerships

【图联本】合作

【审校本】合作

【焕文本】伙伴关系

【辨析商榷】

"Partnerships"具有伙伴关系、合作关系的意义。在此部分的下文中,有"Establishing partnerships"(建立伙伴关系)和"Cooperation with relevant partners"(与相关伙伴合作)的表述,因此,标题的意思非常清楚,就是"伙伴关系",译为"合作"(图联本、审校本)不正确。此外,两个译本都把"Cooperation with relevant partners"(与相关伙伴合作)译为"与相关合作伙伴进行合作"也不妥。

6.2　第六部分标题

【英文本】Implementing the Manifesto

【图联本】本宣言的实施

【审校本】宣言的贯彻落实

【焕文本】实施宣言

"Implementing the Manifesto"中的"Implementing"是动词,与其他部分的标题都采用名词完全不同,所以,应译为"实施宣言",既简洁有力,又与此部分的下文"特此敦促全世界的国家决策者、地方决策者和全球图书馆界实施本宣言中阐述的各项原则"上下呼应。译为"本宣言的实施"(图联本)和"宣言的贯彻落实"(审校本)都乏善可陈。

6.3 宣言结语

【英文本】Decision makers at national and local levels and the library community at large，around the world，are hereby urged to implement the principles expressed in this Manifesto.

【图联本】要求世界各国及各地的决策者和全体图书馆工作者实施本宣言中的各项原则。

【审校本】特此敦促国家和地方层面的决策者以及全球图书馆界贯彻落实本宣言中的各项原则。

【焕文本】特此敦促全世界的国家决策者、地方决策者和全球图书馆界实施本宣言中阐述的各项原则。

（1）"are hereby urged to"译为"特此敦促"（审校本）才符合宣言的文意和文体。"hereby"（特此，以此）是法律文件等的专门用词，不可漏译（图联本）。将"are hereby urged to"译为"要求"（图联本）不仅漏译了"hereby"，而且失去了"urge"（催促、敦促）的本意。

（2）"around the world"（全世界）是修饰所有敦促对象的，不能漏译（审校本）。"the library community at large"是"整个图书馆界"的意思，译为"全球图书馆界"（审校本）比较贴切，译为"全体图书馆工作者"（图联本）则明显不对。

（3）"Decision makers at national and local levels"虽然是"国家和地方层面的决策者"（审校本）的意思，但是其语言的流畅性和节奏感不足。"全球图书馆界"与"国家决策者"和"地方决策者"是并列关系，同等重要，将第二个"and"（和）译为"以及"（审校本），不仅使语言失去节奏感，而且也使"全球图书馆界"在敦促的对象中变得比较次要。

7 结语

《公共图书馆宣言（2022）》的中文翻译是一件极为艰难的事情：其一，《公共图书馆宣言(2022)》是一份经过几代人精心打磨的政策文件,语言千锤百炼,翻译甚难;其二,其主导者和思想理念均源自欧美,在中文语境中时常难以找到对应的词汇,左右为难;其三,翻译要做到信、达、雅亦非一日之功,可谓难上加难。有此三难,任何译本都难免存在种种不足,"焕文本"自不例外。常言道:真理越辩越明。只有充分地讨论,才能准确地理解《公共图书馆宣言》。16年前,因为不满意《公共图书馆宣言(1994)》国际图联中译本,笔者亦曾做过翻译①,回头看也存在诸多问题。现在的"焕文本"有所改进,虽未必十分理想,但是,可能是最接近英文本原意的中译本。

---

① 程焕文,潘燕桃.信息资源共享[M].北京:高等教育出版社,2004:378 - 380.

国际图书馆协会联合会－联合国教科文组织公共图书馆宣言(2022)*

社会和个人的自由、繁荣与发展是人类的基本价值。人类基本价值的实现取决于充分知情的公民行使民主权利和在社会中发挥积极作用的能力。公民的建设性参与和民主的发展有赖于令人满意的教育和自由与无限制地利用知识、思想、文化和信息。

公共图书馆,是各地通向知识的门径,为个人和社会群体的终生学习、独立决策和文化发展提供基本条件。公共图书馆无商业、技术与法律障碍地提供各种知识利用,包括科学知识和地方知识,并促使知识创造和知识共享,从而巩固健康的知识社会。

在每个国家,尤其在发展中国家,图书馆都有助于确保尽可能多的人能够实现教育权利和知识社会与社区文化生活的参与权利。

本宣言声明,联合国教科文组织相信公共图书馆是教育、文化、包容和信息的有生力量,是可持续发展的重要因素,是每个人通过人们的思想实现和平与精神福祉的重要因素。

因此,联合国教科文组织鼓励各国政府和地方政府支持并积极从事公共图书馆的发展。

---

* 程焕文.国际图书馆协会联合会－联合国教科文组织公共图书馆宣言(2022)[J].图书馆建设,2022(6):7－9;The IFLA-UNESCO public library manifesto 2022 [EB/OL].[2022－11－06].https://repository.ifla.org/handle/123456789/2006.

公共图书馆

公共图书馆是各地的信息中心,随时可为用户提供各种知识和信息。公共图书馆是知识社会的重要组成部分,公共图书馆不断适应新的交流方式以履行为所有人提供信息普遍利用和有效利用的职责。公共图书馆为知识的生产,信息和文化的共享与交流,以及公民参与的推广,提供公开的可利用空间。

公共图书馆是社区的创造者,积极主动地联系新用户,听取其意见,以此设计满足地方需求和促进提高生活质量的服务。公众信任图书馆,而公共图书馆则把积极主动地保持社区了解情况作为追求的目标。

公共图书馆按照利用平等的原则,不分年龄、种族、性别、宗教、国籍、语言、社会地位和任何其他特征,为所有人提供服务。必须为由于各种原因不能利用普通服务和资料的用户,例如语言少数群体、有障碍的人、缺乏数字或计算机技能的人、缺乏读写能力的人或在医院里的人与在监狱里的人,提供特殊服务和特殊资料。

馆藏资料必须适合所有年龄群体的需要。馆藏和服务必须包括所有类型的适当媒体、现代技术和传统资料。高质量、切合地方需求和地方情况、反映社区的语言多样性和文化多样性,是馆藏和服务的基础。馆藏资料必须反映当前的趋势和社会的演变,以及人类的努力与想象的记忆。

馆藏和服务不应受制于任何形式的思想、政治或宗教审查制度,也不应受制于任何形式的商业压力。

公共图书馆的使命

下列有关信息、素养、教育、包容、公民参与和文化的主要使命应该是公共图书馆服务的核心。公共图书馆履行这些主要使命有助于实现联合国可持续发展目标和建设更加公平、人道与可持续的社会。

- 提供广泛的不受审查制度限制的信息和思想利用,支持各级正式和非正式教育,以及终生学习,使在人生各个阶段的人都能够持续、自愿和自主地追求知识;
- 为个人的创造性发展提供机会,激发想象力、创造力、好奇心和同理心;
- 培养和加强儿童从出生到成年的阅读习惯;
- 本着建设知情民主社会的精神,发起、支持和参与素养活动与项目以培养读写技能,促进各年龄段人的媒体与信息素养和数字素养技能的发展;
- 采用数字技术向社区提供现场服务和远程服务,使其尽可能地利用信息、馆藏和活动;
- 确保所有人利用各种社区信息和各种组织社区的机会,从而认识图书馆在社会结构核心的作用;
- 为社区提供科学知识的利用,例如能够影响用户生活的研究成果和健康信息,并使社区能够参与科学进步;
- 为地方企业、社团和利益群体提供充分的信息服务;
- 保存和利用地方与原住民的数据、知识和遗产(包括口述传统),根据地方社区的意愿,提供地方社区能在确认需要采集、保存和共享的资料中发挥积极作用的环境;
- 促进文化间对话,支持文化多样性;
- 促进文化表达与文化遗产、艺术欣赏的保存和有效利用,科学知识、研究与创新的开放利用,包括传统媒体,以及数字化资料与原生数字资料。

拨款、立法与网络

利用公共图书馆馆舍和服务原则上应该免费。公共图书馆是地方和国家政府的责任。公共图书馆必须得到与国际条约和协议一致的专门立法和新的立法支持。公共图书馆必须由国家和地方政府提供资金。公共图书馆必须成为所有文化、信息提供、素养和教育长期战略的重要组成部分。

在数字时代,著作权和知识产权立法必须确保公共图书馆具有与实体资源同样的以合理条件获得和提供数字内容利用的能力。

为确保全国图书馆的协调与合作,立法和战略规划还必须界定与促进基于公认服务标准的国家图书馆网络。

必须设计与国家图书馆、区域图书馆、研究图书馆和专门图书馆,以及学校图书馆和高校图书馆相联系的公共图书馆网络。

运行与管理

必须制定明确的政策,确定符合地方社区需要的目标、优先事项和服务。地方知识和社区参与对政策制定过程具有重要价值,应让地方社区参与决策。

必须有效地组织公共图书馆,必须保持运行的专业标准。

必须使社区的所有人都能够以现实或数字的方式利用服务。这要求位置优越、设备齐全的图书馆建筑,良好的阅读与学习设施,以及方便用户的相关技术和充足的开放时间。这同样要求为不能到馆的用户提供延伸服务。

公共图书馆服务必须适应农村和城市社区的不同需求,以及社区内边缘群体、特殊需求用户、多语言用户和原住民的需求。

图书馆员是用户与资源(数字资源和传统资源)之间的积极中介。为了应对现在和将来的挑战,充足的人力资源和物力资源,以及图书馆员专业教育和继续教育,对于确保充分服务都必不可少。关于充足资源的数量与质量规定,领导应与图书馆专业人士协商。

必须提供延伸服务和用户教育计划,帮助用户从所有资源中受益。

为了向政策制定者展示图书馆的社会效益,正在进行的研究应聚焦于评估图书馆的影响和收集数据。因为图书馆在社会中的益处经常在后代中显现,所以应长期收集统计数据。

伙 伴 关 系

建立伙伴关系对于公共图书馆接触更广泛、更多样化的公众至关重要。必须确保与相关伙伴合作，例如：用户群体、学校、非政府组织、图书馆协会、企业和地方的、区域的、国家的与国际层面的其他专业人士。

实 施 宣 言

特此敦促全世界的国家决策者、地方决策者和全球图书馆界实施本宣言中阐述的各项原则。

2022 年 7 月 18 日

IFLA – UNESCO Public Library Manifesto 2022

Freedom, prosperity and the development of society and of individuals are fundamental human values. They will only be attained through the ability of well-informed citizens to exercise their democratic rights and to play an active role in society. Constructive participation and the development of democracy depend on satisfactory education as well as on free and unlimited access to knowledge, thought, culture and information.

The public library, the local gateway to knowledge, provides a basic condition for lifelong learning, independent decision-making and cultural development of the individual and social groups. It underpins healthy knowledge societies through providing access to and enabling the creation and sharing of knowledge of all sorts, including scientific and local knowledge without commercial, technological or legal barriers.

In every nation, but especially in the developing world, libraries help ensure that the rights to education and participation in knowledge societies and in the cultural life of the community are accessible to as many people as possible.

This Manifesto proclaims UNESCO's belief in the public library as a living force for education, culture, inclusionand information, as an essential agent for sustainable development, and for individual fulfilment of peace and spiritual welfare through the minds of all individuals.

UNESCO therefore encourages national and local governments to support and actively engage in the development of public libraries.

The Public Library

The public library is the local centre of information, making all kinds of knowledge and information readily available to its users. It is an essential component of knowledge societies, continuously adapting to new means of communication to fulfil their mandate of providing universal access to and enabling meaningful use of information for all people. It provides publicly accessible space for the production of knowledge, sharing and exchange of information and culture, and promotion of civic engagement.

Libraries are creators of community, proactively reaching out to new audiences and using effective listening to support the design of services that meet local needs and contribute to improving quality of life. The public has trust in their library, and in return, it is the ambition of the public library to proactively keep their community informed and aware.

The services of the public library are provided on the basis of equality of access for all, regardless of age, ethnicity, gender, religion, nationality, language, social status, and any other characteristic. Specific services and materials must be provided for those users who cannot, for whatever reason, use the regular services and materials, for example linguistic minorities, people with disabilities, poor digital or computer skills, poor literacy abilities or people in hospital or prison.

All age groups must find material relevant to their needs. Collections and services have to include all types of appropriate media and modern technologies as well as traditional materials. High quality, relevance to local needs and conditions, and reflective of the language and cultural diversity of the community are fundamental. Material must reflect current trends and the evolution of society, as well as the memory of human endeavour and imagination.

Collections and services should not be subject to any form of ideological, political or religious censorship, nor commercial pressures.

Missions of the Public Library

The following key missions which relate to information, literacy, education, inclusivity, civic participation and culture should be at the core of public library services. Through these key missions, public libraries contribute to the Sustainable Development Goals and the construction of more equitable, humane, and sustainable societies.

• Providing access to a broad range of information and ideas free from censorship, supporting formal and informal education at all levels as well as lifelong learning enabling the ongoing, voluntary and selfconducted pursuit of knowledge for people at all stages of life;

• providing opportunities for personal creative development, and stimulating imagination, creativity, curiosity, and empathy;

• creating and strengthening reading habits in children from birth to adulthood;

• initiating, supporting and participating in literacy activities and programmes to build reading and writing skills, and facilitating the development of media and information literacy and digital literacy skills for all people at all ages, in the spirit of equipping an informed, democratic society;

* providing services to their communities both in-person and remotely through digital technologies allowing access to information, collections, and programmes whenever possible;

* ensuring access for all people to all sorts of community information and opportunities for community organising, in recognition of the library's role at the core of the social fabric;

* providing their communities with access to scientific knowledge, such as research results and health information that can impact the lives of their users, as well as enabling participation in scientific progress;

* providing adequate information services to local enterprises, associations and interest groups;

* preservation of, and access to, local and Indigenous data, knowledge, and heritage (including oral tradition), providing an environment in which the local community can take an active role in identifying materials to be captured, preserved and shared, in accordance with the community's wishes;

* fostering inter-cultural dialogue and favouring cultural diversity;

* promoting preservation of and meaningful access to cultural expressions and heritage, appreciation of the arts, open access to scientific knowledge, research and innovations, as expressed in traditional media, as well as digitised and born-digital material.

Funding, legislation and networks

Access to the public library building and services shall in principle be free of charge. The public library is the responsibility of local and national authorities. It must be supported by specific and updated legislation aligned to international treaties and agreements. It must be financed by national and local governments. It has to be an essential component of any long-term strategy for culture, information provision, literacies and education.

In the digital era, copyright and intellectual property legislation must ensure public libraries the same capacity to procure and give access to digital content on reasonable terms as is the case with physical resources.

To ensure nationwide library coordination and cooperation, legislation and strategic plans must also define and promote a national library network based on agreed standards of service.

The public library network must be designed in relation to national, regional, research and special libraries as well as libraries in schools, colleges and universities.

Operation and management

A clear policy must be formulated, defining objectives, priorities and services in relation to the local community needs. The importance of local knowledge and community participation is valuable to this process, and local communities should be included in decision-making.

The public library has to be organized effectively and professional standards of operation must be maintained.

Services have to be physically or digitally accessible to all members of the community. This requires well situated and equipped library buildings, good reading and study facilities, as well as relevant technologies and sufficient opening hours convenient to the users. It equally implies outreach services for those unable to visit the library.

The library services must be adapted to the different needs of communities in rural and urban areas, as well as to the needs of marginalized groups, users with special needs, multilingual users, and Indigenous Peoples within the community.

The librarian is an active intermediary between users and resources, both digital and traditional. Sufficient human and material resources, as well as professional and continuing education of the librarian, to meet the challenges for now and in the future, are indispensable to ensure adequate services. Consultation by leadership with library professionals as to the quantitative and qualitative definition of sufficient resources should be undertaken.

Outreach and user education programmes have to be provided to help users benefit from all the resources.

Ongoing research should focus on evaluating library impact and collecting data, in order to demonstrate the societal benefit of libraries to policy makers. Statistical data should be collected long-term, as the benefits of libraries within society are often seen in subsequent generations.

Partnerships

Establishing partnerships is essential for libraries to reach a broader and more diverse public. Cooperation with relevant partners-for example, user groups, schools, non-governmental organisations, library associations, businesses, and other professionals at local, regional, national as well as international level-has to be ensured.

Implementing the Manifesto

Decision makers at national and local levels and the library community at large, around the world, are hereby urged to implement the principles expressed in this Manifesto.

18 July 2022